Rebekka Grimm • Judith Meixner • Lisa Müller
Malte Pannemann • Peer Wiechmann

Den Einstieg in den Rechtsextremismus verhindern

Rebekka Grimm
Judith Meixner
Lisa Müller
Malte Pannemann
Peer Wiechmann

Den Einstieg in den Rechtsextremismus verhindern

Aufsuchende Distanzierungsarbeit gegen Radikalisierung bei jungen Menschen

Ein Leitfaden

Unter Mitarbeit von Niklaas Bause, Lara Collas und Ivonne Probst

Sonderausgabe für die Landeszentralen für politische Bildung in Deutschland

Bibliografische Information der Deutschen Nationalbibliothek
Die Deutsche Nationalbibliothek verzeichnet diese Publikation in der Deutschen Nationalbibliografie; detaillierte bibliografische Daten sind im Internet über https://portal.dnb.de abrufbar.

Gefördert vom

im Rahmen des Bundesprogramms

Die Veröffentlichung stellt keine Meinungsäußerung des BMFSFJ oder des BAFzA dar. Für inhaltliche Aussagen trägt der Autor/die Autorin bzw. tragen die Autoren/die Autorinnen die Verantwortung.

Dieses Buch ist nicht zum Verkauf bestimmt!
Es wird für Zwecke der politischen Bildung kostenlos abgegeben.

Gedruckt auf FSC®-zertifiziertem Papier, CO_2-kompensierte Produktion Printed in Europe

Alle Rechte vorbehalten.
© 2024 Verlag Barbara Budrich GmbH, Opladen, Berlin & Toronto
Stauffenbergstr. 7 | D-51379 Leverkusen | info@budrich.de | www.budrich.de

ISBN 978-3-8474-3057-5 (Paperback)
eISBN 978-3-8474-1991-4 (PDF)
DOI 10.3224/84743057

Das Werk einschließlich aller seiner Teile ist urheberrechtlich geschützt. Jede Verwertung außerhalb der engen Grenzen des Urheberrechtsgesetzes ist ohne Zustimmung des Verlages unzulässig und strafbar. Das gilt insbesondere für Vervielfältigungen, Übersetzungen, Mikroverfilmungen und die Einspeicherung und Verarbeitung in elektronischen Systemen.

Druck: Elanders Waiblingen GmbH, Waiblingen
Umschlaggestaltung: Bettina Lehfeldt, Kleinmachnow – www.lehfeldtgraphic.de
Titelbildnachweis: jock+scott / photocase.de
Satz: Ulrike Weingärtner, Gründau – info@textakzente.de

INHALTSVERZEICHNIS

WIESO BRAUCHT ES DIESES BUCH?		9
1	**DAS HANDLUNGSFELD DER AUFSUCHENDEN DISTANZIERUNGSARBEIT**	**13**
1.1	DISTANZIERUNGSARBEIT ALS QUERSCHNITTSAUFGABE	14
1.2	DISTANZIERUNGSARBEIT IM VERHÄLTNIS ZUR AUSSTIEGSBERATUNG	18
1.2.1	DIE TERMINOLOGISCHE VERORTUNG	18
1.2.2	DIE ZIELGRUPPE DER DISTANZIERUNGSARBEIT ALS BREITES SPEKTRUM	19
1.2.3	DISTANZIERUNG ALS ZIEL VON AUSSTIEGSBERATUNG	21
1.2.4	DISTANZIERUNGSARBEIT ALS AUFSUCHENDE TÄTIGKEIT	21
1.3	DISTANZIERUNGSARBEIT ALS HANDLUNGSFELD UND PÄDAGOGISCHE METHODIK	22
1.3.1	DISTANZIERUNGSARBEIT MIT DEM ANSPRUCH DER FRÜHERKENNUNG	23
1.3.2	PÄDAGOGISCHE ZIELE DER DISTANZIERUNGSARBEIT	23
1.3.3	METHODEN UND TECHNIKEN DER DISTANZIERUNGSARBEIT: DER BRAKE-ANSATZ VON DISTANZ E.V.	25
1.4	DIE DISTANZIERUNGSARBEIT VON DISTANZ E.V.	29
2	**DAS HANDWERKSZEUG DER DISTANZIERUNGSARBEIT – ARBEITSHILFEN FÜR DIE PRAXIS**	**32**
2.1	DISKRIMINIERENDES VERHALTEN UND EINSTIEGSGEFÄHRDUNG WAHRNEHMEN UND ANALYSIEREN	33
2.1.1	DAS GMF MODELL – VORURTEILSBEHAFTETE EINSTELLUNGEN ERKENNEN	33
2.1.2	PHASEN EINER RADIKALISIERUNG	38
2.1.3	RELEVANZ VON GENDER IN EXTREM RECHTEN RADIKALISIERUNGSPROZESSEN	45
2.1.4	RADIKALISIERUNG IM INTERNET	57
2.1.5	HINWENDUNGSMOTIVE UND RISIKOFAKTOREN	62
2.1.6	BEOBACHTUNGSKATEGORIEN ZUR EINSCHÄTZUNG EINER MÖGLICHEN EINSTIEGSGEFÄHRDUNG	68
2.1.7	SYMBOLE, CODES UND NARRATIVE EXTREM RECHTER IDEOLOGIEN	69
2.1.8	DIE INSTRUMENTALISIERUNG VON JUGENDKULTUREN DURCH EXTREM RECHTE AKTEUR*INNEN – AM BEISPIEL RAP	71
2.2	INTERVENIEREN UND DISTANZIERUNGSPROZESSE ANSTOSSEN	73

2.2.1	VERHALTENSVERÄNDERUNGSPROZESSE UNTERSTÜTZEN	75
2.2.2	SYSTEMISCH-LÖSUNGSORIENTIERTES ARBEITEN IN DER DISTANZIERUNGSARBEIT	82
2.2.3	BIOGRAFISCH-NARRATIVE GESPRÄCHSFÜHRUNG.	91
2.2.4	GRUNDLAGEN UND TECHNIKEN REFLEXIONSANREGENDER GESPRÄCHSFÜHRUNG	95
2.2.5	GESPRÄCHSFÜHRUNG NACH ZEIGEN EINES HITLERGRUSSES (ANWENDUNGSBEISPIEL)	104
2.2.6	DER UMGANG MIT MOTIVEN DER HINWENDUNG UND DISTANZIERUNG	106
2.2.7	NEUTRALISIERUNGSTECHNIKEN ERKENNEN UND MIT IHNEN ARBEITEN.	111
2.2.8	GRUNDLAGEN GENDERREFLEKTIERENDEN ARBEITENS FÜR DIE DISTANZIERUNGSARBEIT.	114
2.2.9	MIT JUGENDKULTURELLER BILDUNG DISKRIMINIERENDE EINSTELLUNGEN BEARBEITEN.	119
2.2.10	INTERVENTIONSGRUNDLAGEN UND HANDLUNGSEMPFEHLUNGEN.	132
2.2.11	FALLANALYSE ALS GRUNDLAGE DER INTERVENTION (INKL. VORLAGE)	139
2.2.12	ERFOLGREICH INTERVENIEREN MIT DEM INTERVENTIONSBAROMETER (INKL. ARBEITSBLATT).	144
2.3	DEN STRATEGISCHEN UMGANG MIT RECHTSEXTREMISMUS PLANEN.	150
2.3.1	SITUATIONS- UND RESSOURCENANALYSE (ARBEITSBLATT)	151
2.3.2	MENSCHENRECHTSORIENTIERTE ARGUMENTE ZUR FORDERUNG NACH NEUTRALITÄT	155
2.3.3	HAUSORDNUNG UND LEITBILD ALS INTERVENTIONSGRUNDLAGE STÄRKEN (VORLAGEN, ANWENDUNGSBEISPIEL).	161
2.3.4	DIE AUSSCHLUSSKLAUSEL ALS INTERVENTIONSGRUNDLAGE	164
3	**METHODEN FÜR GESPRÄCHE IM EINZEL- WIE GRUPPENSETTING**	**166**
3.1	ICH UND MEIN RUF	167
3.2	AUTOBIOGRAFISCHE TIMELINE	171
3.3	MEIN WEG	177
3.4	ADRENALINSTUFEN	184
3.5	WIE EIN VULKAN	190
3.6	WAS NÜTZT MIR WAS? AKA. PRO-/CONTRA-ANALYSE.	195
3.7	STEUERRAD	201
3.8	BEZIEHUNGS-WEISE	208
3.9	GEFÜHLE UND GMF BILDERSPIEL.	211
3.10	NERVENSÄGE	215
3.11	WAS IST GEWALT?.	220
3.12	„DIE GANZE WAHRHEIT HINTER …" – DER ENTSCHWÖRUNGSGENERATOR.	227

4 WORTE ZUM SCHLUSS 232

INFOS ZUM KONTEXT DER AUTOR*INNEN 233

DISTANZIERUNGSARBEIT VON DISTANZ E.V. 234

LITERATURVERZEICHNIS 235

WIESO BRAUCHT ES DIESES BUCH?

Die vorliegende Publikation hat zum Ziel, Pädagog*innen für die mögliche Einstiegsgefährdung eines jungen Menschen in den Rechtsextremismus zu sensibilisieren und sie in die Lage zu versetzen, damit verantwortlich umzugehen. Mit dem Ansatz der Distanzierungsarbeit werden Reflexionsprozesse angeregt, in denen junge Menschen selbst zu dem Schluss kommen, dass der Weg der Abwertung nicht nur Anderen, sondern auch ihnen selbst schadet. Die vorliegende Publikation befähigt Pädagog*innen dazu, in eine konstruktive Auseinandersetzung mit der Zielgruppe zu treten – und gleichzeitig erkennen zu können, wann die Grenzen des eigenen Handelns erreicht sind.

Zunächst wird im ersten Kapitel das Handlungsfeld der Distanzierungsarbeit als pädagogische Querschnittsaufgabe eingeführt und in Abgrenzung zur Ausstiegsberatung beschrieben. Wesentliche Elemente dieses Handlungsfeldes sind die aufsuchenden Aspekte sowie der Anspruch der Früherkennung – zwei zentrale Unterscheidungsmerkmale zur Ausstiegsberatung. Die Zielgruppen und damit verbundene Ziele der Distanzierungsarbeit werden ausführlich dargestellt und somit spezifiziert, um welchen Adressat*innenkreis es im Folgenden geht. Der vom Träger Distanz e.V. entwickelte BRAKE-Ansatz deutet bereits an, auf welche Art und Weise diese Auseinandersetzung gelingen kann (siehe Kapitel 1.3.3).

Entscheidend für eine fundierte Auseinandersetzung mit den Adressat*innen der Distanzierungsarbeit sind das Kennen und Erkennen von Motiven und Risikofaktoren, die eine Hinwendung zum Rechtsextremismus und menschenfeindlichen Aussagen und Verhaltensweisen begünstigen können. Es werden daher Analysehilfen bereitgestellt, um eine fundierte Einschätzung vornehmen zu können (siehe Kapitel 2.1 „Diskriminierendes Verhalten und Einstiegsgefährdung wahrnehmen und analysieren").

Motivlagen der Hinwendung zum Rechtsextremismus zu kennen, befähigt in einem nächsten Schritt zu konkreter Arbeit an diesen zu arbeiten. Durch das Aufspüren zugrunde liegender Bedürfnisse kann daran anschließend an konstruktiven und menschenfreundlichen Möglichkeiten dieser Bedürfnisbefriedigung pädagogisch gearbeitet werden. Hier ins Gespräch zu kommen und die Beziehung mit konstruktiver, aber auch konfrontativer Kritik zu halten, fördert Distanzierungsprozesse. Diese erfordern zum einen eine reflektierte, kritische und menschenrechtsorientierte Haltung bei der pädagogischen Fachkraft, zum anderen ein breites Repertoire an Gesprächstechniken. Die Publikation gibt Impulse zur Schärfung der eigenen pädagogischen menschenrechtsorientierten Haltung und stellt ergänzend dazu verschiedene Gesprächstechniken vor, um Distanzierungsprozesse anzustoßen und konstruktiv-kritisch zu begleiten. Es werden diverse Techniken mit Situationsbeispielen illustriert (siehe Kapitel 2.2 „Intervenieren und Distanzierungsprozesse anstoßen"). Im 3. Kapitel des Leitfadens werden konkrete Methoden präsentiert, die sich im Einzel- wie Gruppensetting dafür eignen, Entwicklungsaufgaben von extrem rechts einstiegsgefährdeten jungen Menschen zu bearbeiten und Distanzierungsimpulse zu setzen.

Interventionen zu planen und umzusetzen, hängt wesentlich von vorhandenen Ressourcen und situativen Kontextfaktoren ab. Der vorliegende Leitfaden verbleibt an dieser Stelle nicht allein bei der Analyse oder der Planung einzelner situativer Interventionen, sondern gibt konkrete Handlungsempfehlungen für eine längerfristige strategische Auseinandersetzung (siehe Kapitel 2.3 „Den strategischen Umgang mit Rechtsextremismus planen").

Die Kapitel können sowohl in vorliegender Reihenfolge als auch anlassbezogen für sich stehend gelesen werden. Längere Kapitel werden mit kurzen Zusammenfassungen eingeleitet, sodass nähere Orientierung über den Inhalt gegeben ist.[1]

RECHTSEXTREMISMUS?

Zur Verwendung des Begriffs ‚Rechtsextremismus'[2] wurde viel publiziert und diskutiert. Der Anspruch dieser Publikation ist es nicht, diese kritische Diskussion vollumfänglich weiterzuführen. So wichtig der theoretische Diskurs auch ist, so geht es an dieser Stelle vielmehr darum, Pädagog*innen in die Lage zu versetzen, mit Hinwendungsprozessen zum Rechtsextremismus umzugehen. Dennoch ist ein grundlegendes Verständnis des Phänomens für die Problematisierung extrem rechter Gefährdungslagen relevant. Daher möchten die Autor*innen an dieser Stelle eine kurze Orientierung und weitere Lesetipps an die Hand geben. Die Vielfalt-Mediathek bietet hierfür eine schlüssige Definition:

> „Rechtsextremismus kann als Oberbegriff für (politische) Einstellungen verstanden werden, die die Gleichwertigkeit aller Menschen und ein demokratisches System ablehnen (vgl. Jaschke 2001: 30f.). Innerhalb einer rechtsextremen Ideologie werden Menschen in Kategorien, wie beispielsweise ‚Nation' oder ‚Rasse', eingeordnet und auf Grund zugeschriebener und konstruierter Merkmale abgewertet. Die Überlegenheit der eigenen ‚Gruppe' wird so hervorgehoben. Menschen werden hierarchisiert (vgl. Rommelspacher 2009: 9). Kernelemente einer rechtsextremen Einstellung sind (vgl. Virchow 2016: 17):

---

1   Teile der vorliegenden Publikation wurden bereits in folgenden anderen Publikationen veröffentlicht:
    1. „Distanzierungsarbeit als Querschnittsaufgabe pädagogischer Praxis – eine Arbeitshilfe für die Praxis mit extrem rechts einstiegsgefährdeten und orientierten jungen Menschen" (Distanz e.V. 2023). Die Inhalte dieser Publikation wurden um wissenschaftliche Verweise ergänzt und in Hinblick auf eine verbesserte Ausdrucksweise redigiert. Die Inhalte befinden sich in Kapitel 1.1, 1.2.2, 1.3.2, 1.3.3, 2 (exklusive 2.1.8) sowie 4. Kapitel. Einige Methoden in Kapitel 3 finden sich in der benannten Publikation wieder, wurden jedoch für die vorliegende Publikation um weitere Methoden ergänzt.
    2. „Distanzierungsarbeit als Handlungsfeld und Querschnittsaufgabe im Verhältnis zur Ausstiegsberatung" (Meixner/Wiechmann 2024). Die Grundlagen dieses Feldes wurden im Auftrag der Bundeszentrale für Politische Bildung dargestellt. In dieser Publikation ist der Artikel in einer Langversion abgedruckt und findet sich neu strukturiert und verändert in Kapitel 1.2 und 1.3 wieder.
    3. „Männlichkeit, Gewalt und Misogynie" (Pannemann 2023). Teile dieser Publikation finden sich gekürzt und überarbeitet in Kapitel 2.1.3 im Hinblick auf Männlichkeit im Rechtsextremismus wieder.
2   In Ermangelung eines besseren Begriffs verwenden die Autor*innen den Begriff ‚Rechtsextremismus' und spezifizieren damit zumindest den Phänomenbereich, kritisieren aber die unscharfe Gleichsetzung mit anderen ‚extremistischen' Formen.

- Antisemitismus (Hass gegen Jüdinnen*Juden)
- Rassismus (die Abwertung und Hierarchisierung von Menschen auf Grund zugeschriebener biologischer oder kultureller Merkmale)
- Chauvinismus (die extreme Form des Patriotismus oder Nationalismus geht einher mit der Abwertung und Ablehnung anderer Nationen oder ‚Völker')
- Sozialdarwinismus (Bspw. die Ablehnung von Menschen mit Behinderung, Menschen in Armut oder Menschen mit psychischen Beeinträchtigungen aufgrund ihrer ‚Nützlichkeit' für die Gesellschaft)
- Sexismus/Homo- und Transfeindlichkeit (Glaube an eine ‚natürliche' Geschlechterordnung von Mann und Frau sowie Heterosexualität. Geschlechtliche und sexuelle Vielfalt werden abgelehnt).
- Verharmlosung des Nationalsozialismus

(Rechts-)Extremismus – aber was heißt das eigentlich? Es handelt sich bei der Bezeichnung Rechtsextremismus nicht um einen wissenschaftlich oder juristisch feststehenden und klar definierten Begriff, vielmehr gibt es verschiedene Definitionsansätze. Der Begriff wird teilweise kritisch betrachtet (vgl. Virchow 2016: 14-16). Beispielsweise fallen in den ‚Extremismus-Begriff', wie ihn die Sicherheitsbehörden verwenden, neben dem Rechtsextremismus auch religiöser Fundamentalismus oder Linksextremismus. Verschiedene Phänomene, mit sehr unterschiedlichen Hintergründen werden so in eine Kategorie gefasst und offensichtliche Unterschiede bezüglich der politischen Zielsetzung und der Bedrohungslage, die von ihnen ausgeht, werden ignoriert (vgl. Hernández Aguilar 2018: 58f.). Aus diesem Grund wird zum Teil die Bezeichnung ‚extreme Rechte' bevorzugt verwendet (vgl. Salzborn 2018: 8f.). Darüber hinaus schwingt mit dieser Verwendung des Extremismusbegriffs die Vorstellung einer demokratischen und neutralen Mitte mit, die von extremistischen Ideologien gefährdet wird. Die Gefahr, dass rechtsextreme Einstellungen und Handlungen, die in eben dieser vermeintlich neutralen Mitte der Gesellschaft existieren, wird dabei übersehen (vgl. ebd.) (vgl. Hernández Aguilar 2018: 58f.).[3]
Rechtsextremismus wird in erster Linie mit organisierten Gruppen, Parteien oder sogenannten Neo-Nazis, die sich am Nationalsozialismus orientieren, in Verbindung gebracht" (Vielfalt Mediathek o.J.).

Herausfordernd am Begriff ‚Rechtsextremismus' ist, dass meist unterschiedliche Assoziationen und Wissensstände existieren. Vermeintlich wissen zwar alle, wovon gesprochen wird – im Zweifelsfall wird aber nicht vom selben gesprochen. Die einen verwenden eine sehr enge Definition, die Rechtsextremismus erst problematisiert, wenn strafrechtliche Handlungen vorge-

---

3 Der Begriff *Rechtsextremismus* wird in dieser Publikation verwendet, jedoch die unscharfe Gleichsetzung mit anderen ‚extremistischen' Phänomen abgelehnt. Mit der Verwendung des ‚Extremismus'-Begriffs ist nicht implizit, dass es eine neutrale oder demokratische Mitte gäbe, die von ‚extremistischen' Ideologien gefährdet würde, sondern vielmehr, dass menschenverachtende Einstellungen in der Gesellschaft weit verbreitete Phänomene darstellen. Der Begriff des ‚Rechtsextremismus' wird weiter verwendet, da sich nicht immer auf eine ‚extreme Rechte', sondern auch auf ideologische Komponenten des ‚Rechtsextremismus' bezogen wird. In der adjektiven Verwendung wird begrifflich auf ‚extrem rechte' Einstellungen, Weltbildern, Ideologien oder Szenen referiert.

fallen sind. Die anderen sehen wiederkehrende diskriminierende und demokratieablehnende Einstellungen und Aussagen als Hinweis auf eine extrem rechte Orientierung an.

In dieser Publikation wird meist von extrem rechten Einstellungen, Weltbildern, Ideologien oder Szenen geschrieben. Dies unterstreicht für die Autor*innen, dass es sich um einen in den Anschauungen, Erscheinungsformen sowie in den Akteur*innen sehr heterogenen Phänomenbereich handelt. Seine verschiedenen Ausformungen sind in allen gesellschaftlichen Milieus zu finden, wobei das aus den Einstellungen resultierende Verhalten milieuspezifisch unterschiedlich toleriert oder sanktioniert werden kann.

Für die pädagogische Praxis bevorzugen die Autor*innen das soziologische Modell der Gruppenbezogenen Menschenfeindlichkeit, mit dessen Hilfe abwertende Einstellungen oder Verhalten konkret benannt werden. Außerdem können mit diesem Konzept diskriminierende Einstellungen und Verhalten, die sich bei zunehmender Radikalisierung zu extrem rechten Einstellungen entwickeln können, frühzeitig problematisiert werden. Dies wird näher in Kapitel 2.1.1 erläutert. In dieser Publikation werden diese Einstellungen auch als menschenfeindliche Einstellungen bezeichnet.

Weiterlesen zum Diskurs des Begriffes ‚Rechtsextremismus':

Amadeu Antonio Stiftung (2022): Was ist Rechtsextremismus?

Quent, Matthias (2018): Rassismus, Radikalisierung, Rechtsterrorismus. Wie der NSU entstand und was er über die Gesellschaft verrät. 2. Auflage. Weinheim: Juventa Verlag.

Rommelspacher, Birgit (1995): Dominanzkultur. Texte zu Fremdheit und Macht. Berlin: Orlanda-Frauenverlag.

Salzborn, Samuel (2018): Rechtsextremismus? Rechtsradikalismus? Extreme Rechte? Rechtspopulismus? Neonazismus? Neofaschismus? Begriffsverständnisse in der Diskussion. In: Baron, Philip/Drücker, Ansgar et al. (Hrsg.): Das Extremismusmodell. Über seine Wirkungen und Alternativen in der politischen (Jugend-)Bildung und der Jugendarbeit. Düsseldorf: Informations- und Dokumentationszentrum für Antirassismusarbeit e.V., S. 5–9.

Virchow, Fabian (2016): Rechtsextremismus: Begriffe – Forschungsfelder – Kontroversen. In: Virchow, Fabian/Langebach, Martin et al. (Hrsg.): Handbuch Rechtsextremismus. Wiesbaden: Springer VS, S. 5–41.

Zentrum für die liberale Moderne gGmbH (2022): Gegneranalyse. Antiliberales Denken von Weimar bis heute.

1 DAS HANDLUNGSFELD DER AUFSUCHENDEN DISTANZIERUNGSARBEIT

Die Distanzierungsarbeit im Kontext der sogenannten Rechtsextremismusprävention stellt in Deutschland einen eher neuen Ansatz dar. Gleichwohl auf unterschiedliche Phänomenbereiche bezogen, wird er in Bezug auf ‚Rechtsextremismus' häufig wenig trennscharf in Verbindung mit dem Arbeitsfeld der Ausstiegsberatung gebracht.

‚Ausstiegsberatung und Distanzierung' bzw. ‚Distanzierungsarbeit'/‚Distanzierungsberatung' werden von Trägern der Ausstiegsberatung nicht selten als gemeinsam stehendes Begriffspaar zur Beschreibung der eigenen Arbeit genannt. Aus Sicht der Autor*innen liegt dies an dem wichtigen Anspruch, Distanzierung von menschenverachtenden Einstellungen natürlich auch als ein Ziel fundierter Ausstiege anzustreben. In den wenigsten Fällen ist hiermit allerdings der Anspruch von Distanzierungsarbeit als eigenes Handlungsfeld gemeint.[4] Die Integration des Terminus der ‚Distanzierung' ist daher im Kontext der Ausstiegsberatung lediglich als ein Zielanspruch unter mehreren anderen zu betrachten.

Das Ziel der Distanzierung von menschenverachtenden Einstellungen ist somit nicht allein auf den Kontext der Ausstiegsberatung zu reduzieren, aber auch nicht nur auf eine Aufgabe einiger weniger spezialisierter Träger der Distanzierungsarbeit, wie z. B. Distanz e. V. Vielmehr soll ein Ansatz vorgestellt werden, der Distanzierungsarbeit in der pädagogischen Auseinandersetzung als eine Querschnittsaufgabe begreift und im Sinne eines Verständnisses von Sozialer Arbeit als Menschenrechtsprofession verankert sieht.

In diesem Kapitel wird das Handlungsfeld der Distanzierungsarbeit als pädagogische Querschnittsaufgabe näher charakterisiert und in Beziehung zur Ausstiegsberatung gesetzt, wobei die im Handlungsfeld spezifischen Merkmale und Terminologien näher erläutert werden. Dabei wird zunächst die Zielgruppe im Gegensatz zur Ausstiegsberatung beschrieben, bevor auf die Ziele, Methoden und Techniken der Distanzierungsarbeit eingegangen wird. Das Handlungsfeld der Distanzierungsarbeit wird abschließend anhand des Vereins Distanz e. V. und seiner Angebote zur Distanzierungsarbeit exemplarisch erläutert.

---

4 Im Folgenden wird von ‚Distanzierungsarbeit' im Verständnis eines Handlungsfeldes und Querschnittsaufgabe gesprochen und von ‚Distanzierung', wenn es als Ziel (in beiden Handlungsfeldern) benannt ist.

1.1 DISTANZIERUNGSARBEIT ALS QUERSCHNITTSAUFGABE

Was haben Menschenrechte in der Sozialen Arbeit oder in der Schule zu suchen?

> **Das Kapitel auf einen Blick**
>
> Das Kapitel führt aus, weshalb die Distanzierungsarbeit als Querschnittsaufgabe pädagogischer Praxis zu verstehen ist. Hierfür wird die Rolle der Menschenrechte in der pädagogischen Arbeit betont, insbesondere im Kontext des 16. Kinder- und Jugendhilfeberichts von 2020. Der Bericht unterstreicht das Recht junger Menschen auf politische Bildung und Erziehung zu einer eigenverantwortlichen Persönlichkeit. Im Kapitel wird weiter der Ansatz der Sozialen Arbeit als Menschenrechtsprofession erläutert. Dieser Ansatz sieht in der Menschenrechtsbildung eine Möglichkeit, gesellschaftliche Ungerechtigkeiten anzugehen und junge Menschen vor Repression und Unterdrückung zu schützen.
>
> Im Kapitel wird begründet, weshalb es eine zentrale Herausforderung pädagogischer Praxis ist, die Menschenrechtsorientierung junger Menschen zu stärken und ihnen die Erfüllung ihrer Bedürfnisse ohne Verletzung anderer beizubringen. Die Entwicklung von Werten und Kompetenzen für den zwischenmenschlichen Umgang, insbesondere in der Phase der Jugend, ist hierfür entscheidend.

Der 16. Kinder- und Jugendhilfebericht des BMFSJ von 2020 betont „ein Recht aller jungen Menschen auf politische Bildung […] und auf Erziehung zu einer eigenverantwortlichen und gemeinschaftsfähigen Persönlichkeit (§1 SGB VIII)" (BMFSJ 2020: 11). Nach einer ausführlichen Analyse von Gelingensfaktoren demokratischer und politischer Bildung im Kindes- und Jugendalter schlussfolgert der Bericht, dass es noch zahlreiche unterschätzte Räume politischer Bildung gäbe. Ausgehend von der These, dass junge Menschen politische Bildung in allen Räumen erleben, haben professionelle pädagogische Settings ein besonderes Potenzial, politische Bildung als Querschnittsaufgabe zu integrieren.

Diese Erkenntnis ist nicht neu. Bereits Anfang der 1990er-Jahre entwickelte Silvia Staub-Bernasconi den Ansatz der Sozialen Arbeit als sogenannte Menschenrechtsprofession. Diesem Professionsverständnis schließt sich Distanz e. V. mit seiner Distanzierungsarbeit an. Das Berufsbild der Sozialen Arbeit als Menschenrechtsprofession basiert auf den Grundsätzen der Menschenrechtserklärungen wie der UN-Charta für Menschenrechte und Menschenrechtsbildung und der Europäischen Menschenrechtskonvention. Auch das Grundgesetz der Bundesrepublik Deutschland beinhaltet einige dieser Menschenrechte. Diese Gesetzesgrundlagen und Erklärungen schreiben das Recht aller Menschen auf ein menschenwürdiges Leben fest. Sie beziehen sich dabei auf elementare Grundannahmen von gegenseitigem Respekt und Gleichheit unabhängig von Geschlecht, Religion, Herkunft, Sexualität, Klasse oder körperlichen Voraussetzungen (Banks 2012: 134). Staub-Bernasconi zufolge sind die Menschenrechte eine Möglichkeit für die Soziale Arbeit, Antworten auf gesellschaftliche Ungerechtigkeiten und auf Situationen der Machtlosigkeit zu geben (2009: 10ff.). Sie können dazu dienen, Auswege aus Zuständen der Repression und Unterdrückung zu finden, oder wie Staub-Bernasconi es ausdrückt: „[D]ie Würde des Menschen vor dem Würgegriff des Menschen zu schützen" (ebd.: 11).

Soziale Arbeit als Menschenrechtsprofession zu begreifen, umfasst auch die Grundannahme, dass Ursachen für soziale Probleme in unerfüllten Bedürfnissen und legitimen Wünschen zu finden sind. Soziale Arbeit muss also auch als eine Handlungswissenschaft verstanden werden (Staub-Bernasconi 2007: 15). Staub-Bernasconi führt aus, dass das Ziel der Sozialen Arbeit als Menschenrechtsprofession und dessen Umsetzung konkret bedeutet, die Menschen zur eigenständigen Lösung ihrer Probleme zu befähigen sowie sich selbst als Pädagog*in sowie die Adressat*innen im politischen Kontext zu begreifen. Das bedeutet, dass auch Strukturen, die Macht- und Herrschaftsgefälle darstellen, so umgewandelt werden sollten, dass die Bedürfnisbefriedigung der Menschen gewährleistet ist und ihre Menschenrechte geschützt werden (vgl. Staub-Bernasconi 2005: 254).

Die Wahrung der Menschenrechte bei gleichzeitiger Bedürfniserfüllung beschreibt die zentrale Herausforderung bei Distanzierungsprozessen: Es geht darum, Menschen in die Lage zu versetzen, ihren Bedürfnissen gerecht zu werden, ohne andere zu verletzen, einzuschränken oder abzuwerten. Dahinter steht die These, dass bei jungen Menschen nicht selten Radikalisierungsprozesse durch den Mangel an sozialen Kompetenzen und durch die unzureichende Erfüllung wesentlicher Bedürfnisse, wie beispielsweise Anerkennung oder soziale Integration, vorangetrieben werden. Der Ansatz ist, durch das Ausbilden sozialer Kompetenzen und Finden von funktionalen Äquivalenten[5] für unerfüllte Bedürfnisse Radikalisierungsprozesse zu verlangsamen, im besten Falle zu stoppen und den jungen Menschen bei der Entwicklung einer menschenrechtsorientierteren Haltung zu unterstützen. Die Erfüllung zentraler menschlicher Bedürfnisse ist am Ende auch keine Frage des Milieus, weshalb Distanzierungsarbeit auch als milieuübergreifendes Anliegen zu verstehen ist.

Menschenrechtsorientierung junger Menschen stärken

In einer komplexer werdenden Welt ist es manchmal nicht auf Anhieb zu erkennen, wann oder worin Menschen andere in ihren (Menschen-)Rechten einschränken. Eine zentrale Frage, die abgewogen werden muss, ist beispielsweise, wie das Recht auf freie Meinungsäußerung unter Berücksichtigung der Wahrung der Menschenwürde gewährleistet werden kann. Der Dichter Matthias Claudius (1740-1815) formulierte es so: „Die Freiheit besteht darin, dass man alles das tun kann, was einem anderen nicht schadet" (1797: 22). Wichtig ist es, sich z. B. bei einem diskriminierenden Spruch nicht von Aussagen wie „Das ist eben meine Meinung oder in Deutschland herrscht Meinungsfreiheit!" verunsichern zu lassen.

---

5   Der Begriff der funktionalen Äquivalente/sinnstiftenden Alternativen wurde wesentlich von Kurt Möller geprägt (vgl. 2015: 633-643).

Offene Kinder- und Jugendarbeit hat durch das Angebot an alle ein enormes Potenzial, Begegnungsräume zu schaffen, die Perspektivwechsel ermöglichen. Gleichzeitig besteht die Herausforderung darin, einen Schutzraum, oder zumindest safer space, für Betroffene von Diskriminierung zu wahren – gerade, wenn der gleichberechtigte Zugang für alle jungen Menschen infrage gestellt wird. Denn auch das Recht auf Schutz vor Diskriminierung ist ein Menschenrecht.

Diesen Schutz zu gewährleisten, ist eine enorme Aufgabe. Denn diskriminierende Einstellungen und Vorurteile ziehen sich durch den Querschnitt der Gesellschaft. Die sogenannte Autoritarismus-Studie von Decker et al. zeigt, dass autoritäre Dynamiken in der Mitte der Gesellschaft im Langzeitverlauf vorzufinden sind (vgl. Decker/Kiess et al. 2022). Diese Langzeitstudien konnten seit 2002 nachweisen, dass Ideologiefragmente extrem rechter Einstellungen wie auch antidemokratische Ressentiments in der Bevölkerung weit verbreitet sind. Diese wissenschaftliche Untersuchungen und deren Vorläufer[6] zeigen, dass verschiedene Facetten von menschenverachtenden Einstellungen in unserer Gesellschaft weit verbreitet sind. Dazu zählen nicht nur Einstellungen wie Rassismus und Antisemitismus, sondern auch Phänomene, die erst in den letzten Jahren verstärkt ins öffentliche Bewusstsein gerückt sind, wie z. B. Sexismus oder Queerfeindlichkeit. Auch die Zustimmung zu Phänomenen wie Sozialdarwinismus und Klassismus, die noch immer als Diskriminierungsformen weniger bekannt sind, sind laut der Studien gesellschaftlich weit verbreitet. Beachtenswert ist die Zustimmung zu klassistischen Einstellungen, da z. B. Langzeitarbeitslose mit noch mehr Verachtung betrachtet werden als Menschen, denen eine nicht-deutsche Herkunft zugeschrieben wird. Auch wird von Menschen mit Migrations- oder Fluchtbiografie oft an erster Stelle verlangt, einer Erwerbsarbeit nachzugehen, wenn sie auch nur ansatzweise toleriert werden wollen und obwohl sie nicht selten überhaupt keine Genehmigung zur Aufnahme einer Tätigkeit haben.

Jede*r kennt auch von sich selbst abwertende Vorurteile und negative Zuschreibungen gegenüber bestimmten Gruppen. Vermittelt wurden und werden sie uns durch verschiedene Sozialisationsinstanzen – gesellschaftliche Narrative, Berichterstattung, Sprachgebrauch und vieles andere mehr. Wir kennen sie, selbst wenn wir uns bewusst entschieden haben, nicht an sie zu glauben, sie weiterzuverbreiten oder nach ihnen zu handeln. Das eigene Wissen über pauschale Abwertungen zeigt nicht nur die Verbreitung solcher Einstellungen, sondern offenbart auch die Eigenverantwortung eines jeden Menschen, sich zu entscheiden, wie er denken und handeln will – und wie nicht. Die Distanzierungsarbeit unterstützt an dieser Stelle die Eigenverantwortung junger Menschen und eröffnet Reflexionsräume.

Diese Auseinandersetzung mit jungen Menschen zu führen, ist die zentrale Herausforderung – nicht nur in Distanzierungsprozessen. Die Herausbildung von Werten für den eigenen zwischenmenschlichen Umgang stellt eine wichtige Aufgabe adoleszenter Identitätsentwicklung dar. Diese Gespräche und Diskussionen sollten in diversen Kontexten nonformaler wie formaler Bildung stattfinden. Empathisch zu sein, Perspektiven wechseln zu können, Unsicherheiten und Widersprüche aushalten zu können, diese sogenannte Ambiguitätstoleranz weiter auszubilden – all das sind zentrale Kompetenzen, die vor einer Annäherung an menschenfeind-

---

6   Weitere Informationen zu Vorläuferstudien, den Ergebnissen und theoretischer Rahmenüberlegungen siehe Kapitel 2.1.1.

liche Narrative schützen oder auch in einem Hinwendungsstadium diskriminierendem Verhalten und Einstellungen Einhalt bieten können. Die Entwicklung dieser Kompetenzen kann in der Schule, im Jugendclub, in der Jugendfreizeit wie auch in (teil-)stationären und vielen anderen pädagogischen Settings stattfinden.

Distanzierungsarbeit zum Erreichen einer schwer erreichbaren Zielgruppe

Prävention und Aufklärung klassischer Demokratieerziehung kann viele herausfordernde Entwicklungen aufhalten und politische Bildung muss mehr sein als sogenannte ‚Extremismusprävention'. Politische Bildung ist dazu da, „ergebnisoffene Angebote für alle jungen Menschen zu machen" (BMFSJ 2020: 13) und es ist wichtig, politische Bildungsangebote nicht auf ihren Präventionsauftrag zu reduzieren (vgl. ebd.). Junge Menschen, die kontinuierlich mit diskriminierenden Aussagen und Handlungen auffallen, laufen aber Gefahr, durch das Raster präventiver oder allgemein bildender Angebote für alle junge Menschen zu fallen. Häufig stören oder unterlaufen sie sogar diese Angebote und gefährden den Mehrwert für alle anderen. Diese Dynamik stellt politisch Bildende wie Pädagog*innen vor große Herausforderungen. Aus Sicht der Autor*innen sind allgemein bildende oder präventive Angebote wichtig und richtig, sie erreichen viele junge Menschen – und doch reichen sie in manchen Fällen nicht mehr aus.

Junge Menschen, die durch diese Angebote nicht erreicht werden, benötigen eine grundsätzlichere Auseinandersetzung im Sinne der Distanzierungsarbeit. Dies bedeutet meist ein intensiveres und ressourcenaufwendigeres Setting für die Arbeit mit dem jungen Menschen. Ist das Stadium der Vermeidung von ‚den Anderen' erst einmal erreicht und wird der Weg der Abwertung auch mehr oder weniger bewusst gewählt, gilt es verantwortungsvoll Wege auszuloten, mit diesen Menschen in Kontakt zu bleiben – bei gleichzeitiger klarer Grenzziehung. Die Notwendigkeit des Kontakts zu dem jungen Menschen mit dem Ziel, bei eben diesem, einen Distanzierungsprozess anzustoßen, muss immer aus einer festen Position auf Grundlage der Menschenrechte und Gleichheit aller Menschen erfolgen. Anderenfalls könnte die Gefahr bestehen, die abwertende und diskriminierende Haltung des jungen Menschen, durch missverstandene Aufmerksamkeit ungewollt zu stützen. Je weiter ein Radikalisierungsprozess fortschreitet, umso schwerer wird das Bremsen eines Hinwendungsprozesses. Deshalb ist es wichtig, solche Prozesse möglichst früh zu erkennen und zu intervenieren.

Dem Ansatz, Soziale Arbeit als Menschenrechtsprofession zu begreifen, folgend, verstehen die Autor*innen das Handlungsfeld der Distanzierungsarbeit als Querschnittsaufgabe der pädagogischen Praxis. Daher ist auch das Handlungsfeld der Distanzierungsarbeit nicht als Randphänomen einiger weniger ‚extremistisch' Denkender zu interpretieren, sondern hat auch mit der Reflexion der eigenen Einstellung zu tun. Sie ist als gesellschaftliche Herausforderung zu begreifen, die in der Breite bearbeitet werden muss.

1.2 DISTANZIERUNGSARBEIT IM VERHÄLTNIS ZUR AUSSTIEGSBERATUNG

> **Das Kapitel auf einen Blick**
>
> Das Kapitel untersucht den Begriff der ‚Distanzierungsarbeit' und seine Unterscheidung von ‚Ausstiegsberatung' in Bezug auf extrem rechte Hinwendungsprozesse. Es betont die Komplexität dieser Prozesse und die Schwierigkeiten bei der Definition von ‚Radikalisierung' sowie der Identifizierung von Hinwendungs- und Abwendungsdynamiken.
>
> Der Text beschäftigt sich mit der Herausforderung, junge Menschen vor extrem rechten Ideologien zu schützen und sie von einem destruktiven Weg der Radikalisierung abzubringen. Er betont die Notwendigkeit, frühzeitig einzugreifen, bevor sich menschenverachtende Weltbilder festigen, und hebt damit die Bedeutung von Frühintervention hervor.
>
> Das Kapitel analysiert auch die Rolle von pädagogischen Fachkräften und Spezialträgern in der Distanzierungsarbeit sowie die methodischen Herausforderungen bei der Ansprache und Begleitung von Menschen in Hinwendungsprozessen. Es unterscheidet zwischen selbstinitiierten Ausstiegen aus extrem rechten Szenen und nicht selbstinitiierten Reflexionen diskriminierender Einstellungen/Verhaltensweisen und betont die Bedeutung einer konstruktiven und kritischen Beziehung zwischen Fachkräften und Adressat*innen der Distanzierungsarbeit.

1.2.1 DIE TERMINOLOGISCHE VERORTUNG

Der Begriff der ‚Distanzierungsarbeit' beziehungsweise die Begriffe ‚Distanzierung' und ‚Deradikalisierung' werden nicht selten ohne Unterscheidung konkreter Arbeitsfelder benutzt. Es wird zwar beschrieben, dass Deradikalisierung angezeigt ist, wenn eine Person in ihrer Radikalisierung fortgeschritten ist.[7] Es ist jedoch nicht klar definiert, was als *fortgeschritten* bezeichnet wird und wie Radikalisierung in Bezug zu Gewalt (in die Gewalt, ohne Gewalt oder/und in der Gewalt) gesetzt ist. Diese Diffusität stößt in der Praxis auf die konkrete Herausforderung, dass Hinwendungsdynamiken in extrem rechte Weltbilder so unterschiedlich ausfallen können, wie die Menschen und ihre Beweggründe selbst sind. Diese Dynamik wurde vielfach analysiert und ein zu enges Verständnis von ‚Radikalisierung' problematisiert (vgl. Gaspar/Daase et al. 2018). Auch der Begriff der ‚Deradikalisierung' wurde von Kurt Möller problematisiert, da er „keine ausreichende Perspektive für die demokratiefördernde Arbeit und damit die professionelle, pädagogische Auseinandersetzung mit gesellschaftlichen Ablehnungsdiskursen" (vgl. Dietrich: 2016) böte.

---

[7] Wie beispielsweise auf der Website des Bundesministeriums des Inneren und für Heimat zum Thema „Deradikalisierung" (BMI o. J. a).

Ein- wie Ausstiegsprozesse, Radikalisierungsdynamiken wie auch die Distanzierung von Handlungen und Haltungen sind Prozesse, die sehr fluide ablaufen und nicht selten von Rückfällen geprägt sind. Eine mögliche Unterscheidung von ‚Deradikalisierung' bzw. ‚Ausstiegsberatung' und ‚Distanzierungsarbeit' ließe sich zwar auf den ersten Blick am Organisationsgrad einer Person festmachen. Es ist jedoch in zunehmend komplexer werdenden Hinwendungsprozessen im Kontext von ‚Rechtsextremismus' durchaus herausfordernd zu analysieren, wann ein Einstieg als vollzogen bewertet werden kann.[8] Die Ausdifferenzierung extrem rechter Identifikationsangebote – milieuübergreifend sowie off- wie online – erschwert diese Einordnung zusätzlich.

Der Auftrag, in Radikalisierungsprozesse einzugreifen und eine weitergehende Radikalisierung zu verhindern, wird auch als Einstiegsprävention oder ‚Radikalisierungsprävention' beschrieben. ‚Distanzierungsarbeit' wird im Feld der Rechtsextremismusprävention oftmals als ‚sekundäre' oder ‚selektive' Gewaltprävention verortet. Diese Einordnungen der Distanzierungsarbeit schaffen einerseits pragmatische Unterscheidbarkeiten zur primären und tertiären oder universellen und indizierten Gewaltprävention. Dies muss andererseits aber als viel zu schemenhaft bewertet werden und trägt offenbar nicht ausreichend zum Verständnis des Handlungsfeldes bei.

Da sich bei näherer Betrachtung von ‚Radikalisierungsprozessen' im extrem rechten Spektrum eine sehr komplexe Dynamik abzeichnet, lohnt es sich, Stadien der Hinwendung näher zu beleuchten und im Hinblick auf pädagogische Handlungsmaximen zu unterscheiden. Die Autor*innen halten es für hilfreich, sich die konkrete Zielgruppe der Distanzierungsarbeit im Kontext des Phänomens Rechtsextremismus und damit einhergehende Ziele zu vergegenwärtigen. So kann das Handlungsfeld der Distanzierungsarbeit und sein Verständnis als Querschnittsaugabe in Abgrenzung zur Ausstiegsberatung näher verstanden werden.

1.2.2 DIE ZIELGRUPPE DER DISTANZIERUNGSARBEIT ALS BREITES SPEKTRUM

Die Autor*innen begreifen Distanzierungsarbeit als das Eingreifen in einen Hinwendungsprozess zu extrem rechten Ideologiefragmenten, d.h. vor einer tiefergehenden/fortschreitenden Radikalisierung und des klar erkennbaren Anschlusses an extrem rechte Organisationen. Es werden Personen angesprochen, die sich in einer Frühphase extrem rechter Gefährdung befinden. Distanzierungsarbeit beginnt also dort, wo junge Menschen vermehrt visuell und/oder durch aktiv diskriminierende Handlungen oder diskriminierende Äußerungen auffallen.

Die Zielgruppe wird als heterogenes Spektrum begriffen, in dessen weiterer Eskalationsstufe Personen adressiert werden, die sich stärker an extrem rechten Denkmustern orientieren und bei denen erste Tendenzen in (Selbst-)Organisiertheit erkennbar sind. Der Ansatz der Distanzierungsarbeit wendet sich somit an Personen, bevor sie verfestigte menschenverachtende

---

8   Das Stufenmodell von Distanz e. V. zeigt drei Stufen der Einstiegsgefährdung junger Menschen in extrem rechte Szenen. Dieses Modell unterstützt darin, einen Hinwendungsprozess zu menschenverachtenden Denk- und Handlungsmustern zu analysieren und fortlaufend im Blick zu behalten (siehe Kapitel 2.1.2).

Weltbilder annehmen und/oder sich konstant, gefestigt oder aktionistisch in extrem rechten Strukturen oder auch Online-Settings bewegen.

Es geht demnach um Personen, die

a) gefährdet sind, den Einstieg in extrem rechte Weltbilder oder Szenen zu vollziehen oder die angeworben werden könnten sowie
b) bereits an extrem rechten Denkmustern orientiert sind.

Distanzierungsarbeit soll junge Menschen von einem destruktiven, menschenverachtenden Weg distanzieren, der von Ungleichwertigkeitsvorstellungen geprägt ist. In diesem Prozess eignen sich Personen immer mehr Vorsatzstücke diskriminierender Einstellungen hin zu einer gefestigten extrem rechten Ideologie an. Nicht erst ein potenzielles Ergebnis dieses Prozesses, also die extrem rechts manifestierte und organisierte Person mit einer geschlossenen ideologischen Weltanschauung, sondern bereits der Hinwendungsprozess der Person muss kritisch begleitet sein. Denn: Die Menschenfeindlichkeit des Rechtsextremismus ist qua Ideologie angelegt und nicht erst in militanten Handlungen sichtbar. Das Problem beginnt also bereits in der eigenen Einstellung zur (nicht)gleichberechtigten Behandlung von allen Menschen, über verbal geäußerte Abwertungen und endet im schlimmsten Fall in Gewalt- bis Tötungsdelikten.

Wenn allein die Teilhabe/das Mitwirken in einer erkennbaren extrem rechten Szene als Kriterium für eine Radikalisierung dient, läuft man Gefahr, die Prozesse vor dieser offenkundigen Organisiertheit zu übersehen. Es gerät ein Personenkreis aus dem Blick, der in seinen Handlungen und Haltungen bereits sehr menschenverachtend agiert und auch andere gefährdet. Das Spektrum von Distanzierungsfällen setzt damit also deutlich früher an als die Adressat*innen der Ausstiegsberatung. Die Adressat*innen der Distanzierungsarbeit grenzen sich meist sogar von Strukturen mit eher hohem Organisiertheitsgrad ab – und teilen zugleich Einstellungsfacetten mit der extrem rechten Szene. Ein bekanntes Beispiel hierfür ist die Floskel: „Ich bin kein Nazi, aber…".

Es werden damit – im Gegensatz zur Zielgruppe der Ausstiegsberatung – vorrangig Personen in den Blick genommen, die in ihrer Identitätsentwicklungsphase stecken, noch nicht festgelegt sind und bei denen die Suche nach der eigenen Identität noch offenere Sphären der Auseinandersetzung beinhaltet. Diese Personen waren nicht jahre- oder gar jahrzehntelang in Szenezusammenhängen aktiv und sicherheitsrelevante Aspekte eines Ausstiegsprozesses fallen – wenn überhaupt – in geringerem Ausmaß ins Gewicht.[9]

Im Kontrast hierzu steht das zentrale Alleinstellungsmerkmal der Ausstiegsberatung: Ein Ausstieg und die vorangestellte Zugewandtheit zur extrem rechten Szene gehen mit dem „Entschluss (einher,) dem bisherigen Kontext der radikalen/extremistischen Gruppe, Bewegung nicht mehr anzugehören" (vgl. Online im Glossar von EXIT 2017: Stichwort „Ausstieg"). Dieser Befund erfordert Maßnahmen im Bereich der Sicherheitsvorbeugung und -intervention, der

---

9 Die vorgenommene Relativierung ist näher darin begründet, dass Adressat*innen der Distanzierungsarbeit auch in einem Umfeld aufwachsen können, das durch extrem rechte Szenemitglieder geprägt ist und eine Distanzierung hiervon steht potenziell mit einem starken Bruch zum Umfeld in Verbindung, der auch sicherheitsrelevant werden kann.

sozialen Integration und der Reflexion einer mitunter meist längeren Episode im Erwachsenenalter.

1.2.3 DISTANZIERUNG ALS ZIEL VON AUSSTIEGSBERATUNG

Wie bereits einleitend erwähnt, ist die Bezugnahme von Trägern der Ausstiegsberatung auf ‚Distanzierung' als Zielanspruch zu bewerten. Die Aussteiger*innen-Initiative EXIT etwa definiert in ihrem Online-Glossar Distanzierung auf zwei Ebenen:

> „1. Prozess der inneren Entfernung und Entbindung von Personen, Gruppen und Bewegungen von den Dimensionen der Radikalität (Ideologie/Religionsmodus; kollektives Missionshandeln; ideologisch intendierte Aggression und Gewalt)
> 2. Tätigkeit der unmittelbaren Einflussnahme nichtradikaler Personen und Organisationen auf radikale Personen, Gruppen und Bewegungen zum Zwecke der ausstiegsorientierten inneren Entfernung und Entbindung von den Dimensionen der Radikalität" (vgl. EXIT 2017).

Die Distanzierung als Ziel, wie auch als Entwicklungsprozess, im Hinblick auf kognitive, wie auch sozialräumliche Faktoren sind also zentrale Aspekte in einem Ausstiegsprozess. Im Wesentlichen unterscheiden sich die Werkzeuge für diese Zielerreichung wohl nicht enorm von denen der Distanzierungsarbeit. Doch die Ausstiegsberatung wirkt in einem gänzlich anderen Kontext und ist nicht als pädagogische Querschnittsaufgabe zu denken. Die Distanzierungsarbeit ist im Gegensatz dazu ein pädagogisches Setting der Auseinandersetzung initiieren und Beziehung dahingehend (auf-)suchen, als dass ein Anlass zur gemeinsamen Arbeit gefunden wird. Der Initiative solcher Interventionen im Sinne der Distanzierungsarbeit kann ein Vorfall (beispielsweise diskriminierende Äußerungen oder das Tragen extrem rechter Codes) zuvorkommen. Diese Anlässe brauchen einerseits eine klare Grenzsetzung und andererseits auch ein Angebot zur Auseinandersetzung. Hier haben konkrete lebensweltorientierte Ansprachen das Potenzial, zu einer persönlichen Auseinandersetzung zu motivieren. Der Unterschied zur Ausstiegsberatung wird umso deutlicher, wenn Distanzierungsarbeit als Handlungsfeld wie folgt definiert wird:

a) als Aufgabe von pädagogischen Berufen, die sich mit einstiegsgefährdeten Menschen entsprechend ihren Ressourcen und Kontexten auseinandersetzen sowie
b) als Aufgabe von Spezialträgern, die spezifische Angebote der Distanzierungsarbeit machen und für Pädagog*innen beratend tätig sind sowie Regelstrukturen unterstützen.

1.2.4 DISTANZIERUNGSARBEIT ALS AUFSUCHENDE TÄTIGKEIT

Ein Unterschied der Distanzierungsarbeit zum Handlungsfeld der Ausstiegsberatung deutet sich zum einem im Terminus der ‚Beratung' an. Beratungskontexte sind in der Regel Kontexte, in denen die Beratungsnehmenden selbstinitiierte Beratungssettings aufsuchen. Distanzierungsarbeit richtet sich jedoch an Menschen, die ihre Einstellungen und Handlungen nicht problematisieren, dementsprechend noch kein Anliegen formuliert haben und sich in der Regel nicht über die Destruktivität ihrer Einstellungen bewusst sind.

Der selbstinitiierte Ausstieg aus einer extrem rechten Szene ist anders zu bewerten als die nicht selbstinitiierte Reflexion eigener diskriminierender Aussagen und hat daher gänzlich andere Rahmenbedingungen. Die entscheidende Herausforderung der pädagogischen Fachkraft im Kontext der Distanzierungsarbeit ist es, einen Hinwendungsprozess (auch im Frühstadium) zu erkennen und im weiteren Verlauf kritisch fachlich zu spiegeln und zu reflektieren, einen konstruktiven Zugang herzustellen, eine konfrontative und kritikgetragene Beziehung zu entwickeln und die gewonnene Motivation zur Auseinandersetzung zu halten.

Zum anderen ergibt sich ein entscheidender Unterschied der Distanzierungsarbeit gegenüber der Ausstiegsberatung aus ihrer Arbeitsweise als aufsuchende Tätigkeit. So verfolgt die Distanzierungsarbeit in ihrem Ansatz eine lebensweltorientierte und kooperative Ansprache einer schwer erreichbaren Zielgruppe vor Ort in ihren Lebensumfeldern. Diese Arbeitsweise stellt eine zentrale Schnittstelle der Distanzierungsarbeit mit der Sozialen Arbeit und ihren aufsuchenden Ansätzen dar. Zur Einordnung aufsuchender Sozialer Arbeit schreibt Hubert Höllmüller:

> „Statt der üblichen ‚Kommstruktur' von Angeboten – Klient*innen sollen zum Angebot, z. B. zur Beratungsstelle, Anlaufstelle, Jugendamt etc., kommen – geht es bei der aufsuchenden Sozialarbeit um eine ‚Gehstruktur': Die Sozialarbeiter*innen gehen mit ihrem Angebot dorthin, wo sich die jeweilige Zielgruppe oder Klient*in aufhält und bewegen sich in deren sozialen Räumen. Zusätzlich stehen in der Regel ‚Kommstrukturen' zur Verfügung: Anlauf- oder Kontaktstellen und Ambulanzen, Begegnungs- und Beratungsräume können bei Bedarf und funktionierender Arbeitsbeziehung genutzt werden, um die aufsuchende Arbeit zu ergänzen bzw. zu vertiefen" (Höllmüller 2019).

Diese Begründungszusammenhänge legen aus Sicht der Autor*innen nahe, die Felder der Distanzierungsarbeit und Ausstiegsberatung als zwei unterschiedliche Handlungsfelder zu beschreiben, in denen methodische Überschneidungen vorkommen. Ausstiegsberatung braucht entsprechend spezialisierte Fachkräfte. Distanzierungsarbeit jedoch bedient sich zusätzlich vieler klassischer sozialpädagogischer Methoden, die für den Kontext des Hinwendungsprozesses besonders reflektiert werden müssen. Auch finden sich Beratungsansätze in der Distanzierungsarbeit wieder, die jedoch in Ihrem Anspruch adaptiert werden müssen, wie beispielsweise bei systemisch-lösungsorientierten Methoden und Fragetechniken.

1.3 DISTANZIERUNGSARBEIT ALS HANDLUNGSFELD UND PÄDAGOGISCHE METHODIK

Distanzierungsarbeit teilt die Überzeugung, dass die Arbeit mit extrem rechts einstiegsgefährdeten und orientierten jungen Menschen möglich und nötig ist, wenn sie klar definierten Qualitätsstandards folgt. Distanzierungsarbeit benötigt dafür ausreichend Ressourcen und Fachlichkeit, kollegiale Reflexion und eine demokratische wie menschenrechtsorientierte klare und verantwortliche Ausrichtung der eigenen Haltung. Für die Beschreibung der Techniken und Methoden des Handlungsfeldes halten die Autor*innen es für wichtig, sich die Ansprüche, Kennzeichen und Rahmenfaktoren der Distanzierungsarbeit zu vergegenwärtigen.

1.3.1 DISTANZIERUNGSARBEIT MIT DEM ANSPRUCH DER FRÜHERKENNUNG

Dem Ansatz, Soziale Arbeit als Menschenrechtsprofession (nach Staub-Bernasconi) folgend, begreift Distanz e.V. das Handlungsfeld der Distanzierungsarbeit ergo als Querschnittsaufgabe pädagogischer Auseinandersetzung. Pädagog*innen und Multiplikator*innen aus den Feldern der Jugendhilfe, Jugend(sozial)arbeit sowie Schule spielen eine wesentliche Rolle in dieser Früherkennung, da gerade in den Anfängen eines Hinwendungsprozesses die erste irritierende Wirkung ein großes Potenzial entfalten kann. Stefan Tepper führt hierzu aus:

> „Es sollten vielmehr darüber sowohl Personen adressiert werden, die sich noch im Hinwendungsprozess befinden, als auch solche, die bis dato nichts haben verlauten lassen, sich von rechtsextrem orientierten Szene- und Haltungszusammenhängen abzuwenden" (2021: 399).

Weiter beschreibt Tepper, dass es wichtig ist,

> „über aufsuchende Arbeit – sowohl im virtuellen wie auch in der gegenständlichen Welt – in Kontakt mit Assoziierten rechtsextrem orientierter Szene- und Haltungszusammenhänge zu treten, eine Beziehung aufzubauen, gezielt Abwendungsmotive befördern zu können oder aber bereits bestehende aufzunehmen und Hilfe bei der Transformation von Abwendungsideen zu Abwendungshandeln anzubieten" (ebd.).

Geschehen diese frühen Formen der Interventionen nicht, besteht im weiteren Verlauf der Entwicklung die Gefahr, dass sich Jugendliche mit einem Hang zur Aggression und Abwertung ein entsprechendes Angebot suchen werden. Diese Angebote, welche insbesondere im ländlichen Raum nicht selten aus dem extrem rechten Spektrum resultieren, ermöglichen es den Menschen Anerkennung zu erhalten, bestärkt sie jedoch gleichzeitig in ihren destruktiven Haltungen. Eine pädagogische Intervention im Frühstadium der Hinwendung ist zentral, um Entwicklungstendenzen in menschenverachtende Einstellungen und Handlungen sowie eine extrem rechte ideologische Rechtfertigung und Verfestigung zu verhüten. Dies dient zugleich dem präventiven Schutz (zukünftiger) Betroffener von Gewalt und Abwertung.

1.3.2 PÄDAGOGISCHE ZIELE DER DISTANZIERUNGSARBEIT

Distanzierungsarbeit zielt auf eine intensive Selbstreflexion ab und reduziert so zukünftige Gewalthandlungen, indem sie Schutzfaktoren (zum Beispiel Selbstwirksamkeitserwartung,

Sinnhaftigkeitsempfinden, flexibles Denken etc.) in den Blick nimmt und zu diesen Themen arbeitet. Distanzierungsimpulse zu setzen, bedeutet, Neutralisierungstechniken[10] für die Abgabe von Verantwortung aufzulösen und die Quellen für Haltungen kritisch zu hinterfragen. Diese Aspekte stehen mit folgenden Zielen in Verbindung:

a) Die Distanzierung von Menschenverachtung
Die Distanzierung von menschenverachtenden Einstellungen und Verhalten anzustoßen, ist ein zentrales Ziel der Distanzierungsarbeit. Dafür wird die selbstkritische Reflexion unterstützt, menschenfeindliche Aussagen werden bewusst gemacht und die Pluralität von Lebensentwürfen von diskriminierten Menschen wird thematisiert. Im Zuge dessen werden Gruppenzuschreibungen und kollektive Abwertungen in Frage gestellt und alternative, menschenrechtsorientierte Perspektiven angeboten. Hierbei müssen insbesondere die Hinwendungsfaktoren berücksichtigt werden, die die Einstellung des jungen Menschen bedingt haben.

b) Die Reduktion von Gewalt
Die Reduzierung von gewaltbefürwortenden Einstellungen und gewalttätigen Handlungen sowie das Aufzeigen von Konsequenzen für die eigene Biografie und die möglicher Betroffener, sind elementar. Adressat*innen der Distanzierungsarbeit werden so in die Lage versetzt, eigene Konfliktmuster zu erkennen und alternative Einstellungen und/oder Strategien im Umgang mit dem eigenen Konfliktverhalten jenseits von Gewalt zu entwickeln.

c) Die Stärkung von Selbstreflexion und Erhöhung des Selbstwertes
Die Kompetenz der Selbstreflexion zu stärken und die Entwicklung eines konsistenten Selbstwerts jenseits von Abwertungsmechanismen sind die zentralen Entwicklungsaufgaben für die Adressat*innen. Im Zuge dessen müssen soziale Kompetenzen gestärkt werden, die resilient gegen Abwertungsmuster wirken, wie z. B. Empathiefähigkeit, die Fähigkeit zum Perspektivwechsel und die Ausbildung von Ambiguitätstoleranz.

d) Die Entwicklung von Zukunftsperspektiven
Die Entwicklung von eigenen individuellen Lebensperspektiven und von sogenannten sinnstiftenden Alternativen[11] zur extrem rechten Orientierung sind zentrale Aufgaben in einem Distanzierungsprozess. Die Adressat*innen werden beim Finden einer konstruktiven Arbeits-, Familien- und Freizeitgestaltung unterstützt.

Diese Auseinandersetzung mit jungen Menschen zu führen, ist die zentrale Herausforderung – nicht nur in Distanzierungsprozessen. Die Herausbildung von Werten für den eigenen zwischenmenschlichen Umgang stellt eine wichtige Entwicklungsaufgabe adoleszenter Identitätsentwicklung dar. Empathisch zu sein, Perspektiven wechseln zu können, Unsicherheiten und Widersprüche aushalten zu können – all das sind zentrale Kompetenzen, die vor einer Annäherung an menschenfeindliche Narrative schützen oder auch in einem Hinwendungsstadium diskriminierendem Verhalten und Einstellungen Einhalt bieten können. Die Entwicklung

---
10 Mehr zu diesen sogenannten Neutralisierungstechniken in Kapitel 2.2.7.
11 Zum Konzept der funktionalen Äquivalente vgl. Möller 2015: 633-643.

dieser Kompetenzen muss demnach in der Schule, im Jugendclub, in der Jugendfreizeit wie auch in (teil-)stationären Settings und vielen anderen pädagogischen Settings stattfinden. Daraus resultiert die Erkenntnis, dass das Frühstadium der Distanzierungsarbeit – gerade in der aktuellen gesellschaftspolitischen Situation – bereits im Querschnitt aller pädagogischen Arbeit präventiv verankert sein muss.

1.3.3 METHODEN UND TECHNIKEN DER DISTANZIERUNGSARBEIT: DER BRAKE-ANSATZ VON DISTANZ E. V.

Das Kapitel auf einen Blick

Das Kapitel beschreibt den BRAKE-Ansatz der Distanzierungsarbeit von Distanz e. V., der die Arbeit mit extrem rechts einstiegsgefährdeten und orientierten jungen Menschen erläutert. Zentral ist der Ansatz der Aufsuchenden Distanzierungsarbeit, der auf klaren Qualitätsstandards, ausreichenden Ressourcen, Fachlichkeit und einer demokratisch-menschenrechtsorientierten Ausrichtung basiert. Das Akronym BRAKE steht für: Beziehungsgestütztes Arbeiten, Reflexionsanregung, Aufsuchendes Arbeiten, Kritikgetragenheit und Entwicklungsprozess. Der Ansatz soll eine weitere Radikalisierung in extrem rechte Denkmuster verhindern und neue Perspektiven für ein respektvolles Miteinander schaffen.

Distanz e. V. hat zur Erreichung der im vorherigen Kapitel beschriebenen Ziele der pädagogischen Ausrichtung im Rahmen der Distanzierungsarbeit den BRAKE-Ansatz entwickelt. Dieses Akronym greift das beschriebene Kernziel insofern auf, als dass der Radikalisierungsprozess bei einem jungen Menschen möglichst frühzeitig gebremst werden soll (Brake (englisch) = Bremse), um ihn bestenfalls aufzuhalten, bevor sich ein festgefahrenes extrem rechtes Weltbild etabliert bzw. die Hinwendung in extrem rechte Szenen fortschreitet.

Distanzierungsprozesse sind insofern als Transformationsprozesse der Identitätsbildung zu begreifen. Dies beinhaltet ein Menschenbild, das es allen zugesteht, sich zu verändern. Distanz e. V. hat in diesem Sinne im Rückgriff auf die vier Grundprinzipien der motivierenden Gesprächsführung (Empathie ausdrücken, Diskrepanzen entwickeln, Widerstand aufnehmen, Selbstwirksamkeit fördern) das aktive Zuhören, als deren wesentliches Instrument für die Aufsuchende Distanzierungsarbeit, den BRAKE-Ansatz[12] ausgearbeitet.

Ein Rückblick: die Arbeit mit extrem rechts einstiegsgefährdeten und orientierten jungen Menschen

Anfang der 1990er-Jahre wurde von Franz Josef Krafeld und Kolleg*innen das Konzept der akzeptierenden Jugendarbeit erarbeitet und praktisch angewandt (Krafeld/Möller et al. 1993).

---

12 Ausführungen zum BRAKE-Ansatz im Kontext der Arbeit von Distanz e. V. wurden auch im JEX-Journal publiziert (Distanz e. V. 2021).

In Anlehnung an aufsuchende niedrigschwellige Streetworktätigkeit, u. a. mit drogenabhängigen Menschen, wurden die Bedingungen für die Arbeit mit extrem rechts orientierten jungen Menschen formuliert. In der Jugendarbeit der 1990er-Jahre wurde unter diesem Label sowohl pädagogisch wirksame Arbeit entsprechend des Konzepts umgesetzt als auch ein unprofessioneller, weil unkritischer Umgang mit extrem rechten Jugendgruppen betrieben.[13] In einer Phase großer gesellschaftlicher Umbrüche und Veränderungen, der sogenannten ‚Wendezeit', standen in einigen pädagogischen Kontexten fachliche Quereinsteiger*innen großen Herausforderungen gegenüber. Besonders, aber nicht ausschließlich, in den neuen Bundesländern hatte die fachlich nicht ausreichend geschulte oder mit zu wenigen Ressourcen ausgestattete Jugendarbeit[14] zum Teil verheerende Konsequenzen. Den akzeptierenden Ansatz – im Sinne des ursprünglichen Konzeptes – professionell umzusetzen bedeutet, folgendes Spannungsfeld zu reflektieren: die Beziehung zum Menschen aufzubauen und zu halten bei gleichzeitig konfrontativ-kritischer Auseinandersetzung mit der Einstellung des betreffenden Menschen. Zentral ist es also, die pädagogisch-professionelle Beziehung als Grundlage für eine nachhaltige Intervention zu nutzen.

Spätere Projekte griffen das Konzept der akzeptierenden Jugendarbeit auf und modifizierten es, um Fallstricke zu umgehen, die selbst bei einer kompetenten und professionellen Umsetzung drohen. Zu den Verbesserungen in der Praxis zählen unter anderem angewandte Interventionen gegenüber der menschenverachtenden Haltung der jungen Menschen als Standard, bei gleichzeitiger Beibehaltung einer professionellen Beziehung zum Menschen. Außerdem zählt zu den Modifikationen ein analytisch-präventiver Umgang mit Gruppen, um wechselseitige Radikalisierungsprozesse oder gar eine zusätzliche Vernetzung einzelner junger Menschen zu vermeiden. Hierzu bedarf es grundsätzlich einer Teamarbeit mit hohen Ansprüchen an die kritische Reflexion der eigenen Arbeit.[15]

Aufsuchende Distanzierungsarbeit mit dem BRAKE-Ansatz

Nach etwa 30 Jahren der Auseinandersetzung mit unterschiedlichen Auslegungen und Herangehensweisen verschiedener Institutionen hat sich gezeigt, dass die Arbeit mit extrem rechts einstiegsgefährdeten und orientierten jungen Menschen trotz aller Kritik dem Grunde nach möglich ist. Die Arbeit muss aber entlang klarer Qualitätsstandards erfolgen – sie braucht ausreichend Ressourcen und Fachlichkeit, kollegiale Reflexion und eine demokratisch- wie menschenrechtsorientierte klare und verantwortliche Ausrichtung der eigenen Haltung. Keinesfalls kann hier mit bagatellisierenden Neutralitäts-Bestrebungen gänzlich unpolitisch gearbeitet werden. Die pädagogische Ausrichtung sollte sich daher nicht mehr auf das Ob, sondern auf

---

13 Dr. Stefan Dierbach kritisiert, dass die die tatsächliche Praxis dem Anspruch des Akzeptierenden Ansatzes teilweise nicht gerecht geworden wäre, weil die politische Haltung der Jugendlichen nicht ernst genommen worden sei. Aber auch der Akzeptierende Ansatz an sich tendiere bereits dazu, die Jugendlichen als Opfer ihrer Verhältnisse zu sehen und daher den Charakter der Gewalt zu entpolitisieren (vgl. Dierbach 2010).
14 Auf kritikwürdige Entwicklungen, nicht nur in Ostdeutschland, geht Franz Josef Krafeld 1998 in einem Interview ein.
15 Vergleiche dazu die Ausführungen von Karola Jaruczewski und Enrico Glaser über Möglichkeiten und Grenzen aufsuchender Jugendarbeit mit neonazistisch orientierten Jugendlichen im ländlichen Raum in Sachsen (2014).

das Wie einer verantwortlichen Tätigkeit beziehen. Distanz e. V. plädiert für eine Aufsuchende

Distanzierungsarbeit und hat hierfür den BRAKE-Ansatz entwickelt.

Abb.1: BRAKE-Ansatz von Distanz e. V.

Das Akronym BRAKE bedeutet näher:

B_____

Im Rahmen der Distanzierungsarbeit ist es wichtig, zu den jungen Menschen eine pädagogische Beziehung zu etablieren, um eine (konflikt-)tragende und damit nachhaltige Interventionsberechtigung zu erarbeiten. Nur in einer vertrauensvollen Beziehung werden die jungen Menschen sich öffnen und damit Kritik und Interventionen reflektieren.

R_____

Von zentralem Charakter ist es, dass bei den jungen Menschen Reflexionsprozesse angeregt werden. Sie sollen dazu bewegt werden, sich selbst kritisch zu hinterfragen, Einsichten zu gewinnen und neue selbstgesteckte Ziele anzustreben. Diese Verfahrensweise trägt wesentlich zur Distanzierung von tieferliegenden menschenverachtenden Einstellungen bei. Angestoßen wird dieser Reflexionsprozess aber auch durch die Spiegelung der eigenen Haltung mit der klaren und offen gezeigten antidiskriminierenden und humanistischen Haltung der Pädagog*innen. Es gilt hier jedoch, dass Gegenüber nicht mit der eigenen Meinung zu überwältigen, sondern tiefergehende Reflexion fernab von sozial erwünschtem Antwortverhalten anzuregen.

A_____

Das A im BRAKE-Ansatz steht für aufsuchend. Dieser Aspekt ist von besonderer Bedeutung und prägt den Anspruch Aufsuchender Distanzierungsarbeit im gesamten Prozess. Grundlegend für diese Herangehensweise ist es nicht, ein Angebot bereitzustellen, das lediglich abgerufen werden kann, sondern, dass aktiv auf junge Menschen zugegangen wird. Das bedeutet konkret, nicht darauf zu warten, dass sich junge Menschen mit einer Distanzierungsintention bei pädagogischen Fachkräften melden, sondern selbst zu versuchen diese Distanzierungsmotivation zu generieren. Das erfordert, einstiegsgefährdete junge Menschen auf verschiedenen Ebenen zu finden und gezielt anzusprechen.

Um dies zu erreichen, ist ein sensibilisierter Sozialraum entscheidend – nur so können extrem rechts einstiegsgefährdete und orientierte junge Menschen erkannt und angesprochen werden. Distanz e.V. arbeitet daher mit Jugendämtern, der offenen Jugendarbeit, Jugendsozialarbeit, Jugendhilfe, Schulen, Justiz und anderen Vereinen und weiteren Institutionen zusammen. Das aufsuchende Element der Arbeit, bezieht sich nicht nur auf ein kooperatives Vorgehen, sondern auch auf das Nutzen von Verbindlichkeitsstrukturen. Als solche Verbindlichkeitsstrukturen werden z. B. die Konsequenz eines Schulverweises oder auch das Nutzen eines Diversionsverfahren über das Jugendamt begriffen. Eine extrinsische Motivation kann sich sehr gut dafür eignen, einen ersten Zugang zu schaffen. Mit Hilfe dieser Settings wird damit ein Angebot an junge Menschen vermittelt, das in seiner Grundintention von diesen persönlich nicht angefragt werden würde. Denn das Anliegen, sich von menschenverachtenden Einstellungen zu distanzieren, stellt bei einstiegsgefährdeten jungen Menschen zu Beginn der Maßnahme keine Motivation dar. Elementar ist im weiteren Verlauf jedoch die Gewinnung von eigenen Zielen und Inhalten, zu denen Freiwilligkeit und Eigenmotivation hergestellt werden kann. Ein erfolgversprechender Reflexionsprozess hängt daher von der aktiven Mitwirkung der jungen Menschen ab. Das Angebot erfüllt damit auch die Mitwirkungspflicht durch die Adressat*innen, die im SGB VIII festgelegt ist.

Um den besonderen Herausforderungen und Anknüpfungspunkten bei jedem einzelnen jungen Menschen gerecht zu werden, können auch jugendkulturelle, medienpädagogische und politisch(-historische) Zugänge genutzt werden. Zum Aufsuchenden Ansatz gehört also auch, die Lebenswelt der Adressat*innen aktiv mit einzubeziehen. So werden die jungen Menschen nicht nur mit ihren Interessen abgeholt, sondern es können mit der Stärkung jugendkultureller Kompetenzen auch sinnstiftende Alternativen zu den (ideologischen) Angeboten in den extrem rechten Erlebniswelten angeboten werden. Im Verlauf der Auseinandersetzung gilt es immer wieder aufs Neue, die Interessen und individuellen Bedarfe der Adressat*innen zu erfragen und darauf passgenau zu reagieren bzw. zu intervenieren.

Der aufsuchende Aspekt impliziert zudem, auf strukturelle Möglichkeiten der Adressat*innen einzugehen. Dies bedeutet z. B., dass die Angebote am Wohnort der Klient*innen stattfinden, um das Angebot möglichst niedrigschwellig beispielsweise mit (Berufs-)Schule vereinbar zu gestalten.

Nicht zuletzt braucht es auch deutliche Kritik an den Ideologiefragmenten, Generalisierungen und Vorurteilen, die von den Adressat*innen geäußert werden. Die Kritik an menschenverachtenden Aussagen wird konkret, nachvollziehbar und in einer gezielten Kombination aus Sachlichkeit und Emotionalität an die jungen Menschen vermittelt. So können unterschiedliche Ebenen der Motivationen und unterschiedliche Anknüpfungspunkte an die inhaltlichen Überzeugungen der Adressat*innen angesprochen werden.

Diese Form der Kritik stellt die Beziehung nicht in Frage, sondern hat vielmehr das Potenzial die Beziehung zu stärken. Durch das Ernst-Nehmen und einer konstruktiven Form von Kritik wird die Auseinandersetzung den adoleszenten Reibungsbedürfnissen der Adressat*innen gerecht und erzeugt damit Neugier an einer neuen Perspektive auf ein Thema. Mit Hilfe einer kritischen Haltung wird bewusst die Beziehungsebene genutzt, um zu vermitteln, dass einige Eigenschaften an der Person geschätzt werden, und dass aber gleichzeitig bestimmte politischen Einstellungen problematisch bewertet und/oder abgelehnt werden. Über den Umgang mit Kritik seitens des Gegenübers ist auch erkennbar, wie belastbar sich die Beziehung aktuell erweist und wieviel von der Person noch konstruktiv verarbeitet werden kann.

E_____

Durch die gemeinsam formulierten Ziele am Anfang eines jeden Gesprächs und die darauf abzielenden kritischen Reflexionsfragen mit der klaren Haltung der Pädagog*in wird ein Entwicklungsprozess in Gang gesetzt, der eine (weitere) extrem rechte Sozialisation verhindern soll und möglichst neue Perspektiven für ein respektvolles Miteinander eröffnet.

Distanzierungsprozesse sind schlussendlich als Transformationsprozesse der Identitätsbildung zu begreifen. Dies beinhaltet ein Menschenbild, das es allen zugesteht, sich zu verändern. Dieser Transformationsprozess kann mit den dargestellten Elemente des Aufsuchenden BRAKE-Ansatzes aktiv gestaltet werden.

1.4 DIE DISTANZIERUNGSARBEIT VON DISTANZ E. V.

Im Umgang mit extrem rechten Gefährdungslagen verantwortlich zu handeln, bedeutet in den Regelstrukturen, das eigene Mandat nicht aus den Augen zu verlieren. Schulsozialarbeit, Offene Kinder- und Jugendarbeit sowie andere Felder Sozialer Arbeit sind in der Regel für alle jungen Menschen da und auch für die Wahrung eines diskriminierungsarmen Settings verantwortlich. Träger wie Distanz e. V. können dann beratend oder mit eigenen Angeboten unterstützen, wenn es besonders herausfordernd wird. Diese Angebote der Distanzierungsarbeit stellen für die Regelstrukturen eine zusätzliche Ansprechmöglichkeit dar, wenn junge Menschen vermehrt durch Diskriminierung auffällig sind, aber Pädagog*innen noch ihren Kernaufgaben gerecht werden müssen und dadurch in Ihren Ressourcen nur begrenzt auf frühe Radikalisierungsprozesse einwirken können. Für diese Pädagog*innen aus unterschiedlichen Institutionen kann daher die Unterstützung durch einen Spezialträger wie Distanz e. V. sicherstellen, die eigene Arbeit fortführen zu können. Für die Fälle schon fortgeschrittener Radikalisierung ist es dann auch professionell geboten, fachliche Verweisstrukturen der Distanzierungsarbeit oder Ausstiegsberatung – je nach vorliegender Situation – beratend mit einzubeziehen.

Für die Zielgruppe der extrem rechts einstiegsgefährdeten und orientierten jungen Menschen hat Distanz e. V. eine Möglichkeit geschaffen, Menschen in Form von Distanzierungstrainings zu erreichen. Um diese Zielgruppe zu erreichen, sind pädagogische Signalgeber*innen zentral.[16] Das Distanzierungstraining stellt ein Angebot dar, das junge Menschen in der entscheidenden Phase der Identitätsbildung mit politischen und sozialen Bildungsinhalten in einem intensivpädagogischen Setting erreichen kann und rechtzeitig sowie verantwortlich die nötigen Interventionen sowohl gegenüber starken Vorurteilsbildungen als auch bereits extrem rechts ausgebildeten Orientierungen setzt.

Das Handlungsfeld der Distanzierungsarbeit ist, wie ausgeführt, als Querschnittsthema in der Sozialen Arbeit zu begreifen. Daraus resultiert für Distanz e. V. der Arbeitsauftrag, relevante Inhalte möglichst breit in diversen pädagogischen Feldern zu schulen, wie beispielsweise die Sensibilisierung für Abwertungen, Kenntnisse über Szenezusammenhänge und Gesprächstechniken für Erstinterventionen. So können Pädagog*innen Radikalisierungsprozesse selbst erkennen und (erste) Interventionen umsetzen.

Distanz e. V. vermittelt die eigene Expertise aus zahlreichen Distanzierungstrainings in Form von Fortbildungen, Beratungs- und Coachingangeboten für Fachkräfte diverser Felder der Jugendhilfe und Jugend(sozial)arbeit sowie Schule. Zum einen können so kontext- und ressourcenabhängig Methoden der Distanzierungsarbeit Eingang in deren eigene pädagogische Handlungspraxis finden, zum anderen vermitteln die Fortgebildeten oder auch Beratungsnehmer*innen junge Adressat*innen der Distanzierungstrainings an Distanz e. V. Anschließend an eine Beratung kann also eine intensive Begleitung dahingehend erfolgen, wie ein junger Mensch dazu bewegt werden kann, an einem Distanzierungstraining teilzunehmen.

Zudem addressiert Distanz e. V. auch junge Menschen direkt, indem Workshops und Schulprojekttage, insbesondere in extrem rechts belasteten Regionen und Institutionen, durchgeführt werden. Extrem rechts einstiegsgefährdete oder orientierte junge Menschen werden in diesen Maßnahmen angesprochen und darüber ein Erstkontakt hergestellt. Dieser Erstkontakt kann als Auftakt für ein mögliches Distanzierungstraining fungieren. Auch in diesen Fällen ist eine gute Zusammenarbeit mit dem professionellen und bestenfalls auch familiären Umfeld des jungen Menschen von Bedeutung sowie unausweichlich.

Wichtig für den Abwendungsprozess extrem rechts einstiegsgefährdeter und orientierter junger Menschen ist die Kompetenz zur pädagogischen Intervention bei menschenfeindlichen Äußerungen. Die Fortbildungen von Distanz e. V. werden aus diesen Gründen auch für eine konstruktive Diskussion über gemeinsame Strategien genutzt, um Gelegenheiten des extrem rechts orientierten Szenelebens (Musik, Zeichen und Symbole) der jungen Menschen einzudämmen. Stefan Tepper begründet diese wichtige pädagogische Aufgabe wie folgt:

> „Es ist aber nicht negativer Sanktionsdruck allein, der Abwendungen von rechtsextrem orientierten Szenezusammenhängen befördern kann. Abwendungen können initiiert und gefördert werden, wenn sich im Zusammenhang mit negativen Sanktionierungen beispielsweise über Bewährungsauflagen abwendungsirritierende bzw. -stabilisierende Kontakte zur sozialen Arbeit ergeben, die der Abgrenzungslogik rechtsextrem orientierter Szenezusammenhänge entgegenwirken" (2021: 76).

---

16 Die Planung der Ansprache ist ein herausfordernder und komplexer Prozess, der individuell abgestimmt werden muss. Weitere Hinweise zum Training und zur Ansprache im Kontext des Distanzierungstrainings von Distanz e. V. finden sich in einer Broschüre für Multiplikator*innen (Distanz 2022: insbesondere S. 9).

Die Fortbildungen, Beratungen und Coachings von Distanz e. V. unterstützen Pädagog*innen wie auch Multiplikator*innen darin, aktuelle Erscheinungsformen und Gefährdungslagen für die Radikalisierung junger Menschen wahrzunehmen, Situationen und Kontexte zu analysieren und den eigenen Ressourcen entsprechend zu handeln und situationsspezifisch zu reagieren. Durch das Erlernen konstruktiver Interventionen entfaltet sich ein positiver Einfluss auf die weitere politische Sozialisation der Zielgruppe. Das besondere Angebot von Distanz e. V. besteht dann darin, in bestimmten Fällen mit den Adressat*innen im Rahmen der Distanzierungstrainings direkt selbst zu arbeiten und damit gegebenenfalls die (Regel-)Strukturen, beziehungsweise jeweilige Pädagog*innen zu entlasten, damit diese sich ihren Kernaufgaben bzw. der Mehrheit der jungen Menschen ausreichend widmen können, die menschrechts- und demokratieorientiert ein freundliches Miteinander leben.

2 DAS HANDWERKSZEUG DER DISTANZIERUNGSARBEIT – ARBEITSHILFEN FÜR DIE PRAXIS

Was hat die pädagogische Haltung mit der Intervention gegen Diskriminierung zu tun?

Die eigene pädagogische Haltung ist sowohl für die Wahrnehmung als auch die Intervention bezüglich Abwertung und diskriminierender Einstellungen zentral: Sie bestimmt die Herausforderung, aus dem sich eine Handlungsnotwendigkeit ergibt, motiviert zur Sensibilität in der eigenen Wahrnehmung und stärkt den Handlungswillen für Interventionen und strategische Planungen. Eine klare pädagogische Haltung entwickelt sich in Berufsausbildungen, Fort- und Weiterbildungen, Gesprächen, Erlebnissen, persönlichem Austausch und vielem mehr. Teil einer pädagogischen Grundhaltung sollte auch die fortlaufende Selbstreflexion sein:

— „Welche Werte sind mir in meiner pädagogischen Arbeit wichtig?"
— „Welche persönlichen Grenzen habe ich und setze ich durch?"
— „Mit welchen diskriminierenden (Sprach-)Bildern bin ich aufgewachsen und wo reproduziere ich heute vielleicht selbst abwertende gesellschaftliche Bilder, ohne es zu merken?"

Der Anspruch dabei ist nicht, selbst frei von blinden Flecken zu sein, sondern stetig und selbstkritisch eigene Denk-, Sprach- und Verhaltensmuster zu reflektieren. Ein Mensch kann sensibilisiert in Bezug auf Feindlichkeit gegenüber Homosexuellen sein und gleichzeitig klassistische Aussagen tätigen und damit Menschen aufgrund ihres tatsächlichen oder vermuteten sozialen und finanziellen Status abwerten.

Eine eigene bewusste werteorientierte Haltung ist also die Voraussetzung für die Intervention gegen diskriminierende Einstellungen und Verhaltensweisen und damit auch für eine erfolgreiche Distanzierungsarbeit. Es ergibt Sinn, sich auch im Kontext der Distanzierungsarbeit einem Verständnis von Sozialer Arbeit als Menschenrechtsprofession (nach Silvia Staub-Bernasconi) anzuschließen. Den Menschenrechten kommt hierbei eine dreifache Funktion zu:

1) Aus ihnen lässt sich der klare Auftrag für pädagogische Fachkräfte ableiten, sich für einen Alltag, frei von Abwertung und Diskriminierung, einzusetzen;
2) Sie bieten für die Entwicklung der eigenen werteorientierten pädagogischen Haltung eine Orientierung;
3) Sie stellen einen positiven Bezugspunkt für die Begründung und Rechtfertigung von Interventionen im pädagogischen Feld dar.

Dieser Teil des Leitfadens gibt nicht nur konkretes Handwerkszeug für den pädagogischen Alltag an die Hand, sondern dient auch der Schärfung der eigenen menschenrechtsorientierten Haltung.

2.1 DISKRIMINIERENDES VERHALTEN UND EINSTIEGSGEFÄHRDUNG WAHRNEHMEN UND ANALYSIEREN

Was ist eigentlich das Problem?

Abwertende Einstellungen gegenüber Gruppen bzw. Menschen aufgrund der ihnen zugeschriebenen Zugehörigkeit gehen nicht automatisch mit eindeutig erkennbaren, diskriminierenden Verhaltensweisen einher. Diese Vorurteile können allerdings unbewusst vorhanden sein und den Nährboden für diskriminierende Verhaltensweisen bieten. Die Wahrnehmung von Vorurteilen ist daher auch als wiederkehrender Reflexionsprozess und Entwicklungsaufgabe, für sich selbst zu verstehen. Nur unter dieser Voraussetzung können pädagogische Fachkräfte junge Menschen bei ihren Reflexionsprozessen begleiten.

2.1.1 DAS GMF MODELL – VORURTEILSBEHAFTETE EINSTELLUNGEN ERKENNEN

Wie benenne ich vorurteilsbehaftete Einstellungen? Wer wird eigentlich abgewertet?

> **Das Kapitel auf einen Blick**
>
> Das Kapitel beschreibt das Syndrom der Gruppenbezogenen Menschenfeindlichkeit (GMF-Modell) als hilfreiches Instrument zur Erkennung vorurteilsbehafteter Verhaltensweisen. In der Distanzierungsarbeit ist es zentral, diskriminierende Aussagen zu problematisieren, ohne die Person als Ganzes zu verurteilen. Hierfür ist Voraussetzung, diskriminierende Aussagen einordnen zu können. Im Folgenden wird beschrieben, wie theoretische Überlegungen zu unterschiedlichen Diskriminierungsformen für die pädagogische Arbeit nutzbar gemacht werden können. Das GMF-Modell identifiziert verschiedene Formen der Abwertung von Gruppen und betont ihren syndromhaften Charakter. Es wird erläutert, weshalb es wichtig ist, Diskriminierungsformen konkret zu benennen und erste Anzeichen auf der Einstellungsebene sensibel zu behandeln und nicht erst bei gewalttätigen Handlungen oder verfassungsfeindlichen Haltungen zu intervenieren.

Aus Forschungsarbeiten lassen sich wertvolle Erkenntnisse und Reflexionen für die Praxis sozialer und bildender Berufe ableiten. In der Praxis der Distanzierungsarbeit hat es sich bewährt, sich einerseits mit pauschalisierenden Analysekategorien gegenüber einstiegsgefährdeten jungen Menschen zurückzuhalten. Sich mit Analysen und zuschreibenden Thesen gegenüber den Adressat*innen verhalten zu zeigen, kann trotzdem eine Analyse des Gesagten bedeuten. Dabei muss es aber Formen finden problematische Aussagen so zu spiegeln, dass ein Austausch möglich bleibt. Es ist also wichtig klar hervorzuheben, weshalb Aussagen problematisch sind. Zentral ist hierfür besonders die Unterscheidung der Kategorien ‚Mensch' und ‚Einstellung'. Für die Gesprächsführung bedeutet dies, nachvollziehbar begründet zu problematisieren, was genau gesagt wird. Zum Beispiel: „Es ist rassistisch, weil …", ohne die abwertende Aussage zum Bestandteil der Persönlichkeit zu machen („Du bist ein Rassist!" oder „Du bist rechtsextrem!"). Letzteres könnte starke Abwehrreaktionen zur Folge haben, da sich der Mensch als Ganzes bewertet fühlt. Dies könnte die weitere pädagogische Beziehung erheblich belasten.

Das Problem sprachlich konkret benennen

Aus der Forschung bietet das Modell vom „Syndrom der Gruppenbezogenen Menschenfeindlichkeit" (kurz GMF oder GMF-Modell) eine hilfreiche Orientierung.[17] Entwickelt wurde es auf der Grundlage einer soziologischen Langzeitstudie, die untersucht(e), wie stark welche Formen der Abwertungen (also Vorstellungen von Ungleichwertigkeit verschiedener Menschen) in der Gesellschaft verbreitet sind und wie sie zusammenhängen. Darüber hinaus wurden Ursachen und Folgen von GMF beleuchtet. Jährlich wurden zwischen 2002 und 2011 in der Reihe „Deutsche Zustände" die Forschungsergebnisse am Institut für interdisziplinäre Konflikt- und Gewaltforschung in Bielefeld unter der Leitung von Wilhelm Heitmeyer veröffentlicht (siehe Heitmeyer 2011).[18] In den sogenannten „Mitte-Studien" werden seit 2014 unter der Leitung von Andreas Zick Untersuchungen zu GMF weitergeführt (siehe Zick/Küpper et al. 2023). Die Forschungsgruppen analysier(t)en mittels quantitativer Einstellungsstudien gesellschaftliche Meinungsmuster. Die Abwertung von Bevölkerungsgruppen wird in den Studien anhand der Zustimmung bzw. Ablehnung der Befragten zu einer Reihe von Aussagen gemessen.

Das GMF-Modell definiert negative Einstellungen gegenüber Gruppen beziehungsweise Menschen aufgrund der ihnen zugewiesenen Zugehörigkeit zu einer Gruppe in Anlehnung an die Vorurteilsforschung als Vorurteile (Allport 1954). Aus sozialpsychologischer Sicht werden bei einem Vorurteil Gruppen anhand eines (zugeschriebenen oder tatsächlichen) Merkmals definiert (z.B. „die Arbeitslosen"). Menschen werden aufgrund der ihnen unterstellten Zugehörigkeit zu dieser Gruppe geteilte, vermeintlich wesentliche Eigenschaften unterstellt (z.B. Faulheit). Schließlich wird diese Fremdgruppe (die ‚Anderen') in Relation zu der gleichermaßen konstruierten Eigengruppe (Wir) aufgrund ihres Merkmals als ungleichwertig bewertet: Den entsprechenden Menschen wird aufgrund der (ihnen unterstellten) Gruppenzugehörig-

---

17 Die Autor*innen halten das GMF-Modell aktuell für das hilfreichste Modell zur Orientierung für die Praxis, wenngleich auch hieran in Teilen Kritik möglich ist, so beispielsweise das Konstruieren von Gruppen sowie die Verkürzung auf Subjekte und weniger Lebensstile, die angegriffen werden.
18 Die Genese und Entwicklung des Begriffs haben Beate Küpper und Andreas Zick in einem Essay zusammengefasst; vgl. Küpper/Zick 2015.

keit generalisiert ein ungleicher[19] Wert im Verhältnis zur Eigengruppe zugeschrieben (z.B. „die Arbeitslosen sind alle faul"). Diese zum Ausdruck gebrachten Abwertungen können explizit oder implizit sein, das heißt, sie sind der sie äußernden Person bewusst oder unbewusst. Vorurteile werden dabei als soziale Einstellungen verstanden, die in einem gesellschaftlichen Kontext entstehen. Einstellungen sind „erlernbar, aber auch wieder veränderbar, auch wenn dies bei tief verankerten Einstellungen oft ein schwieriges und langwieriges Unterfangen ist" (Zick/Küpper et al. 2011: 32).

Abb. 2: Adaptiertes GMF-Modell: Adaptiert nach Zick/Klein 2014: 64

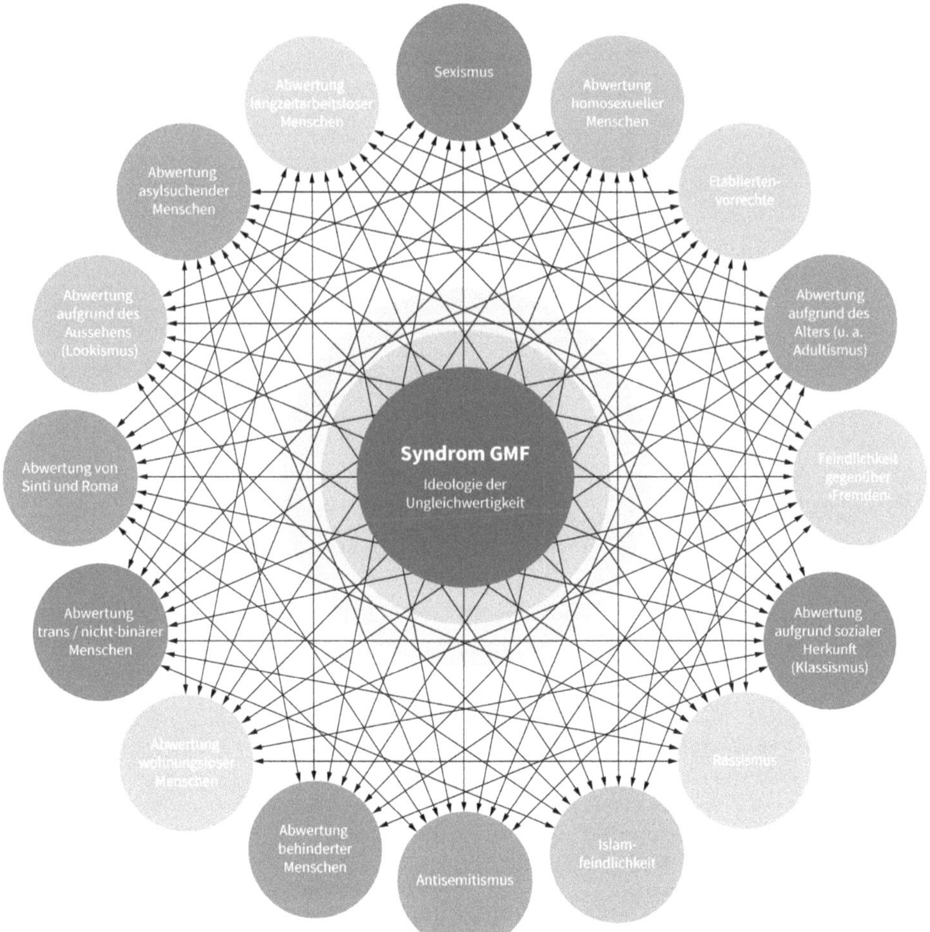

---

[19] Wenn von der Problematisierung von Vorurteilen gesprochen wird, wird in der Regel von negativen Zuschreibungen und der Zuschreibung eines geringeren Wertes im Verhältnis zur Eigengruppe ausgegangen. Doch auch positive, verallgemeinernde Aussagen können als Vorurteil definiert werden, da einer (vermeintlichen) Gruppenzugehörigkeit eine/mehrere verallgemeinernde Eigenschaften zugeschrieben werden.

Das GMF-Modell begreift die Abwertungen verschiedener Gruppen aufgrund von unterstellten Eigenschaften als zusammenhängendes Syndrom. Dieser aus der Medizin stammende Begriff soll hervorheben, dass bei einer Person abwertende Einstellungen gegenüber verschiedenen Bevölkerungsgruppen Hand in Hand gehen können. Personen, die eine Gruppe abwerten, sind also tendenziell auch anderen Gruppen gegenüber ähnlich eingestellt, bzw. Abwertungen gegenüber offen. Diese Überkreuzung beschränkt sich nicht nur auf diskriminierende Menschen, sondern abwertende Einstellungen können auch das Objekt betreffen, d.h., eine Person kann aufgrund mehrerer Eigenschaften diskriminiert werden. Diese Mehrfachdiskriminierung wird auch als intersektionaler Ansatz beschrieben.[20]

Abbildung 2 schlüsselt auf, welche Ausprägungen abwertender Einstellungen in den GMF-Studien untersucht wurden.[21] Den Kern dieser Abwertungen unterschiedlicher Gruppen bildet die Ungleichwertigkeitsideologie. Gemeinsam haben alle Ausprägungen des Syndroms, dass einer Gruppe dabei Ungleichwertigkeit zugeschrieben wird.[22] Das Modell kann helfen, zu erkennen, zu benennen und zu problematisieren, dass generalisierte negative Einstellungen gegenüber einer Gruppe mit denen zu anderen Gruppen zusammenhängen.

Das GMF-Modell als Zugang für die pädagogische Praxis

Vorurteile sind – im Sinne des GMF-Modells – als soziale Einstellungen nicht automatisch mit Diskriminierung gleichzusetzen, können aber als vermeintlich begründete Rechtfertigung diskriminierendem Verhalten zugrunde liegen und dieses begünstigen (vgl. Zick/Küpper 2023 et al.: 32, 39). Diskriminierung wird dabei als „negatives, ungerechtfertigtes oder ausgrenzendes Verhalten" (vgl. ebd.: 40) gegenüber Menschen aufgrund der (ihnen unterstellten) Zugehörigkeit zu einer Gruppe verstanden.

Für Frühinterventionen pädagogischer Praxis und damit auch der Aufsuchenden Distanzierungsarbeit ergibt es Sinn, nicht allein diskriminierendes Verhalten zu problematisieren, sondern bereits subtil geäußerte Vorurteile und diskriminierende Sprechakte in den Blick zu nehmen. Ausdrücke und Sprache, in denen vorurteilsbehaftete Einstellungen deutlich werden, begreifen die Autor*innen also bereits als erste Anzeichen für eine Affinität für Diskriminie-

---

20 Der Begriff Intersektionalität wurde Ende der 80er-Jahre geprägt und geht darauf ein, dass Diskriminierung nicht eindimensional geschieht. Der Ansatz vermittelt, dass es wichtig ist, Zusammenhänge zwischen verschiedenen Diskriminierungskategorien in den Blick zu nehmen und diese nicht isoliert oder hierarchisiert voneinander zu betrachten. Der historische Kontext des Ansatzes geht auf die Erfahrungen *Schwarzer* Feministinnen in den USA zurück, die nicht nur wegen ihres Geschlechts diskriminiert wurden, sondern auch wegen ihrer Hautfarbe oder Klassenzugehörigkeit. Schwarze Feminist*innen aus den USA wiesen zuerst auf das Phänomen der Mehrfachdiskriminierung hin (vgl. Walgenbach 2012), der Begriff ‚Intersektionalität' wurde allerdings zuerst von Kimberlé Chrenshaw erwähnt (vgl. Crenshaw 1989). Zudem gibt es mehrere Ebenen auf denen Intersektionalität beleuchtet wird, zum Beispiel auf individueller, struktureller oder institutioneller Ebene.

21 Für diese Publikation wurden folgende GMF-Kategorien ergänzt, die nicht explizit in den Studien benannt werden, aber in pädagogischer Praxis relevant erscheinen: Abwertung trans/nicht-binärer Menschen, Abwertung aufgrund des Alters (u.a. Adultismus), Abwertung aufgrund sozialer Herkunft (Klassismus) sowie die Abwertung aufgrund des Aussehens (Lookismus).

22 Eva Groß, Daniela Krause und Andreas Zick erörtern in einem Artikel in der APuZ die sozialen Funktionen der Ungleichwertigkeitsideologie (z.B. Reproduktion von gesellschaftlichen Hierarchien) (Groß/Zick et al. 2012).

rung.²³ Dieses Verständnis wird dem Umstand gerecht, dass Einstellungs- und Verhaltensebenen in der Praxis eng verwoben sind. Prozesse der Vorurteilsbildung, und damit die Generalisierung bzw. Pauschalisierung anhand von (zugeschriebenen) Gruppenmerkmalen, können als Rechtfertigung für diskriminierendes Verhalten dienen. Deshalb sind sie grundsätzlich kritisch zu reflektieren und sensibel zu begleiten.

Das GMF-Modell bietet zwei Vorteile für die pädagogische Praxis gegenüber dem verfassungsrechtlichen Begriff von ‚Extremismus'. Zum einen wird der Fokus nicht auf vermeintlich extreme Randphänomene, sondern die gesellschaftliche Mitte gelegt. Basierend auf den erhobenen Daten der GMF-Studien veranschaulichen die regelmäßig stattfindenden quantitativen Erhebungen in diesem Zusammenhang auch, dass die Abwertungen eben keine gesellschaftlichen Randphänomene bzw. Extreme sind, sondern weit verbreitete Meinungsmuster im Querschnitt der Bevölkerung darstellen.

Zum anderen steht jenseits der offensichtlich gewaltvollen und diskriminierenden Handlungen die Ebene der ihnen zugrunde liegenden Einstellungen im Fokus. Das GMF-Modell konkretisiert diese Einstellungsfragmente und ist zur Analyse und Benennung von Diskriminierung für die Praxis sehr hilfreich.²⁴ Hingegen kann der Begriff des ‚Extremismus' hemmen, ein ausreichendes Problembewusstsein für Diskriminierung auf der zugrunde liegenden Einstellungsebene zu entwickeln: Nach verfassungsrechtlicher Definition von ‚Extremismus' ist entscheidend, dass ‚extremistische' Personen eine antidemokratische Bestrebung hegen und die politische Bewegtheit in Form von Handlungen und/oder Gewalt erkennbar sein muss.²⁵ Es ist allerdings für die pädagogische Auseinandersetzung unzureichend, wenn sich die Problematisierung vorrangig auf diese Verhaltensebene konzentriert und nicht schon die Einstellungsebene in den Blick nimmt. Dies kann dazu führen, dass erst bei abwertenden gewalttätigen Verhaltensweisen interveniert wird. Menschen, die von dieser Gewalt betroffen sind, müssen dann mit der Erfahrung eines Übergriffs leben und auf der Täter*innen-Seite haben sich Einstellungen meist schon verfestigt.

Die Autor*innen plädieren aus den genannten Punkten dafür, Diskriminierungsformen in der Theorie und der Praxis möglichst konkret und früh zu benennen, ersten Anzeichen auf der Einstellungsebene bereits sensibel zu begegnen und nicht abzuwarten, bis sich gewalttätige Verhaltensweisen oder verfestigte Kritik am demokratischen System abzeichnet. Ein Teil dieses Zugangs ist es, Einstellungen nicht oberflächlich als ‚(rechts)extremistisch' zu labeln, sondern konkret in Form von einzelnen Einstellungen zu beschreiben. Damit werden sie sowohl in der

---

23 Die Begriffe ‚Diskriminierung' und ‚Vorurteil' werden in sozialpsychologischer Theorie unterschieden. So definiert beispielsweise Geschke (2012) Vorurteile als „herabsetzende Einstellungen gegenüber sozialen Gruppen oder ihren Mitgliedern" (2012: 34) und Diskriminierung als erst vorliegend, wenn „auch der Wunsch nach Gleichbehandlung" (2012: 35) verletzt würde. Ein Vorurteil würde zwar differenzieren, allerdings nicht diskriminieren (vgl. ebd.).
24 Eine grundlegende Kritik an dieser Theorie des Extremismus verdeutlicht sich an dem sogenannten ‚Hufeisenmodell'. Die Hauptkritik daran ist, dass in dieser Theorie Phänomene gleichgesetzt werden, die allerdings viele Unterschiede aufweisen, komplexe Verhältnisse und heterogene Erscheinungsformen stark vereinfacht und in ihren Dimensionen radikal reduziert würden. Die Gleichsetzung von ‚Rechtsextremismus' und ‚Linksextremismus' suggeriert eine Gleichbewertung der Phänomene. Ein zentraler Unterschied zu linker Militanz ist jedoch, dass das Phänomen des Rechtsextremismus eng mit den Syndromen der gruppenbezogenen Menschenfeindlichkeit (nach Heitmeyer) verknüpft ist. Ausführlicher Butterwegge (2018).
25 Vgl. Definition von Extremismus auf Website des Bundesministeriums des Innern (BMI o.J. b).

Analyse als auch in der Auseinandersetzung für Menschen greifbar und auch pädagogisch bearbeitbar.

2.1.2 PHASEN EINER RADIKALISIERUNG

Wie verläuft ein Radikalisierungsprozess?

> **Das Kapitel auf einen Blick**
>
> Das Kapitel beschreibt Phasen eines Radikalisierungsprozesses und präsentiert zwei Modelle zur Veranschaulichung. Ein klassisches Modell von Gordon Allport aus dem Jahr 1954 beschreibt die Stufen der Radikalisierung, beginnend mit Verleumdung und endend mit Vernichtung. Das Modell von Distanz e.V. zeigt drei Stufen der Einstiegsgefährdung junger Menschen in extrem rechte Szenen. Dieses Modell unterstützt darin, einen Hinwendungsprozess zu menschenverachtenden Denk- und Handlungsmustern zu analysieren und fortlaufend im Blick zu behalten. Der Text gibt weiterhin pädagogische Handlungsempfehlungen und konkrete Beispielfragen für jede Stufe der Einstiegsgefährdung.

Ein- wie Ausstiegsprozesse, Radikalisierungsdynamiken sowie auch die Distanzierung von (politischen) Handlungen und Haltungen sind Prozesse, die sehr fluide ablaufen und nicht selten von Rückfällen geprägt sind. Es gibt zahlreiche Modelle, die versuchen, diese Phasen vereinfacht darzustellen. Diese Modelle können eine komplexe Wirklichkeit sicherlich nur sehr reduziert darstellen.[26]

Im Folgenden wird ein klassisches Modell skizziert, das trotz seiner Entstehung im Jahr 1954 nach wie vor hilfreich erscheint, um aufzuzeigen, welche Gefahren sich in Radikalisierungsdynamiken verbergen. Weiter wird ein Modell von Distanz e.V. vorgestellt, das die verschiedenen Stadien der Hinwendung von extrem rechts einstiegsgefährdeten und orientierten jungen Menschen aufschlüsselt und mit pädagogischen Handlungsempfehlungen verknüpft, ohne einen Anspruch auf Verallgemeinerung auf die vielen unterschiedlichen Verläufe von Radikalisierungsprozessen zu erheben. Die Modelle zeigen, wie Radikalisierungsdynamiken verlaufen können, wenn eine Intervention ausbleibt. Für die Arbeit mit extrem rechts einstiegsgefährdeten jungen Menschen ist es wichtig zu wissen, an welchem Punkt der Radikalisierungsdynamik sich der junge Mensch in etwa befindet. Dieses Wissen unterstützt unter anderem bei der Planung pädagogischer Interventionen und gibt Hinweise, wann der junge Mensch wie pädagogisch (nicht) erreichbar ist.

---

26 Mehr zur Komplexität von Hinwendungsmotiven und Risikofaktoren siehe Kapitel 2.1.5.

Die Allport-Skala

Die Allport-Skala ist eine von Gordon Allport in seinem Werk „The Nature of Prejudice" (dt.: Die Natur des Vorurteils, 1954) begründete Skala zur Erfassung von Vorurteilen in einer Gesellschaft mittels einer Unterscheidung der Diskriminierung nach Stufen. Sie zeigt, welchen Verlauf ein Radikalisierungsprozess auf der Verhaltensebene nehmen kann.

Die Stufen werden wie folgt beschrieben (vgl. Allport 1954):

Verleumdung	Die meisten Menschen mit Vorurteilen sprechen auch offen über ihre Einstellungen, sei es in Gesprächen mit Gleichgesinnten oder teilweise sogar mit weniger nahestehenden Personen.
Vermeidung	Wenn Vorurteile zunehmen, meiden Menschen oft den Kontakt mit Angehörigen der abgelehnten Gruppe, selbst wenn es Unannehmlichkeiten bedeutet.
Diskriminierung	Die voreingenommene Person strebt danach, Mitglieder der abgelehnten Gruppe von bestimmten Berufen, Wohngebieten, politischen Rechten, Bildungsmöglichkeiten, Freizeitaktivitäten und anderen sozialen Einrichtungen auszuschließen.
Körperliche Gewaltanwendung	Unter erhöhter Emotionalität können Vorurteile zu verschiedenen Formen von Gewalt führen. Zum Beispiel werden Grabsteine auf jüdischen Friedhöfen geschändet oder eine Gruppe lauert regelmäßig einer als Feind angesehenen Gruppe auf.
Vernichtung	Lynchjustiz, Pogrome, Massenmorde und Völkermord sind die extremsten Formen von Gewalt, die das Ausmaß der Auswirkungen von Vorurteilen darstellen können.

Stufen der Einstiegsgefährdung nach Distanz e.V.

Die Hinwendung zu extrem rechten Szenen ist ein komplexer Prozess, der im folgenden Stufenmodell vereinfacht dargestellt wird. Die Einstellungen und Verhaltensweisen der Stufen geben Hinweise auf eine mögliche Radikalisierung und bieten Orientierung für die Einschätzung einer Einstiegsgefährdung. Sie müssen jedoch nicht alle bei einem jungen Menschen zu beobachten sein, um eine entsprechende Stufe zu erfüllen. Die Übergänge zwischen den Stufen sind fließend. Es ist entsprechend wichtig, die Analyse des Radikalisierungsprozesses fortlaufend beizubehalten und kritisch nach den Intentionen von Aussagen und Handlungen zu fragen. Da es sich um einen sehr dynamischen Prozess handelt, sollte immer wieder reflektiert werden, ob sich der junge Mensch womöglich schon auf der nächsthöheren Stufe des Radikalisierungsprozesses befindet. Dies ist zentral, um das eigene pädagogische Vorgehen daran anzupassen. Entsprechende Handlungsempfehlungen werden nach der Stufenübersicht gegeben.

Außerdem müssen auch Risikofaktoren und Hinwendungsmotive des jungen Menschen fortlaufend in den Blick genommen werden (siehe Kapitel 2.1.5 „Hinwendungsmotive und Risikofaktoren" und 2.1.6 „Beobachtungsfragen zur Einschätzung einer möglichen Einstiegsgefährdung"). Faktoren, die eine Hinwendung begünstigen, werden im bestmöglichen Fall verringert und Bedürfnisse hinter den Hinwendungsmotiven anderweitig erfüllt, sodass die

Radikalisierung in eine höhere Stufe verhindert wird. Ziel ist es also auch, Faktoren, die eine Hinwendung weiter begünstigen, abzubauen, beispielsweise durch die Stärkung des Selbstwertgefühls, das Finden eines produktiven Hobbys sowie das Initiieren von anderen fachlichen Unterstützungsangeboten (z.B. systemische Familientherapie).

Wichtig in der Auseinandersetzung ist es, darauf zu achten, durch die eigene pädagogische Intervention, den Radikalisierungsprozess nicht noch weiter zu begünstigen. So kann z.B. durch ein normatives „Das kannst du auf keinen Fall sagen!" das Bedürfnis nach Provokation und „Krass-Sein" genährt werden, sodass die Attraktivität von diskriminierenden Aussagen sogar noch ansteigt und dadurch gegenteilige Effekte eintreten.

Stufen der Einstiegsgefährdung

Stufe I	Stufe II	Stufe III
Extrem rechts einstiegsgefährdet	**Extrem rechts einstiegsgefährdet im Übergang zur Orientierung**	**Extrem rechts orientiert** **Tendenzen in erste (Selbst-)Organisierungsgrade**
Träger*in von Risikofaktoren und Hinwendungsmotiven.	Kennt Codes, Musik oder hat Bekannte aus dem extrem rechten Milieu.	Glaubt extrem rechte Narrative.
Äußert sich kontinuierlich diskriminierend.	Testet symbolische extrem rechte Codes und Narrative aus.	Kennt extrem rechte Narrative.
	Nimmt sich als ‚politisch' wahr und kritisiert Demokratie als System per se.	Verwendet extrem rechte Codes.
	Wertet ‚Andere' aktiv ab.	Ist online in rechtsoffenen Gruppen integriert (z.B. Patrioten in XY).
	Meidet ‚Andere', hegt starke Abneigung gegenüber ‚Anderen'.	Hat abnehmende soziale Kontakte zu Personen anderer Meinung/Gruppen.
		Interessiert sich für/kennt organisierte extrem rechte Gruppen und steht diesen offen gegenüber.
		Übt Gewalt gegenüber ‚Anderen' aus/stiftet andere dazu an/bietet anderen Hilfe gegen ‚die Anderen' an

Was ist in welcher Stufe der Einstiegsgefährdung besonders wichtig?

Im Folgenden werden stufenspezifische pädagogische Handlungsorientierungen aufgeschlüsselt. Die benannten Methoden und Techniken, wie auch die veranschaulichenden Fragen einer niedrigeren Stufe, ergänzen jene Hinweise der nächsten Stufe – außer wenn explizit auf Unterschiede hingewiesen wird.[27] Die veranschaulichenden Fragen sind als Beispiele hilfreicher Gesprächstechniken zu verstehen.

Stufe der Einstiegsgefährdung I:

Für Menschen in der Stufe I ist es manchmal nicht einfach zu erkennen, wann oder worin sie selbst andere tatsächlich abwerten und mitunter in ihren Menschenrechten einschränken. Eine zentrale Abwägungsfrage ist beispielsweise das Recht auf freie Meinungsäußerung bei gleichzeitiger Wahrung der Menschenwürde. An dieser Stelle ist es pädagogisch sinnvoll, geäußerte Diskriminierungen zu spiegeln/rückzumelden und deren Problematik zugewandt und niedrigschwellig zu erklären. Entscheidend in der pädagogischen Auseinandersetzung ist auch, dass der Hintergrund der Vorurteile und die Dynamik ihrer Aufrechterhaltung beim jungen Menschen erfragt werden. Insbesondere lohnt es sich hier, nach verschiedenen persönlich gemachten Erfahrungen mit dem jeweils ‚anderen' zu fragen. Damit kann die generalisierende Wahrnehmung oder der Bezug auf Hörensagen, die den Vorurteilen meist innewohnen, aufgebrochen werden. Es kann darauf aufgebaut werden, dass Menschen in dieser Stufe gegenüber Betroffenen noch empathisch zu erreichen sind. Hilfreich ist es also, über den Zugang zu anderen Lebenswelten und Menschen Perspektivwechsel anzuregen. Außerdem kann es wirksam sein, dem jungen Menschen die Möglichkeit zu eigenen Erfahrungen zu eröffnen, um diese dem Hörensagen entgegenzustellen.

Herausfordernd in dieser Stufe ist es, dass viele diskriminierende Aussagen (insbesondere Sexismus und Klassismus) gesellschaftlich weit verbreitet sind. Daher ist es schwer zu erreichen ist, das Problembewusstsein hierfür zu schaffen. Anders als in fortgeschrittenen Stufen kann weniger auf extrinsische Motivationsfaktoren (Konsequenzen in Schule oder Anzeigen wegen gewaltvoller Handlungen o.Ä.) für die pädagogische Bearbeitung aufgebaut werden. Die jungen Menschen müssen daher in eine für sie spannende und attraktive Auseinandersetzung gebracht werden. Förderlich ist es auch, wenn sie ein für sie positives Entwicklungspotenzial der Auseinandersetzung (an)erkennen können.

Das, was du da sagst, verletzt andere, weil…

Wenn du das sagst, verallgemeinerst du alle Menschen, die soundso sind.

Das, was du sagst, ist diskriminierend, weil…

Diskriminierende Aussagen sind nicht von der Meinungsfreiheit gedeckt, da sie andere in ihren Rechten verletzen.

Was denkst du, wie geht es dem anderen, wenn er dich so über ihn sprechen hört? Wie würde es dir selbst gehen?

Was denkst du, was unterscheidet dich von diesen Menschen? Was habt ihr gemeinsam?

Was sind deine eigenen Erfahrungen mit diesen Menschen? Wo siehst du Menschen dieser Gruppe, die anders sind?

---

27 Weitere Techniken gelingender Gesprächsführung siehe Kapitel 2.2.2 bis 2.2.5.

Stufe der Einstiegsgefährdung II:

Stufe II unterscheidet sich bezüglich des pädagogischen Handelns gegenüber Stufe I darin, dass die Ebene der Konfrontation stärker mit der eigenen (pädagogisch-professionellen) Haltung ergänzt wird. Die eigene menschenrechtsorientierte Haltung wird also präsenter und klarer vermittelt. Entscheidend ist hier eine Kombination von Gesprächstechniken. So ist es wichtig a) die Haltungen des Gegenübers kritisch zu hinterfragen als auch b) nachvollziehbar die eigene Haltung zu äußern. Wichtig ist es auch, nach der persönlichen Bedeutung von Aussagen zu fragen. Dieses Nachfragen ermöglicht es außerdem, die individuellen Funktionen der Hinwendung einzuschätzen. Dies bietet das Potenzial, die Bedürfnisse hinter den Motivlagen durch andere Angebote zu befriedigen.

Im Vergleich zu Stufe I sind der jungen Person politische Themen wichtiger und es hat bereits eine erste politische Verortung und Orientierung begonnen. Auch wenn dieser Prozess erst begonnen hat, müssen die Aussagen dennoch ernst genommen werden. Als pädagogische Fachkraft sollte an den politischen Themen, die den jungen Menschen beschäftigen, und an seiner Perspektive darauf gearbeitet werden. Die eigene Gesprächsbereitschaft sollte wiederholt gezeigt werden, selbst wenn sie erstmal auf Ablehnung stößt. Hier sind Paraphrasen und klare Rahmensetzungen (auch genannt Reframing) und das Unterbinden von schnellen Themenwechseln geeignet, um den Menschen die eigenen Aussagen bewusst zu machen und in eine Auseinandersetzung damit zu kommen. So kann ein Reflexionsprozess angeregt und herausgearbeitet werden, welche Aussagen nun tatsächlich ernst gemeint sind und welche Konsequenzen dies hätten. Entscheidend ist hier die Haltung von „Wer A sagt, muss nicht B sagen" und das Betonen davon, dass es okay und normal, ja sogar stark ist, die eigene Meinung zu überdenken. Es ist hier entscheidend aufzuzeigen, was Konsequenzen der eigenen Haltung und des eigenen Handelns sind und wie sich der Prozess potenziell weiter entwickeln kann. Positive und konstruktive Alternativen aufzuzeigen und Abwendungsfaktoren zu stärken ist hier zentral. Eine kritische Grundhaltung gegenüber politisch-destruktiven Aussagen oder vermeintlichen Antworten auf gesellschaftliche Herausforderungen ist ebenfalls wichtig. Durch diese kritische Praxis werden politische Aussagen reflektiert und es wird verhindert, dass die Auseinandersetzung in eine politische Selbstbewusstwerdung mündet.

Junge Menschen in der Stufe II testen erste symbolische Codes aus, mitunter auch ohne deren Tragweite oder Hintergründe näher zu kennen. Wichtig ist bei tatsächlichem geringem Kenntnisstand zwar eine knappe Aufklärung über die Bedeutung z.B. eines symbolischen Codes, diese allein wird aber kaum zu einer Abwendung führen. Die Ebene der Wissensvermittlung erreicht hier auch Grenzen, die es zu reflektieren gilt. So sollte vermieden werden, einstiegsgefährdeten Menschen weitere neue extrem rechte Symbole zu vermitteln, nur weil deren Hintergründe vermeintlich nicht bewusst sind. Dieses Erklären von weiteren dann als ‚cool' empfundenen Codes oder Symbolen kann ihre Attraktivität steigern. Stattdessen sollte mit dem, was junge Menschen anbieten, gearbeitet werden. Die persönliche Bedeutung kann erfragt werden und die Codes oder lebensweltlichen Medien können als Gesprächsanlass genutzt werden. Dabei sollte immer auch eine kritische Einordnung erfolgen.

Die Perspektiven derjenigen Menschen, die durch das Verhalten oder die Einstellung verletzt werden, müssen deutlich eingebracht werden und es wird herausfordernder, empathische Brücken für die Auseinandersetzung zu bauen. Zur Verdeutlichung kann es sich hier lohnen, einen Perspektivwechsel auf den jungen Menschen selbst einzuleiten und durchzuspielen und herauszuarbeiten, wie eine (konstruierte oder tatsächliche) Betroffenheit von Diskriminierung auf einen selbst wirkt.

Was hat das Ganze mit dir zu tun? Wie kommt es, dass dir das so wichtig ist?

Was bedeutet dir beispielsweise Deutschsein? Glaubst du, deine Vorfahren haben schon immer hier gelebt?

Stell dir vor, du verliebst dich in jemanden und erfährst erst später, dass die Person gar nicht deutsch ist?

Du findest also, dass Frauen gut behandelt werden sollten. Ich finde das auch, und zwar sollten sie von allen gut behandelt werden – egal woher die Person kommt (Reframing).

Lass uns mal beim Thema bleiben, ich will dich hier richtig verstehen.

Du musst dir hier noch nicht sicher sein, es ist ok, wenn du dir da noch nicht sicher bist!

Stark, dass du das nochmal überdacht hast!

Du hast erzählt, dir ist es wichtig, dass nur du über dich und deinen Körper bestimmst. Wie passt das dazu, dass du trans Menschen abspricht, über sich selbst und ihren Körper zu bestimmen?

Wenn wir deine Aussage weiterdenken, dann... z.B. wenn die Grenzen geschlossen werden, heißt das auch, dass andere ihre Grenzen für uns hier schließen.

Was bedeutet dieses Symbol für dich? Weißt du, woher dieses Symbol kommt? Wie ist es für dich, dass dieses Symbol ... ausdrückt?

Was glaubst du, denken andere über dich, wenn sie dich damit sehen?

Wie findest du das?

Wie wäre es für dich, wenn jemand sagen würde, alle die so aussehen wir du, sind soundso?

Stufe der Einstiegsgefährdung III:

Befindet sich ein junger Mensch bereits in der Radikalisierungsstufe III, ist eine tragfähige Beziehungsebene und eine regelmäßige Zusammenarbeit wesentlich, um den Einstieg in extrem rechte Szenen oder die Verfestigung extrem rechter Ideologien zu verhindern. Die Analyse der Ist-Lage und der Faktoren und Motive der Hinwendung ist auf dieser Stufe für die Interventionsplanung besonders wichtig, um einen auf die Distanzierung ausgerichteten Entwicklungsprozess anzustoßen.

Bei jungen Menschen in der Stufe III steht im Unterschied zu vorangegangenen Stufen das Arbeiten an politischen Argumenten stärker im Fokus. Es gilt, Distanzierungsimpulse zu setzen, unter anderem dadurch, dass Widersprüche aufgezeigt werden, bestehende Zweifel gestärkt werden und mit einer klaren menschenrechtsorientierten Haltung konfrontativ aufgetreten wird. Es muss jedoch darauf geachtet werden, Personen nicht rhetorisch über diese Auseinandersetzungen zu schulen. Es geht vorwiegend nicht um den Austausch von Argumenten oder darum, inhaltlich zu diskutieren. Vielmehr ist es eine vielversprechende Strategie, den jungen Menschen in eine persönliche Auseinandersetzung zu bringen, indem wie auch in den vorigen Stufen, persönliche Erfahrungen, die eigene Lebenswelt, Alternativen zu Abwertung und Gewalt sowie Lebensperspektiven in das Zentrum gestellt werden.

In dieser Stufe der Einstiegsgefährdung ist die Auseinandersetzung mit den Werten des jungen Menschen ein wichtiger Bestandteil. Sie können eine wesentliche Ressource sein, um z.B. Widersprüche zwischen eigenen Vorstellungen und der Ideologie oder Peergroup aufzuzeigen: Ist dem jungen Menschen Freiheit wichtig und erkennt er selbst, dass z.B. die Gruppe, der er sich annähert, sehr enge Regeln hat und seine Freiheit und die anderer beschränkt, kann dies ein wichtiger Distanzierungsimpuls sein.

Ein Teil des auf Distanzierung abzielenden Entwicklungsprozesses ist es auch, mit dem jungen Menschen aktiv das Gewalthandeln und/oder das Nutzen von extrem rechten Codes o.ä. zu thematisieren. Dabei sollte die Dysfunktionalität der dahinterstehenden Strategien zur Bedürfnisbefriedigung oder Situationsbewältigung gemeinsam herausgearbeitet werden. Teil davon sollte beispielsweise auch sein, inwiefern die Gewaltausübung und Abwertung von ‚anderen' keine dauerhafte und konstruktive Strategie sein kann – hier können auch extrinsische Faktoren (z.B. drohender Freiheitsentzug, Gefahr für das eigene Leben) einbezogen und betont werden. Dies kann insbesondere dann eine Gesprächsstrategie sein, wenn dem jungen Menschen der Zugang zu Empathie oder der Perspektivwechsel für die Gefühle (potenzieller) Betroffener erschwert ist. Wichtig ist an dieser Stelle, persönliche Begegnungen des jungen Menschen mit Betroffenen nicht über die Köpfe der Betroffenen hinweg zu entscheiden, da sonst diese für die pädagogische Intervention instrumentalisiert würden. Alternativ kann hierzu mit kurzen Videos gearbeitet werden.

Teil des Distanzierungsprozesses ist es außerdem, konstruktive und nicht auf Abwertung beruhende Zukunftsvisionen des eigenen Lebens zu entwickeln. Der junge Mensch sollte darin begleitet werden, für sich Ziele zu entwickeln, die ihn selbst Selbstwirksamkeit ohne Abwertungsmechanismen spüren lassen und die er auch realistisch selbst erreichen kann. So erarbeiten sich die jungen Menschen eine Orientierung und positive Visionen der eigenen Person, die meist Voraussetzungen dafür sind, dass innere Zweifel an der Funktionalität der bisherigen Bedürfniserfüllung über z.B. Gewalt, zugelassen werden können. Gleiches gilt für das Finden sinnstiftender Alternativen für z.B. das Hören von Rechtsrock oder das Abhängen mit einer gewaltbereiten Clique. Diese Lücken, die durch die Distanzierung entstehen, müssen gefüllt werden, um eine Distanzierung überhaupt erst zu ermöglichen.

Du trägst Jeans und hörst Musik, die ihre Wurzeln im Rock 'n' Roll hat. Beides Dinge, die ganz eng mit der US-Pop-Kultur und People of Colour zusammenhängen. Was denkst du dazu? Wie passt das dazu, dass du solche Menschen abwertest?

Dir ist Freundschaft wichtig? Wieso ist Freundschaft davon abhängig, dass ich ein ‚starker Mann' bin?

Ich finde es nicht gerecht, allen Menschen einer Gruppe … zu unterstellen und sie alle in einen Topf zu werfen. Was bedeutet Gerechtigkeit für dich?

Wenn du weitermachst mit den Anzeigen, wie stellst du dir dein Leben vor? Glaubst du, dass das auf Dauer gut geht? Welche Folgen können daraus für dich entstehen?

Was ist dir persönlich wirklich wichtig im Leben?

Die Arbeit an Lebensperspektiven kann in Stufe III deutlich herausfordernder sein, da die Übergänge in andere soziale Sphären außerhalb des bekannten und attraktiven Umfeldes schwerer fallen können. Soziale Isolation, Einsamkeit und Ausgrenzung können hier Faktoren sein, die eine Distanzierung von menschenverachtenden Aussagen (die auch im Umfeld vorhanden sind) erschweren.

Zudem sollte die pädagogische Fachkraft sehr aufmerksam dafür sein, dass die Einstellungsbearbeitung bei der Planung von Lebensperspektiven nicht aus den Augen verloren und immer wieder aktiv in das Zentrum der Auseinandersetzung gestellt wird.

Der Faktor ‚Sicherheit' ist bei der pädagogischen Auseinandersetzung mit Menschen in Stufe III relevanter als auf den anderen Stufen. Durch erste Kontakte in extrem rechte Szenen und der fehlenden Prognostizierbarkeit des Entwicklungsprozesses können gegebenenfalls Bedrohungsszenarien für pädagogische Fachkräfte entstehen, deren Eskalation gezielt vorgebeugt werden kann. Die Reflexion, welche privaten Informationen Proie gegeben werden, die fachliche Intervision sicherheitsrelevanter Grenzen sowie das Einfordern fachlicher Standards (z.B. das Arbeiten im 2er-Team in exponierten Situationen) sind hier wichtig.

2.1.3 RELEVANZ VON GENDER IN EXTREM RECHTEN RADIKALISIERUNGSPROZESSEN

Welche Gender-Aspekte spielen bei Radikalisierung und Distanzierung eine Rolle?

> **Das Kapitel auf einen Blick**
>
> Das Kapitel erläutert genderspezifische Aspekte in der Lebenssituation von jungen Menschen bei der Hinwendung zum Rechtsextremismus. Das Modell der „Genderbread Person" von Sam Killermann wird als hilfreiches Instrument vorgestellt, um die verschiedenen Aspekte von Identität zu verstehen und zu vermitteln. Der Text unterstreicht den Stellenwert der Selbstreflexion von Pädagog*innen in Bezug auf ihre eigenen Geschlechtervorstellungen und erläutert, wie genderbezogene Ansätze in der Präventions- und Interventionsarbeit gegen Rechtsextremismus integriert werden können. Es wird weiter auf die doppelte Unsichtbarkeit von Frauen in extrem rechten Szenen hingewiesen und ausgeführt, inwiefern Geschlechterstereotype eine Rolle in der Attraktivität dieser Szenen für junge Menschen spielen. Der Text endet mit Leseempfehlungen für weiterführende Literatur zu Gender und Präventions-/Interventionsarbeit im Kontext Rechtsextremismus.

Das Thema Gender ist als ein Querschnittsthema in der Gestaltung pädagogischen Handelns zu begreifen und seine Reflexion und das Arbeiten mit dem Thema bezieht sich auf diverse Facetten in der Lebenswelt der Adressat*innen pädagogischen Handelns. Diese Gender-Aspekte zu beachten, ist damit auch für die Ausgestaltung pädagogischer Praxis implizit oder explizit relevant. Jede Situation kann durch eine Gender-Brille betrachtet werden, um zu analysieren: Welche Rolle spielt hier Gender: Bei den Adressat*innen? Bei der Angebots- und Arbeitsgestaltung? Bei Teamprozessen? Die Haltung zum Thema Gender ist für diese Fragen zentral. Viel zu häufig gilt das Übliche als normal und wird entsprechend nicht hinterfragt. Entscheidend ist hier eine gendersensible und genderreflektierte Haltung der pädagogischen Fachkraft. Diese Haltung kann über die aktive Auseinandersetzung mit dem Thema und der Selbstreflexion weiterentwickelt werden. Das erfordert, eigene unbewusste und sozialisierte Vorstellungen von Gender zu ergründen.

Die Genderbread Person als hilfreiches Bild, um über Gender zu sprechen

Geschlecht ist als kulturelles Konstrukt zu verstehen, das täglich neu hergestellt wird. Um dies deutlich zu machen, wird in der deutschen Sprache zwischen sozialem Geschlecht (Gender) und biologischem Geschlecht (sex) unterschieden. Doch auch diese Unterscheidung wird der möglichen Komplexität nicht gerecht – spätestens, wenn es um Transidentität geht. Hilfreich für das eigene Begreifen und Vermitteln der verschiedenen Bestandteile von Identität ist das Modell der ‚Genderbread Person' von Sam Killermann. Es unterscheidet zwischen Identität, Ausdruck, Anziehung/Zuneigung, körperlichem Geschlecht und bei der Geburt zugewiesenem Geschlecht. In jedem dieser Aspekte ist nicht von einem ‚männlich' oder ‚weiblich' auszugehen, sondern von einem Möglichkeitsraum des sowohl als auch – und jede Person verortet sich individuell auf einem Kontinuum des ‚Männlichen' und ‚Weiblichen' (immer gemessen an herkömmlichen Geschlechtervorstellungen). Diese Verortung kann sich sowohl zwischen den verschiedenen Aspekten unterscheiden als sich auch im Verlaufe der Zeit verändern.

Identitätsaspekte der Genderbread Person (Killermann 2017, deutsche Version: Schlau 2020)

Identität: Wie sehe und fühle ich mich selbst? Wie interpretiere ich dies orientiert an herkömmlichen Geschlechterrollen und queeren Identitäten?

Ausdruck: Wie drücke ich meine Identität über Verhalten, Kleidung etc. nach außen aus? (orientiert an herkömmlichen Geschlechterrollen)

Anziehung/Zuneigung: Zu wem fühle ich mich körperlich/sexuell, emotional, romantisch oder spirituell hingezogen?

Körperliches Geschlecht: Welche Chromosomen, Hormonspiegel, primäre und sekundäre Geschlechtsmerkmale besitze ich? (verglichen mit Durchschnittswerten)

Bei der Geburt zugewiesenes Geschlecht: Welches Geschlecht wurde mir, meist aufgrund primärer Geschlechtsmerkmale, bei der Geburt zugewiesen? (Derzeit: männlich, weiblich, intergeschlechtlich).

Es existieren unterschiedliche Formen und gesellschaftliche Bilder von Männlichkeiten* und Weiblichkeiten*.[28] Hegemoniale Formen von Männlichkeit und Weiblichkeit meinen stereotype Geschlechtervorstellungen, also normative Vorstellungen von ‚der einen richtigen' Form von Männlichkeit bzw. Weiblichkeit. Gegen sie werden oftmals andere, weniger akzeptierte Formen von Männlichkeiten* und Weiblichkeiten* abgewertet. Es handelt sich um traditionelle Rollenvorstellungen, Eigenschaften werden biologisiert und vergeschlechtlicht, Bedürfnisse und Vorlieben werden mit dem biologischen Geschlecht erklärt und als unveränderbar begriffen. Es handelt sich um als natürlich angenommene Machtverhältnisse, in denen die gesellschaftliche Konstruktion von Geschlecht unsichtbar gemacht wird. Die Machtverhältnisse bleiben unabänderbar und unangreifbar – bei Geschlecht handele es sich schließlich um etwas ‚Natürliches', das von Geburt an da sei.

Mädchen* und Jungen* sind in ihrer Sozialisation diesen Bildern von Männlichkeiten* und Weiblichkeiten* ausgesetzt – in der Regel vor allem Bildern ihrer hegemonialen Formen, da diese in der Öffentlichkeit, wie z.B. in der Werbung, sehr präsent sind. Alle Menschen werden von ihnen geprägt und (re)produzieren diese Bilder. Normvorstellungen von Weiblichkeit

---

28 Hinweis zur Schreibweise von Jungen* und Mädchen*: Das (*) drückt aus, dass mehr als nur eine feste Form von Junge-Sein und Mädchen-Sein existiert, sondern auch alles dazwischen und jenseits davon. Außerdem hebt das (*) hervor, dass Junge/Mann- bzw. Mädchen/Frau-Sein v. a. durch die Gesellschaft konstruiert werden und nicht primär von biologischen Eigenschaften abhängen. Männlichkeit und Weiblichkeit ohne (*) meint entsprechend hegemoniale Formen derselben.

und Männlichkeit bestimmen, welches Verhalten von Mädchen*/Jungen* (nicht) erwartet, (nicht) akzeptiert und welches (nicht) sanktioniert wird, weil ihnen ein bestimmtes biologisches Geschlecht zugeschrieben wird. In dieser Vorstellung gibt es sehr wenig performative Zwischenräume, was auch als dichotome Geschlechterordnung beschrieben wird. Diese Orientierung an einer normierten Geschlechterordnung („Männer sind so und Frauen sind so') bietet eine vermeintliche Sicherheit – Bilder von den ‚richtigen Frauen' und ‚richtigen Männern' bieten Orientierung und entlasten das Individuum. Gleichzeitig setzen die formulierten Ansprüche das Individuum auch unter einen Erwartungsdruck und schränken ein. Klar ist dadurch auch, für welche Genderperformance Anerkennung erfahren wird und für welche Sanktionen zu erwarten sind. Dies kann v.a. in Phasen der Orientierung und Identitätssuche als hilfreich empfunden werden, wenngleich diese Bilder in der Regel Entfaltungsräume verschließen, statt sie zu öffnen. Gender ist immer mit gesellschaftlichen Normvorstellungen und Machtverhältnissen verbunden. Es werden Unterschiede konstruiert, die für Mädchen*/Frauen* und Jungen*/Männer* unterschiedliche Konsequenzen haben und Ungleichheit bedingen.

Für die pädagogische Arbeit zu Gender ist eine Voraussetzung, dass den Pädagog*innen genderspezifische Prozesse und daraus resultierende Lebensumstände bewusst sind und die eigene Positionierung reflektiert wird – dies ist kein abgeschlossener Prozess.

Mehr zum gendersensiblen, genderreflektierenden und genderirritierenden Arbeiten findet sich im Kapitel 2.2.8 „Grundlagen genderreflektierenden Arbeitens für die Distanzierungsarbeit". Außerdem bietet die Internet-Seite „Genderdings" leicht verständliche Erklärungen von Begriffen rund um das Thema Gender (Genderdings 2024).

Analyse der individuellen Situation der einstiegsgefährdeten/orientierten Person

Mädchen* und Jungen* sind unterschiedlich von der gesellschaftlichen Konstruktion von Geschlecht betroffen und mit Bildern von Weiblichkeiten* und Männlichkeiten* konfrontiert. Je nach sozialem Nahfeld und Umständen des Aufwachsens gibt es individuelle Unterschiede in der Betroffenheit, auch zwischen denjenigen, die demselben Geschlecht zugeordnet werden. Folgende beispielhafte Leitfragen helfen im konkreten Fall, die Rolle von Gender in der Lebenssituation junger Menschen zu analysieren:

— Welche genderspezifischen Aspekte von Wertvorstellungen, Bedürfnissen, Wünschen, Zukunftsvorstellungen, Verhaltensweisen, Betroffenheiten (z.B. von Gewalt) etc. gibt es bei dem jungen Menschen?
— Inwieweit wird der subjektiv gesehene Möglichkeitsraum und der von außen zugestandene Möglichkeitsraum der individuellen Entfaltung durch Gender beeinflusst (z.B. vorgeformt oder limitiert)?
— Welche Funktion haben bestimmte genderbezogene Verhaltensweisen/Rollen/Werte für den jungen Menschen?
— Was bringt es der Person, ihr Geschlecht auf eine bestimmte Art zu inszenieren? Welche Bedürfnisse sind erkennbar? Wie können diese anderweitig erfüllt werden?

— Welche genderspezifischen Hinwendungsmotive zu Rechtsextremismus/Gruppenbezogener Menschenfeindlichkeit sind erkennbar?[29]

Reflexion von Gender-Aspekten bei der Angebotsgestaltung und im Pädagog*innen-Team

Die fortlaufende Reflexion der eigenen Geschlechtsidentität und der eigenen Geschlechtervorstellungen ist für die Arbeit mit extrem rechts einstiegsgefährdeten und orientierten jungen Menschen sehr wichtig. Extrem rechte Orientierungen orientieren sich stark an vermeintlich biologisch gesetzten Rollenbildern und traditionellen Vorstellungen von Gender. Ohne die Dekonstruktion eigener ansozialisierter Vorstellungen von Männlichkeiten* und Weiblichkeiten* – auch in Feinheiten und Nuancen – laufen Pädagog*innen Gefahr, diese in ihrer Arbeit zu reproduzieren.

Selbst wenn schon einiges an Reflexionsarbeit geleistet wurde, haben die meisten Menschen in der Regel unbewusste, auf Geschlechterrollen bezogene Verhaltensweisen (z.B. dominantes Redeverhalten, Übernahme von Fürsorgearbeit). Es ist daher wichtig, die eigene Arbeit unter Gender-Aspekten zu reflektieren.[30]

Welche Rolle spielt Gender... bei der Angebotsgestaltung?

— Welche Sprache verwende ich? Spreche ich geschlechtsneutral?
— Mit welchen Fragen, Hypothesen und Vorannahmen analysiere ich Situationen und gehe in professionelle Kontexte (Teambesprechung, Arbeit mit Jugendlichen etc.)?
— Wie vielfältig und diversitätsbewusst gestalte ich meine Angebote und Methoden?
— Wo reproduziere ich (unbewusst) Rollenklischees durch meine pädagogische Arbeit? (Klassiker: Kochkurs für Mädchen, Fußballspielen mit Jungs)
— Welche Erwartungen setze ich an das Verhalten, Wünsche, Eigenschaften etc. meines Gegenübers/von Jugendlichen? Wie reagiere ich auf Unerwartetes?

Welche Rolle spielt Gender... bei der Arbeitsgestaltung und Aufgabenverteilung im Team?

— Wer leistet die Fürsorgearbeit, wer übernimmt prestigeträchtige Aufgaben?
— Wer übernimmt die Kommunikationsarbeit?
— Wer kümmert sich um die Infrastruktur (z.B. Fahrplaninformationen, Raumsauberkeit, Wohlfühlatmosphäre wie Trinken oder Snacks)?
— Wer übernimmt typischerweise welche Aufgaben? Was wird dabei als selbstverständlich angenommen?
— Wer hat offene To-Dos im Blick? (Stichwort: Mental Load)
— Wie werden Entscheidungsprozesse gestaltet?
— Wer hat welche Redeanteile?
— Welches Verhalten (z.B. lauter werden, Widerworte geben) wird bei wem akzeptiert, bei wem nicht – was wird wie kommentiert („zickig", „Hast wohl deine Tage")?

---

29 Genderspezifische Hinwendungsmotive werden im Verlauf dieses Kapitels benannt.
30 Vertiefende Texte hierzu finden sich in den Literaturempfehlungen am Ende des Kapitels.

Frauen*, Männer*, Rechtsextremismus und Gewalt

Zwei Drittel der Wähler*innen von extrem rechten Parteien sind Männer* und etwa 90% der extrem rechts motivierten Gewalttaten werden von Männern* verübt (vgl. Hechler 2012: 83). Und dennoch kann mit Heitmeyer konstatiert werden, dass extrem rechte Ideologien bei Männern und Frauen gleich weit verbreitet sind (vgl. Heitmeyer 2002: 517).

Biologistische Geschlechterrollen nehmen in extrem rechten Szenen eine zentrale Rolle ein. Zwar gibt es vor allem für Frauen* plurale Rollenangebote, die Vorstellung von ‚dem richtigen Mann' und ‚der richtigen Frau' bleibt trotzdem dominierend und hat auch in der Ideologie einen wichtigen Stellenwert. Die Evaluation von Programmen gegen Rechtsextremismus legt deshalb nahe, dass es zielführend ist, genderreflektierende Ansätze mit einzubeziehen.[31]

Biologistische Geschlechtervorstellungen, die in extrem rechten Szenen von Bedeutung sind, haben große Überschneidungen mit stereotypen Geschlechtervorstellungen der ‚Mitte der Gesellschaft'. Eine gendersensible Präventions- und Interventionsarbeit bedeutet, sich über die Rolle von Gender im Rechtsextremismus bewusst zu sein und in der eigenen Arbeit als Analysekategorie zu nutzen – politische Einstellungen und Gender werden also zusammen gedacht. Es bedeutet auch, genderspezifische Hinwendungsmotive zu erkennen und intervenieren zu können. Welche Funktion hat es für den Jungen*/das Mädchen* in ihrer Geschlechtsidentität, sich dem Rechtsextremismus und menschenverachtenden Einstellungen zuzuwenden? Das Wissen darum ist eine Voraussetzung für die genderreflektierende Arbeit mit extrem rechts einstiegsgefährdeten und orientierten jungen Menschen.

a) Mädchen*/junge Frauen* und ihre doppelte Unsichtbarkeit

In der Forschung wird von einer „doppelten Unsichtbarkeit von Frauen" (Lehnert/Radvan 2013: 14) in extrem rechten Szenen gesprochen, die mit bedingt, dass relativ wenig Mädchen* als Adressantinnen der Distanzierungsarbeit wahrgenommen werden. Ein wesentlicher Grund für die doppelte Unsichtbarkeit von Frauen* im Themenfeld Rechtsextremismus ist ihre Unterschätzung beim Thema Gewalt. Ursachen dafür sind stereotype Geschlechtervorstellungen, die im Folgenden ausgeführt werden. Dieses Übersehen ist fatal, denn Frauen* nehmen sowohl beim Erhalt der inneren Strukturen als auch bei der öffentlichen Propaganda, Mobilisierung und Rekrutierung eine wichtige Rolle ein und agieren genauso ideologisch überzeugt wie Männer*.

Vorurteil: Frauen* interessieren sich nicht für Politik.

Frauen* und Mädchen* werden aufgrund gesellschaftlicher Geschlechterkonstruktionen seltener zugeschrieben, politisch aktiv, interessiert oder überzeugt zu sein und eine politische Haltung zu vertreten. Entsprechend werden sie weniger ernst genommen, wenn sie sich äußern und agieren. Die mediale Rezeption und Selbstinszenierung von Beate Zschäpe im NSU-Prozess als ‚Freundin von' und ‚Mitläuferin' sind dafür ein extremes Beispiel. Dies ist auch in

---

31 Das Deutsche Jugendinstitut warnt, dass die extrem rechte Bewegung insbesondere für Jugendliche mit einem hypermaskulinen Bild von Männlichkeit attraktiv sei. Siehe dazu: Glaser/Greuel et al. 2015: 19.

Institutionen der Jugendarbeit und Justiz zu beobachten: Mädchen* werden mit ihren politischen Einstellungen häufig weniger ernst genommen, wodurch sie nicht menschenfeindlich eingestellt oder als extrem rechts einstiegsgefährdet wahrgenommen werden. Auch in der Arbeit mit extrem rechten Cliquen werden Mädchen* manchmal verharmlosend nur als ‚Freundin von…' wahrgenommen.

Die extrem rechte Szene ist mit ihren verschiedenen Identifikationsangeboten für Frauen* und Mädchen* – von traditioneller Mutterschaft über politische Aktivistin bis hin zur ‚Kämpferin' – durchaus attraktiv. Gerade die sogenannte Identitäre Bewegung bietet mit selbstbewussten, style-orientierten Aktivistinnen Anknüpfungspunkte. In der breiten Öffentlichkeit hingegen wird häufig lediglich die Einnahme einer traditionellen Rolle durch Frauen* in der extrem rechten Szene wahrgenommen, obwohl sie längst wesentliche und diverse Funktionen in ihren Strukturen einnehmen. Diese Unterschätzung nützt der Szene, da sie über szenezugehörige vermeintlich apolitische Frauen*, die vorrangig in ihrer Rolle als Mutter gesehen bzw. dargestellt werden, verharmlosend mit ihrer extrem rechten Agenda auftreten können. Dabei propagieren junge Frauen* durchaus öffentlichkeitswirksam extrem rechte Ideologie, sind in (teilweise frauenspezifischen) Strukturen, Vereinen oder Parteien sowie der Musikszene aktiv. Zweierlei ist zu beobachten: Auf politische Inhalte angesprochen, kommt ihnen das Geschlechterstereotyp, Frauen* interessierten sich nicht für Politik, zugute. Sie ziehen sich auf dieses Stereotyp zurück, externalisieren politische Inhalte auf ihre Partner oder den Freund*innenkreis oder kontern mit der Überbetonung ihrer Mutterrolle („Ich mache mir doch nur Sorgen um meine Kinder"). Gleichzeitig gibt es Fälle von Frauen*, die in extrem rechten Strukturen ambitioniert nach oben, nach Posten streben, aber von Männern* gebremst oder ausgeschlossen werden. Auch hier wird ein Kampf um Anerkennung und Gleichberechtigung geführt – das Ideal der Mutterrolle als Bewahrerin des deutschen Volkes bleibt davon unberührt.

Vorurteil: Frauen sind friedlich.*

Frauen* und Mädchen* werden aufgrund gesellschaftlicher Geschlechterkonstruktionen zugeschrieben, friedlicher als Männer* zu sein– Gewalt(-tätigkeit) gilt als männlich. Entsprechend wird im pädagogischen Kontext die Gewaltbereitschaft von Mädchen* unterschätzt und weniger plakativ-konfrontative, aber dennoch gewalttätige Verhaltensweisen nicht wahrgenommen. Tatsächlich nehmen Frauen* in extrem rechten Cliquen in Bezug auf Gewalt unterschiedliche Funktionen ein – z.B. feuern sie männliche Gruppenmitglieder bei gewalttätigem Handeln an, schlagen selbst zu oder sind unterstützende Mitwisser*innen – so tragen sie ihren spezifischen Anteil zur Gewalthandlung bei. Gleichzeitig sind Mädchen* und Frauen* in der extrem rechten Szene, genauso wie gesamtgesellschaftlich, von sexistischen Mustern und (sexualisierter) Gewalt betroffen. Vermeintlich fungiert die extrem rechte Szene als Schutzraum für Frauen* vor Gewalt, die aber nur als ‚Gewalt von Ausländern' gedacht wird. Radvan und Lehnert führen aus, wie der ‚Volkskörper' weiblich konstruiert wird. Er muss vor Angriffen von außen (= durch ‚die Ausländer') geschützt werden, damit er nicht ‚infiziert' und ‚unrein' wird. Die Frau* – in ihrer traditionellen Rolle – gilt als Bewahrerin der ‚deutschen Rasse', indem sie Kinder kriegt, aber auch Brauchtumspflege betreibt (ebd.: 6). Gerade Protagonist*innen der sogenannte Identitären Bewegung bemühen das Opfernarrativ der deutschen Frau durch den ‚ausländischen' Sexualstraftäter. Der Schutz durch die Szene ist aber nur vermeintlich existent – häusliche und sexualisierte Gewalt (mit der Frau* als Betroffenen), patriarchale Strukturen und traditionelle Rollenvorstellungen stehen in engem Zusammenhang. Auch Aussteigerinnen werden aus der Szene heraus massiv bedroht.

Gewaltbetroffenheit und die Unterschätzung von Gewalt bei Mädchen* und Frauen*
Gewalt und Weiblichkeit wird in der Regel zusammengedacht – allerdings überwiegend als Betroffene und nicht als Täterinnen. Auch unabhängig von menschenverachtenden Einstellungen und Rechtsextremismus ist Gewalt von Mädchen* in der öffentlichen Rezeption ein ambivalentes Thema. Viererlei ist festzustellen:

— Mädchen* und Frauen* machen in ihrem Umfeld und gesellschaftlich genderspezifische Erfahrungen mit Gewalt und sind in Bezug auf bestimmte Formen, wie z.B. häusliche Gewalt, statistisch gesehen überwiegend Betroffene und nicht Täterinnen (wobei die Dunkelziffer bei dieser Beurteilung kritisch mitgedacht werden muss).
— Aggression und Wut werden Mädchen* und Frauen* häufig nicht zugestanden.
— Gewalttätigkeit von Mädchen* und Frauen* wird bagatellisiert (vor allem, wenn ein Mann* betroffen ist, was mit dem gesellschaftlichen Bild von Männlichkeit zu tun hat).
— Mädchen* werden einerseits überwiegend als Opfer stilisiert, andererseits werden sie – wenn es zur Darstellung als Gewalttäterin kommt – schnell als „brutale Schlägerweiber" (Brockamp 2008: 147) dargestellt.

Mädchen* und Frauen* auch als extrem rechte Akteurinnen wahrzunehmen, ändert sich nur langsam. Es fallen leider immer noch primär problematische Verhaltensweisen (häufig Gewalttätigkeit) ins Gewicht und nicht menschenverachtende Einstellungen. Das bedeutet, dass die Aufmerksamkeit mehr auf prügelnden (und damit Probleme machenden) Jungen* liegt, bei denen dann auch menschenverachtende Einstellungen sichtbar werden. Währenddessen bewegen sich Mädchen*, die sich (nebenbei) menschenverachtend äußern, am Rande oder außerhalb der pädagogischen Aufmerksamkeit. Beide Phänomene bedingen sich gegenseitig und tragen zu Radikalisierungsprozessen bei. Auch bei der Analyse von extrem rechten Strukturen vor Ort sollten (junge) Frauen* im Bewusstsein sein. Zum Beispiel, wenn ein Junge von seinem Freundeskreis und Kaderbekanntschaften erzählt, sollte auf das Vorkommen von Mädchen* und Frauen* geachtet und bewusst danach gefragt werden.

Genderspezifische Hinwendungsmotive zur extrem rechten Szene bei Mädchen* und Frauen*
Es sind verschiedene Hinwendungsmotive von Mädchen* und Frauen* zur extrem rechten Szene zu beobachten.

1. **Der Versuch sich von gesellschaftlichen Zwängen an ‚Weiblichkeit' zu emanzipieren**
   ▸ Lossagung von gesellschaftlichen Zwängen.

2. **Das Streben nach Anerkennung durch das Erfüllen von ‚Weiblichkeit'**
   ▸ Traditionelle Vorstellungen von ‚Weiblichkeit' fungieren als Orientierungsangebot (und gleichermaßen als Appell) und diese werden anerkannt.

- Gleichzeitig gibt es ein plurales Angebot von Rollen für Mädchen*/Frauen*, denen die alleinige Bezugnahme auf traditionelle Rollen nicht entspricht. Dies wird dann als ‚Emanzipation' von traditioneller Weiblichkeit begriffen, ist aber nur im ideologischen Rahmen möglich

3. Sich (vermeintlich) vor sexualisierter Gewalt schützen
   - Als Täter werden dabei nur ‚die Ausländer' identifiziert.
   - Es kann ein Zusammenhang zu Unterdrückungs- und Gewalterfahrungen in der Vergangenheit existieren, die auf das neue Täterbild projiziert werden.

4. Automatismus des Aufsuchens bekannter Kontexte
   - Gewaltvolle Milieus schrecken trotz Gewalterfahrungen nicht ab – im Gegenteil, es ist bereits normalisiert und wird unbewusst als bekannter Kontext wieder aufgesucht.
   - Erfahrungen sexueller Gewalt im Familienkontext von Mädchen* kann Einfluss auf die Hinwendung zu gewaltvollen Kontexten haben, da in diesen das Bedrohungspotenzial oder die Betroffenheit sexueller Gewalt (dann i.d.R. durch den Partner) wiedererlebt wird (vgl. ebd.).

b) Jungen*/junge Männer*

Genderspezifische Hinwendungsmotive zur extrem rechten Szene bei Jungen und Männern**
Es sind verschiedene Hinwendungsmotive von Jungen* und Männern* zur extrem rechten Szene zu beobachten.

1. Der Versuch, hegemonialen Standards zu entsprechen trotz fehlender Ressourcen:
   - Jungen*/Männer* versuchen, den hegemonialen Standards von Männlichkeit zu entsprechen.
     - Sie versuchen so, den Anspruch auf Überlegenheit und Souveränität zu erfüllen.
     - Dies ist besonders wichtig für jene, die begrenzte Ressourcen (Ausbildung, Geld, kulturelles Wissen) haben.

2. Die Inszenierung von Macht und Überlegenheit:
   - Jungen*/Männer* versuchen den traditionellen Ansprüchen von Macht und Überlegenheit an Männlichkeit zu genügen.
     - Für Jungen*/Männer*, die sich in einer sozialen oder ökonomischen Randposition befinden, ist es umso wichtiger, ihre Machtposition zu verstärken oder zu inszenieren.
     - Extrem rechte Ideologiefragmente unterstützen das Ausbilden dieser Machtposition (durch Konstruktion als überlegener vermeintlich ‚richtiger weißer heterosexueller Mann').

3. Die Attraktivität von Gewalt in der männlichen Hierarchie:
   - Gewalt unter Männern wird als legitime Form des Rangkampfes betrachtet.
     - Sozial ausgegrenzte und abgehängte Jungen*/Männer* suchen oft nach Wegen, ihre soziale Anerkennung durch gewalttätige Männlichkeitsbeweise zu steigern

▸ Gruppen, in denen Männlichkeit stark inszeniert wird oder in denen Gewalt eine Rolle spielt, können für diese Jungen*/Männer* attraktiv erscheinen.

4. **Die Produktion von Männlichkeit durch Aggressivität und Abwertung:**
   - Männlichkeit wird durch Aggressivität und Abwertung anderer konstruiert.
     ▸ Diese Vorstellung ermöglicht, den eigenen Status durch Dominanzverhalten zu erhöhen bzw. Statusverlust zu vermeiden.

5. **Die Attraktivität der extrem rechten Szene durch klare Vorgaben für ‚richtige Männer‘:**
   - Die extrem rechte Szene bietet klare Vorgaben dafür, was als ‚richtiger Mann‘ gilt. Damit einher geht das Bild der natürlichen Überlegenheit des Mannes. Dieses Bild stellt sich gegen die zunehmende Vielfalt von Geschlechterrollen und sexuellen Lebensweisen.
     ▸ Das kann besonders für Jungen* in einer Orientierungsphase attraktiv sein.

6. **Gewalt als integraler Bestandteil von Männlichkeit in extrem rechten Szenen:**
   - In der extrem rechten Szene wird Männlichkeit mit Härte, körperlicher Stärke, Überlegenheitsanspruch und Abwertung anderer verbunden.
     ▸ Gewalt wird als Mittel zur Herstellung und Aufrechterhaltung der Männlichkeit betrachtet.
     ▸ Frauen*, schwule Männer* und rassistisch abgewertete Menschen sind potenzielle Ziele.

Es lässt sich konstatieren, dass die Hinwendung zum extrem rechten Milieu bei Jungen*/Männern* oft auf der Suche nach Anerkennung, Macht, Statuserhöhung und der Akzeptanz von Gewalt beruht.

Diese Stichpunkte werden im Folgenden näher erläutert und mit Erkenntnissen aus der Forschung gerahmt. Zwei der wichtigsten Grundlagenwerke der kritischen Männlichkeitsforschung stammen von Bourdieu (2016) und Connell (2015). Ihre Gedanken werden im Weiteren aufgegriffen und jeweils kontextualisiert, welche Relevanz sie bezüglich Rechtsextremismus haben.

Theoretische Grundlagen: hegemoniale Männlichkeit

Connell untersucht insbesondere die Hierarchie unter Männern* und teilt sie in verschiedene typische Gruppen ein. Diese reichen von einer tonangebenden (hegemonialen) Gruppe, die die Maßstäbe für die anerkannte Vorstellung von Männlichkeit setzt, bis zu marginalisierten oder untergeordneten Gruppen, die den Ansprüchen nicht genügen können oder wollen. Besonders interessant für die Distanzierungsarbeit ist eine Gruppe, die versucht den von der tonangebenden (hegemonialen) Gruppe formulierten Standards zu entsprechen, obwohl ihr die Ressourcen (Ausbildung, Geld, kulturelles Wissen) dafür fehlen. Beanspruchter Einfluss und tatsächliche Machtlosigkeit klaffen in dieser Gruppe also auseinander. Um den sonst mit Männlichkeit verbundenen Anspruch auf Überlegenheit, Unabhängigkeit und Souveränität dennoch einzulösen, setzt diese Gruppe auf besondere Machtinszenierungen. Diese können auch die Form von Gruppenbezogener Menschenfeindlichkeit und Gewalt annehmen. Zwar gibt es durchaus auch gut ausgebildete, finanziell abgesicherte und gesellschaftlich anerkannte Menschen mit extrem rechter Orientierung. Und doch gibt es junge Männer aus prekarisierten Lebensumständen, die versuchen sich einem bestimmten Bild von Männlichkeit entsprechend als mächtig und überlegen zu inszenieren. Sie sind besonders gefährdet, bei ihren Machtinszenierungen auch auf Ideologiefragmente des Rechtsextremismus und damit einhergehende Haltungen und Handlungen zurückzugreifen. Wenn eine geschlechtersensible Pädagogik einen Ausstieg aus der männlichen Logik von Macht und Überlegenheit aufzeigen kann, dann dämpft das auch die Anschlussfähigkeit extrem rechter Lebenswelten.

Männlichkeit und Gewalt
Während Gewalt gesellschaftlich eigentlich geächtet ist, gilt sie laut Connell (vgl. 2015) als legitim, wenn sie in Rangkämpfe unter Männern* eingebettet ist. Gewalt erhält dabei die Geschlechterordnung aufrecht, bekämpft Identitätsunsicherheit und stiftet Anerkennung für Männer*, die gegeneinander in einen Wettkampf eintreten. Gewalt unter Männern* beinhaltet damit gegenseitige Anerkennung im Kampf aber auch die Herstellung einer Hierarchie, die bis hin zur Ausgrenzung und Abwertung von allem reichen kann, was als unmännlich gilt. Für sozial ausgegrenzte und abgehängte junge Männer* kann es attraktiv wirken, ihre soziale Anerkennung durch besondere Männlichkeitsbeweise zu erhöhen. Hinter Prügeleien oder Trinkwettbewerben verbirgt sich oft ein Männlichkeitsritus. Gruppen, in denen Männlichkeit besonders inszeniert wird oder in denen Gewalt eine wiederkehrende Rolle spielt, können genau deshalb ebenfalls attraktiv erscheinen. Das können unter anderem Hooligans, Motorrad-Rocker oder eben extrem rechte Gruppen sein.

Jungen* wird mitunter eine Vorstellung von Männlichkeit vermittelt, die sich vor allem durch Aggressivität, Heroisierung und Abwertung anderer auszeichnet. Bei einer solchen Vorstellung von Männlichkeit dreht sich alles darum, den eigenen Status durch männliches Dominanzverhalten zu erhöhen und jeden Statusverlust zu vermeiden. Das schmälert die Empathiefähigkeit, da Emotionen, die dem Dominanzanspruch entgegenstehen, unterdrückt werden. Vorbild für eine solche Männlichkeit kann das eindimensionale Heldenbild einer soldatischen Männlichkeit sein, wie es auch von Rechtsrock-Bands glorifiziert wird.

Theoretische Grundlagen: männlicher Habitus und männliches Dominanzstreben
Bourdieu (vgl. 2016) beschreibt den männlichen Habitus und den dazugehörenden Überlegenheitsanspruch gegenüber Frauen*. Der Habitus umfasst das Auftreten, die Haltung und das Verhalten. Wer als ‚wahrer Mann' anerkannt werden will, muss diesen Habitus verkörpern. Dazu gehört es, sich einen Überlegenheitsanspruch insbesondere gegenüber Frauen* und Härte gegen sich und andere anzutrainieren. Einerseits verspricht dieser Habitus eine dominante Position gegenüber Frauen*, andererseits wird Männern* aufgezwungen, sich dem ständigen Wettbewerb mit anderen Männern* zu stellen, um in Konkurrenz zueinander den Anspruch auf Überlegenheit und ‚wahre Männlichkeit' zu verteidigen. Geschlechterreflektierende Pädagogik sollte Jungen* den Raum bieten, sich diesen Kämpfen um Dominanz und Unterordnung zu entziehen.

Männlichkeit und extrem rechte Orientierung

Eine der Anforderungen an Männlichkeit ist Überlegenheit. Diese kann kulturell, finanziell, intellektuell oder auch körperlich gezeigt und ausgelebt werden. Männer werden dazu verleitet untereinander Rangkämpfe auszufechten und sich über Frauen* zu erheben. Überlegenheit ist der entscheidende Schnittpunkt zu einer extrem rechten Orientierung.

Außerdem kann für Jungen* die extrem rechte Szene besonders attraktiv sein, weil ihr Angebot eine klare Vorgabe macht, was ein ‚richtiger Mann' ist. Auf Jungen* in einer Orientierungsphase kann das stabilisierend und dadurch attraktiv wirken.

Während die Gleichstellung von Frauen* in der Gesellschaft zunehmend als legitim gilt, wird in der extrem rechten Szene weiter das Bild der natürlichen und damit nicht hinterfragbaren Überlegenheit des Mannes gepflegt. Während Geschlechterrollen und sexuelle Lebensweisen vielfältiger und weniger eindeutig werden, tritt die extrem rechte Szene dieser Entwicklung mit der Forderung nach einer Rückkehr zur Klarheit durch Eindeutigkeit entgegen, was ein Gefühl der Vertrautheit und Sicherheit stiften kann. Die extrem rechte Szene ist daher wegen ihrer Haltung zu geschlechterpolitischen Fragen besonders attraktiv.

In der extrem rechten Szene ist Männlichkeit mit Härte, körperlicher Stärke, Überlegenheitsanspruch und der Abwertung anderer verbunden. Ein Verhältnis, das gewaltvoll hergestellt wird und ständig gewaltvoll erneuert werden muss, um von den Kameraden die Männlichkeit nicht aberkannt zu bekommen. Ziel der Gewalt können Frauen*, schwule Männer* und rassistisch abgewertete Menschen sein. In extrem rechten Lebenswelten erscheint Gewalt attraktiv, weil sie voraussetzungslos ist. Man(n) muss dafür nichts lernen, wird von allen verstanden und erfährt eine unmittelbare Selbstwirksamkeit.

Was aber bedeutet das nun für die pädagogische Arbeit?

Distanz e.V. hat für die pädagogische Auseinandersetzung mit genderspezifischen Hinwendungsmotiven und Herausforderungen das sogenannte Gender[3]-Arbeiten in der Distanzierungsarbeit entwickelt. Diese Grundlagen genderreflektierten Arbeitens im Kontext der Distanzierungsarbeit werden im Kapitel 2.2.8 dargestellt.

Leseempfehlungen

Zum Thema Gender und Präventionsarbeit:

Lehnert, Esther/Radvan, Heike (2013): Gender und Rechtsextremismusprävention.

Brandt, Marc (2013): Fallbeispiele zu geschlechterreflektierenden Strategien gegen Rechtsextremismus in der Kinder- und Jugendhilfe. In: Claus, Robert/Lehnert, Esther et al. (Hrsg.): „Was ein rechter Mann ist ..." Männlichkeiten im Rechtsextremismus. Berlin: Karl Dietz Verlag, S. 237–249.

Zum Thema genderspezifische Präventions- und Interventionsarbeit:

Stuve, Olaf (2013): Geschlechterreflektierende Arbeit mit Jungen als Prävention rechtsextremer Einstellungen und Handlungsmuster. In: Claus, Robert/Lehnert, Esther et al. (Hrsg.): „Was ein rechter Mann ist ..." Männlichkeiten im Rechtsextremismus. Berlin: Karl Dietz Verlag, S. 226–236.

Aumüller, Jutta (2014): Forschung zu rechtsextrem orientierten Jugendlichen. Berlin: BIKnetz. Dort v. a. Kapitel 5.3.1. „Forschung zu rechtsextrem orientierten Mädchen und jungen Frauen", S. 110–118.

Zum Thema Frauen* in der extrem rechten Szene:

Amadeu Antonio Stiftung (2015): Rechtsextreme Frauen – übersehen und unterschätzt. Analysen und Handlungsempfehlungen, 2. Auflage.

Röpke, Andrea/Speit, Andreas (2011): Mädelsache! Frauen in der Neonazi-Szene. Berlin: Ch.Links Verlag.

Zum Thema Gewalt und Mädchen*:

Brockamp, Kerstin (2008): Lauter Zicken und Schlägerweiber?! Gewaltpräventive Arbeit mit Mädchen. In: Brinkmann, Heinz Ulrich et al. (Hrsg.): Gewalt zum Thema machen. Gewaltprävention mit Kindern und Jugendlichen. Bundeszentrale für politische Bildung, S. 147–157.

2.1.4 RADIKALISIERUNG IM INTERNET

Welche Bedeutung hat das Internet bei Radikalisierungsprozessen?

> **Das Kapitel auf einen Blick**
>
> Das Kapitel erläutert Prozesse der Radikalisierung im Internet, insbesondere im Kontext Sozialer Medien, und hebt die Bedeutung des Internets für junge Menschen hervor. Junge Menschen stoßen in ihrer Online-Lebenswelt regelmäßig auf Hass, Fake News und menschenfeindliche Ansichten, was Auswirkungen auf ihre Meinungsbildung hat. Die Funktionsweise Sozialer Medien wird skizziert und auf sowohl positive als auch negative Potenziale hingewiesen. Der Text diskutiert auch die Strategien extrem rechter Akteur*innen im Internet, wie z.B. den ‚digitalen Faschismus', der Ängste instrumentalisiert. Erläutert wird weiter der Effekt von YouTube als Radikalisierungstool und die Vernetzungsstrukturen von extrem rechten Influencer*innen. Im Anschluss daran wird auf die Funktionen von Verschwörungserzählungen hingewiesen und welche Bedeutung Soziale Medien bei deren Verbreitung haben können.

Online- und Offlinelebenswelten verschwimmen zunehmend und lassen sich kaum voneinander trennen. Ein erheblicher Anteil an zwischenmenschlicher Kommunikation findet mittlerweile online statt und Messenger und Social-Media-Aktivitäten sind heute ein wesentlicher Bestandteil im Leben junger Menschen. So werden Themen, die von Interesse sind, online recherchiert, es wird täglich durch eine Vielzahl an News und Posts in der Timeline gescrollt. Auf YouTube werden neben Videos, die dem reinen Zeitvertreib und der Unterhaltung dienen, sowohl Tutorials als auch Nachrichten zum aktuellen Zeitgeschehen konsumiert und rezipiert. Aktuelle Zahlen aus Jugenduntersuchungen, wie der jährlich durchgeführten JIM-Studie oder auch der Shell-Jugendstudie, belegen dies sehr eindrücklich (Rathgeb/Feierabend et al. 2022; Albert/Hurrelmann et al. 2019).

Dieses Kommunikations- und Informationsverhalten verlangt den Nutzer*innen neben technischem Knowhow einen reflektierten und kritischen Umgang mit Medieninhalten ab. Auch hierbei geben Jugenduntersuchungen Auskunft darüber, wie oft die befragten jungen Menschen mit Abwertung und Hass im Netz, mit Fake News sowie mit extremen politischen Ansichten in Berührung kommen.

In der JIM plus 2022 Studie zu Fake News und Hatespeech wird resümiert:

> „Jugendliche zwischen zwölf und 19 Jahren stoßen regelmäßig auf Fake News und Hatespeech im Netz. Hasserfüllte Kommentare werden vor allem auf den bei Jugendlichen beliebten Plattformen Instagram, TikTok, YouTube und WhatsApp wahrgenommen. Inhaltlich richtet sich der Hass nach Erfahrung der Jugendlichen insbesondere gegen die Sexualität von Menschen sowie gegen das äußerliche Erscheinungsbild, wie beispielsweise die Hautfarbe. Dabei nehmen Jugendliche einen deutlichen Einfluss von

> Hatespeech auf die Gesellschaft und auch das eigene Handeln wahr. Ein Drittel der Jugendlichen gibt bspw. an, aus Angst vor negativen Reaktionen seine Meinung nicht mehr öffentlich zu posten" (JIM plus 2022: Websitetext).

Laut der Erhebung der JIM plus Studie haben 80% der Jugendlichen und jungen Erwachsenen schon einmal Fake News im Internet wahrgenommen (JIM plus 2022: 17). Die Online-Lebenswelt kann also als politisierter Raum eingeschätzt werden. Dies liegt nicht zuletzt daran, dass der Raum insbesondere von menschenverachtenden Akteur*innen genutzt wird. Um Funktionen und Potenziale Sozialer Medien, nicht zuletzt vor dem Hintergrund der gezielten Manipulation durch extrem rechte Akteur*innen, besser einordnen und verstehen zu können, werden im Folgenden einige Grundlagen der Online-Mediennutzung skizziert.

Funktionsweise von Social Media

Folgen Social-Media-Plattformen in ihrer Funktionsweise einer bestimmten Logik, so sind sie doch letzten Endes sozial konstruiert. Wie der Name bereits sagt, handelt es sich um ‚user generated contents', also Inhalte, die von den Nutzer*innen selbst erzeugt werden und nicht von den Anbieter*innen eines bestimmten Webangebotes. In der Konsequenz führte dies dazu, dass die Art und Weise der gesellschaftlichen Kommunikation grundlegend Veränderung unterworfen ist, da jede*r Inhalte generieren, kommentieren und verbreiten kann. Diese Art der Kommunikation stellt an die Nutzer*innen Sozialer Medien bestimmte Anforderungen, sie birgt zudem Potenziale, die sich sowohl in demokratischen als auch in antidemokratischen Bestrebungen äußern können.

Social-Media-Netzwerke haben ein enormes empowerndes und konstruktives Potenzial, so z.B. die Solidarisierung und das Sich-Zusammenschließen marginalisierter Gruppen, das Entdecken anderer Lebensstile und die Empathie für andere Lebenslagen, wie auch das Voneinander-Lernen und sich online, entsprechend den eigenen Interessenlagen, selbstbestimmt weiterzubilden. Es ist wichtig, an dieser Stelle die Nutzung von Online-Sphären nicht per se zu verteufeln und als Gefahr zu sehen, sondern auch die positiven Chancen zu (er)kennen und (pädagogisch) zu nutzen. Wenn Pädagog*innen im Sinne der Lebensweltorientierung, also dem „Abholen, wo sie stehen" handeln wollen, dann muss auch die Online-Lebenswelt mitgedacht werden.

Doch die Vernetzung menschenfeindlicher Akteur*innen und der Einfluss auf die Online-Welt ist gleichzeitig nicht zu unterschätzen. So können beispielsweise Rassist*innen ihr Konzept vom sogenannten Ethnopluralismus auf Social-Media-Kanälen in all seiner ideologischen Bandbreite ungestört ausführen, was sich in etablierten Medien als eher schwierig darstellt.

Digitaler Faschismus

Soziale Medien eignen sich hervorragend dazu, mit wenig Aufwand möglichst viele Menschen zu erreichen. Dies setzt allerdings voraus, dass die Mechanismen und Funktionen der Plattform bekannt sind und dass einige Regeln eingehalten werden. Wie machen sich also extrem rechte Kräfte das Internet und die Funktionsweise von Social-Media-Plattformen zunutze, um gezielt Fake News und menschen- und demokratiefeindliche Inhalte zu verbreiten?

Diese Fragestellung wurde 2019 in einer Studie vom Institut für Friedensforschung und Sicherheitspolitik an der Universität Hamburg untersucht. Holger Marcks und Maik Fielitz sprechen in ihrer Studie vom Digitalem Faschismus als ein soziales Phänomen, welches auf eine Verselbstständigung der Verbreitung und Verzerrung von Inhalten abzielt. Hierzu dient beispielsweise die gezielte Emotionalisierung von Themen durch dramatische Erzählungen. Vor allem das Schüren starker Ängste soll drastische Folgemaßnahmen legitimieren.

Ein weiterer psychologischer Effekt ist das sogenannte Gaslighting. Hier wird die Wahrnehmung der Nutzer*innen im Sinne extrem rechter Narrative systematisch manipuliert – etwa durch stetige Verbreitung von Falschinformationen sowie dekontextualisierten, verzerrt eingeordneten Fakten (Framing).

Als letzte Strategie nennen die Autoren die metrische Manipulation. Dabei werden Interaktionsraten in Form von Klicks und/oder Kommentaren nach oben getrieben, um einen starken gesellschaftlichen Support zu inszenieren. Sehr anschaulich stellt dies der Journalist und YouTuber Rayk Anders gemeinsam mit einem Team aus Hacker*innen und Netzaktivist*innen in der Dokumentation „Lösch Dich! So organisiert ist der Hass im Netz" (Funk 2018) dar. Sie zeigen auf, wie verhältnismäßig wenige Personen organisiert Hass und Hetze im Netz verbreiten und es so aussehen lassen, als werde hier eine mehrheitsfähige, vermeintlich legitime Meinung zu extrem rechten politischen Themen abgebildet. Denn wenn gefälschte, verzerrte oder emotionalisierte News und Kommentare den Anschein erwecken, dass jene Haltungen bereits von einer breiten Masse geteilt werden, führt dies zur Steigerung der Glaubwürdigkeit und Anschlussfähigkeit extrem rechter Botschaften – und damit auch zur Weiterverbreitung in einem sich selbst verstärkenden Zirkel. Konsequenz kann dann nicht nur eine verzerrte Wahrnehmung des politischen Diskurses sein, sondern auch die Verschiebung bisheriger, freiheitlich-demokratischer Konsense.

Um Sagbarkeiten subtil zu überschreiten, wird dabei gern mit der Doppeldeutigkeit von Inhalten gespielt. Häufig erfolgt dies über eine Kombination aus Text- und Bildsprache in Form von Memes. Deren oft humoristische, popkulturelle Erscheinung erschwert es, menschenverachtende Botschaften direkt zu entschlüsseln.[32] Diese gezielte Uneindeutigkeit spielt extrem rechten Akteur*innen in die Hände (vgl. Fielitz/Marcks 2019: 9ff.).

Youtube als Radikalisierungstool
YouTube erfreut sich innerhalb der extrem rechten Szene großer Beliebtheit. So ist die Szene auf der Videoplattform zum einen groß und zum anderen gut vernetzt. Durch die auf Algorithmen basierende Funktionsweise von YouTube wird die Verbreitung von Inhalten befeuert. Dies erklären der Journalist Patrick Stegemann und Kommunikationswissenschaftler Sören Musyal in ihrem 2020 erschienenem Buch zu extrem rechtem Netzaktivismus mitunter so:

Das Unternehmen möchte Nutzer*innen vor allem möglichst lange auf der Plattform halten. Wird auf der Videoplattform ein Inhalt bis zum Schluss angesehen und mit diesem interagiert, in Form von Kommentaren und Likes, dann ist dies für YouTube ein Zeichen dafür, dass

---

32 Weiterlesen zum Thema Memes im Kontext von extrem rechter Onlinekultur: Amadeu Antonio Stiftung (2023).

der Beitrag beliebt ist. In der Folge wird der Beitrag anderen Menschen vorgeschlagen, die sich für ähnliche Inhalte interessieren. Da Rechtsextreme sehr aktiv auf der Plattform agieren, werde die Verbreitung ihrer Inhalte verstärkt. Manifestiert wird dies durch viele Klicks, Likes und Kommentare, da dies den Anschein erweckt, es handle sich um ein beliebtes Video. Hinzu kommt die Autoplayfunktion der Plattform. Ein Video (mit extrem rechten Inhalten) folgt dem nächsten. So kann es sein, dass Nutzer*innen mit immer radikaleren Videos und Inhalten automatisch konfrontiert werden, angefangen bei Videos mit tendenziell verschwörungstheoretischen Inhalten hin zu offensiven antisemitischem und rassistischem Content (Stegemann/Musyal 2020: 265ff.).

Besonders gefährlich sind falsche Meldungen, die darauf abzielen, extrem rechte Narrative zu befördern und zu legitimieren, vor allem dann, wenn es kein Korrektiv gibt. Da YouTube zu den relevantesten Informationsplattformen zählt, ist es hier besonders fatal, wenn Contents zu einem Thema lediglich von extrem rechten Akteur*innen generiert werden. Dies geschah beispielsweise zeitweise bei dem tödlichen Messerangriff auf einen Mann im August 2018 in Chemnitz (siehe Banse 2018).

Nicht zuletzt trägt die gute Vernetzung von extrem rechten Influencer*innen dazu bei, dass neue Mitglieder zwecks Vergrößerung der Reichweite gepusht werden, indem durch etablierte Akteur*innen auf sie Bezug genommen wird. Zu nennen sind hierbei beispielsweise die Kanäle von Niklas Lotz (Neverforgetniki) oder Naomi Seibt. Auf diese wurde mitunter durch den bereits etablierten sogenannten männerrechtlerisch-rechtspopulistischen YouTuber und Blogger Oliver Flesch Bezug genommen.

Down the Rabbit Hole – Die Wirkmächtigkeit von Verschwörungserzählungen im Internet
Doch nicht allein YouTube, sondern die gesamte Social-Media und Online-Lebenswelt kann als möglicher Radikalisierungsraum bewertet werden. Beliebt sind neben der Nutzung von vermeintlich witzigen Memes, wie z.B. Pepe the Frog,[33] auch Verschwörungserzählungen. Sie basieren auf der Annahme, dass sich kleine und sehr mächtige Gruppen von Menschen zusammengeschlossen haben, um im Geheimen bestimmte Ereignisse in der Welt zu ihren Gunsten zu manipulieren (vgl. Nocun/Lamberty 2020: 18). Damit werden besonders in Zeiten von Krise oder Ungewissheit Verschwörungsnarrative virulent, wie etwa die Corona-Pandemie aufgezeigt hat. Die aufgebauten Parallelwelten bieten einfache Antworten auf komplexe Fragen, schaffen damit einen Nährboden für Radikalisierungsprozesse und bauen Feindbilder auf. So beruhen etwa viele Verschwörungserzählungen auf Antisemitismus: Sie erklären Jüd*innen pauschal zu Sündenböcken für Krisen wie die Pest oder Epidemien, wie Finanzkrisen oder Inflationen. Ein Blick in die Menschheitsgeschichte zeigt, wie gefährlich und grausam Antisemitismus wirken kann: Antisemitische Ideologien waren die Grundlage für die jahrhundertelange Verfolgung von Jüd*innen und wesentliche Triebfeder für die Massenvernichtung von rund sechs Millionen Jüd*innen durch das nationalsozialistische Regime und seine Anhänger*innen zwischen 1933–1945. Damit befeuern Verschwörungsnarrative ebenso völkisch-nationalistische Ideologien, wenn etwa das ‚deutsche Volk' als Opfer einer ‚jüdischen Weltverschwörung' inszeniert wird. Eben jene manichäischen Weltbilder werden durch Verschwörungsnarrative

---

33 Mehr zur Entwicklung von Pepe the Frog als extrem rechtes Hasssymbol siehe: Der Standard 2016.

bestärkt und finden sich auch in neuen Erzählungen, wie der NWO (New World Order) wieder. Nicht zuletzt verfolgen sie damit relativ eine manipulative Agenda. Diese Verschwörungserzählungen haben die folgenden Kriterien gemeinsam:

- ✓ Thema: Gut gegen Böse, stark gegen schwach
- ✓ Verschwörungserzähler*innen behaupten, nur sie kennen die Wahrheit
- ✓ Skeptiker*innen werden als ‚systemgesteuert' und Teil der Verschwörung betrachtet, eine Erzählung ist daher immer immun gegen Kritik etwa durch Presse oder Wissenschaft
- ✓ Argumentation: Beweise werden absichtlich unterdrückt, um die Wahrheit zu verschleiern
- ✓ Probleme oder Konflikte werden auf eine bestimmte Person oder Gruppe bezogen
- ✓ Verschwörungserzählungen verwenden Zeichen, Zahlen und/oder Geheimcodes mit neu interpretierter Bedeutung
- ✓ Häufige Erwähnung einer (geheimen) Elite, die ihre wahren Interessen verbirgt
- ✓ Verschwörungserzählungen vermischen viele Ereignisse zu einem großen, geheimen Plan

Verschwörungserzählungen erfüllen verschiedene Funktionen, die auch mit Hinwendungsmotiven zum Rechtsextremismus in Verbindung stehen.

> „Auch Verschwörungstheorien sind besonders geeignet, um auf Social-Media-Plattformen Verbreitung zu finden. Sie sind oft hoch emotionalisiert und befriedigen ein menschliches Bedürfnis: hinter die Kulissen schauen zu können, sich selbst einerseits als Opfer und andererseits als erleuchteter Aufklärer zu fühlen" (Stegemann/Musyal 2020: 265f.).

Dieser Prozess und das Ergebnis als ‚Sehender unter den Blinden' ist sehr identitätsstiftend und das Glauben an Verschwörungsnarrative erschreckend weit verbreitet.[34] Bereits jede fünfte Person in Deutschland glaubt an eine geheime Organisation, die politische Entscheidungen beeinflusst. Die Hinwendung zum Verschwörungsglauben steht in enger Verbindung damit, wie das Internet funktioniert und begünstigt auch Radikalisierung im extrem rechten Kontext (vgl. Zick/Küpper 2021). Medien wie Facebook, YouTube und Twitter fördern eine Kultur des Likens und Teilens und ermöglichen Verschwörungsnarrativen nicht nur eine schnelle Verbreitung, sondern auch ein stetiges Bestätigen und Bestärken von verschwörungsideologischen Behauptungen. Was in Offline-Lebenswelten an Stammtischen und in ausgewählten Freundschaften analog stattfindet, befördern Online-Lebenswelten durch Abos und Subskription digital. Die Struktur von Sozialen Medien kann somit als Katalysator fungieren und User*innen kontinuierlich mit menschenfeindlichen Inhalten und Desinformation bespielen, was langfristig zu einer Abschottung von Kritik und so zur Radikalisierung führt. Diese Art der Informationsumgebung, die Personen immer wieder mit bereits bestehenden Ansichten und Überzeugungen konfrontiert und sich an die Vorlieben und das bisherige Verhalten der User*in anpasst, wird als Filterblase oder Echokammer bezeichnet. Besonders Algorithmen wirken durch automa-

---

34 Siehe auch das Thema Hinwendungsmotive in den Kapiteln 2.1.5 sowie 2.1.6.

tisch generierte Vorschläge von Inhalten an diesen Prozessen mit und begünstigen eine Verbreitung von Verschwörungserzählungen.

Es bleibt gleichermaßen festzuhalten, dass Algorithmen nicht allein für Radikalisierungsprozesse verantwortlich gemacht werden können. Eine entscheidende Rolle spielt weiterhin die Community, die im Verbreiten von Verschwörungserzählungen führend ist. So sind etwa externe Links, die in und durch die Community geteilt werden, einer der Hauptgründe für ein stetiges Verbreiten von rassistischen Weltbildern und Verschwörungsnarrativen (vgl. Chen/Nyhan et al. 2023).

2.1.5 HINWENDUNGSMOTIVE UND RISIKOFAKTOREN

Wieso wenden sich junge Menschen extrem rechten Ideologien zu?

> **Das Kapitel auf einen Blick**
>
> Das Kapitel betont das Anstoßen und Begleiten von Veränderungen als zentrale Aufgabe der Distanzierungsarbeit. Die Kenntnis von Motiven der Hinwendung ist hierbei für die Gestaltung erfolgreicher Interventionen entscheidend. Es wird veranschaulicht, dass es nicht einen isolierten Grund für Radikalisierungsprozesse gibt, sondern mehrere Faktoren verschränkt betrachtet werden müssen. Ein Fallbeispiel illustriert einen möglichen Hinwendungsprozess, bei dem persönliche Unsicherheiten und der Wunsch nach Zugehörigkeit eine Rolle spielen. Der Text hebt hervor, wie menschenverachtende Einstellungen und Mitgliedschaften in diskriminierenden Peer-Groups bei der Bewältigung von Lebensereignissen und der Suche nach Identität helfen können. Es werden neben diesen Gruppenfaktoren auch individuelle Gefühle, biografische Elemente und weitere Dimensionen der Radikalisierung beleuchtet, um Hinwendungsmotive zu verstehen. Ein weiteres Beispiel verdeutlicht, wie Menschen Strategien entwickeln, um mit Gefühlen wie Aufmerksamkeitsdefizit und niedrigem Selbstwertgefühl umzugehen.

Die Notwendigkeit der Betrachtung verschiedener Ebenen

Die Motive der Hinwendung zu extrem rechten Szenen zu kennen, ist eine Grundlage für die Arbeit mit einstiegsgefährdeten jungen Menschen und zentral für eine erfolgreiche Intervention. Wichtig ist es, hierbei keine klaren oder gar geschlossenen Thesen gegenüber den jungen Menschen zu formulieren, sondern die eigenen Analysen vielmehr zur Planung und Intervention in der pädagogischen Auseinandersetzung zu nutzen.

Das Risiko zur Entstehung von extrem rechten Einstellungen und Hinwendungsmotiven speist sich aus verschiedenen Faktoren, die nicht getrennt voneinander betrachtet werden können. Die Faktoren können milieuübergreifend[35] auftreten und stellen lediglich Risikofaktoren

---

35 Unter Milieus werden in der Soziologie „sozialstrukturelle Gruppe[n] gleichgesinnter Menschen, die ähnliche Werthaltungen, Lebensführungen, Beziehungen zu Mitmenschen und Mentalitäten aufweisen [verstanden]. Die Mitglieder eines sozialen Milieus haben oft ein gemeinsames (materielles, kulturelles, soziales) Umfeld" (Hradil 2018: 319).

dar. Es besteht also kein direkter Kausalzusammenhang zwischen einem unerfüllten Bedürfnis oder einer Gelegenheitsstruktur und einer Hinwendung zu extrem rechten Szenen. Die Forschung spricht vom sogenannten Spezifizitätsproblem, was bedeutet, dass nicht alle Menschen, auf die Risikofaktoren oder Hinwendungsmotive zum Rechtsextremismus zutreffen, sich auch radikalisieren. Marc von Boemcken weist im Zusammenhang mit religiöser Radikalisierung auf dieses Problem hin: „So sehr sich viele Biographien von Extremisten ähneln, stets können Ausnahmen geltend gemacht werden" (2019: 12).

Da es nicht den einen Auslöser für einen Radikalisierungsprozess gibt, ist es wichtig, mehrere Analyseebenen, Faktoren und Forschungsansätze verschränkt zu betrachten. Aktuelle sozialpsychologische, politikwissenschaftliche und soziologische Forschungen plädieren neben interdisziplinärer Forschung für die Analyse von Wechselwirkungen auf folgenden Ebenen (z.B. Eicker 2021: 141f.; Aumüller 2014: 150ff.):

— Das soziale Handeln von Individuen oder Kleingruppen in Interaktion mit anderen (Mikroebene)
— Die Wechselwirkung zwischen dem Individuum und sozialen Gruppen, Organisationen oder Institutionen (Mesoebene)
— Die gesellschaftlichen, strukturellen und kulturellen Einflüsse (Makroebene)

Interessant ist an dieser Stelle hervorzuheben, dass das Element des Krisenerlebens auf allen diesen drei Ebenen erlebt werden kann und als ein wichtiger Faktor in Hinwendungsprozessen zu konstatieren ist. So fasst Illgner (2018) in seinem Artikel psychosoziale Erklärungen aus der Radikalisierungsforschung zusammen, die beschreiben, welche Auswirkungen persönliche Krisen haben können. Exemplarisch sei hier die sogenannte „kognitive Öffnung" (ebd. 327) genannt, die einer Radikalisierung vorangeht. Heitmeyer und Baacke (1995) betonen die Wirkungen von Krisen bzw. Veränderungsprozessen auf sozialstruktureller Ebene auf Jugendliche und deren Lebensgestaltung sowie Orientierung anhand ihres Desintegrationsansatzes.

Individuelle biografische, wie auch gesamtgesellschaftliche Krisenerfahrungen können also wichtige Faktoren für eine Hinwendung zu menschenverachtenden Kontexten und Szenen sein und tragen neben anderen Faktoren zu einer Hinwendung bei. Die Biografie der Adressat*innen ist deshalb insofern zu fokussieren, als dass Umbruchphasen oder Krisenerfahrungen (sogenannte transformative Trigger) herausgearbeitet werden müssen. Als transformative Trigger werden in der Fachliteratur zur Radikalisierungsforschung „kritische Lebensereignisse" (Srowig et al. 2018: 6) bezeichnet, bei denen „vorhandene Deutungsmuster nicht ausreichen" (ebd.) für eine Bewältigung und somit neue „Werte- und Deutungsschemata und Identitäten" (ebd.) entwickelt werden. Diese Auslöser können den Beginn der Radikalisierung darstellen und eine wichtige Information für eine gezielte Intervention sein.

Im folgenden Fall wird ein Hinwendungsprozess veranschaulicht, der auch das Element des Krisenerlebens aufgreift:

> **Der Fall Andi[36]: ein typischer Hinwendungsprozess**
>
> Andi muss mit 12 die Schule wechseln, da sich die Probleme dort gehäuft haben, insbesondere wurde er in seiner alten Schule gemobbt. Er will in der neuen Schule neu anfangen und auf keinen Fall wieder Opfer werden. Er hat noch keine Freund*innen an der neuen Schule und schwebt in einer großen Unsicherheit, wie er nun auftreten soll, um Wertschätzung zu erfahren. Als Andi von einer Clique angesprochen wird, ist er froh, Anschluss zu finden, und nimmt die Rolle an, die von ihm erwartet wird. Andi merkt, dass die Gruppe andere, nicht in Deutschland geborene Mitschüler*innen offensiv abwertet. Für ihn bedeutet das weniger Gefahr selbst in die Rolle des Außenseiters gedrängt zu werden, stattdessen kann er sich als Teil der dominanten Gruppe selbst sogar über andere stellen.

Menschenverachtende Einstellungen und die Mitgliedschaft in einer diskriminierenden Peer-Group im Jugendalter erfüllen häufig (sozio-)biografische Funktionen. So kann beispielsweise die Zugehörigkeit zu einer macht- bzw. dominanzausübenden Gruppe bei der Bewältigung kritischer Lebensereignisse, bei Lösungen von Entwicklungsaufgaben oder bei der Überwindung von Statuspassagen helfen (vgl. Niebling 2014: 133). Hierbei können Funktionen wie die Reduktion von Unsicherheiten, die Bewältigung von Identitätskonflikten oder die Befriedigung allgemeiner Bedürfnisse wie Zugehörigkeit und Anerkennung eine wichtige Rolle spielen (vgl. Srowig et al. 2018: 20). Das bedeutet im Umkehrschluss nicht, Ideologien seien vollkommen unbedeutend. Sie bieten den Individuen subjektiv nachvollziehbare, sie ansprechende Deutungsmuster und individuelle Handlungsalternativen für spezifische Problemlagen, welche im biografischen Kontext relevant sind. Die Forschung belegt diese Anknüpfungsfähigkeit. So resümiert Möller: „Eine Gesamtbilanz dieser Wissensbestände fördert zu Tage: Das, was Menschen für die Entwicklung rechtsextremer Haltung anfällig macht, ist in den Bereichen ihrer Alltagserfahrungen zu identifizieren" (2014: 340f.).

Im Folgenden wurde in Orientierung an eine Metadatenanalyse namens PRIF-Report (Srowig/Roth et al. 2018) kondensiert herausgearbeitet, welche individuellen Gefühle, Gruppenkomponenten und biografische Rahmenbedingungen eine Hinwendung zu extrem rechten Ideologiefragmenten bewirken können.

---

36 Der Name im Fall Andi ist fiktiv. Es handelt sich in der Beschreibung um einen Fall aus der Distanzierungsarbeit von Distanz e.V., jedoch wurden zentrale Wiedererkennungsmerkmale aus Datenschutzgründen verändert bzw. abstrahiert.

Abb. 5: Gefühle in Hinwendungsprozessen

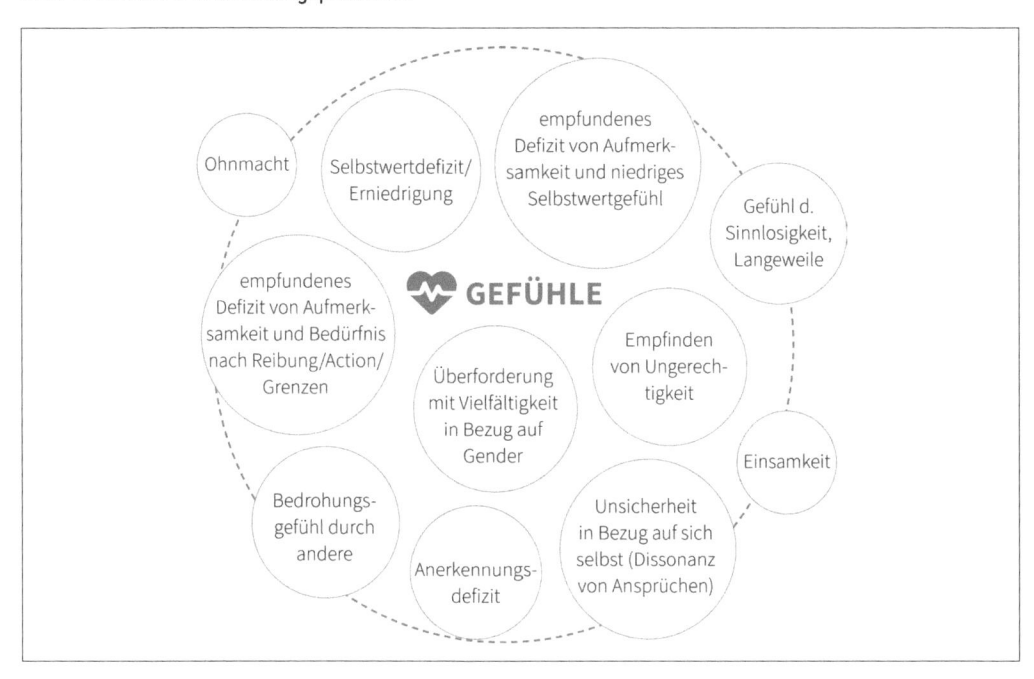

GEFÜHLE
- Ohnmacht
- Selbstwertdefizit/Erniedrigung
- empfundenes Defizit von Aufmerksamkeit und niedriges Selbstwertgefühl
- Gefühl d. Sinnlosigkeit, Langeweile
- empfundenes Defizit von Aufmerksamkeit und Bedürfnis nach Reibung/Action/Grenzen
- Überforderung mit Vielfältigkeit in Bezug auf Gender
- Empfinden von Ungerechtigkeit
- Einsamkeit
- Bedrohungsgefühl durch andere
- Anerkennungsdefizit
- Unsicherheit in Bezug auf sich selbst (Dissonanz von Ansprüchen)

Abb. 6: Biografische Faktoren in Hinwendungsprozessen

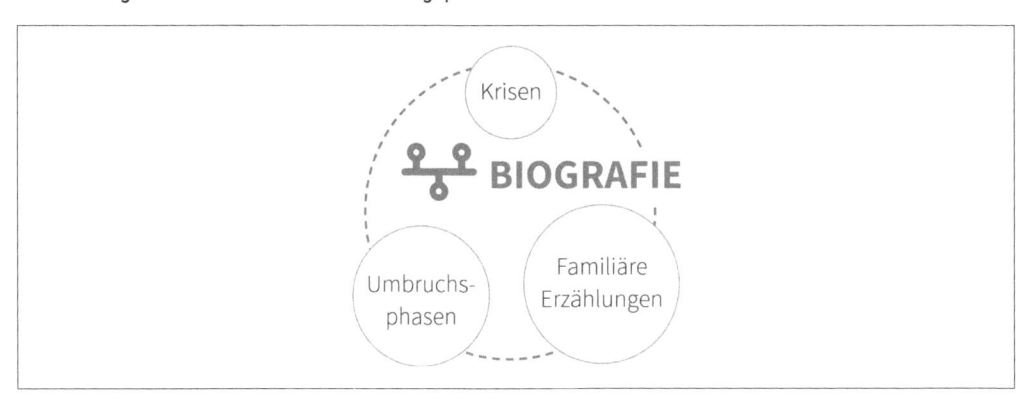

BIOGRAFIE
- Krisen
- Umbruchsphasen
- Familiäre Erzählungen

Es gibt eine Vielzahl von Gründen, die junge Menschen dazu bewegen können, sich extrem rechten Ideologiefragmenten zu- und abzuwenden. Die Hinwendungsmotive sind individuell, sie können sich widersprechen, sich ineinander verschränken und ergänzen, wie auch weiterentwickeln. Für vorhandene Gefühle und unerfüllte Bedürfnisse finden Menschen ganz unterschiedliche Strategien des Umgangs. Dies hängt auch damit zusammen, dass Schutzfaktoren individuell unterschiedlich ausgeprägt sind. Die Ausprägung dieser Schutzfaktoren (zum Beispiel Selbstwirksamkeitserwartung, Sinnhaftigkeitsempfinden, flexibles Denken etc.) bewirken, dass Menschen auf herausfordernde Situationen unterschiedlich resilient reagieren und sowohl konstruktive als auch destruktive Strategien entwickeln können. Manche dieser Strategien tragen zu einer extrem rechten Einstiegsgefährdung bei. Diese zu erkennen ist Grundlage einer erfolgreichen Intervention. Die Strategien bringen in der Regel immer Vor- und Nachteile mit sich. Die Nachteile im Prozess der Reflexion bewusst zu machen, ist ein Teil erfolgreicher Intervention.

Ein Beispiel zur Veranschaulichung:

Gefühl: Aufmerksamkeitsdefizit und niedriges Selbstwertgefühl

Strategie: Es werden alternative Fakten präsentiert und andere als unwissend/dumm dargestellt.

Funktion:
— Ich bin ein*e Expert*in.
— Ich werde als geltend wahrgenommen.
— Es ergibt alles Sinn.
— Ich habe Orientierung.
— Ich werte mich auf.

Interventionsmöglichkeiten/Ansatzpunkte:
— Finden von Räumen, in denen Geltung entstehen kann und mehr Erfahrungen positiven Feedbacks möglich sind.
— Objektive/gemeinsame Recherche von (politisch-historischen) Fakten/Medienkompetenzstärkung.
— Spiegelung der Manipulation durch falsche Fakten, Infragestellung des Expert*innen-Status und Spiegelung der Wirkung dieser manipulierten Rolle auf andere.

Der Umgang mit Gefühlen oder biografischen Verlaufsprozessen ist, im Gegensatz zu anderen Risikofaktoren, in stärkerem Maße veränderbar und damit zielgerichtet zu bearbeiten. Die zentrale Aufgabe der Distanzierungsarbeit ist es, diese Veränderungen anzustoßen und zu begleiten. Im Kapitel 2.2 „Intervenieren und Distanzierungsprozesse anstoßen" werden weitere Beispiele benannt, wie eine konkrete Intervention in Bezug auf einzelne Hinwendungsmotive gelingen kann.

Dimensionen der Radikalisierung nach Bjørgo (2013: 39)

Für eine typgerechte Planung von Interventionen ist die Betrachtung verschiedener dynamischer Dimensionen der Radikalisierung unterschiedlicher Persönlichkeitstypen hilfreich.

> „Diese Dimensionen sollten als dynamische Kontinua anstatt als statische Merkmale oder Positionen betrachtet werden. Wer zunächst apolitisch ist, kann hoch politisiert oder ideologisiert werden oder einen Wandel vom bloßen Sympathisanten zur hochrangigen Führungspersönlichkeit durchlaufen. [...] In der Regel schließen sich Menschen extremistischen Gruppen nicht aus extremistischen Überzeugungen an, sondern aus

anderen Gründen. Sie übernehmen die extremistische Überzeugung erst im Laufe der Gruppenzugehörigkeit. Genauso kann ein Mensch einen Wandel von einer zunächst sozial relativ marginalisierten Person zu einem gut integrierten und sozial angepassten Mitglied der Gesellschaft durchmachen – oder, bspw. durch Drogenmissbrauch, Kriminalität oder Gewalt […], den umgekehrten Weg von der integrierten zur marginalisierten Person gehen. Darüber hinaus können auch zunächst gewalt- und erlebnisorientierte Extremisten mit zunehmendem Alter ruhiger werden oder sich auf Grund von dauerndem (Verfolgungs-)druck erschöpfen." (ebd.)

Die Skizze zu „Dimensionen der Radikalisierung von Tätern" nach Bjørgo (vgl. ebd.) wurde für diese Publikation erweitert. Die Tabelle wurde von den Autor*innen adaptiert, weiter systematisiert und die Spannungsfelder expliziter nach Motivationsdimensionen aufgeschlüsselt. Die inhaltlichen Motivationen, Werte und Motive werden entsprechend den Endpunkten der Spannungsfelder beschrieben.

Motivations-dimension	Spannungsfeld		Motivations-dimension
Ideologie/ Politische Inhalte	• Wert: exklusive Gerechtigkeit • Motivation: Leid von Personen(gruppe) aus Eigengruppe • Rolle: führend oder Führung unterstützend • Distanzierungsmotive: Desillusionierung, Erkennen von Widersprüchen, Burn-out	• politische Inhalte sind nicht zentral • Gleichgültigkeit gegenüber Inhalten	**Nicht-ideologisch apolitisch**
Autoritäres Wirken/Gestaltungswille	• Führungsfigur/hoher Status innerhalb der Gruppe • Eigenschaften: charismatisch, intelligent, idealistisch • Rolle: führend oder Führung unterstützend • Distanzierungsmotive: Statusverlust, Vertrauensverlust, Burn-out, besondere Gefahr von außen	• Motivation: Anerkennung durch Peers/Führungspersonen; Unterstützung der Gruppe • Bildung von Identität durch Zugehörigkeit • Suche nach Vaterfigur • Suche nach Orientierung • Ideologie wird wichtiger, wenn es um Identitätsausformung geht • Gewaltausübung als Selbstbeweis vor der Gruppe	**Mitlaufend/ starkes Bedürfnis der Gruppenzugehörigkeit**
Privilegiert	• Unbewusstsein über Privilegien • Unzufriedenheit trotz Privilegien • Wert: exklusive Gerechtigkeit • Entscheidung, Privilegien zu nutzen	• Motivation: persönliche Erfahrungen von Enttäuschung, Diskriminierung, relative Deprivation • Motive: Sinnsuche, Vorstellung von Selbstheilung/-rettung oder Erlösung, Gewaltfantasien • Prekäre Verhältnisse, niedriger Bildungsstatus • Gewaltausübung als diffuse Wut, Ideologie zweitrangig • Anerkennung durch dissoziale Eigenschaften/Vergangenheit	**Soziale Marginalisierung**
Hohe Erlebnisorientierung			**Niedrige Erlebnisorientierung**

2.1.6 BEOBACHTUNGSKATEGORIEN ZUR EINSCHÄTZUNG EINER MÖGLICHEN EINSTIEGSGEFÄHRDUNG

Wie erkenne ich eine extrem rechte Einstiegsgefährdung?

Eine extrem rechte Einstiegsgefährdung kann sich aus verschiedenen Faktoren zusammensetzen. Es müssen entsprechend nicht alle der folgenden Punkte erfüllt sein. Die Kategorien geben Hinweise auf junge Menschen, bei denen eine extrem rechte Einstiegsgefährdung potenziell vorliegt, und die somit zur Zielgruppe der Distanzierungsarbeit gehören können. Sie nehmen sowohl die Einstellungsebene als auch die Verhaltensebene in den Blick.

A) Soziale Faktoren

Junge Menschen, die
- verschiedene Probleme im Alltag (Multiproblemlagen) haben und häufig unzufrieden wirken.
- geringe Selbstwirksamkeit und einen geringen Selbstwert haben.
- Schwierigkeiten haben, Konflikte friedlich zu lösen, und mehrfach mit anderen nicht nur verbal, sondern auch körperlich aneinandergeraten.
- sich zu Gruppen hingezogen fühlen, die Macht über andere ausüben wollen.

B) Politische Faktoren

Junge Menschen, die
- sich häufiger abwertend, menschenverachtend oder diskriminierend äußern.
- nach politischer Reibung suchen.
- versuchen, durch diskriminierende Sprüche, Beleidigungen zu provozieren.
- Musik hören, Kleidung tragen, Symbole zeigen und/oder verwenden, die menschenverachtende Botschaften beinhalten.
- auch „gute Seiten" im Nationalsozialismus sehen wollen.
- die Auseinandersetzung mit dem Nationalsozialismus als übertrieben bewerten.
- ein Faible für Verschwörungserzählungen haben und für Fake News empfänglich sind.
- mit Gendervielfalt überfordert sind und darauf abweisend reagieren.

Mithilfe dieser Kategorisierungen lassen sich, anlassbezogen und wiederholt die Lebenslagen junger Menschen, mit denen zusammengearbeitet wird, analysieren. Wichtig ist, dafür sensibilisiert zu sein, dass sich auch privilegierte junge Menschen oder junge Menschen mit altersgemäß entwickelten Sozialkompetenzen in Hinwendungsstadien zu extrem rechten Ideologiefragmenten befinden können. Distanzierungsarbeit ist ein milieuübergreifendes Anliegen und nicht sozial marginalisierte Menschen sind die alleinigen Adressat*innen.
Um die Einstellungsebene besser einschätzen zu können, ist es zentral, mit den jungen Menschen Gespräche zu führen, die Offenheit generieren. So wird eine wichtige Basis für die Beziehungsbildung und für Chancen auf das Anstoßen von Reflexionsprozessen gelegt.

2.1.7 SYMBOLE, CODES UND NARRATIVE EXTREM RECHTER IDEOLOGIEN

Woran erkenne ich extrem rechte Bezüge bei Kleidung, Musik und Co.?

Der Erziehungswissenschaftler Kurt Möller und der Politikwissenschaftler Nils Schuhmacher arbeiteten sechs verschiedene „repräsentationale Dimensionen" (2014: 25) heraus, in denen sich eine extrem rechte Orientierung von jungen Menschen niederschlagen und aufscheinen kann. Mit der „expressiven Dimension" lassen sich die „Gefährdungslagen im Hinblick auf diese als Momente individueller und [...] kollektiver [...] Inszenierung" (ebd.: 24) einschätzen. Von besonderem Interesse sind hierbei die „Ausdrucksweisen und die implizit oder explizit in ihnen steckenden Botschaften über die Verankerung des Subjekts im rechtsextremen Spektrum" (ebd.).

Junge Menschen, die sich extrem rechten Ideologien oder Gruppen zuwenden, benutzen teilweise Symbole und Codes, hören die Musik extrem rechter Bands und/oder verbreiten Teile von extrem rechten Narrativen. Darüber können zum Beispiel abwertende Einstellungen (kognitiv), Vorurteile und Ressentiments (affektiv) oder ausgrenzende Handlungsmuster und Aktivitäten (konativ) mehr oder weniger zurückhaltend oder agitatorisch ausgedrückt werden (vgl. ebd.: 23ff.). Das Sendungsbewusstsein kann hier unterschiedlich ausgeprägt sein.

Extrem rechte Ideologien oder Szenenanbindungen zeigen sich allerdings nicht zwangsläufig auf der Erscheinungs- und Verhaltensebene. Menschen, die keine extrem rechten Kleidungsmarken tragen oder solche Musik hören, sind somit nicht automatisch frei von menschenfeindlichen Einstellungen oder Gruppenzugehörigkeiten. Es ist daher sehr wichtig, das Gesagte, Gehörte oder Getragene von jungen Menschen wahrzunehmen, extrem rechte Bezüge bzw. menschenfeindliche Inhalte zu erkennen und als solche einordnen zu können. Dies erfordert unter anderem die Kenntnis der grundlegenden Narrative, Codes und Symboliken extrem rechter Ideologien und Szenen. Das bedeutet nicht, jedes noch so kleine Symbol auf Anhieb entschlüsseln können zu müssen. Wichtig ist jedoch, aufmerksam für eine bestimmte Ästhetik und bestimmte Inhalte zu sein, sowie zu wissen, wo und wie sich informiert werden kann, um Klarheit zu erlangen. Strafrechtliche Symbole und Codes sollten pädagogischen Fachkräften allerdings bekannt sein, damit sie entsprechend schnell intervenieren können. Hilfreich ist es auch, sich regelmäßig über neu entstehende Trends, Marken, Musik und Lifestyles sowie Codes und auch lokale Bezüge extrem rechter Szenen zu informieren.

Entlastend kann hierbei sein, die jungen Menschen selbst als Expert*innen für die eigene Lebenswelt zu verstehen und neugierig nachzufragen, was z.B. ein Shirt-Aufdruck für die Person selbst bedeutet. Dieses offene Nachfragen kann nicht allein objektives Wissen generieren, sondern vor allem die persönliche Bedeutung der entsprechenden Marke oder Musikrezeption offenbaren. Somit kann ggf. herausgefunden werden, was die jugendliche Person damit verbindet, was bereits an Wissen dazu bekannt ist, wie bewusst und gezielt das Verwenden von Marken geschieht und wie die Person in bestimmte Szenen, Gruppierungen oder Aktionen eingebunden ist. Schon die erste Reaktion kann Hinweise liefern: Reagiert der junge Mensch abwehrend mit „Das ist aber nicht verboten" oder „Das ist doch gar nicht rechts", zeigt sich sein Sendungsbewusstsein und Kenntnis von der möglichen Wirkung auf Dritte. Antworten sollten kritisch geprüft und durch eigene Recherchen ergänzt werden. Den jungen Menschen das eigene Erkennen extrem rechter Symbole zu zeigen, ist ein erster Schritt dahin, menschenfeindliche Symbole und Codes auf der Grundlage pädagogischer Werte der eigenen Person und der Einrichtung zu unterbinden.

Die extrem rechte Szene und ihre Symbolwelt wandeln sich ständig und finden rechtliche Schlupflöcher, um verfassungsfeindliche Inhalte kundzutun. Oftmals werden subtile Codes genutzt, um die eigene Gesinnung in der Öffentlichkeit bedeckt zu halten und sich unter seinesgleichen trotzdem zu erkennen. Beliebt ist es beispielsweise, Abkürzungen mit der Position des Buchstabens im Alphabet zu chiffrieren. Ein Suchen von Zahlenkombinationen, Liedtextzeilen oder Sprüchen im Internet kann im Zweifelsfall schnell Aufschluss liefern.

Abb. 8: Beispiele für extrem rechte Codes

88
18
14
168 : 1
13/4/7
28
444
192
19/8
C18
SGH
HKZ
ZOG

Die online verfügbaren Publikationen und Recherchen sind zahlreich, es ist nicht Anspruch dieser Publikation, eine vollständige Sammlung bereitzustellen. Folgende fundierte Quellen können für eine Einordnung extrem rechter Szenebezüge hilfreich sein.

Quellen	Zu finden online hier [Zugriff: 07.02.2024].
Auf der Website des ASP Berlin finden sich Informationen zu Narrativen, Lifestyles, Symbolen und Codes von Neonazis und Rechtsextremen.	https://aspberlin.de
Gesicht Zeigen! Für ein weltoffenes Deutschland e. V. (2020): Braune Wäsche – Rechtsextreme Symbole und ihre Bedeutung.	https://www.vielfalt-mediathek.de/material/rechtsextremismus/braune-waesche-rechtsextreme-symbole-und-ihre-bedeutung
Kein Bock auf Nazis (o.J.): Stopp – Neonazis und Rassist*innen bleiben draußen.	https://irp-cdn.multiscreensite.com/7bc137fc/files/uploaded/symbolplakat_A3_web.pdf
DEVI e.V./OSZ für Demokratie und Vielfalt (2016): Handreichung – Kennzeichen und Symbole der Rechtsextremen Szene.	http://demokratieundvielfalt.de/wp-content/uploads/2017/02/Kennzeichen_und_Symbole_der_rechtsextremen_Szene.pdf
Hammerbacher, Michael (2014): Intervention und Prävention gegen Rechtsextremismus an Schulen.	http://demokratieundvielfalt.de/wp-content/uploads/2016/09/Dossier-Rechtsextremismuspraevention-an-Schulen.pdf

2.1.8 DIE INSTRUMENTALISIERUNG VON JUGENDKULTUREN DURCH EXTREM RECHTE AKTEUR*INNEN – AM BEISPIEL RAP[37]

Hip-Hop ist eine internationale Jugendkultur, der vor allem antirassistische Werte inhärent sind und die eindeutig Teil Schwarzer[38] Kultur ist. Die extrem rechte Szene grenzte sich aufgrund dieser Herkunftsgeschichte lange Zeit von Hip-Hop ab. Diese durchaus folgerichtige Abgrenzung lässt seit den 2000er-Jahren nach. Wie schon andere Jugendkulturen zuvor wurde Hip-Hop als Instrument erkannt, um extrem rechte Ideologie zu transportieren und junge Menschen mit einem lebensweltorientierten Angebot zu erreichen. Diese Entwicklung steht vor allem mit dem Auftauchen der Autonomen Nationalisten in Zusammenhang, welche sich stilistisch an linker (Sub-)Kultur orientieren. Außerdem bot der in den 2000er-Jahren populärer werdende Gangsta- und Battlerap mit seinen teilweise gewaltverherrlichenden, rassistischen oder antisemitischen Punchlines und seiner Idealisierung toxischer Männlichkeit eine inhaltliche Anschlussfähigkeit für extrem rechte Szenen.

Ein weiteres Potenzial von NS-Rap für die extrem rechte Szene ist die niedrigschwellige Möglichkeit, die Musik live bei Kundgebungen und ähnlichem zu verwenden, ohne dass viel Technik oder Instrumente gebraucht werden. Zwar gibt es immer noch in großen Teilen extrem rechter Szenen deutliche Ablehnung von Rap, selbst wenn es NS-Rap ist,[39] aber es haben sich seit den 2000er-Jahren auch mehrere Rechtsextreme als Rapper*innen probiert und sie sind

---

37 Das folgende Kapitel wurde von der Rapper*in Nifty MC im Kontext einer Fortbildungskonzeption im Auftrag von Distanz e.V. verfasst und für diese Publikation nur marginal angepasst.
38 Mit der Schreibweise Schwarz (mit großem Anfangsbuchstaben) orientieren sich die Autor*innen an Rassismuskritischer Schreibweise; sie soll deutlich machen, dass es nicht um die Bezeichnung sogenannter Hautfarben geht, sondern um politische Positionierungen innerhalb eines Gesellschaftssystems, das strukturell Unterdrückung/Benachteiligung und Macht/Privilegien herstellt.
39 Die Rechts-Rock-Band Angry Bootboys veröffentlichte beispielsweise 2012 ein Lied mit dem Titel „Keinen Bock auf NS-HipHop".

damit teilweise durchaus erfolgreich.[40] Dabei ist wichtig zu beachten, dass sie sich nach wie vor von Hip-Hop abgrenzen, so sagten sie dem rechten Karlsruher Netzwerk in einem Interview: „Wir gehen unseren Weg, wir sind nationale Sozialisten und keine HipHopper" (Underdog-Fanzine 2015). Im selben Interview bestätigen sie die Funktion ihrer Musik als Instrument, junge Menschen für extrem rechte Szene und Inhalte zu öffnen, da Rap bei jungen Menschen eben sehr beliebt ist. So überrascht es auch wenig, dass das Rap-Duo n'Socialist Soundsystem (NSS) auch auf diversen Schulhof-CDs vertreten ist.

Ein wichtiger Name in der extrem rechten Rap-Szene ist Makss Damage. Dieser war zunächst als linker, kommunistischer Rapper aktiv, geriet wegen seiner sexistischen und antisemitischen Punchlines in die Kritik. Er wandte sich von der linken Szene ab und der extrem rechten Szene zu, wo er inzwischen nicht nur als Rapper auftritt, sondern auch Mitglied der extrem rechten Partei III. Weg ist. Auch Makss Damage grenzt sich von Hip-Hop als Schwarzer Kultur ab und behauptet, dass Rap schon von Wikingern und Kelten praktiziert worden wäre und deswegen eine *weiße* Kultur sei. 2015 veröffentlichte Makss Damage das erste käufliche NS-Rap Album 2033, das sich innerhalb der extrem rechten Szene gut verkaufte. Die vorherigen NS-Rap-Produktionen waren auf diversen Schulhof-CDs zu finden. Mit Makks Damage war erstmal eine Professionalisierung im NS-Rap merklich und eine höhere musikalische Qualität hörbar.

Seit 2011 sind Dee Ex und Villain051 auf YouTube aktiv. 2014 startete Villain051 gemeinsam mit dem extrem rechten Liedermacher R.a.W. das Projekt A3stus, dass Liedermacher-Musik mit Rap-Parts kombiniert. Der rassistische und antisemitische Track „Das ist für unsere Kinder" war dabei besonders erfolgreich und wurde auf Facebook und YouTube mehrere hunderttausend Mal gesehen. Villain051 tritt regelmäßig im Rahmen extrem rechter Kundgebungen auf.

Der Rapper Komplott trat 2015 in Erscheinung und veröffentlichte im selben Jahr den Track „Europa" mit dem Ziel, die Ideologie der ihm nahestehenden Identitären Bewegung zugänglich zu machen. Der Münchner Rapper Chris Ares veröffentlichte gemeinsam mit Komplott 2017 ein kostenlos herunterladbares Album und ein Video auf YouTube, dass binnen eines Monats nahezu 31.000 Aufrufe hatte. Chris Ares ist außerdem der kommerziell wohl erfolgreichste extrem rechte Rapper. Er ist eng verbunden mit der Identitären Bewegung, aber auch der AfD und dem Bündnis deutscher Patrioten (BDP). Chris Ares' erste offizielle Single „Neuer Deutscher Standart" feat. Prototyp von 2019 erreiche bei iTunes Platz 10 und gelangte bei Amazon sogar kurzzeitig auf Platz 1 der Charts. Dieser Erfolg wurde nicht zuletzt durch den Verlag Arcadi-Musik ermöglicht, welcher vom Publicatio e.V. getragen wird, der wiederum von AfD-Mitgliedern mitbegründet wurde. Ares versteht sich selbst als Metapolitiker.[41] 2019 gründete Ares sein eigenes Musik-Label Neuer Deutscher Standard (NDS). Im September 2020

---

40 Der extrem rechte Liedermacher Jan-Peter Kersting veröffentlichte 2005 mit dem Projekt Veritas Invictus den ersten Rap-Song der Szene. Es folgten erste Tracks der extrem rechten Rapper*innen Dee Ex, Villain051 und Sash JM. Letzterer betrieb auch die online Plattform Rechtsrap.de. 2010 gründete sich das Rap-Duo n'Socialist Soundsystem (NSS), das vom Bundesamt für Verfassungsschutz beobachtet wird.

41 Dieser Begriff aus der Neuen Rechten ist im Kontext einer Kulturrevolution aus dem extrem rechten Spektrum zu verstehen. Sie bezweckt, die Grenze des Sagbaren zu verschieben und damit extrem rechte Parteien und deren Programme wählbar(er) zu machen.

gab Ares bekannt, seine Musikkarriere zu beenden und sich aus der Öffentlichkeit zurückzuziehen. Das Label NSD besteht weiterhin, Geschäftsführer ist Tino Datzer, der ebenfalls unter dem Namen Meux als Rapper auftritt. Weitere Signings sind Proto, Primus und Runa NDS, die alle zusammen in Bautzen leben. Sie veröffentlichen regelmäßig Videos bei YouTube, die i.d.R. zwischen 100.000 und 200.000 Klicks pro Video erzielen. Seit 2013 veröffentlicht auch der Cottbuser Rapper Bloody32 regelmäßig neue Alben. Sein 2019 veröffentlichtes Musikvideo zu „Unser Land" hat 2021 über eine Million Aufrufe bei YouTube, sein erfolgreichster Song „Europa" erzielt über 1,5 Millionen. Er veröffentlicht seine Musik über das Label sub:version, welches sich als ein wichtiges neues patriotisches Label präsentiert. Er wird unter anderem von einem zentralen Akteur der extrem rechten Identitären Bewegung, Martin Sellner, unterstützt.

Auch wenn NS-Rap innerhalb der Hip-Hop Szene kein Ansehen genießt und sich auch innerhalb extrem rechter Szenen weiterhin von Hip-Hop allgemein abgegrenzt wird, muss konstatiert werden, dass NS-Rap ein Phänomen ist, das vor allem auf Plattformen wie YouTube und Facebook Tausende erreicht und zur Radikalisierung junger Menschen beitragen kann. NS-Rap ist durch seine Idealisierung von Härte, Männlichkeit und Gewaltbereitschaft durchaus anschlussfähig für Jugendliche, die sonst regulären Gangsta-Rap hören. Diese Affinität für Rap können erste Berührungspunkte mit der Szene sein. Diese ersten Hinwendungsprozesse enden im schlimmsten Fall dort, wo extrem rechte Attentäter*innen NS-Rap auf den Ohren haben, während sie Terrorakte begehen (wie beim Anschlag auf die Synagoge in Halle 2019).

2.2 INTERVENIEREN UND DISTANZIERUNGSPROZESSE ANSTOSSEN

Ich kenne das Problem – und was mache ich jetzt?

Es ist herausfordernd mit extrem rechts einstiegsgefährdeten und orientierten jungen Menschen konstruktiv ins Gespräch zu kommen. Doch durch den reflektierten und gezielten Einsatz von bestimmten Gesprächstechniken und dem konkreten Arbeiten an relevanten Hinwendungsmotiven kann auf das Gegenüber pädagogisch eingewirkt werden – was auch umfasst, die eigene menschenrechtsorientierte und demokratische Haltung als Alternative zu Hass und Gewalt zu platzieren.

Die folgenden Interventionsgrundlagen setzen daher eine sensibilisierte Wahrnehmung und eine fundierte wie kritische Analyse voraus. Diese iterative Querschnittsaufgabe beeinflusst wesentlich die Form der Intervention und ist daher nicht als abgeschlossener Prozess zu verstehen. Der Handwerkskoffer aus dem Kapitel 2.1 „Diskriminierendes Verhalten und Einstiegsgefährdung wahrnehmen und analysieren" muss daher mit den folgenden Interventionsgrundlagen und Methoden immer wieder abgeglichen werden.

Die folgenden Inhalte werden in diesem Kapitel noch näher erläutert. Als zentraler Rahmen von Interventionstechniken sind folgende Maximen zentral:

Distanzierungsarbeit bedeutet Beziehungsarbeit

Die Beziehungsarbeit ist nicht ausschließlich geprägt von dem Versuch, ein harmonisches Miteinander herzustellen, sondern auch von Kontroversen und Konflikten. In diesen sollen den jungen Menschen die Folgen ihrer Einstellungen und ihres Handelns bewusst gemacht werden, die Legitimität infrage gestellt und ihre Haltung verunsichert werden. Widersprüchlichkeiten werden aufgezeigt und Ausflüchten wird mit Beharrlichkeit begegnet. Hier ist jedoch die Form entscheidend. Moralisieren („Wie kannst du so etwas nur sagen?!", „Oh, wie schrecklich!" etc.) kann unerwünschte Effekte erzielen. Es könnte sogar eine bestärkende Selbstwirksamkeitserfahrung für die Adressat*innen erfolgen, da ihre Äußerungen darauf abzielen können, andere zu schockieren, sich selbst zu inszenieren, zu produzieren und als besonders unerschrocken hervorzuheben. Statt einer Moralisierung gilt es deshalb im Rahmen einer konfrontativen Verunsicherungsstrategie[42] und mit einer kritischen Neugier unermüdlich Nachfragen zu stellen und Emotionen offen anzusprechen. So lernen die jungen Menschen, dass abwertende und menschenverachtende Äußerungen auf Widerstand stoßen und einen unangenehmen Rechtfertigungsdruck nach sich ziehen. Außerdem wird ihnen so eine klare humanistische Haltung gezeigt und vorgelebt, die für sie immer wieder irritierend sein kann. Diese Reibung kann Beziehung stiften und stärken, da das Gegenüber das Gefühl bekommt, ernst genommen zu werden.

Distanzierungsarbeit bedeutet, konstruktives Vorbild zu sein

Das Elternhaus prägt die sozialen sowie politischen und geschlechtlichen Normalitätsvorstellungen von jungen Menschen. In pädagogischen Settings gibt es die Möglichkeit, neue Meinungen kennen zu lernen und mit Unterstützung von Pädagog*innen die Handlungsspielräume zu erweitern. So werden die Adressat*innen darin unterstützt, ein eigenes Selbstverständnis und Selbstbewusstsein zu entwickeln. Dabei kommt es weniger auf Argumente an als vielmehr darauf, dass die jungen Menschen am Modell der Erwachsenen lernen können eine Alternative zu den Mustern einzuüben, die ihnen aus ihrem sozialen Umfeld bekannt sind. Pädagog*innen sind in ihrem Verhalten, ihren Haltungen und ihren Reaktionen bestenfalls konstruktive Vorbilder.

---

42 Diese Intervention ist auch ein Element der subversiven Verunsicherungstaktik nach Eckard Osborg (2008).

2.2.1 VERHALTENSVERÄNDERUNGSPROZESSE UNTERSTÜTZEN

Wie unterstütze ich die persönliche Veränderung von jungen Menschen?

> **Das Kapitel auf einen Blick**
>
> Das Kapitel befasst sich mit der pädagogischen Unterstützung von Veränderungsprozessen bei jungen Menschen und stellt die Relevanz für den Hinwendungsprozess zu extrem rechten Ideologien dar. Das Transtheoretische Modell (TTM) wird eingeführt, um Verhaltensänderungsprozesse zu verstehen. Es wird erklärt, wie pädagogische Fachkräfte das TTM nutzen können, um ihre Interventionen zu reflektieren und anzupassen. Zudem wird die Motivierende Gesprächsführung als unterstützender Ansatz für Verhaltensänderungen vorgestellt.

Einstellungen und Verhaltensweisen positiv-konstruktiv im Sinne des jungen Menschen zu verändern – das braucht einen langen Atem. Eine gute Bedingung für Veränderungsprozesse ist, dass junge Menschen in ihrem adoleszenten Entwicklungsprozess in vielen Verhaltensweisen oder Haltungen noch nicht entschieden sind. Der folgende Abschnitt widmet sich daher der Frage, wie Verhaltensveränderungsprozesse ablaufen und diese Veränderung pädagogisch unterstützt werden kann.

Vor allem im Bereich der Gesundheitsförderung (das meint die Änderung des Gesundheitsverhaltens)[43] sind Modelle der Verhaltensänderung populär, denn mit der Beschreibung von (Phasen von) Veränderungsprozessen gehen auch Definitionen von wesentlichen Einflussfaktoren und von förderlichen/hinderlichen Variablen einher, auf deren Grundlage entsprechend Interventionen geplant (und standardisiert) werden können.

Für die Arbeit mit extrem rechts einstiegsgefährdeten und orientierten jungen Menschen lassen sich wesentliche Erkenntnisse aus dem Transtheoretischen Modell (TTM) transferieren. Bei stagnierenden Prozessen kann durch die Brille des TTM geschaut werden und sich gefragt werden, ob die Interventionen der pädagogischen Fachkräfte (noch) zur Positionierung der adressierten Person und ihrem Veränderungsprozess passen und falls nicht, in welche Richtung diese verändert werden müssen.

---

43 Die Distanzierungsarbeit bewegt sich vorrangig nicht im Feld der Gesundheitsförderung – trotzdem ist die Auseinandersetzung mit dem TTM interessant, um hilfreiche Elemente für die pädagogische Praxis bzw. die Reflexion über die Arbeit zu nutzen. Der Transfer aus der Gesundheitsförderung ist nicht neu, so ist auch die Entwicklung des sogenannten ‚akzeptierenden Ansatzes' aus der Drogenprävention zu erwähnen. In Anlehnung an aufsuchende niedrigschwellige Streetworktätigkeit, u.a. mit drogenabhängigen Menschen, wurden die Bedingungen für die Arbeit mit extrem rechts orientierten jungen Menschen formuliert (vgl. Krafeld/Möller et al. 1993).

Transtheoretisches Modell (TTM)[44]

Das TTM wurde in den 1970er- und -80er-Jahren im Bereich der Raucher*innen-Entwöhnung entwickelt, auf andere Bereiche des Gesundheitsverhaltens übertragen und in diesen Rahmen wissenschaftlich überprüft. Es ist vor allem deskriptiv und hat nicht den zentralen Anspruch, Veränderungen zu erklären. Es handelt sich um ein Stufenmodell und dies ist auch eine wesentliche Grundannahme: Prozesse der Verhaltensveränderung werden als das Durchlaufen von klar unterscheidbaren Stufen/Phasen/Stadien begriffen.[45] Bei Stufenmodellen gibt es Charakteristika für jede Phase und Kriterien, nach denen Personen diesen zugeordnet werden können. Die Übergangspunkte und zu bewältigenden Hürden, die den Wechsel von einer Phase in die andere markieren, sind für alle Personen einer Phase gleich und die Phasen laufen in einer klaren Reihenfolge ab (wobei Abweichungen und Rückfälle möglich sind). Die Phasen unterscheiden sich in den sozialkognitiven Variablen, die für den Wechsel von einer Phase in die nächste ausschlaggebend sind. Entsprechend unterscheiden sich die Interventionen, die für die verschiedenen Phasen empfohlen werden, um die Verhaltensänderung (und damit den Übergang in die nächste Phase) zu fördern. Die unterschiedlichen Stufenmodelle unterscheiden sich z.B. in der Anzahl der einzelnen Phasen und Definition der Variablen (vgl. Ströbl 2007: 26–28, 32).

Das TTM ist eines der bekannteren Stufenmodelle.[46] Es ist ein Modell intentionaler Verhaltensänderung – bevor ein neues Verhalten gezeigt werden kann, muss die Absicht dazu entwickelt werden (vgl. Keller 2008). Die Entwicklung dieser Veränderungsabsicht wird schon als Teil des Veränderungsprozesses gesehen. Interventionen sind also auch schon ohne Motivation der betreffenden Person sinnvoll, da sie unterstützen, eine Veränderungsabsicht (beeinflusst von Problembewusstsein und Veränderungswillen) zu entwickeln. Voraussetzung für eine Verhaltensänderung ist die Einstellungsänderung zum Entscheidungsobjekt – also dem Sachverhalt, um den es geht (z.B. Konsum von Cannabis). Das TTM geht davon aus, dass für eine erfolgreiche Verhaltensveränderung alle Stufen (siehe folgende Stufengrafik) durchlaufen werden müssen – die zeitliche Dimension kann sich dabei zwischen verschiedenen Personen stark unterscheiden und der Verlauf kann durch Rückschritte und das neuerliche Durchlaufen von Phasen geprägt sein. Die verschiedenen Phasen/Stufen/Stadien können auch als Phasen unterschiedlicher Veränderungsbereitschaft begriffen werden.

---

44 Die Forscher*innengruppe um Prochaskas und Di Clemente entwickelten das Transtheoretische Modell. Der Name rührt daher, dass im Modell unterschiedliche therapeutische Schulen und Theorien miteinander kombiniert wurden (vgl. Ströbl 2007: 32).

45 Andere Modelle strukturieren sich nach der Grundannahme, dass Verhaltensänderungsprozesse als Kontinuum zu begreifen sind. Bei diesen sind zu allen Zeiten des Prozesses dieselben Variablen für die Verhaltensänderung entscheidend, sie sind aber bei den Personen abhängig von ihrer Positionierung im Prozess quantitativ unterschiedlich ausgeprägt. Diese Grundannahme hat zur Folge, dass davon ausgegangen wird, dass für alle Personen dieselben Interventionen förderlich für die Verhaltensänderung sind, sofern sie die Variablen stärken (vgl. ebd.: 25f.). Kontinuums-Modelle gehen also von einer quantitativ unterschiedlichen Ausprägung gleicher Variablen auf einem Kontinuum aus. Stufenmodelle hingegen gehen von qualitativ unterscheid- und abgrenzbaren Stufen aus mit unterschiedlichen Variablen.

46 Das TTM wurde verschiedentlich weiterentwickelt und modifiziert. Z.B. wurde bei bestimmten Gesundheitsverhaltensweisen festgestellt, dass in den einzelnen Phasen Subtypen zu finden sind, sodass sich eine Phase nochmal ausdifferenzieren lässt. Auch wird teilweise eine 6. Phase („Beendigung") ergänzt, in der die Verhaltensänderung dauerhaft und der Prozess abgeschlossen sein soll.

2.2 INTERVENIEREN UND DISTANZIERUNGSPROZESSE ANSTOSSEN

Phase/Stufe/ Änderungsstadium	Merkmal der Phase und Veränderungsbereitschaft	Intervention
Absichtslosigkeit/ Sorglosigkeit/ Problemignorierung	Fokus: Einstellungsänderung Merkmale: kein/kaum Problembewusstsein; Person sieht keine Notwendigkeit zur Verhaltensänderung und setzt sich nicht mit dem Thema auseinander; keine Motivation zur Verhaltensänderung; ohne Intervention verbleibt Person vermutlich auf dieser Stufe	• Förderung der Auseinandersetzung/ des Problembewusstseins über z.B. nicht-belehrende Wissensvermittlung • Motivation zur Auseinandersetzung fördern • Setzen von Denkanstößen • nach emotionalen Bezügen suchen • Widersprüche aufzeigen • aktives Zuhören statt vorschneller Interventionen • Anbieten alternativer Sichtweisen
Bewusstwerdung/ Absichtsbildung	Fokus: Einstellungsänderung Merkmale: Auseinandersetzung mit dem Thema, diese Phase kann lange andauern, ambivalentes Verhältnis zur Verhaltensänderung; Vor- und Nachteile der Verhaltensänderung werden als ausgeglichen eingeschätzt; es werden keine konkreten Maßnahmen zur Veränderung ergriffen, aber gedanklich wird sich prinzipiell mit einer Veränderung auseinandergesetzt	• Reflexion unterstützen, z.B. über das Aufzeigen von Widersprüchen • Ambivalenzkonflikt visualisieren (Vor-/Nachteile des aktuellen Verhaltens, Vor-/Nachteile der Veränderung) • Vorteile der Verhaltensänderung bestärken • Widerstände akzeptieren und ansprechen
	Änderungsentscheidung wird getroffen	
Vorbereitung der Änderung	Fokus: Verhaltensänderung Merkmale: Person hat sich zur Veränderung entschieden und ist motiviert; Planung konkreter Schritte und vereinzeltes Ausprobieren hin zu neuen Verhaltensweisen	• Stärkung der Verbindlichkeit und der Selbstverpflichtung • Förderung der Änderungskompetenz, z.B. durch Unterstützung einer realistischen Planung inkl. Optionen aufzeigen und Wahlmöglichkeit lassen • Ressourcenanalyse • Vereinbarungen treffen • eigene Kontrollmechanismen zusammen erarbeiten
Handlung	Fokus: Verhaltensänderung Merkmale: sichtbare Verhaltensänderung: erstes Ausprobieren der geplanten Schritte; Herbeiführen notwendiger Veränderungen der eigenen Umweltfaktoren und des eigenen Erlebens, um Verhaltensänderung zu stabilisieren; Rückfallwahrscheinlichkeit in vorheriges Verhalten hoch	• Stärkung Selbstvertrauen • Stärkung Selbstwirksamkeitserwartung • Rückfallprophylaxe • im regelmäßigen Kontakt zum Thema bleiben • Verlauf reflektieren und beraten
Aufrechterhaltung	Fokus: Verhaltensänderung Merkmale: längeres Durchhalten der erprobten Schritte; Zuversicht das Verhalten dauerhaft beizubehalten; Rückfallwahrscheinlichkeit in vorheriges Verhalten sinkt	• Begleitung • Beratung • Rückfallprophylaxe • Loslösungsprozess/Verselbstständigung

ZEIT — Rückfall in frühere Stufe jederzeit möglich

Diese Tabelle wurde von den Autor*innen der vorliegenden Publikation erstellt in Anlehnung an folgende Quellen:
TAKE CARE Toolbox (o.J.): Motivational Interviewing und Transtheoretisches Modell. Kapitel 7.2. Strategies towards responsible alcohol consumption for adolescents in Europe.
Ströbl, Veronika (2007): Überprüfung des Stufenkonzeptes im Transtheoretischen Modell der Verhaltensänderung am Beispiel sportlicher Aktivität. Dissertation. Julius-Maximilians-Universität Würzburg.
Keller, Roger (2008): Das Transtheoretische Modell der Verhaltensänderung. Validierung der Stufen der Verhaltensänderung am Beispiel Rauchen. Dissertation. Universität Zürich.
Check it! (2006): Standards der Onlineberatung, Wien: Verein Wiener Sozialprojekte.

Im Beratungskontext bezüglich Suchtmitteln ist das TTM insofern hilfreich, als dass es davon ausgeht, dass Interventionen bereits möglich sind, wenn noch keine (konkrete) Motivation zur Verhaltensänderung vorliegt. Auf der Grundlage des Stufenmodells sind auch dann schon Interventionen anzubieten, die für die jeweilige Stufe passend sind und einen Übergang in die nächste Stufe unterstützen. Greifbar wird dies am Beispiel der Verhaltensänderung von Suchtverhalten: Im Stadium der Absichts- und Sorglosigkeit bringt es nichts, mit einer konsumierenden Person Strategien zu erarbeiten, wie sie weniger konsumieren kann – die Voraussetzungen für eine erfolgreiche Umsetzung fehlen. Stattdessen kann eine Wissensvermittlung über Substanzen kurze Denkanstöße zur Konsumreflexion setzen, die Motivation zur Auseinandersetzung mit eigenen Konsummustern kann bestärkt werden und die Person kann dabei unterstützt werden, eigene Konsummuster zu klären und sich der Vor- und Nachteile des eigenen Konsumverhaltens bewusst zu werden. Dieses Vorgehen unterstützt, dass die Person in das Stadium der Bewusstwerdung und Absichtsbildung übergeht (vgl. TAKE CARE Toolbox (o.J.): 7-8).

Strategien der Verhaltensänderung

Neben den Stufen, die den Veränderungsprozess und die Bereitschaft zur Veränderung beschreiben, werden im TTM noch zehn Prozesse der Verhaltensänderung benannt, die während der Stufen ablaufen. Sie beschreiben, wie eine Veränderung stattfindet hin zum Wechsel in die nächste Stufe. Diese Prozesse können auch als Strategien begriffen werden, die die Personen (bewusst oder unbewusst) ergreifen, um ihr eigenes Verhalten zu verändern. Sie sind jeweils nicht klar einer Stufe zuzuordnen – es kann aber sein, dass bestimmte Strategien in einer Stufe bestimmend sind bzw. bestimmender als andere. Es werden folgende zwei Strategien unterschieden:

a) **Kognitiv-affektive Prozesse/Strategien** gegenüber dem Einstellungsobjekt, vor allem vor der Änderungsentscheidung zu beobachten und relevant:
- Steigern des Problembewusstseins
- Emotionales Erleben
- Neubewertung der persönlichen Umwelt
- Selbstneubewertung
- Wahrnehmen förderlicher Umweltbedingungen

b) **Verhaltensorientierte Prozesse/Strategien** bezüglich der Verhaltensveränderung, vor allem nach der Änderungsentscheidung zu beobachten und relevant:
- Gegenkonditionierung
- Kontrolle der Umwelt
- Nutzen hilfreicher Beziehungen
- (Selbst-)Verstärkung
- Selbstverpflichtung

Ebenfalls unterschiedlich ausgeprägt in den einzelnen Stufen/Phasen – und damit abhängig vom Fortschreiten der Verhaltensveränderung – sind die beiden Konzepte der **Selbstwirksamkeitserwartung** und **Entscheidungsbalance**. Ersteres meint das Ausmaß der Einschätzung, ob in schwierigen Situationen eher das erwünschte Verhalten oder das nicht mehr erwünschte Verhalten ausgeübt wird – die Selbstwirksamkeitserwartung steigt in den späteren Stufen. Die Entscheidungsbalance betrifft die Abwägung wahrgenommener Vor- und Nachteile der Verhaltensänderung – in späteren Stufen überwiegen die wahrgenommenen Vorteile die wahrgenommenen Nachteile (vgl. Ströbl 2007: 32f.; Keller 2008: 8ff.).

Motivierende Gesprächsführung und das TTM

In der Gesundheitspsychologie werden der Ansatz der Motivierenden Gesprächsführung[47] und das TTM häufig miteinander verknüpft, da sie etliche Überschneidungspunkte haben und gut ineinandergreifen. Die Motivierende Gesprächsführung ist als Therapieform und Beratungskonzept darauf ausgelegt, klient*innenzentriert, ambivalente Einstellungen gegenüber Verhaltensänderungen zu lösen, die intrinsische Motivation zu erhöhen und durch beides die Verhaltensveränderung zu unterstützen. **Die Anerkennung der Ambivalenz** ist zentral – es wird als normal angenommen, dass die Person in einer Veränderung sowohl Vorteile als auch Nachteile sieht und entsprechend hin- und hergerissen ist. Alle Aspekte der Ambivalenz werden in ihrer Dynamik zueinander untersucht und in der Beziehung zwischen Berater*in und Klient*in anerkannt. Die Grundhaltung in der Beratung ist partnerschaftlich und auf Augenhöhe, die **Autonomie und Eigenverantwortung** der Adressat*in sind zentral. Jedoch – und da unterscheidet sich die Motivierende Gesprächsführung von rein klient*innenzentrierten Ansätzen – hat sie das Ziel, Verhalten zu verändern und gestaltet entsprechend steuernd den Prozess der Auseinandersetzung.

Verhaltensänderung nach diesem Modell geschieht nicht auf äußerlichen Druck hin, im Gegenteil – dieser führt dazu, dass die Motivation zur Veränderung sinkt. Entsprechend zielt die Motivierende Gesprächsführung auf die Steigerung der intrinsischen Motivation ab und erreicht dies über den Weg der Auflösung der Ambivalenz (TAKE CARE Toolbox o.J.: 2-5; Arkowitz/Westra et al. 2010).

---

47 Die Motivierende Gesprächsführung (Motivational Interviewing) wurde von Miller und Rollnick in den 1980er-Jahren entwickelt, siehe auch Arkowitz/Westra et al. 2010.

Schlussfolgerungen für die Distanzierungsarbeit

Es stellt sich die berechtigte Frage: Was nützt der vorliegende Exkurs für die Arbeit in der Distanzierungsarbeit und worin liegen Unterschiede? Das Verständnis von Motivation, die ohne Druck von außen auskommt, widerspricht sich im Hinblick auf den Zugang der Distanzierungsarbeit in ähnlichen Aspekten wie es der systemische Beratungsansatz tut.[48] Daher können nicht alle Aspekte der Motivierenden Gesprächsführung auf den Kontext der Distanzierungsarbeit übertragen werden. Für die Gesprächsführung können jedoch wesentliche Elemente transferiert werden. Auch die Gesprächsführung in der Distanzierungsarbeit beinhaltet im Wesentlichen die vier Grundprinzipien der Motivierenden Gesprächsführung:

— Empathie ausdrücken,
— Diskrepanzen entwickeln (über das Aufzeigen von Widersprüchen),
— Widerstand aufnehmen und damit arbeiten sowie
— Selbstwirksamkeit fördern.

In der Distanzierungsarbeit, wie auch in der Motivierenden Gesprächsführung, ist Aktives Zuhören ein wesentliches Instrument zur Etablierung der genannten Grundprinzipien.

Für die Distanzierungsarbeit ist es weder notwendig noch hilfreich, Interventionen zu standardisieren. In der Distanzierungsarbeit muss also nicht entschieden werden, ob Veränderung als Kontinuum oder als Abfolge von Stufen begriffen wird. Der Distanzierungsarbeit liegt nicht eine bestimmte Vorstellung bzw. ein bestimmtes Modell der Verhaltensänderung zugrunde.

Die Systematik des TTM ist dennoch für die Reflexion der Interventionsplanung mit extrem rechten einstiegsgefährdeten und orientierten jungen Menschen nutzbar – zwar weder permanent noch obligat, sondern nach Interesse und Bedarf. In der Reflexion des pädagogischen Prozesses und bei der Planung von nächsten Schritten kann die Situation punktuell durch die Brille des TTM betrachtet werden. So kann eruiert werden, welche Erkenntnisse sich daraus ergeben – auch jenseits der Bearbeitung von Konsummustern. Das könnte vor allem bei Fällen hilfreich sein, in denen pädagogische Fachkräfte den Eindruck haben, dass der Prozess stockt oder das Vorgehen bezüglich einer bestimmten Problemstellung wenig oder keinen Erfolg zeigt. Auch die eigene Kommunikationsstrategie und das eigene Verhalten können mithilfe des TTM und der Motivierenden Gesprächsführung reflektiert werden. Wichtig bei der Anwendung des TTM ist das Bewusstsein, dass die Phasen nicht idealtypisch ablaufen – ein Zickzackkurs und Rückschritte sind üblich.

Es können abhängig von der Situation folgende Fragen durchgegangen werden. Grundlage für diese Fragen ist das beschriebene Stufenmodell des TTM.

---

48 Siehe weitere Erläuterungen hierzu in Kapitel 2.2.2 im Absatz „Widersprüche von Aufsuchender Distanzierungsarbeit zu systemischen Ansprüchen".

2.2 INTERVENIEREN UND DISTANZIERUNGSPROZESSE ANSTOSSEN

	Beobachtung und Analyse	Reflexion Verhalten/Intervention der Pädagog*in	Interventionsplanung
TTM Stufeneinordnung	Auf welcher Stufe/in welcher Phase des TTM befindet sich die Person in Bezug auf eine Problemstellung (z.B. Suchtverhalten aber auch Gewalttätigkeit)? Woran mache ich das fest?		
Veränderungsbereitschaft	Welche Veränderungsbereitschaft ist zu beobachten?	Gehe ich auf die derzeitige Veränderungsbereitschaft ein? Wenn nein, was muss sich dahingehend verändern?	Welche Schritte im Prozess entsprechen der Positionierung der adressierten Person und fördern sie die Veränderungsbereitschaft?
(Veränderungs-)Strategien	Welche Strategien des Umgangs mit dem Änderungsobjekt ist bei der Person zu beobachten (kognitiv-affektive Ebene bzw. Verhaltensebene)?		Welche Interventionen sind hilfreich? Wie können förderliche Strategien unterstützt werden?
TTM Stufenwechsel	Was braucht die Person, um in die nächste Stufe zu kommen? Was sind entscheidende Variablen?		Welche Interventionen sind hilfreich?
Ambivalenzen und Widerstände	Welche Ambivalenzen und Widerstände zeigen sich bei der jungen Person?	Inwieweit werden Ambivalenzen durch mich (nicht) anerkannt? Welche Gesprächsführung unterstützt die adressierte Person in diesem spezifischen Fall dabei, Ambivalenzen abzubauen?	Was kann den Abbau der Ambivalenz fördern, um die intrinsische Motivation zur Verhaltensveränderung zu stärken?
Motivierende Gesprächsführung		Werden die Regeln des Aktiven Zuhörens und der Motivierenden Gesprächsführung eingehalten?	

2.2.2 SYSTEMISCH-LÖSUNGSORIENTIERTES ARBEITEN IN DER DISTANZIERUNGSARBEIT

Welche Grundlagen des systemisch-lösungsorientierten Arbeitens sollte ich kennen?

> **Das Kapitel auf einen Blick**
>
> Das Kapitel erläutert, inwiefern Elemente des systemisch-lösungsorientierten Arbeitens für die Distanzierungsarbeit fruchtbar gemacht werden können. Das Ziel dieses Ansatzes ist es, verschiedene Perspektiven zuzulassen und die Wahrnehmung aller Beteiligten zu erweitern. Pädagogische Fachkräfte wie Adressat*innen und ihr Umfeld werden somit in die Lage versetzt, Ressourcen zu erkennen und an Lösungen zu arbeiten. Eine systemisch-lösungsorientierte Haltung erfordert Neugierde, Wertschätzung und Offenheit. Der Text stellt konkrete Methoden der systemischen Beratung vor, darunter Reframing, systemische Fragetechniken und Formen der Aufstellungsarbeit.

Systemisches Arbeiten kann als etablierter Ansatz im Beratungskontext beschrieben werden, der sich in den 1970er-Jahren Schritt für Schritt aus verschiedenen Settings der Familientherapie (z.B. nach Virginia Satir) entwickelt hat (vgl. Satir 1973). Seit den 1990er-Jahren gab es keine wesentlichen Paradigmenwechsel mehr, jedoch zahlreiche Weiterentwicklungen und Anpassungen für verschiedene Kontexte (vgl. Hauke-Hahn 2020: 42), so auch für den Kontext der Distanzierungsarbeit.

Jan Hauke-Hahn beschreibt die Ansprüche an und die Weiterentwicklung von systemischer Beratung für den Kontext der Ausstiegsberatung und sogenannter Distanzierungsberatung. Der Autor versteht die Distanzierungsarbeit nicht als aufsuchende Tätigkeit, die Menschen in eine Auseinandersetzung involviert, sondern als selbst initiiertes Setting.[49] Er beschreibt den Rahmen des adressierten Handlungsfeldes wie folgt: „In den meisten Fällen finden Angebote zur Ausstiegs- und Distanzierungsbegleitung im freiwilligen Kontext statt. Klient_innen begeben sich freiwillig in die Beratungsangebote" (ebd.: 63).

Obwohl es Unterschiede bezüglich der Selbstinitiative gibt, ist es sinnvoll, den systemischen Ansatz auf den Kontext der Aufsuchenden Distanzierungsarbeit zu übertragen. Das folgende Kapitel ist wesentlich anhand der Publikation von Hauke-Hahn (vgl. 2020) strukturiert. Im Folgenden werden diese Erkenntnisse paraphrasiert und in Bezug auf die Ansprüche an Distanzierungsarbeit von Distanz e.V. gesetzt. Dieser Transfer wird durch weitere wissenschaftliche Bezüge expliziert.

Systemisches Arbeiten wird beschrieben als systemisch-lösungsorientiertes Arbeiten und im Folgenden mit SLA abgekürzt. Folgende Theorien können als maßgebliche Grundlagen von SLA und aller systemischen Ansätze gelten: Konstruktivismus und Systemtheorie.

---

[49] Zum Unterschied zwischen Aufsuchender Distanzierungsarbeit als Handlungsfeld und selbstinitiierter Settings im Kontext der Ausstiegsberatung siehe Kapitel 1.2.

Die Systemtheorie

Die Systemtheorie ist eine übergeordnete, eine Meta-Theorie, die in verschiedenen wissenschaftlichen Disziplinen als Beschreibung und Erklärung von Wirklichkeit verwendet wird – von biologischen über physikalische bis hin zu sozialwissenschaftlichen Gegenständen, Prozessen und Zuständen. Silvia Staub-Bernasconi pointiert, dass hier eine „Entwicklung von einer physikalischen zu einer kulturell-idealistischen Systemvorstellung" (2008: 956) stattfand. Diese kulturelle Systemvorstellung fungiert als Brücke zum Konstruktivismus, auf dessen Annahmen und Erklärungen von Wirklichkeit auch Beratungsansätze aufbauen (ebd.).

Der daraus entstandene konstruktivistisch erweiterte systemische Ansatz im Beratungssetting (z.B. Familienberatung oder -therapie) geht davon aus, dass die individuelle Betrachtungsweise auf die eigene Lebenswirklichkeit als schlüssig, sinnhaft oder in sich geschlossen wahrgenommen wird (Friehs/Gabriele 2021: 3). Die Interpretation individueller Betrachtungsweisen ist demnach geprägt von Erfahrungen und Mechanismen selektiver Wahrnehmung, also der unbewussten Fixierung auf ein Thema, Personen oder Reize. Fritz Simon verbildlicht diesen selektiven Wahrnehmungsmechanismus anhand folgender Darstellung, in der sowohl eine junge Person als auch alte Person wahrgenommen werden kann (2019: 15).

Abb. 9: Optische Täuschung, W. E. Hill, Public domain, via Wikimedia Commons

Eine zentrale Schlussfolgerung für das SLA ist: Andere Perspektiven haben genauso ihre Gültigkeit und müssen zugelassen werden. Das birgt für alle Beteiligten die Chance, die eigene Wahrnehmung auszuweiten und Probleme sowie Prozesse neu zu bewerten.

Die Systemtheorie begreift Menschen als ‚in Systeme eingebunden'.

Systeme (vgl. Hauke-Hahn 2020: 50-52):
✓ weisen gemeinsame Beziehungs-, Kommunikations- und Haltungsmuster auf.
✓ grenzen sich von anderen Systemen ab.
✓ haben eine/mehrere Funktionen und streben danach, diese aufrecht zu erhalten.
✓ arbeiten in sich eng verzahnt.
✓ können sich zwischen Personen/Gruppen ausbilden.
✓ können psychisch verinnerlicht sein. Sie werden somit zu etablierten Denk-/Fühlprozessen, die ineinander verzahnt weitere Gedanken und Gefühle produzieren.

Beispiele für Systeme sind das Familiensystem, das Vereinssystem, das Schulsystem oder ein Denksystem. Alle Menschen bilden entsprechend ihrer Zugehörigkeit zu Systemen unterschiedliche Realitätskonstruktionen aus. Die Zugehörigkeit zu Systemen stützt systementsprechende Wahrnehmungen und prägt die Entscheidung für Handlungen.

> „Ein funktionierendes System ist nicht gleichbedeutend mit einer positiven Bewertung dessen. Es bedeutet, wertfrei formuliert, dass alle Teile des Systems so zusammen wirken, dass Kommunikation untereinander anschlussfähig ist und in der Lage ist, sich aufeinander zu beziehen. Dadurch wird das System in seiner Funktion stabilisiert; eigene Regeln gelten innerhalb des Systems. Das System ist, zum Zwecke des Selbsterhalts, darauf angewiesen alle Elemente und Handlungsstrategien einzubeziehen" (Hauke-Hahn 2020: 36).

Das Verhältnis von Individuen zu Systemen ist komplex: Das Individuum verhält sich innerhalb eines Systems, wird von dem System beeinflusst, hat aber auch selbst Einfluss auf das System/mehrere Systeme (vgl. Staub-Bernasconi 2008: 958). Individuen verhalten sich nicht konstant und stabil, sondern werden von Systemen geprägt. Eine Person kann sich im System Familie als ‚braver Sohn', im System Schule als ‚Klassenclown' verhalten. Diese Rollen können demnach sehr unterschiedlich und widersprüchlich, aber in dem jeweiligen System sinnvoll sein und eine für das Individuum passende und systemstützende Funktion einnehmen. Das Verhalten von Individuen ist von Systemen und Kontexten abhängig, und verschiedene Anforderungen und Bedingungen bewirken unterschiedliche Verhaltensmuster. Hauke-Hahn beschreibt diesen Zusammenhang wie folgt: „Die Welt wird als Bühne aufgefasst, welche verschiedene Schauplätze mit unterschiedlichen Settings beinhaltet, welche wiederum unterschiedliche Regeln beinhalten" (2020: 54).

Um Wahrnehmungen und Handlungen verändern zu können, müssen die Mechanismen von Systemen erkannt und neue Optionen ausgelotet werden. Im Kontext der Distanzierungsarbeit kann dieses Rollenverständnis anhand der Systemtheorie den Fokus auf das Verhalten setzen und die Trennung zwischen Person und Einstellung/Verhalten ermöglichen: Die Adressat*innen sind in anderen Kontexten und Systemen in der Lage, sich anders zu verhalten. Diese Kontexte zu stärken und Rollen in anderen Kontexten zu denken und zu erlernen ist folglich ein Kernziel von Distanzierungsarbeit.

Systemisch zu arbeiten, bedeutet Systeme in den Blick zu nehmen, in denen sich die Adressat*innen aufhalten. Wenn möglich und fachlich geboten, sollte daher auch versucht werden, eine Auseinandersetzung mit dem Umfeld der Adressat*innen in die Distanzierungsarbeit zu integrieren. Typische Konfliktauslöser im Alltag können mit dem Bezugssystem (beispielsweise den Eltern) und jungen Menschen besprochen werden, um zu vermitteln und eine konstruktive, lösungsorientierte und gewaltfreie Kommunikation zu Streitpunkten anzuregen. Das Bezugssystem sollte ermuntert werden, Gewalt(-androhungen) und Aggressionen aus dem Erziehungsprozess heraus zu drängen, und dazu angehalten werden, den jungen Menschen mehr zu ermutigen, zu bestätigen und zu unterstützen – aber auch vor konstruktiver Konfrontation nicht zurückzuschrecken.

Der Konstruktivismus

Nach dem Konstruktivismus wird davon ausgegangen, dass die Wahrnehmung von Individuen keinen objektiven beziehungsweise neutralen Bezugsrahmen hat, sondern die Wahrnehmung der Wirklichkeit von jeder Person unterschiedlich konstruiert, also geschaffen wird (vgl. ebd.: 43). Maturana schlussfolgert:

> „Ein System ist nicht ein Etwas, das dem Beobachter präsentiert wird, es ist Etwas, das von ihm erkannt wird" (1982: 175).

Die Wahrnehmungsmöglichkeiten von Personen sind von den eigenen Sinnen und Fähigkeiten abhängig. Personen nehmen also anhand eines individuellen Filters ihre Wirklichkeit wahr, der auch darüber entscheidet, wie

> „beobachtet, erklärt und bewertet wird. Infolge dieses Prinzips […] findet gleichzeitig ein Prozess des Abgrenzens der Dinge statt, die nicht zur individuellen Wirklichkeit zählen. An dieser Stelle verbindet sich der Konstruktivismus mit der Systemtheorie" (Hauke-Hahn 2020: 34).

Der Ansatz des sozialen Konstruktivismus

Der Ansatz des sozialen Konstruktivismus betont die Funktion sozialer Prozesse in der Konstruktion von Wirklichkeit. Er legt den Fokus auf die Wirkung sozialer Interaktion und erweitert den Ansatz des Konstruktivismus um die Perspektive gesellschaftlicher Konstruktion von Wirklichkeit. Wahrnehmung wird also nicht nur subjektiv durch einzelne Personen gebildet, sondern die ‚Wirklichkeit' und Bedeutung der Dinge wird durch Konversation und Dialog gebildet (vgl. ebd.:46). Genauer führen Pallasch und Kölln aus:

> „Realität ist also ein subjektives Konstrukt, das erst durch die Abstimmung mit den Konstrukten anderer Beobachter[*innen] den Charakter einer ‚objektiven' Welt erhält, welche scheinbar unabhängig von unserer Wahrnehmung existiert. Die Kategorien zur

Beurteilung unserer Wirklichkeitsmodelle in sozialen Bezügen sind nicht Wahrheit oder Objektivität, sondern Vereinbarung, Brauchbarkeit und Bewährung. Wirklichkeitskonstruktionen gelten dann als sozial verbindlich, wenn sie von den Mitgliedern einer Gesellschaft geteilt werden und den Bezugsrahmen für individuelles und kollektives Handeln bilden" (2014: 23).

Aus der systemischen Therapie bildete sich konkret der sogenannte lösungsorientierte Ansatz heraus, bei dem sich die Beratungsnehmenden „mithilfe ihrer Fantasie und Vorstellungskraft" (Friehs/Gabriele 2021: 10) eine Vision ausmalen sollten, in der ihr Problem nicht mehr gegeben sei und sie sich der daraus entstehenden Veränderung bewusst werden sollten. In der Literatur finden sich einige charakteristische Merkmale dieses Ansatzes beschrieben. Ein grundlegendes Charakteristikum ist u.a. der Ansatz des sozialen Konstruktivismus, welcher den bereits beschriebenen Anspruch beinhaltet, dass Wirklichkeitswahrnehmungen konstruiert seien und somit Problemlagen bis zu einem gewissen Grad dekonstruiert sind und Lösungen gefunden werden können (ebd.: 12f.). Bei der Suche nach Lösungen bzw. bei der gedanklichen Vorstellung einer Zukunft ohne das Problem, spielt die Ressourcenorientierung eine wichtige Rolle. Dahinter steht die Annahme, dass Personen Expert*innen ihres eigenen Lebens sind (ebd.). Sie verfügen über verschiedene Handlungsoptionen und besitzen in vielen Dingen das Potenzial, ihre Entscheidungen bezüglich einer bestimmten Handlung zu verändern. Im Sinne dieses lösungsorientierten Ansatzes zu arbeiten, bedeutet also, ausgehend von den Konstruktionen der Beteiligten, die Ressourcen im Auge zu behalten und gemeinsam an Lösungen zu arbeiten.

Wenn die Wirklichkeit von Individuen konstruiert wird, lässt sich daraus auch schlussfolgern, dass sowohl die Perspektive der Pädagog*innen als auch die Perspektive der Adressat*innen von Distanzierungsarbeit veränderbar ist. Das bedeutet, dass es weitere vielseitige Perspektiven gibt und somit neue Handlungsspielräume erschlossen werden können (vgl. Hauke-Hahn 2020: 47f.). Aus dieser Annahme hat sich für SLA die Methodik entwickelt, gezielt Bedeutung durch Interaktion zu erzeugen, wie beispielsweise durch Reframing oder zirkuläre Fragetechniken. Wahrnehmungen können durch die Perspektive von Pädagog*innen oder anderer Anwesender ausgeweitet und verändert werden. So kann die Adressat*in selbst zum Perspektivwechsel angeregt werden (vgl. ebd.).

Durch Methoden der Perspektivübernahme werden subjektive Wahrnehmungen erweitert und es wird den jungen Menschen ein Blick auf sich selbst ermöglicht, der Handlungsalternativen aufzeigt. Dieser Blick war zuvor aufgrund der rein subjektiven Perspektive reduziert. Der Fokus auf weitere Handlungsoptionen bietet die Möglichkeit, Wahrnehmungen, Kontexte und Probleme anders zu beschreiben und positive Entwicklungen anzustoßen (vgl. ebd.).

Fazit in Bezug auf eine systemisch-lösungsorientierte Haltung
(vgl. Hauke-Hahn 2020: 88)

— Zentral sind Neugierde, Wertschätzung, Empathie und Offenheit.
— Veränderung ist möglich: Identitätsbildung beinhaltet eine lebenslange Transformation.

Hilfsmittel zur Ermöglichung dieser Haltung:[50]
- ✓ Mit Bewertungen, Interpretationen und eigenem Wissen gegenüber jungen Menschen zurückhalten.
- ✓ Dialoge ermöglichen, um Wahrnehmung auszuweiten, indem eigenen Blickwinkeln und anderen Perspektiven (auch von Abwesenden) Raum gegeben wird.
- ✓ Adressat*innen-Orientierung: Adressat*innen als autonome Personen und Expert*innen für ihr eigenes Leben sehen, die alle Potenziale in sich tragen und selbst entscheiden, was für sie sinnvoll ist (vgl. Hauke-Hahn 2020: 60). Dieser Anspruch stößt im Kontext der Distanzierungsarbeit an Grenzen, welche am Ende dieses Kapitels ausgeführt werden.
- ✓ Akzeptanz dafür, dass Personen bei aller Destruktivität eigene funktionale Gründe dafür haben können; Die Gründe für Handlungen und Haltungen haben ihren Sinn (im Sinne einer Funktion/der Erfüllung von Bedürfnissen), sind deshalb aber nicht sinnvoll (im Sinne einer problematischen Haltung gegenüber Anderen oder in Bezug auf den eigenen Lebensweg) und dürfen auch kritisiert werden.

Methoden der systemischen Beratung (vgl. Hahn-Hauke 2020: 66-74)

Reframing

Was?

„Ein Reframing ist eine Neubewertung einzelner, bislang als negativ bewerteter, störender Verhaltensweisen, Erlebniswelten oder größerer Interaktionsmuster […] vor dem Hintergrund eines systemischen Bezugsrahmens" (Schippe/Schweizer 2016: 312).

Wann?

Reframing eignet sich besonders gut, wenn Adressat*innen in ihren Verhaltensweisen und der Bewertung von Situationen sehr fest gefahren sind. Das Reframing ermöglicht das Durchbrechen von bekannten Mustern und das Umlenken von einer Problemfokussierung auf die Lösungsorientierung.

Wozu?

Es geht darum, Dinge neu zu sortieren und den Blick auf diese zu verändern: „Ziel des Reframing ist es, herauszufinden, in welchem Zusammenhang Verhalten sinnvoll erscheint, es so umzudeuten und dann gemeinsam, andere Wege der Erreichung des Ziels zu suchen" (Baumgartner-Kuschel 2017: 23).

Der Hintergrundgedanke des Reframings ist, dass es nicht ausreicht, ein Problem zu beseitigen; vielmehr besteht die Lösung darin, die Gründe zu erkennen, warum das Problem besteht.

---

50 Siehe hierzu auch „Charakteristiken eines lösungsorientierten Beraters" (Friehs/Gabriele 2021: 27ff.).

Wie?

Zum Umdeuten anregen: Der zuvor negative Bezugsrahmen wird durch einen positiven Bezugsrahmen ersetzt. Interpretationen werden den Adressat*innen überlassen und die Frage nach Schuld oder Deutungshoheit außer Acht gelassen. Situationen, die von jungen Menschen selbst als Problem empfunden werden, werden analysiert im Hinblick auf die Fragen: Welche Teile des Problems können als nützlich oder sinnvoll empfunden werden? Worin liegt das Gute im Schlechten? Entscheidend ist es hier, als Pädagog*in neu zu bewerten. Dies kann auf drei verschiedene Arten passieren, die miteinander kombiniert werden können:

a) Inhalts-Reframing, z.B. ständiges Streiten, das als destruktive Streitspirale empfunden wird; Reframed: Personen sind nicht gleichgültig miteinander und setzen sich miteinander gemeinsam auseinander.

b) Kontext-Reframing: Etwas, was zunächst als Schwäche bewertet wird, wird auf eine andere Situation bezogen, in der ein ähnliches Verhalten etwas Positives darstellt.
- z.B. Bewerbung für einen neuen Job wird nicht abgeschickt; Reframed: Arzt macht keine OP, die er sich nicht zutraut, was eine Stärke ist, weil nichts getan wird, was seine Fähigkeiten überschreiten würde.

c) Bedeutungsreframing: Als negativ empfundene Eigenschaften können von ihrer positiven Seite in den Blick genommen werden.
- Beispiel 1: Anstatt zu sagen „Er ist empfindlich" > „Er hat feine Antennen".
- Beispiel 2: Anstatt zu sagen „Das Kind plärrt die ganze Zeit" > „Das Kind hat eine Möglichkeit gefunden, sich Gehör zu verschaffen und kann seinen Gefühlen Ausdruck verleihen".

Systemisches Fragen

In allen Fragen sind auch Angebote enthalten, wie die Wirklichkeit auch gesehen werden könnte. Demnach versteht sich das Stellen von geeigneten Fragen als die zentrale Technik, um Wahrnehmungen auszuweiten. Sie können Impulse stiften, um neue Informationen zu generieren, ihre Antworten können Situationen neu bewerten lassen und neue Verhaltensweisen erkannt werden (vgl. Hauke-Hahn 2020: 75). Folgende Fragetechniken eignen sich, um SLA zu ermöglichen:

— zirkuläre Fragetechnik (vgl. ebd.: 75-79)
— Skalierungsfragen (1-10; Prozent, Zustimmung/Ablehnung)
— Fragen nach Ausnahmen
— Fragen nach Ressourcen
— Hypothetische Fragen (Nach Verbesserung; Nach Verschlimmerung)
— Wunderfragen („Angenommen es passiert ein Wunder und XY würde sich verändern, woran würdest du das bemerken?")

Systemische Aufstellungen[51]

Wozu?

— innere, unbewusste Gedanken und Bilder nach außen bringen, vor allem wenn die Worte fehlen
— Ist-Zustände darstellen, Lösungsbilder entwickeln

Wann?

— bei interpersonellen und intrapersonellen Konflikten
— bei diffusen Situationen und Rollenunklarheiten
— zur Situationsanalyse

Wie?

— mit Repräsentant*innen in folgenden Varianten:
   a) mit Ersatz-Gegenständen, wie z.B. Figuren (Lego, Tierfiguren, Symbolen)
   b) mit Bodenankern: Stühlen, beschrifteten Zetteln
   c) mit Personen

Wo?

— Raum, Tisch, Boden

Grundlegender Ablauf

Folgender prototypischer Ablauf ist elementar in systemischen Aufstellungen. Der genaue Ablauf muss themenspezifisch und individuell angepasst werden.
— Die Adressat*in wählt Repräsentant*innen aus und beschreibt diese.
— Die Adressat*in positioniert die Repräsentant*innen so im Raum, wie es aktuell für sie*ihn Sinn ergibt (Ist-Zustand).
— Die Pädagog*in befragt die Repräsentant*innen in ihren jeweiligen Positionen nach ihren Gefühlen und Impulsen. Die Adressat*in versetzt sich in die Lage der Repräsentant*innen und antwortet für diese.
— Die Adressat*in entwickelt ein Lösungsbild (Wunsch-Zustand).

Varianten:

— Familienaufstellungen, Organisationsaufstellungen
— Skulpturen
— Parts Party, Präsidentenübung, Inneres Team
— Tetralemma-Aufstellungen
— Drehbuch-Aufstellungen

---

51 Diese Auflistung wurde von Distanz e. V. mit freundlicher Genehmigung des ifgg nach dem TESYA©-Konzept für den Kontext der Distanzierungsarbeit adaptiert.

Grenzen systemisch-lösungsorientierten Arbeitens

Die Technik des Reframings kann sich etwas seltsam anfühlen und in manchen Situationen ist es sicherlich unangebracht, die positiven Anteile von destruktiven Situationen zu betonen. Es könnte als unangemessenes Beschönigen empfunden werden. Die Methode kann durchaus in einem produktiven Widerspruch mit einem kritisch-konfrontativen Ansatz oder der Irritation von Neutralisierungstechniken der Adressat*innen stehen. Reframing darf nicht dazu führen, dass die eigenen Taten verharmlost werden. Es muss demnach situationsspezifisch abgewogen werden, welche Methodik und konkrete Haltung umgesetzt wird. Das Potenzial von Reframing liegt vor allem darin, einen veränderten Fokus auf neue Lösungsstrategien zu kreieren und Personen in die Lage zu versetzen, aus dem eigenen Dickicht an Problemlagen und vermeintlichen Einbahnstraßen wieder herauszufinden. Es unterstützt demnach dabei, einen positiven Blick auf sich selbst wieder zu gewinnen und sinnstiftende Alternativen und neue Lösungsstrategien zur Bedürfnisbefriedigung zu finden.

SLA ist keine Therapie: Sinnklärung oder tiefenpsychologische Aspekte eignen sich nicht als Inhalt für SLA (vgl. ebd.: 81). Diese Ansätze legen den Fokus auf die Vergangenheit; der SLA nimmt Veränderungen in den Blick, die in der Zukunft liegen; Es kann Sinn ergeben, dass Distanzierungsarbeit von therapeutischen Settings flankiert oder dieser vorangestellt oder angeschlossen wird.

Verweis auf Expert*innen-Themen: Die Haltung, dass junge Menschen Expert*innen für ihr Leben sind, weist Grenzen auf. Zum einen, wenn sich Signale zur Selbst-/Fremdgefährdung bzw. eine Gefährdung des Kinderschutzes zeigen. Auch wenn es z.B. um Fragen des Wohnortwechsels oder der Beantragung von Sozialhilfe geht, muss auf Expert*innen verwiesen werden, die inhaltlich Auskunft geben können (vgl. ebd.: 80). Auch in Bezug auf geplante Straftaten darf Täter*innen nicht die Verantwortung überlassen werden, zu wissen, was das Beste für ihr Leben ist; hier gilt es potenzielle Opfer zu schützen.

Widersprüche von Aufsuchender Distanzierungsarbeit zu systemischen Ansprüchen

Motivation als Prozess: Kritisch betrachtet widerspricht sich der Anspruch der sogenannten Kundenorientierung von SLA mit der Ansprache von extrem rechts einstiegsgefährdeten und orientierten jungen Menschen. Klient*innen der Distanzierungsarbeit wenden sich nicht selbstinitiativ an Pädagog*innen, um ihre menschenfeindlichen Einstellungen zu reflektieren. Distanzierungsfälle können auch über Zwangskontexte (richterliche Weisung, Auflagen und Hilfen zur Erziehung) angesprochen werden. Der Anspruch der Freiwilligkeit wird nur teilweise erfüllt, da erst im Verlauf der Ansprache die Motivation als Entwicklungsaufgabe und nicht als initiative Voraussetzung für eine pädagogische Auseinandersetzung bewertet wird.

Hidden Agenda: Der Großteil der Distanzierungsfälle beschreibt die eigenen Ziele nicht in Bezug auf die politische Einstellungsbearbeitung, sondern eher in Bezug auf Verhaltensweisen, die selbst oder von anderen als problematisch empfunden werden. Die Motivation, an einem Gespräch/einer Maßnahme teilzunehmen, die der Distanzierung von problematischen Einstellungen dient und dem Auftrag der ‚Kund*innen' entspricht, deckt damit nur einen Teil des eigentlichen Angebots ab. Es ist jedoch häufig der Fall, dass von den Adressat*innen problematisierte Verhaltensweisen (z.B. impulsive Gewaltanwendung) eng verzahnt sind mit der Einstellung (z.B. Gewalt als legitimes Mittel) in Bezug auf politische Facetten (z.B. Gewalt gegenüber Gruppe XY). So zeigt es sich im Verlauf der Auseinandersetzung mit den jungen Menschen, dass ihre Anliegen stärker mit den Anliegen von Distanzierungsarbeit in Verbindung stehen, als es zu Beginn absehbar war. Das liegt genauer daran, dass im Verlauf einer erfolgreichen Auseinandersetzung ursprünglich oberflächliche Anliegen der Adressat*innen Stück für Stück als versteckte Themen zum Vorschein gebracht werden.

Aufsuchende Distanzierungsarbeit bedeutet, sich aktiv an junge Menschen zu richten, die ihre Einstellungen noch nicht problematisieren. Es gilt also Zugangswege zu finden, um diese zu motivieren, ihre Einstellung und ihr Verhalten zu verändern. Die Distanzierungsarbeit als Frühintervention hat umso mehr Chancen zu wirken, wenn Einstellungen noch nicht gefestigt sind. Die Bearbeitung menschenverachtender Einstellungen muss nicht erst Thema werden, wenn diese von den Diskriminierenden als Problem empfunden werden, hinterfragt werden oder sie menschenverachtenden Szenen bereits den Rücken kehren wollen.

2.2.3 BIOGRAFISCH-NARRATIVE GESPRÄCHSFÜHRUNG

Wie stoße ich das biografische Erzählen und Reflektieren an?

> **Das Kapitel auf einen Blick**
>
> Das Kapitel befasst sich mit der biografisch-narrativen Gesprächsführung als Intervention bei jungen Menschen mit einem möglichen Einstieg in extrem rechte Ideologien. Diese Gesprächsführung basiert auf interessiertem Zuhören und gezieltem Nachfragen, um die Ursprünge von Einstellungen zu rekonstruieren. Das genaue Zuhören und Nachfragen dient nicht nur der Informationsgewinnung, sondern regt auch zur Selbstreflexion bei den Adressat*innen an. Die Methode erfordert eine Interventionsberechtigung und auf eine nicht-verurteilende Weise Fragen zu stellen, um eine offene Gesprächsatmosphäre zu schaffen. Am Ende des Kapitels werden Literaturquellen für vertiefende Informationen zu diesem Ansatz genannt.

Für eine erfolgreiche Intervention gegenüber extrem rechts einstiegsgefährdeten und orientierten jungen Menschen ist es nötig, den konkreten Fall genau zu verstehen. Deshalb gilt es, das Denken und Handeln des Gegenübers detaillierter kennen zu lernen. Dieses Kennenlernen dient dem Aufbau einer vertrauensvollen Beziehung, welche die Basis für eine Interventionsberechtigung bildet. Durch die Biografisch-narrative Gesprächsführung werden die Jugendlichen zum Erzählen angeregt und erste Reflexionsprozesse angestoßen (vgl. Köttig 2014: 120).

Wichtigstes Ziel: Die Person verstehen wollen

Die Biografisch-narrative Gesprächsführung ist geprägt von einer interessierten und fragenden Haltung. Damit ist sie nicht nur geeignet, um die Person kennen zu lernen und eine Beziehung aufzubauen, sondern auch, um gemeinsam zu rekonstruieren, was die Ursprünge, die Entstehungsgeschichten und die Funktionen von menschenverachtenden Einstellungen oder einer extrem rechten Orientierung sind (vgl. ebd.: 122). Statt einer abstrakten politischen Diskussion können so die persönlichen Einstellungen und Erfahrungen der Person aufgearbeitet und kritisch reflektiert werden. Dem jungen Menschen soll die Herausbildung seiner abwertenden Einstellungen so bewusst werden, um sie (selbst-)kritisch hinterfragen zu können. Statt den jungen Menschen also vor allem die Grenzen zu vermitteln, dass bestimmte Ansichten falsch und menschenverachtend sind, gilt es erst einmal Fragen zu stellen, wie (vgl. ebd.: 121):

— Was ist genau passiert?
— Kannst du mir das näher erklären?
— Wieso ist das wichtig für dich?
— Wie fühlst du dich dabei?
— Woher weißt du das? Wie sicher bist du dir?
— Was sind deine persönlichen Erfahrungen? Hast du auch andere Erfahrungen gemacht?

Handwerkskoffer Biografisch-narrativen Arbeitens

Genau zuhören

Die Berichte von alltäglichen Erfahrungen aus dem Leben der jungen Person bieten wichtige Anknüpfungspunkte für die pädagogische Intervention. Deshalb lohnt es sich, den Rahmen für eine vertrauensvolle Gesprächsatmosphäre zu schaffen. Die Person sollte offen gefragt werden, welche Voraussetzungen dafür für sie erfüllt sein müssen. Das ist auch ein Zeichen der Wertschätzung gegenüber ihren Bedürfnissen.

Offene vertrauensvolle Gespräche bieten Pädagog*innen nicht nur Einblicke, Informationen und Anknüpfungspunkte, sondern das Erzählen stößt bei den Adressat*innen auch einen Prozess der Selbstreflexion und Neuinterpretation an (vgl. ebd.: 123). Im besten Fall entsteht bei dem jungen Menschen ein Bewusstsein darüber, wie er die Person wurde, die er heute ist und, dass er sich gezielt weiter entwickeln kann. Nicht selten lernen Jugendliche das erste Mal einen Raum des respektvollen und interessierten Umgangs miteinander kennen, was eine vertrauensvolle und offene Gesprächsatmosphäre eröffnet. Damit wird auch respektvollen Interventionen und kritischen Herangehensweisen an das Gesagte und Gefühlte ein fruchtbarer Boden bereitet (vgl. ebd.: 121f.).

Gezielt nachfragen

Durch neugieriges, geduldiges und interessiertes Nachfragen lässt sich herausfinden, in welchen Situationen die jungen Menschen wie handeln und welche politischen Einstellungen dabei eine Rolle spielen. Auch kann in Erfahrung gebracht werden, welchen Einfluss Familie und Freund*innen haben und wie die Kultur in der Peer-Gruppe einzuschätzen ist oder ob bereits Kontakte zu extrem rechts organisierten Personen oder Kreisen bestehen. Wichtig ist dabei eine von allgemeiner Zugewandtheit getragene Haltung und möglichst niedrigschwellige Fragen. Knappe Anregungen, ein kurzes „Mhm", ein Nicken oder auch mal ein kleines Lob an angebrachter Stelle, unterstützen die Vertiefung einer Erzählung und signalisieren, dass Interesse an der Lebenswelt der Person besteht. Pausen, die dem Nachdenken, Reflektieren oder einfach der Wortfindung bei dem Gegenüber dienen, müssen ausgehalten werden. Dazu ist dienlich, wenn kein Zeitdruck herrscht. So lassen sich von einer lückenhaften und oberflächlichen Darstellung Stück für Stück der Kontext, die genaueren Zusammenhänge sowie andere Perspektiven und Handlungsalternativen erfragen (vgl. ebd.: 122f.). Damit die jungen Menschen zum Erzählen angeregt werden, aber sich nicht unter Rechtfertigungsdruck gesetzt fühlen, hilft es, auf die Frage „Warum?" zu verzichten.

Genaues Zuhören und interessiertes Nachfragen sollten keinesfalls das Gefühl wecken, in einer Frage-Antwort-Verhörsituation zu sein. Es geht in erster Linie darum, die Adressat*in zum Erzählen anzuregen. So können Dinge und Themen ins Gespräch eingebracht werden, welche die Pädagog*in mit einem eingeschränkten Vorwissen nicht gezielt hätte erfragen können (vgl. ebd.: 120f.).

Am Ende einer Episode des Zuhörens und Nachfragens kann gezielt und wohl dosiert interveniert, die eigene Haltung geäußert oder die eigenen Grenzen gezogen werden. Somit wird klar gemacht, welche Äußerungen man nicht tolerieren kann oder will. Von dieser Reihenfolge muss abgewichen werden, wenn es zu einer Grenzverletzung kommt, die eine sofortige Reaktion nötig macht (vgl. ebd.: 126).

Offen und neugierig sein, aber nicht naiv

Die Biografisch-narrative Gesprächsführung setzt nicht unbedingt Vorwissen bei Themen voraus, die die Adressat*innen ansprechen. Weitere Informationen können auch nachrecherchiert, das Thema bei einer nächsten Gelegenheit wieder aufgegriffen und dann eine Haltung dazu bezogen werden. Gerade weil es bei der Biografisch-narrativen Gesprächsführung nicht darum geht, das Gegenüber in einer politischen Diskussion argumentativ zu übertrumpfen, gibt es auch keinen Anlass, Sorge vor Wissenslücken zu haben oder gar ein Thema zu vermeiden. Es ist förderlich, sich als Pädagog*in zunächst betont unvoreingenommen zu geben und eigenes Fachwissen zurückzuhalten und keine voreiligen Schlüsse zu ziehen. Letzteres würde die Gefahr bergen, nur das bereits Bekannte und Typische zu sehen, anstatt die individuellen biografischen Besonderheiten wahrzunehmen. Außerdem ermöglicht die Zurückhaltung als Pädagog*in, den Adressat*innen eigene Reflexionsprozesse. Diese eigenen Prozesse gestalten sich nachhaltiger, als wenn Pädagog*innen ihre Interpretationen und Deutungen dem Gegenüber aufbürden.

Die Offenheit und Neugier ermöglicht, die Lebenswelt der Adressat*in kennenzulernen und zu erfahren, welche Funktion bestimmte Handlungen für diese haben. Das Fachwissen hilft, geäußerte Dinge kritisch einzuordnen und passgenaue Fragen zu formulieren, die den gemeinsamen Prozess reflektieren und einen kritischen Prozess konstruktiv unterstützen sowie begleiten.

Auswerten und Reflektieren

Die nachträgliche Verschriftlichung bzw. das professionelle Berichtswesen dient nach Abschluss eines Gesprächs auch der Wahrung des eigenen professionellen Abstands zum Fall sowie der eigenen Reflexion und der Team-Reflexion. Die Verschriftlichung dokumentiert nicht nur Beobachtungen, sondern bietet auch den Raum, unterschiedliche Interpretationen und Erklärungsansätze sichtbar zu machen und den Fachaustausch damit anzuregen. Bei der nächsten Interaktion sind die Pädagog*innen in ihrer Wahrnehmung fokussierter und können somit gezielt Informationen erschließen, um die Plausibilität ihrer Interpretationen zu prüfen. Die Auswertung der Fachaustauschrunden und zusätzliche Recherchen bilden den Ausgangspunkt für die Planung der nächsten Interaktion (vgl. ebd.: 124).

Die Biografisch-narrative Gesprächsführung sollte nicht nur in einer Kennenlernphase, sondern als Methode im Querschnitt einer Intervention angewandt werden. So wird die Gelegenheit geschaffen, immer neue Themen oder Beispiele zu sammeln, auf deren Basis Pädagog*innen die Auseinandersetzung im Verlauf anpassen können (vgl. ebd.: 125, 127).

> **Weiterlesen zum Thema Biografisch-narrative Gesprächsführung**
>
> Rosenthal, Gabriele/Köttig, Michaela et al. (2006): Biographisch-narrative Gespräche mit Jugendlichen. Chancen für das Selbst- und Fremdverstehen. Leverkusen: Verlag Barbara Budrich.
>
> Schütze, Fritz (1976): Zur Hervorlockung und Analyse von Erzählungen thematisch relevanter Geschichten im Rahmen soziologischer Feldforschung – dargestellt an einem Projekt zur Erforschung von kommunalen Machtstrukturen. In: Arbeitsgruppe Bielefelder Soziologen: Kommunikative Sozialforschung. München: Fink Verlag. S. 159–260.
>
> Völzke, Reinhard (1990): Die Methode des Biographischen Gesprächs in der Sozialpädagogik. Bochum: Schriftenreihe der Evangelischen Fachhochschule Rheinland-Westfalen-Lippe.
>
> Wiedemann, Peter (1986): Erzählte Wirklichkeit. Zur Theorie und Auswertung narrativer Interviews. Weinheim: Psychologie Verlags Union.

2.2.4 GRUNDLAGEN UND TECHNIKEN REFLEXIONSANREGENDER GESPRÄCHSFÜHRUNG

Mit welchen Gesprächstechniken kann ich Reflexionsprozesse begleiten?

Das Kapitel auf einen Blick

Im Kapitel werden Gesprächstechniken zur Begleitung von Reflexionsprozessen im Umgang mit extrem rechten Einstellungen vorgestellt. Zentral hierbei ist die Erkenntnis, dass oberflächliche Diskussionen über politische Positionen nicht ausreichen, um Radikalisierungsdynamiken zu durchbrechen. Eine kritikgetragene und reflexionsanregende Gesprächsführung, untermalt von einer konstruktiven pädagogischen Beziehung, wird als entscheidend beschrieben und erläutert. Ein Exkurs behandelt destruktive Gesprächsmuster, die eine Auseinandersetzung erschweren. Verschiedene rhetorische Mittel, darunter die Sokrates-Methode, werden vorgestellt, um menschenverachtende Einstellungen zu irritieren und den Prozess der Selbstreflexion voranzutreiben. Konkrete Fragetechniken werden anhand von Beispielen illustriert.

Um Radikalisierungsdynamiken zu durchbrechen und die Distanzierung von menschenverachtenden Einstellungen anzustoßen, ist es unzureichend, sich über politische Positionen auszutauschen oder oberflächlich zu diskutieren. Auch Menschenrechtsorientierung als eine Haltung vorzuleben, reicht nicht aus, um Reflexionen und Veränderungsprozesse in die Wege zu leiten. Eine kritikgetragene und reflexionsanregende Gesprächsführung, im Idealfall gestützt von einer konstruktiven pädagogischen Beziehung, ist eine wichtige Voraussetzung für nachhaltige Reflexionsprozesse. Außerdem sind Ruhe, Zeit und ein Gesprächsformat außerhalb einer Großgruppe förderlich. Diese Voraussetzungen sind nicht immer gegeben. Die folgenden Gesprächstechniken sind entsprechend abhängig vom Setting und den Rahmenbedingungen, in denen sich die pädagogische Fachkraft und die Adressat*in(nen) befinden. Dieses Thema kann in Kapitel 2.2.10 „Interventionsgrundlagen und Handlungsempfehlungen" vertieft werden.

Exkurs: Destruktive Gesprächsmuster als Herausforderung für den Dialog

Welche Gesprächsmuster erschweren eine Auseinandersetzung?

Vermutlich jede*r kennt es – ein Gesprächsverhalten, das einen Austausch über ein Thema erschwert oder verunmöglicht. Komplexe Probleme werden menschenfeindlich, z.B. rassistisch aufgeladen, verzerrt dargestellt, vereinfacht oder zugespitzt. Nicht nur, aber auch extrem rechte Parolen und rechtspopulistische Argumentationen zeichnen sich durch diese destruktiven Gesprächsmuster aus.

Sich diese verschiedenen Strategien bewusst zu machen, hilft, sie in einem Gespräch zu erkennen und entsprechend damit umzugehen. Statt von der Destruktivität des Sprechverhaltens getrieben zu werden, z.B. dem Springen zwischen verschiedenen Themen, lässt sich eine Situation souveräner meistern. Die reflexionsanregende Gesprächsführung mit klarer Haltung ist ein Mittel, um mit diesen destruktiven Gesprächsmustern umzugehen. Die folgenden destruktiven Gesprächsmuster dienen dazu, Widersprüche abzuwehren, Wahrnehmungen zu verzerren und andere zum Schweigen zu bringen:

— Ausnahmen werden zur Regel gemacht, unzulässige Verallgemeinerung, Naturalisierung („Das war schon immer so!").
— Es werden Bedrohungsszenarien geschaffen („der große Austausch", „Umvolkung", „Islamisierung", „Bevölkerungsreduktion durch Impfen").
— Es wird sich (provisorisch) als Opfer von Zensur inszeniert bzw. bemängelt, es gäbe keine Meinungsfreiheit mehr („Das wird man ja wohl noch sagen dürfen", „Aber dann gilt man gleich als Nazi", „Opfer der ‚Political Correctness'/‚PC' oder ‚Cancel Culture'", „Mutige Demokraten sprechen die Wahrheit aus, brechen ein Tabu").
— Agree-to-disagree wird benutzt, um sich keiner Diskussion stellen zu müssen. Z.B.: Rassismus wird als schützenswerte („Meinungsfreiheit!") Privatmeinung deklariert („Das ist meine Meinung und du hast deine.").
— Anderen wird abgesprochen, zu dem Thema etwas beisteuern zu können („Das kannst du nicht wissen.").
— Es wird sich auf ein tolerantes und reflektiertes Selbstbild bezogen („Ich habe ja nichts gegen…, ABER!").
— Es wird häufig zum nächsten Thema gesprungen, um sich keiner grundlegenden Diskussion stellen zu müssen (Themenhopping).
— Whataboutism: Kritik wird abgetan, indem auf (vermeintliche) Missstände auf der Gegenseite verwiesen wird („Aber die anderen sind ja nicht besser, weil…!" „Und was ist damit…?").
— Es werden Gerüchte und Lügen verbreitet, meist indem verzerrend zitiert wird oder sich auf Hörensagen bezogen wird („Das sagt jeder", „Ich habe gehört, dass…", „Wir wissen doch alle, dass…").

All diese Vorgehensweisen verhindern eine Diskussion, bei der über Zahlen, Daten, Fakten und deren angemessene Interpretation gestritten werden könnte, da es dafür keine gemeinsam anerkannte Basis gibt, die als Grundlage für einen offenen Austausch dienen könnte. Fakten werden aus aufgeklärter Sicht verdrängt, unzulässig verallgemeinert, oder durch Fake News ersetzt und dabei beständig negative Emotionen geschürt. All dies erschwert eine zielführende Diskussion und den offenen Austausch von Argumenten.

Unerwünschte Effekte in sich wiederholenden Auseinandersetzungen

Für eine gelingende Auseinandersetzung muss im Verlauf reflektiert werden, inwieweit die Intervention wirkt, also ob authentische Reflexionsprozesse wahrzunehmen sind oder ob vielmehr unerwünschte Gewöhnungs- und Übungseffekte auftreten. In diesem Fall kann ein Strategiewechsel in der Gesprächsführung oder eine andere Intervention angeraten sein. Gleichzeitig muss dem jungen Menschen auch die Entwicklung der eigenen Reflexionsfähigkeit zugestanden werden – und das braucht Zeit. In der Arbeit mit jungen Menschen haben die Autor*innen die Erfahrung gemacht, dass es für manche das erste Mal ist, mit Unterstützung so intensiv über sich selbst nachzudenken.

Mögliche Gewöhnungs- oder Übungseffekte

Wird vor allem argumentiert statt reflektiert, kann ein unerwünschter Effekt die rhetorische Schulung des Gegenübers sein. Dies hat meist zur Folge, dass die politische Orientierung beibehalten und sogar geschickter vertreten werden kann.	Habe ich die Person gerade argumentativ geschult, statt einer Reflexion in Gang zu setzen? Begreift die Person die Auseinandersetzung als Wettkampf von Argumenten?
Ein problematischer Effekt kann der sogenannte Backfire-Effekt sein. Argumente und inhaltliche Pole verhärten sich hier durch eine intensive und ideologisch-geprägte Auseinandersetzung.	Wird die Person immer starrer in ihren Argumenten? Versuche ich die Person inhaltlich zu überzeugen, statt sie in der eigenen Reflexion zu begleiten?
Ein weiterer Effekt kann sein, dass die Person überwiegend sozial erwünscht antwortet: Die eigene menschenverachtende Anschauung wird bewusst verdeckt und nicht offen zur Schau gestellt, obwohl sich an der menschenverachtenden Einstellung nichts geändert hat.	Habe ich die Person nur zum Schweigen gebracht und sie öffnet sich mir gegenüber nun nicht mehr? Ist die Person einfach nur genervt von meinen Belehrungen? Äußert sich die Person in anderen Kontexten nach wie vor genauso?

Die Anwendung folgender Grundprinzipien unterstützt darin, diese unerwünschten Effekte zu minimieren oder gar zu vermeiden. Es ist also nicht nur für die jungen Menschen ein Übungsfeld, sich mit sich selbst auseinander zu setzen, sondern auch für die Fachkräfte, die Auseinandersetzung reflexionsanregend und trotzdem mit klarer menschenrechtsorientierter Haltung zu führen.

Ablehnung der Meinung, nicht des Menschen

In der Auseinandersetzung mit menschenverachtenden Einstellungen ist es wichtig, dass man unterscheidet zwischen dem Menschen und der Haltung, die eingenommen wird. Die menschenverachtenden Einstellungen klar abzulehnen, aber nicht den kompletten Menschen zu verachten – das ist das handlungsleitende Mindset. So kann es gelingen, eine professionelle pädagogische Beziehung aufzubauen, in welcher der Mensch als Ganzes wahrgenommen wird und mit seinen legitimen Bedürfnissen Respekt erfährt und gleichwohl jede Form von Menschenverachtung Kritik erhält.

Eine erfolgreiche Beziehungsgestaltung ist weiter notwendig, um gewinnbringende und individuelle Interventionen umsetzen zu können, also eine sogenannte Interventionsberechtigung für das Gegenüber zu erlangen. Im Kontext der Distanzierungsarbeit kann dieses Rollenverständnis anhand der Systemtheorie den Fokus auf das Verhalten setzen und die Trennung zwischen Person und Einstellung/Verhalten ermöglichen: Die Personen sind keine Rechtsextremisten, sie verhalten sich als solche. Sie sind in anderen Kontexten und Systemen in der Lage, sich anders zu verhalten. Diese Kontexte zu stärken und Rollen in anderen Kontexten zu denken und zu erlernen, ist demnach ein wesentliches Ziel von Distanzierungsarbeit.

Die Sorge, dass Kontroversen eine mühsam aufgebaute Beziehung behindern würden, hat sich als weitgehend unbegründet herausgestellt. Im Gegenteil stärken die Auseinandersetzungen sogar die Beziehung, solange sie auf Augenhöhe und respektvoll verlaufen. Eine nicht tragfähige Beziehung dagegen würde schnell an einem Konflikt zerbrechen. Für die Arbeit an Einstellungen und Haltungen ist der Konflikt ein notwendiges Element und muss deshalb in Kauf genommen werden.

Es ist also zentral, bestimmte Äußerungen und Verhaltensweisen konkret zu benennen und zu kritisieren, zugleich aber nicht die Person pauschal zu kritisieren oder gar abzuwerten. Dies könnte beispielsweise wie folgt formuliert werden: „Diese Aussage (von dir) verletzt mich, weil ich den Eindruck habe, dass sie eine ganze Gruppe von Menschen pauschal abwertet" statt „Du bist immer so verletzend in deinen Aussagen".

Besonders wichtig ist diese Unterscheidung auch, weil ein Teil der Personen, die andere ausgrenzen, selbst Ausgrenzungserfahrungen gemacht hat, oder strukturell benachteiligt ist, z.B. durch das Aufwachsen in einer von Nahverkehr und kulturellen Angeboten weitgehend abgeschnittenen Region. Diese Nachteile gilt es ernst zu nehmen, aber nicht als Rechtfertigung zu verklären. Diese Betroffenheit und Benachteiligung ernst zu nehmen, kann als Lernmodell für die Adressat*innen dienen: Durch die Empathie, die für sie selbst gezeigt wird, können sie selbst Empathie für marginalisierte Personen entwickeln.

Neben struktureller Benachteiligung können auch Multiproblemlagen eine Rolle im Hinwendungsprozess spielen. Probleme können zum Beispiel familiäre Konflikte, erfahrene Missachtung, Vernachlässigung und Anerkennungsverweigerung sein. Auch gilt es das Aufwachsen in einer Region anzuerkennen, die beispielsweise durch extrem rechte, organisierte Einflüsse belastet ist.

Es geht nicht darum, Verständnis auf eine Art und Weise zu zeigen, die die Einstellungen und Handlungen der Jugendlichen verharmlost oder relativiert, sondern darum, den Menschen zu verstehen, um einen Veränderungsprozess anstoßen zu können.

Die eigene Haltung platzieren

Ein erstes Mittel der Einstellungsbearbeitung ist es, die eigene menschenfreundliche Haltung immer wieder klar und deutlich zu äußern. Dadurch werden die Differenzen zur Haltung des Gegenübers immer wieder deutlich. Für einige junge Menschen ist es sogar das erste Mal, dass sie mit Nachdruck eine andere politische Haltung kennen lernen. Um sie aber rhetorisch nicht zu überwältigen und stumm zu machen, sollte man dies in Form von Ich-Botschaften tun. Diese sind defensiv, aber stabil und standhaft, da man auf der eigenen Wahrnehmung beharren kann. Welterklärerische Aussagen und Argumentationen mit Anspruch auf Allgemeingültigkeit hingegen führen zu einem Kampf um Deutungshoheit, bei dem keine Seite Zugeständnisse machen will. Dies kann zu Backfire-Effekten führen. Diese Theorie sagt im Wesentlichen aus, dass in einer aufgeheizten Diskussion, Standpunkte immer fester werden und das eigene

Feindbild und die diametralen Haltungen stabilisiert werden.[52] Wer bei einem solchen ‚Wettkampf' rhetorisch besiegt wird, ändert die eigene Meinung in der Regel nicht. Insbesondere nicht, solange der Glaube besteht, dass eine rhetorisch besser geschulte Person aus dem eigenen Lager die Auseinandersetzung gewonnen hätte.

Auch gibt es einen Unterschied zwischen Ich-Botschaften und dem Anspruch, hier eben eine andere Meinung zu haben und dies als ausreichend zu bewerten (‚agree-to-disagree'). Dieser Anspruch schreibt, wie oben skizziert, den Status der unterschiedlichen Meinungen fest und versucht einer Diskussion der Positionen aus dem Weg zu gehen. Ich-Botschaften hingegen bringen die eigene Wahrnehmung, die eigenen Gefühle und die eigene Haltung zum Ausdruck und sind keine Absage daran, sich auch die andere Seite anzuhören und darauf auch einzugehen. Allerdings beruht dieses Konzept der Gewaltfreien Kommunikation insgesamt auf Gegenseitigkeit. Mit Ich-Botschaften können Pädagog*innen die eigene Haltung klarmachen, aber für die weitere Intervention braucht es noch offensivere Techniken.

Rhetorische Mittel zur erfolgreichen Intervention anwenden

Die folgende Liste stellt eine Checkliste dar, die in den folgenden Seiten anhand von allgemeinen Fragetechniken und mit Hilfe von Beispielen veranschaulicht wird.

> ✓ Wer fragt, der führt (Sokrates-Methode nach Platon)
> ✓ Unerwartete Antworten geben (auch: paradoxe Intervention)
> ✓ Verbesserungs- und Verschlimmerungsfrage stellen
> ✓ Provokationen nicht mit Selbstwirksamkeitserfahrungen belohnen
> ✓ Eigene Haltung zeigen
> ✓ Zwischen Beziehungs- und Sachebene wechseln
> ✓ Empathische Perspektive: Was würde XY darüber denken?
> ✓ Konsequenzen bewusst machen

Distanzierungsimpulse zu setzen, bedeutet näher:

✓ menschenverachtende Einstellungen zu irritieren und abzubauen,
✓ Neutralisierungstechniken aufzulösen,
✓ die Quellen für die Einstellungen und Haltungen zu hinterfragen und
✓ schließlich den Prozess der Selbstreflexion und der Selbstfindung voranzubringen.

---

52 Der Backfire-Effekt bezeichnet in der Kommunikationspsychologie die Tendenz, Kritik ernster zu nehmen, wenn sie nur vehement und drastisch genug vorgebracht wird und dadurch zugleich besonders herausfordert, in gleicher Weise zu reagieren. Je mehr und drastischer Kritik geäußert wird, desto wirkungsvoller spielen sie der anderen Seite zu, indem sie diese in ihrer starren Überzeugung bestärken. Forscher der Universität Michigan haben diesen Backfire-Effekt beschrieben und gezeigt, wer etwa in der Politik mit Fakten und Argumenten agiert, wird bei Fundamentalist*innen oftmals nur das Gegenteil des Angestrebten bewirken (vgl. Stangl 2020).

Die einzelnen Elemente und Techniken, um diese Impulse zu setzen, werden im Folgenden näher beschrieben. Zum Teil handelt es sich hierbei auch um systemischen Fragetechniken.

Konkretes Interesse an der Lebenswelt und den Erfahrungen zeigen

Junge Menschen wollen sich nicht ohne weiteres belehren lassen, was im Grunde erstmal als eine konstruktiv-kritische Herangehensweise im Kennenlernen der (Erwachsenen-)Welt zu begrüßen ist. Heranwachsende, die sich im Prozess der Selbstfindung befinden, vertrauen oft eher auf eigene Erfahrungen und weniger auf Argumente von anderen. Von ideologischen und weltanschaulichen offenen Diskussionen ohne pädagogische Zielsetzung mit den Adressat*innen, ist daher eher abzuraten. Diese Kontroversen bringen den Distanzierungsprozess meist viel weniger voran, als womöglich erwartet wird. Hier gilt es eher die eigene Haltung durch Ich-Botschaften zu zeigen oder auch Grenzen zu setzen. Statt Belehrungen und Gegenargumenten in solchen Diskussionen sollte viel mehr das (Er-)Leben und alltägliche Handeln der Jugendlichen im Zentrum stehen.

> √ **Austausch ist konkret statt abstrakt.**
> √ **Fragen-Stellen ist besser als Argumentieren.**
> √ **Das Gespräch orientiert sich an der Lebenswelt.**
> √ **Persönliche Erfahrungen stehen im Fokus – weniger die Ideologie.**

Fragetechniken und Frageformen je nach Kontext anwenden

Um die Oberflächlichkeit pauschaler Aussagen zu durchbrechen oder wichtige Details zu erfahren und angemessen zu gewichten, ist es zentral, genau nachzufragen. Hier gilt es, sich nicht von Techniken der Verantwortungsabgabe ablenken zu lassen, sondern nach der Eigenverantwortung (und damit auch nach dem Potenzial selbst etwas zu verändern) zu fragen (mehr zu diesen sogenannten Neutralisierungstechniken in Kapitel 2.2.7). Durch die Fragen bzw. das eigene Erzählen von Erfahrungen der Klient*innen wird zum Nachdenken angeregt. Würde eine Pädagog*in ausschließlich die eigene Meinung und Sicht der Dinge äußern, könnte der Effekt eintreten, dass die Adressat*innen diese Ausführungen nur vernehmen, statt selbst zur Reflexion angeregt zu werden.

Folgende Frageformen eignen sich je nach Kontext:

— **Offene Fragen** geben keine Antwortmöglichkeit vor und ermöglichen gerade zu Beginn erst einmal unvoreingenommen, Informationen zu gewinnen und zum genaueren Nachdenken anzuregen.
  • Widersprüche aufzeigen über offene Fragen: Im weiteren Verlauf können offene Fragen auch für tiefer gehende Reflexion genutzt werden. Die jungen Menschen befinden sich in einer Phase der Orientierung und Selbstfindung. Meist sind sie noch nicht sonderlich ge-

übt darin, ihre Meinung zu vertreten. Typischerweise gibt es Widersprüche zwischen der persönlichen Meinung und der Ideologie, zwischen verschiedenen Ideologiefragmenten, die aber beide geäußert werden, oder zwischen der bevorzugten Jugendkultur bzw. der Freizeitgestaltung und der Ideologie.
  - Widersprüche aufzuzeigen ist ein heikles Thema, da dies auf Widerstand stoßen kann, besonders wenn die eigene Meinung als sehr wichtig und wahr angenommen wird. Über eine offene Frage (z.B. „Wie beurteilst du Aussage A im Zusammenhang mit Aussage B?") kann hier leichter Zugang gefunden werden, als über eine abwertende Intervention (z.B. „Das widerspricht sich doch total, das ist ja lächerlich!").
- **Paraphrasen**: Über das möglichst genaue und zusammenfassende Wiederholen des Gesagten wird Klarheit über die Aussagen der Person hergestellt. Dies hat mehrere Effekte:
  - Missverständnissen wird vorgebeugt und destruktives Konfliktpotenzial reduziert.
  - Der junge Mensch hat das Gefühl, dass ihm gut zugehört wird.
  - Der jungen Person wird die eigene Aussage bewusster; Paraphrasen bewirken oft automatisch eine Explikation oder Revidierung durch das Gegenüber.
  - Es wird Zeit gewonnen, um zu intervenieren und eine inhaltliche Gegenantwort oder Rückfrage zu formulieren.
  - Reframing: Wahrnehmungen können durch eine Paraphrase bewusst in einen neuen Rahmen gesetzt werden.
- **Zirkuläres Nachfragen** ermöglicht die Offenlegung von wichtigen Details, die zunächst unbewusst blieben oder in einer ersten Erzählung weggelassen wurden, weil sie vielleicht unangenehm sind.
  - Es können Generalisierungen („immer", „überall", „alle") aufgelöst und ausdifferenziert werden. Durch die genauere Analyse von Situationen/Aussagen kann das Erlebte noch einmal kontrolliert durchlebt und dabei die Wahrnehmung der Situation erweitert werden. Die Umstände, Vorbedingungen und Folgen eines Ereignisses lassen sich so kritisch aufarbeiten. Details können erfragt und damit ins Bewusstsein gerufen werden.
  - Um die Empathiefähigkeit und Perspektivübernahme zu stärken, kann auch besprochen werden, wie ein*e neutrale*r Beobachter*in (oft hilft hier das Bild einer Schiedsrichter-Person) oder das Gegenüber die Situation wohl wahrgenommen hätte/hat. Dafür besonders hilfreich sind Fragen, die einen Perspektivwechsel anregen. Zum Beispiel wie eine Vertrauensperson oder ein anerkanntes moralisches Vorbild die Situation bewerten würde oder sogar das Gegenüber (und eventuell Betroffene*r von Gewalt). Es kann auch gezielt nach einer rückblickenden Neubewertung oder nach möglichen alternativen Bewertungen gefragt werden, die sich die Person vorstellen kann oder die eine andere Person von der Situation haben könnte.
- **Paradoxe Intervention**: Es kann sich anbieten, auch paradoxe oder unerwartete Fragen zu stellen bzw. derlei Anmerkungen zu machen, die beim Gegenüber Überraschung und/oder durchaus Humor erzeugen. Hier entsteht unter Umständen ein Augenblick der Gemeinsamkeit, des gemeinsamen Wunderns oder sogar Lachens. Diese kurzzeitige Öffnung kann für eine Botschaft oder Intervention genutzt werden.[53]

---

53 Diese Intervention ist auch ein Element der subversiven Verunsicherungstaktik nach Eckard Osborg (2008).

- **Konsequenzen bewusst machen:** Es kann sinnvoll sein, erst die potenziellen Konsequenzen einer Einstellung oder eines Handlungsmusters in ihrer ganzen Tragweite hypothetisch durchzusprechen, bevor eine Intervention und die Suche nach alternativen Wegen beginnen. Dazu bieten sich Fragen an, die die Grenzen der persönlichen Einsatzbereitschaft abtasten. Also, wie konsequent die Person bereit ist, sich der geäußerten Einstellung entsprechend zu verhalten oder inwieweit sie bereit ist die Folgen ihres Handelns vollkommen zu tragen. Auch die Frage, was passieren müsste, damit es viel schlimmer oder viel besser wird, kann Gesprächen eine interessante reflexive Wendung verleihen.
- **Analyse/Prüfung der Aussage:** Wichtig kann auch sein, nach Zusammenhängen und deren Plausibilität zu fragen. Wir alle übernehmen Aussagen und Begründungsmuster bewusst und unbewusst von anderen. Durch Fragen wird ein bewusstes Nachdenken angeregt und es wird sich eine eigene Meinung gebildet. Um vermeintliche Sicherheiten und Gewissheiten kritisch zu überdenken, kann die Frage nach Ausnahmen, die nicht ins Muster/Klischee/Vorurteil passen, besonders hilfreich sein.

Ziele und Teilziele über Fragen erreichen

Im Folgenden wird exemplarisch verdeutlicht, welche Ziele mit welchen Fragen angeregt werden können. Zur Selbstreflexionsanregung ist es hilfreich, die Konsequenzen von Einstellungen und Handlungen auszumalen, die genauen Zusammenhänge von persönlichen Erfahrungen, Einstellungen und Informationsquellen zu sondieren und wiederholt nach alternativen Handlungsmöglichkeiten zu fragen, um den Horizont immer wieder zu weiten.

Ziel	Beispiele	Konkreter zum Beispiel
Unzufriedenheiten ansprechen	• Womit bist du unzufrieden? • Womit bist du zufrieden? • Wo willst du eigentlich hin?	• Was wäre anders, wenn du zufrieden damit wärst, wie es an der Schule läuft?
Persönliche Bedeutung herausarbeiten	• Wieso ist das wichtig für dich? • Was würde sich in deinem aktuellen Leben ändern, wenn deine Haltung Wirklichkeit würde?	• Was würde sich an deiner Situation ändern, wenn es morgen keine Muslime mehr in Deutschland gäbe? • Was würde sich in deinem alltäglichen Leben ändern, wenn Deutschland keine Asylberechtigten mehr aufnehmen würde?
Konkretisierung herstellen	• Was sollte deiner Meinung nach getan werden? • Wie würdest du handeln? Wärst du bereit dazu?	• Welche Folgen hätte es für dich, so zu handeln? Wie würden andere darauf reagieren? Was würde das für deinen Ruf bedeuten? • Würdest du diese Menschen dann ertrinken lassen? Wer soll die Todesstrafe umsetzen?
Folgen für Person aufzeigen	• Welche Folgen hätte es auch für dich? • Welche Konsequenzen wärst du bereit dafür in Kauf zu nehmen? • Was könnte dir selbst drohen?	• Grenzen dicht zu machen hieße, dass auch du keinen Urlaub machen kannst oder vor einer Naturkatastrophe in deiner Heimat fliehen dürftest. • Stell dir vor, dir würde verboten in das nächste Bundesland oder die nächste Stadt zu ziehen. Wie wäre das für dich?

2.2 INTERVENIEREN UND DISTANZIERUNGSPROZESSE ANSTOSSEN

Ziel	Beispiele	Konkreter zum Beispiel
Verbesserungen und Verschlimmerungen aufzeigen	• Was müsste passieren, damit alles ganz schlimm wird? Was, damit alles gut wird?	• Stell dir vor, du wachst auf und alles ist perfekt/verloren: Woran merkst du das?
Möglichkeitsräume erweitern	• Was wären noch Möglichkeiten? • Wie könnte es auch weitergehen? • Hast du auch schon einmal anders gehandelt?	• Wie wäre es, wenn du dein*e Mitschüler*in so behandeln würdest wie alle anderen auch?
Pauschalisierungen irritieren	• Gibt es auch ..., die so handeln? (Generalisierungen mit anderen Erfahrungen/ Personengruppen füllen)	• Nehmen uns die Geflüchteten jetzt die Arbeitsplätze oder nutzen sie unser Sozialsystem aus? • Sind alle Heteros soundso? Sind alle Deutschen immer pünktlich? (Zur Irritation zugeschriebene Eigenschaften der Eigengruppe benennen, z.B. deutsch, weiß, heterosexuell, männlich)
Gefühle hinter Einstellungen aufdecken	• Was hat deine Meinung zu tun mit deinen persönlichen Bedürfnissen nach z.B. Sicherheit, Klarheit, Selbstwirksamkeit, Identität, Zugehörigkeitsgefühl und Anerkennung? • Welche Gefühle spielen eine Rolle wie Angst, Unsicherheit, Wut, Hass und wo kommen sie her oder welche Funktion haben sie?	• Wie fühlst du dich dabei (unbewusste Gefühle thematisieren)? Was bedeutet es für dich zu hassen? • Wie kommt es dazu, dass du Teil dieser Gruppe bist? • Was macht es mit dir, eine unsichere Zukunft zu haben? • Was glaubst du, warum ist dir Gerechtigkeit so wichtig? Tipp: Mit Visualisierung von Smileys arbeiten, um über Gefühle zu sprechen!
Neutralisierungstechniken irritieren[54]	• Sind wirklich nur die Anderen Schuld? Was ist dein eigener Anteil? Was kannst du zur Veränderung beitragen?	• Wie würde eine Richterin die Situation beurteilen, nachdem sie auch die Perspektive des Betroffenen gehört hat? • Mal angenommen, der Streit wäre ein Fußballspiel – was würde die Schiedsrichterin dazu sagen?
Quellen erfragen und irritieren	• Woher weißt du das? • Bist du dir sicher? • Bist du/ist deine Quelle Expert*in auf diesem Gebiet? Was sagen andere dazu?	• Wie kommst du zu der Annahme, dass die Asylsuchende 5000 Euro Begrüßungsprämie bekommen? Wo hast du das gelesen oder gesehen?
Erfahrungen ansprechen und ausweiten	• Wie kommt es dazu, dass du das denkst? • Was sind deine eigenen Erfahrungen? • Hast du noch andere Erfahrungen mit dieser Gruppe gemacht?	
Widersprüche konkret benennen und erfragen	• Wenn es ... ist, wieso ist es dann ...?	• Wenn es schon mehr Geflüchtete als Deutsche gibt, warum sind in deiner Klasse dann keine/nur X Geflüchtete? • Kommt Hip-Hop/Rock nicht aus einer Schwarzen Musikkultur?

---

54 Siehe ausführlicher hierzu Kapitel 2.2.7 Neutralisierungstechniken erkennen und mit ihnen arbeiten.

Sind bei einer Person kaum Punkte zum Einhaken zu finden und präsentieren sich Personen also sehr stimmig zur extrem rechten Ideologie, ist dies ein Hinweis auf einen sehr weit fortgeschrittenen und höchstwahrscheinlich bereits geschulten Radikalisierungsgrad. Es ist davon auszugehen, dass eine bewusste Anstrengung und Anpassung dafür nötig sind, um ein weitgehend widerspruchsfreies extrem rechtes Weltbild zu vertreten und das eigene Leben und die eigenen Äußerungen so gestalten, dass sie in keinem Widerspruch zu den ideologischen Idealen stehen.

2.2.5 GESPRÄCHSFÜHRUNG NACH ZEIGEN EINES HITLERGRUßES (ANWENDUNGSBEISPIEL)[55]

Wie führe ich ein Reflexionsgespräch zum Thema Hitlergruß?

Bei einer strafrechtlich relevanten Handlung, wie die eines Hitlergrußes, ist es eigentlich zu begrüßen, wenn zivilcouragierte Zuschauer*innen auf die Idee kommen, eine Anzeige zu stellen. Wenn der Eindruck entsteht, dass (strafrechtliche) Konsequenzen nicht gezogen werden bzw. eine rechtsoffene Atmosphäre in der Einrichtung nicht ausreichend thematisiert wird, kann eine Anzeige von Dritten auch negative Folgen für einen selbst, als auch für den Verantwortungsraum und die Adressat*innen haben. Gerüchte könnten bewirken, dass Personen die Institution meiden, die mit einer vermeintlich unbearbeiteten Atmosphäre ein Problem haben. Es empfiehlt sich also auch deshalb, die jungen Menschen transparent für alle in die volle Verantwortung für ihr Verhalten zu nehmen und als Einrichtung eine menschenrechtsorientierte Haltung und klare Grenzen aufzuzeigen.

Die Erfahrung der Autor*innen ist, dass Einzelsettings die Offenheit junger Menschen für Reflexionsimpulse fördern, da unter anderem der Druck sinkt, vor einer Gruppe eine bestimmte destruktive Rolle weiter zu performen. Es kann für das Gespräch also konstruktiver sein, zunächst in ein Einzelsetting zu wechseln, selbst wenn mehrere Personen anwesend waren oder gehandelt haben.

Unter Umständen kann das Gespräch auch mit einer Kleingruppe geführt werden. Zur Gruppe muss eine tragbare Beziehung bestehen, um Gesprächsoffenheit zu bewirken und Empathie zu ermöglichen. Für die akute Situation ist eine klare Grenzsetzung über die strafrechtlich relevante Handlung unausweichlich und muss mit der Transparenz für die Gruppe verbunden sein, dass die Situation noch nachbesprochen wird. Das stellt ein eindeutiges Zeichen dar, auch für mögliche unbeteiligte Zuschauer*innen und ist auch für den Schutz möglicher Betroffener der Handlung elementar.

Wenn keine anderen Einflussmöglichkeiten, wie etwa Nachbesprechungen mit der einzelnen Person oder der Gruppe bestehen, lautet die Empfehlung, eine Strafanzeige zu stellen.

---

55 Es ist für eine Intervention nicht ausschlaggebend, ob Zeichen, Codes, Handlungen strafrechtlich relevant sind. Entscheidend ist, ob Verhaltensweisen menschenverachtend oder gewaltvoll/gewalttätig sind. Die Interventionsgrundlagen schaffen eine Hausordnung/Besucher*innenordnung, ein institutionelles Leitbild oder gar eine Ausschlussklausel. Hierüber kann jede Person und Institution im gesetzlichen Rahmen selbst bestimmen, was im Verantwortungsbereich im Sinne des Hausrechts geduldet wird und was nicht. Beispiele für die Formulierungen hierzu werden in Kapitel 2.3.3 und 2.3.4 illustriert.

Ergibt sich die Möglichkeit zu Nachgesprächen und die handelnden Personen zeigen sich auch für Gespräche offen, kann auch auf eine Strafanzeige vorerst verzichtet werden, aber nur wenn das Gespräch und daraus resultierendes verändertes Verhalten als pädagogisch wertvoller und zielgerichteter/nachhaltiger einzustufen sind. Im Wiederholungsfall sollte die Handlung auf jeden Fall zur Anzeige gebracht werden.

Zudem ist bei Minderjährigen noch die Benachrichtigung der Eltern eine mögliche Maßnahme. Für die weitere Beziehungsarbeit können sich daraus Erkenntnisse über das Bezugssystem ergeben und die Frage geklärt werden, ob man mit den Eltern entweder Unterstützer*innen für die Interventionen hat oder womöglich gar extrem rechts orientierte Eltern, die nichts gegen die Einstellung des Kindes haben.

Für den Gesprächsverlauf ist zu empfehlen, sich weniger auf ideologische Diskussionen zu fokussieren, sondern immer wieder auf die Lebenswelt und persönliche Bedeutung der handelnden Person und eventuell auch von betroffenen Personen zurückzukommen. Widersprüche und Relativierungen sollten fragend bewusst gemacht werden und bei einem Perspektivwechsel unterstützt werden.

Diese Reflexion kann auf verschiedenen Ebenen stattfinden:

Reflexion des historischen und aktuellen Kontextes

— Wofür steht der Hitlergruß? Und was bedeutet das genau?
— Wie kommt es, dass der Hitlergruß verboten ist?
— Wer war in der Zeit des Nationalsozialismus von Verfolgung und Ermordung betroffen?
— Was denkst du von den Ereignissen in der Zeit des Nationalsozialismus?
— Wer nutzt heute noch den Hitlergruß und findet ihn gut? Was denkst du von ihnen?
— Wer ist heute von Neonazi-Gewalt betroffen?

Reflexion der persönlichen Bedeutung

— Was bedeutet der Hitlergruß für dich? Wofür steht er für dich?
— Was gefällt dir an dieser Bedeutung?
— Wo begegnet dir der Hitlergruß in deinem Alltag? Von wem kennst du das?
— Wie kam es dazu, dass du ihn gezeigt hast? Wie hast du dich dabei gefühlt?

Perspektivwechsel anregen

▶ Angenommen, eine Person wäre in das Zimmer gekommen, deren Verwandte in der Zeit des Nationalsozialismus ermordet wurden. Was hätte sie gedacht? Wie hätte sie sich gefühlt? Wie wäre es ihr am nächsten Tag gegangen, wenn sie mit dir im selben Bus fährt/dir begegnet? Wie wäre es dir gegangen?

Achtung: Hier kann auch eine gänzlich unempathische Reaktion erfolgen. Die Person äußert beispielsweise, die Ermordungen seien schon richtig gewesen oder der Holocaust sei reine ‚Propaganda' oder Lüge. In diesem Fall ist bereits von einer tiefergreifenden Radikalisierung auszugehen und der Hitlergruß als Grenzsetzung zur Anzeige zu bringen, sollten sich keine weiteren pädagogischen Ziele aus dem Gespräch ergeben.

▶ Was denken andere, wenn sie bei dir den Hitlergruß sehen? Inwieweit passt es dazu, wie du dich selbst siehst?

Konsequenzen eigenen Handelns

▶ Welche Folgen kann es für dich haben, wenn du den Hitlergruß zeigst?

Impulse für die Weiterarbeit

Auch falls ein Vorfall als Provokation, kurze Entgleisung oder Uninformiertheit der Beteiligten verbucht werden kann – das Thema sollte weiterhin bearbeitet werden. Die Person hat sich schließlich diese und keine andere Provokation ausgesucht. Die Form der Weiterarbeit hängt auch davon ab, welches Thema sich im Gespräch mit den Beteiligten ergibt und auf welche Beziehung aufgebaut werden kann. Wichtig ist: die Person sollte weiter im Blick behalten werden. Gerade nach einer Sanktionierung ist jungen Menschen klar, wo sie was äußern bzw. nicht äußern können. Es kann sein, dass sie sich andere, unbeobachtete Räume suchen und sich (weiter) radikalisieren. Dies kann dann unbemerkt für Bezugspersonen und Pädagog*innen passieren, gerade wenn junge Menschen wissen, was sozial (nicht) erwünscht ist.

2.2.6 DER UMGANG MIT MOTIVEN DER HINWENDUNG UND DISTANZIERUNG

Wie gehe ich auf Motive der Hinwendung ein und wie setze ich Distanzierungsimpulse?

> **Das Kapitel auf einen Blick**
>
> Im Kapitel werden Strategien zur Intervention bei extrem rechten Hinwendungsprozessen konkretisiert. Der Umgang mit Gefühlen in Hinwendungsprozessen, der Faktor ‚Gruppe' sowie intrinsische und extrinsische Distanzierungsimpulse werden näher beleuchtet.

Es gibt eine Vielzahl von Gründen, die junge Menschen dazu bewegen können, sich extrem rechten Ideologiefragmenten zu- und abzuwenden. Mithilfe der Analyse von geschlechtsspezifischen Rollen, biografischen Faktoren und Kontexteinflüssen kann eine zielgruppenadäquate Intervention besser geleistet werden. Der Umgang mit Gefühlen oder biografischen Verlaufsprozessen ist, im Gegensatz zu anderen Risikofaktoren, in stärkerem Maße veränderbar und damit zielgerichtet zu bearbeiten. Die zentrale Aufgabe von Distanzierungsarbeit ist es, diese Veränderungen anzustoßen und zu begleiten. Wichtig ist es, hierbei keine klaren oder gar geschlossenen Thesen gegenüber den jungen Menschen zu formulieren, sondern diese zur Planung und Intervention zu nutzen. Zum Beispiel müsste beim Auftreten von Hinwendungsmotiven in der Familie näher nachgeforscht/nachgefragt werden.

Um eine fortschreitende Hinwendung zu vermeiden, ist ein Element, längerfristige sinnstiftende Alternativen[56] zu entwickeln. Diese können sich auch beispielsweise in jugendkultureller Bildung wiederfinden. So kann für negative Gefühle eine produktive Strategie entwickelt werden, die diesen Gefühlen einen adäquaten positiven und konstruktiven Ersatz anbietet.

Die Hinwendungsmotive sind sehr individuell, sie können sich widersprechen, sich ineinander verschränken und ergänzen, wie auch weiterentwickeln. Im Folgenden sind Strategien im Umgang mit diesen Motiven beschrieben, die Radikalisierung bewirken können. Dabei werden folgende Dynamiken und Faktoren einer gezielten Intervention dargestellt und spezifische Interventionsmöglichkeiten aufzeigt:

— Gefühle in Hinwendungsprozessen
— Der Faktor ‚Gruppe' in Hinwendungsprozessen
— Intrinsische und extrinsische Distanzierungsimpulse

Gefühle in Hinwendungsprozessen

Gefühle	Strategie	Ergebnis/Funktion	Interventionsmöglichkeiten
Ohnmacht	• Auf ‚Andere', meist Schwächere, wird Macht ausgeübt, um sich handlungsfähig zu fühlen. • Dies kann als Täter-Opfer-Umkehr fungieren, aber auch als reine Lustbefriedigung empfunden werden.	• Ich habe Macht. • Ich bin kein Opfer (mehr).	• Wenn Selbstwert nur über Abwertung möglich ist, ist dieser weder authentisch noch dauerhaft. • Der Teufelskreis der Gewalt geht weiter. • Das Ohnmachtsgefühl bleibt oder kommt wieder, wenn keine ‚Anderen' da sind.
Selbstwertdefizit/ Erniedrigung	‚Andere' werden erniedrigt, um sich selbst aufzuwerten.	Ich bin wertvoller als andere.	• Wenn Selbstwert nur über Abwertung möglich ist, ist dieser weder authentisch noch dauerhaft und sehr leicht angreifbar. • Das Ohnmachtsgefühl bleibt oder kommt wieder, wenn keine ‚Anderen' da sind.

---

56 Der Begriff der sinnstiftenden Alternativen bzw. funktionalen Äquivalente wurde wesentlich von Möller geprägt (vgl. 2015: 633-643).

Gefühle	Strategie	Ergebnis/Funktion	Interventionsmöglichkeiten
Ungerechtigkeitsempfinden	Projektion von Wut und Abwertung auf (vermeintlich) privilegiertere Gruppen.	• Ich habe die/meine Situation gerechter gemacht.	• So interpretierte unterprivilegierte Gruppen beeinflussen nicht die eigene Benachteiligung. • Suchen nach Möglichkeiten, um sich trotz Benachteiligung wertvoll zu fühlen. • Empathie für gesellschaftliche Ungerechtigkeit zeigen. • (Politische) Diskussion über objektive Gründe der zugrundeliegenden (strukturellen?) Benachteiligung.
Aufmerksamkeitsdefizit und Bedürfnis nach Reibung/Action/Grenzen	Es wird provoziert mit normativ nicht akzeptierten Aussagen/Handlungen, diese werden Stück für Stück übernommen, um an Authentizität zu gewinnen.	• Ich kriege Aufmerksamkeit. • Ich bin etwas Besonderes. • Es passiert etwas. • Ich spüre meine Grenzen (nicht), ich fühle mich rebellisch.	• Gefahr, sich zu entfremden, und es wird unklar, was Provokation und was Einstellung ist. • Starke Abhängigkeit von den Werten anderer. • Welche(n) Folgen/Zweck hat die Rebellion? • Eigener Opferdynamik der Ausgrenzung entgegenwirken.
Aufmerksamkeitsdefizit und niedriges Selbstwertgefühl	Es werden alternative Fakten präsentiert und andere als unwissend/dumm dargestellt.	• Ich bin eine Expert*in. • Ich werde als geltend wahrgenommen. • Es ergibt alles Sinn. • Ich werte mich auf.	• Finden von Räumen, in denen Geltung produktiv gemacht wird und mehr Erfahrungen positiven Feedbacks möglich sind. • Objektive/gemeinsame Recherche von (politisch-historischen) Fakten/Medienkompetenzstärkung.
Sinnlosigkeit, Langeweile	Es wird für ein höheres Ziel gekämpft.	• Was ich tue, hat einen Sinn und eine Perspektive. • Es passiert etwas, es gibt Action.	Andere interessante, sinnstiftende Interessen finden.
Überforderung mit Vielfältigkeit in Bezug auf Gender	Es wird eine normativ richtige und hierarchische Gendervorstellung etabliert.	• Ich bin ein richtiger Mann/ich bin eine richtige Frau.	• Die Betonung von Gender als einengendes Konstrukt. • Vorteile und Beispiele von flexibler Rollengestaltung aufzeigen. • Irritierende Interventionen.
Abwertung von (anderen) Frauen*		• Ich bin immer noch eine bessere Frau als die anderen.	• Solidarität zwischen Frauen gegen unterdrückende Männer/Patriarchat stärken. • Spiegelung selbsterfahrener Ungerechtigkeits- und u. U. Gewaltdynamiken (auch familiär).

Der Faktor ‚Gruppe' in Hinwendungsprozessen

Gefühle	Strategie	Ergebnis/Funktion	Interventionsmöglichkeiten
Einsamkeit	Anschließen an eine Gruppe.	• Ich bin nicht allein.	• Bewusstmachen der negativen Dynamiken in der Gruppe, Zeigen von authentischeren und wertschätzenden Gruppen. • Stärkung des Selbstwertgefühls, Herausarbeiten individueller Stärken.
Anerkennungsdefizit	Suchen von Zugehörigkeit in einer ‚wertvolleren' Gruppe.	• Ich habe die beste Gruppe. • Andere haben Respekt vor der Gruppe. • Wir sind besser als die anderen. • Wir haben Ehre und Macht.	• Die Gruppenzugehörigkeit ist an Bedingungen gebunden, die auch unter Druck setzen können, z.B. Einstellungsübernahme, keine eigene Kritik, Gewalthandeln, Rauschmittelkonsum, Kameradschaft um jeden Preis. • Gruppe wird idealisiert und Werte angenommen, die so nicht gelebt werden (z.B. Hierarchien, Instrumentalisierung). • Andere haben Angst, anstatt Respekt vor der Gruppe.
Bedroht werden von anderen	Das Suchen einer Gruppe, die Macht auf andere ausübt.	• Die Gruppe gibt mir Sicherheit.	• Distanzierung von der Gruppe kann Unsicherheit und Anomie sowie Bedrohungsszenarien gegen einen selbst bewirken.
Unsicherheit in Bezug auf sich selbst (Dissonanz von Ansprüchen)	Identifikation über die Gruppe erfordert keinen anstrengenden Prozess der Identitätsbildung.	• Ich weiß, wer ich bin.	• Gruppe entscheidet über eigene Identität, hier können auch Widersprüche zu sich selbst auftreten (weiterhin Dissonanz von Ansprüchen).

Intrinsische Distanzierungsimpulse

In der vorangegangenen Tabelle in der Spalte ‚Intervention' wurden bereits Distanzierungsmotive beschrieben. Weitere ausschlaggebende allgemeine Motive und konkretere Distanzierungsimpulse, die in der Intervention gesetzt werden können, sind:

— Innere Zweifel an der Funktionalität der Strategie zur Bedürfniserfüllung sähen
— Unvereinbarkeit von eigenen Werten (z.B. Autonomie) und Werten der Gruppe (z.B. bedingungslose Kameradschaft) betonen
— Widersprüche extrem rechter Ideologiefragmente aufzeigen, wie z.B.:

Anspruch extrem rechter Ideologie/Szene	Widersprüche
Frau gilt als schützenswert und schwach	Sexismus, enge Rollenzuschreibung vs. sexualisierte Gewalt
Alkoholkonsum/Verstrickung in Drogenszene	Verachtung Rauschmittel vs. Drogen als Kriegswaffen im NS
Kameradschaftlichkeit	Hierarchie in der Gruppe vs. Instrumentalisierung von Teilen der Gruppe, Einteilung in strukturelle Rollen
	Gruppenzugehörigkeit ist an Bedingungen geknüpft
Traditionelle Vorstellung von ‚Männern'	Heterogenität von verschiedenen Rollen/Aktionsniveaus und der Ausübung von Gewalt

Extrinsische Distanzierungsimpulse

— Unvereinbarkeit von eigenen Werten (z.B. für die Familie da sein oder berufliche Perspektiven) und Ansprüchen der Gruppe (z.B. Begehen von Straftaten)
— Vermeidung von körperlichen Schmerzen
— Vermeidung von strafrechtlichen Konsequenzen

2.2.7 NEUTRALISIERUNGSTECHNIKEN ERKENNEN UND MIT IHNEN ARBEITEN

Welche Strategien zur Vermeidung von Eigenverantwortung gibt es und wie gehe ich mit ihnen um?

> **Das Kapitel auf einen Blick**
>
> Manche Menschen vermeiden Eigenverantwortung, indem sie sich über verschiedene Wege (Neutralisierungstechniken) selbst entlasten und Schuld sowie Verantwortung für ihre Handlungen auf andere oder äußere Umstände übertragen. Das Kapitel bietet eine Analyse von verschiedenen Neutralisierungstechniken, darunter das Zurückweisen von Verantwortung durch das Schuldzuschieben an Betroffene von Gewalt, die Rechtfertigung durch Umstände oder Zustände, das Hervorheben der Notwendigkeit des Handelns sowie das Verkleinern des Unrechts. Es werden mögliche Interventionsstrategien aufgezeigt, um diese Techniken zu erkennen und pädagogisch mit ihnen zu arbeiten. Das Ziel ist, junge Menschen konstruktiv in die Verantwortung für ihr Verhalten zu nehmen, sodass sie diese auch annehmen und ihr Verhalten ändern können.

Alle Menschen streben danach, ein positives Bild von sich selbst zu haben und eigenes Verhalten für sich selbst stimmig zu begründen. Doch wie kann dies Menschen gelingen, die sich offensiv abwertend äußern oder Gewalt gegenüber anderen Menschen anwenden? Um dieses und anderes, aus pädagogischer Sicht, problematisches Verhalten mit einem positiven Selbstbild in Einklang zu bringen, bedienen sich Menschen sogenannter Neutralisierungstechniken. Dies sind Techniken, um sich selbst zu entlasten und die Schuld sowie Verantwortung für Handlungen auf andere Personen oder äußere Umstände abzuwälzen. Sie können auch die Funktion haben, Widersprüche zu verringern: Mithilfe von Neutralisierungstechniken legitimieren Menschen also das eigene Verhalten, das eigentlich im Widerspruch zu sozialen Normen steht oder das den eigenen persönlichen Wertekanon verletzt.

Neutralisierungstechniken zu erkennen und mit ihnen zu arbeiten, ist eine zentrale Aufgabe von Distanzierungsarbeit. Es geht darum, junge Menschen für ihr Verhalten in die Verantwortung zu nehmen, um weitere problematische Verhaltensweisen infrage zu stellen und im besten Falle zu reduzieren. Die jungen Menschen haben oft mit jahrelangen, stark verinnerlichten Mechanismen der Verantwortungsabgabe zu tun und deren Verlernen stellt eine enorme Aufgabe dar.

Häufig gehen menschenverachtende Aussagen gegenüber den ‚Anderen' mit Neutralisierungstechniken einher. Beispielsweise werden Beleidigungen, bis hin zu Gewalt gegenüber Menschen mit Flucht- oder Migrationsgeschichte, mit rassistischen (Verhaltens-)Zuschreibungen gerechtfertigt, wie beispielsweise: „Die Ausländer wissen einfach nicht, wie man sich hier benimmt, deshalb musste jemand denen mal zeigen, wie es hier bei uns läuft".

Die neutralisierenden Aussagen teilen meist mehr über die sprechende Person mit als über das Objekt der Abwertung selbst. Neutralisierungstechniken werden nach Sykes und Matza

(1957: 664-670) in verschiedene Kategorien von Funktionen unterteilt. Die folgende Aufschlüsselung wird durch Beispiele für den Kontext der Distanzierungsarbeit veranschaulicht. Ebenso werden mögliche Interventionen, auch unabhängig von den konkreten Beispielen, aufgeführt.

Kategorie 1) – Die Verantwortung zurückweisen über folgende Narrative:

1a) Das Opfer ist schuld (z.B. habe es provoziert oder die eigene Ehre verletzt).
- o Zuschlagen wird als reflexhafte Reaktion beschrieben, um daran nichts ändern zu müssen oder daran arbeiten zu müssen (Biologisierung der eigenen alternativlosen Verhaltensweise).
- o Wenn das Gegenüber etwas sagt, muss die Person reagieren und sich beweisen (z.B. bei der Beleidigung gegen die eigene Familie).
- Möglicher Umgang:
  - Appell an Selbstbestimmung: „Nur du entscheidest, was du machst", „Du kannst nicht verändern, was andere machen, aber du kannst entscheiden, wie du drauf reagierst"
  - Auf Sprache achten und reframen: Bei Passivkonstruktionen („Mir ist die Hand ausgerutscht") in aktive Du Form umformulieren („Also du hast jemanden geschlagen mit deiner Hand").
  - Reframing: „So haben die anderen ja krasse Macht über dich", „Darüber zu stehen und dich nicht fremdsteuern zu lassen, würde dich in eine mächtigere Position bringen"
  - Bezugnahme auf das Ziel der Selbstkontrolle.

1b) Umstände/Zustände
- o „Wenn ich in der Gruppe zum Fußball fahre, kaufe ich keinen Fahrschein, ihr macht das doch auch" – Rechtfertigung des eigenen Verhaltens aus der Gruppendynamik heraus.
- o „Ich komme nach meinem Vater, der hat mir Aggressiv-Sein vererbt."
- Möglicher Umgang:
  - „Willst du wirklich denselben Weg wie dein Vater weitergehen?"
  - „Du musst kein passives Opfer deiner Gene sein, du musst nicht werden wie dein Vater und ‚Familientradition' weiterführen."
  - „Die Umstände sind nicht alles, du hast es in der Hand."
  - „Du entscheidest, wie du sein willst."

1c) „Spielball fremder Mächte"/die Notwendigkeit des Handelns herausstellen
- o gewalttätiges Verhalten/Eskalation: Rechtfertigung über vermeintliche Notwehr, wobei das gewalttätige Verhalten über Notwehr hinaus geht (z.B. krankenhausreif prügeln).
- o Vorfall: Prügelei. Betroffene Person habe es verdient, weil sie alle genervt habe und Täter*in habe für alle stellvertretend gehandelt.

- o Vorfall: Täter*in wartet darauf, dass eigene Werte („Man schlägt keine Frauen") verletzt werden und er*sie so eigenes Handeln rechtfertigen kann (stellvertretende körperliche Notwehr statt Streitschlichtung).
- Möglicher Umgang:
  - Notwehr definieren (Unheil von sich selbst oder anderen abwenden über angemessene Reaktion)
- Hellhörig werden im Hinblick auf politische Komponente (u.a. antisemitischer) Verschwörungsnarrative und Infragestellen dieser Aussagen („Wie meinst du das genau...?")

Kategorie 2) – Das Unrecht verkleinern

- o Vorfall: Person wurde zusammengeschlagen: „Das war doch gar nicht so schlimm, der übertreibt doch seine Verletzungen", „Es war ja nur …, der übertreibt doch. Weiß ich ja nicht, was er noch alles bei der Polizei erzählt hat"
- o Vorfall: Person wurde bedroht. Das eigene angekündigte Verhalten wird heruntergespielt „Das hätte ich doch nicht wirklich gemacht"/„So war das doch gar nicht gemeint"
- Möglicher Umgang:
  - Perspektivwechsel bezüglich Opfer oder zuhörende Person („Niemand kann wissen, ob du deine Bedrohung ernst meinst oder nicht")
  - Details einfordern/ausbreiten lassen, um Vorfall konkret zu fassen und damit sie nicht kleingeredet werden

Kategorie 3) – Das Opfer wird herabgewürdigt

- o „So jemand habe es doch nicht anders verdient" sowie ideologische Begründungen heranziehen („Die ist doch eine Schlampe/Homo/Jude/Ausländer etc.")
- Möglicher Umgang:
  - Hellhörig werden im Hinblick auf politische Komponente und danach fragen, ob häufiger Probleme mit „so jemanden" vorkämen oder es eher etwas Persönliches sei; Dann fragen, wieso die Kategorie benannt würde und wichtig sei, wenn es keine Generalisierung sei
  - Perspektivwechsel vornehmen für Leiden des Opfers und Verurteilung „so jemand" könnte er*sie selbst auch für jemanden anders sein; Menschen aufgrund von Attributen zu verurteilen (z.B. auch ihn*sie selbst) ist unfair

Kategorie 4) – Verdammung der Verdammenden

- o Lehrer hätten Person auf dem Kieker und würden sie strenger bewerten als andere
- Möglicher Umgang:
  - Selbstreflexion oder Reflexion mit Institution (z.B. mit Schule) um deren Perspektive zu haben und einschätzen zu können, welche Dinge Unterstellungen sind und welche tatsächlich passiert sind

- Mit verletztem Gerechtigkeitsgefühl arbeiten; auf Eskalation bei mehreren Strafen verweisen, an Fatalismus arbeiten („Ich hab' jetzt sowieso einen schlechten Ruf")
  - Extrem rechte Leute würden von der Polizei anders behandelt werden als Linke und das sei ungerecht (z.B. Polizei lässt Thor Steinar nicht ins Stadion aber Regenbogenfahnen schon)
- Möglicher Umgang:
  - Unterschiede der Haltungen herausarbeiten (z.B. dahingehend, dass Regenbogenfahnen niemanden ausschließen, sondern Vielfalt feiern, extrem rechte Marken allerdings andere Menschen ausschließen/bedrohen)

2.2.8 GRUNDLAGEN GENDERREFLEKTIERENDEN ARBEITENS FÜR DIE DISTANZIERUNGSARBEIT

Wie kann ich in der Distanzierungsarbeit genderreflektierend arbeiten?

> **Das Kapitel auf einen Blick**
>
> Das Kapitel gibt einen Überblick über das sogenannte Gender[3]-Arbeiten und den Dreiklang von gendersensiblem, genderreflektiertem und genderirritierendem Arbeiten und erläutert, wie diese Ansätze in der Praxis gestaltet werden können. Mit dem Schwerpunkt auf die Rechtsextremismusprävention wird ergänzend ausgeführt, was in der Arbeit mit Mädchen*/jungen Frauen* und Jungen*/jungen Männern* zu beachten ist.

Gendersensibles, genderreflektierendes und genderirritierendes Arbeiten

Junge Menschen befinden sich in einer Lebensphase, in der sie mit verschiedenen Identitäten experimentieren und diverse Rollen ausprobieren. Statt Einheitlichkeit, Eindeutigkeit oder gar Natürlichkeit einzufordern, sollte eine geschlechterreflektierende Distanzierungsarbeit Widersprüche offenhalten und einen Freiraum bilden, in dem möglichst alle ohne Angst verschieden sein können. Um das zu erreichen, sind diskriminierungsfreie Umgangsformen wichtig. Pädagog*innen sollten daher immer offen und differenziert sein und eine klare politische Haltung für Geschlechtergerechtigkeit an den Tag legen. Dabei können Pädagog*innen sich gegenüber den Eltern, dem Bezugssystem und den Behörden auf das Kinder- und Jugendhilfegesetz[57] stützen, das gegen Benachteiligung und für Gleichberechtigung eintritt.

In der pädagogischen Arbeit können verschiedene Ebenen der Thematisierung von Gender unterschieden werden, die sich in der Praxis verschränken. Je nach Anlass, Kontext und abhängig von den pädagogischen Zielen steht manchmal eine Ebene stärker im Vordergrund.

---

57 So ist es Ziel des SGB VIII, „Benachteiligungen abzubauen und die Gleichberechtigung von Mädchen und Jungen zu fördern" (Sozialgesetzbuch (SGB) – Achtes Buch (VIII): Kinder- und Jugendhilfe § 9 Abs. 3).

a) Gendersensibles Arbeiten

Gendersensibles Arbeiten bedeutet, das Gegenüber mit seinen genderspezifischen Bedürfnissen, Erfahrungen, Themenzugängen etc. wahrzunehmen. Bei Angeboten, Methoden und Beziehungsgestaltungen werden diese Wahrnehmungen beachtet. Elementares Ziel ist es, junge Menschen mit ihrer genderspezifischen Sozialisation wahrzunehmen, interessensorientiert anzusprechen und in diesem Rahmen ihre Perspektive zu erweitern.

Konkret heißt dies:
- ✓ Ein Bewusstsein darüber zu haben, dass Geschlecht gesellschaftlich konstruiert wird, es mehr als zwei Geschlechter und diverse Geschlechtsidentitäten gibt. Letztere sollten proaktiv plural gedacht werden, das heißt beim Gegenüber nicht nur von Mann/Frau auszugehen, sondern sich bezüglich pluraler Geschlechtsidentitäten Basiswissen anzueignen und dies beim Kennenlernen anderer als Option mitzudenken.
- ✓ Eine Sensibilität für Unterschiede zwischen Menschen zu entwickeln, die entstehen, weil sie ‚als Junge/Mann' bzw. ‚als Mädchen/Frau' sozialisiert und immer wieder so behandelt werden. Historisch gewachsene Norm- und Rollenvorstellungen haben hier großen Einfluss, sie (de-)legitimieren bestimmte geschlechts(un)konforme Verhaltensweisen. Häufig werden Eigenschaften biologisiert: Das bedeutet, dass sie als ‚natürlich weiblich' gelten (z.B. Fürsorglichkeit) oder als ‚natürlich männlich' gelten (z.B. Stärke). Diese Annahmen aufgrund des zugeschriebenen Geschlechts engen all jene ein, die diesen nicht entsprechen können oder wollen. Außerdem schränken sie Kinder und Jugendliche in ihrer Entwicklung ein und drängen sie in einen vorgeformten Weg der Entwicklung.
- ✓ Eigenschaften sind durch das Geschlecht nicht unveränderlich biologisch manifestiert. Aber das (zugeschriebene) Geschlecht führt aufgrund der gesellschaftlichen Erwartungshaltungen an Geschlechter zu genderspezifischen Erfahrungsräumen (z.B. verschiedene Betroffenheit von Gewalt), die beachtet und anerkannt werden müssen.
- ✓ Achtsam zu sein für den Entfaltungs- und Handlungsspielraum, der dem Individuum beim Aufwachsen und im Alltag aufgrund des (zugeschriebenen) Geschlechtes von seiner Umwelt (Familie, Freund*innen, Werbung, Produktgestaltung, Schule etc.) vorgelebt und zugestanden wird. Gendersensibles Arbeiten darf nicht Gefahr laufen, biologistische Denkweisen zu manifestieren, sondern nutzt diese Unterschiedlichkeit lediglich als genderspezifischen Zugang zu Jugendlichen, die bereits ‚männlich' oder ‚weiblich' sozialisiert sind.[58]

b) Genderreflektierendes Arbeiten

Genderreflektierendes Arbeiten bedeutet, Werte, Erwartungen und Verhaltensweisen in Bezug auf Gender aktiv zu thematisieren. Handlungsleitendes Ziel ist hier, eine bewusste Auseinandersetzung anzustoßen und einen Abgleich von Rollenzuschreibungen und -erwartungen mit eigenen Bedürfnissen, Wünschen oder Zukunftsvorstellungen zu ermöglichen.

---

58 Basiswissen zu geschlechtlicher Vielfalt z.B. bei der Bundeszentrale für politische Bildung (2018).

Konkret heißt dies:

- ✓ Gender als abhängig vom biologischen Geschlecht Erlerntes und damit als veränderbares Verhalten zu begreifen und diese Erkenntnis behutsam zu vermitteln
- ✓ Stereotype Geschlechtervorstellungen infrage zu stellen und Konstruktion bewusst zu machen
- ✓ Alternativen zu stereotypen Geschlechtervorstellungen anzubieten, Möglichkeitsräume zu öffnen und Vielfalt zu stärken
- ✓ Herangetragene Erwartungen aufgrund des Geschlechts zu hinterfragen und eine Erweiterung des subjektiven Handlungsspielraums zu unterstützen (z.B. „auch Jungs können Spaß am Nähen haben")
- ✓ Geschlechtervorstellungen mit den Bedürfnissen abzugleichen und zu eruieren, welche Vorstellungen einengen
- ✓ Biografie als änderbar und gestaltbar vermitteln
- ✓ Vorbild sein – Vorbilder aufzeigen
- ✓ Haltung zeigen gegen Sexismus und Queerfeindlichkeit
- ✓ Weiblich Sozialisierte in der Gruppe gezielt anzusprechen und zu ermutigen, ihre Gedanken zu äußern und sie zu empowern
- ✓ Männlich Sozialisierte, die viel reden, laut sind, viel Raum und Aufmerksamkeit einnehmen eher um Zurückhaltung bitten und durch gezielte Nachfragen und die Konfrontation mit der eigenen Haltung und Gefühlen zur Reflexion anzuregen
- ✓ Eigene Reflexionsprozesse in Bezug auf Gender transparent machen. Erzählen, welche typisch weiblichen/männlichen Gewohnheiten man abgelegt hat, um freier und selbstbestimmter zu sein.

Folgende Methoden eignen sich hierfür:

— Methode „(Anti)sexismus Alien" (vgl. iPÄD 2015).
— Soziometrisches Positionieren: Barometer-Abfrage zum Grad der Zustimmung und Ablehnung zu genderbezogenen Aussagen (z.B. Frauen kochen gut, Männer weinen nicht, Frauen lernen besser als Männer etc.) und diese im Anschluss diskutieren, z.B. indem sie auf ihre Allgemeingültigkeit hin überprüft werden (die nicht haltbar ist) und ihr Zustandekommen dekonstruiert wird.
— Bilder recherchieren und (in der Gruppe oder einzeln) präsentieren; Ziel: z.B. die historische Bedingtheit von Geschlechterrollen und -zuschreibungen thematisieren und dekonstruieren.
— Methoden von Dissens e.V.[59]

c) Genderirritierendes Arbeiten

Dieser Ansatz bedeutet, dass Pädagog*innen durch Aussagen, Verhaltensweisen, Methodengestaltung etc. mit genderspezifischen Werten, Erwartungen und Rollenvorstellungen bewusst

---

59 Weitere Methoden und Anregungen finden sich bei Dissens e.V. (2024) und Debus (2018).

brechen – sie verhalten sich also nicht geschlechterstereotyp. Elementares Ziel genderirritierender Pädagogik ist es, über vermeintlich selbstverständliche Vorstellungen eine Reflexion anzustoßen und vielfältige Gendervorstellungen zu vermitteln.

Genderirritierendes Arbeiten muss authentisch sein – Pädagog*innen können sich jedoch Fertigkeiten – z.B. technisches Knowhow – aneignen, um genderirritierend zu arbeiten. Gender irritierend pädagogisch zu arbeiten, muss nicht heißen, diese Rolle die ganze Zeit offensiv nach außen zu tragen.

Genderirritation kann mit folgenden konkreten Aspekten gelingen:

- ✓ Mit den Erwartungen an die eigene Rolle arbeiten – und diese gezielt unterlaufen.
  Beispiele:
    → Männer zeigen sich emotional und empathisch, Frauen konzentrieren sich auf die Sachebene. Männer thematisieren entsprechend auch Gefühle und äußern eigene Emotionen, Frauen führen auch Diskussionen.
    → Frauen kümmern sich um die Technik wie z.B. Beamer-Aufbauen, Männer z.B. illustrieren die Plakate/Materialien.
    → Sich in eigenen Hobbys und Interessen, sofern möglich, durch Weglassen und Betonungen möglichst wenig typisch männlich/weiblich darstellen.
- ✓ Über Methoden und Aktivitätsauswahl stereotype Geschlechtervorstellungen irritieren – z.B. dem Wunsch nach Kräftemessen – das klassisch im gegenseitigen Wettkampf ausgetragen wird – mit einem kooperativen Spiel entsprechen.
- ✓ Mit diversen Geschlechterrollen inspirieren, genauer:
    → Vermittlung von pluralen Rollenangeboten, verschiedenen Weiblichkeiten* und Männlichkeiten* sowie jenseits des binären Spektrums
    → Vorbilder von Frauen* und Männern* aufzeigen, die zur Lebenswelt der Person passen, aber nicht traditionellen Vorstellungen entsprechen.

Sich ausprobieren in Rollenspielen

In Rollenspielen können die Adressat*innen ihre Handlungsspielräume erweitern, indem sie sich zunächst selbst als handelnde Person wahrnehmen und erkennen, dass es immer verschiedene Optionen gibt und Verläufe nicht ohnmächtig als Schicksal hingenommen werden müssen. Das Rollenspiel erlaubt ihnen, alternative Reaktionen auszuprobieren, sowie Gefühle auszudrücken und anzuerkennen. Dabei geht es darum, im wörtlichen Sinne ihr Selbst-Bewusstsein zu stärken.

Spezifika bei Mädchen*/jungen Frauen*

Unabhängig vom Fokus auf die dargestellten drei Techniken des pädagogischen Umgangs und Arbeitens mit Gender lohnt es sich, einen Blick auf die Spezifika entsprechender Geschlechter zu werfen. Diese Herangehensweise bewertet Unterschiede zwischen den Geschlechtern nicht über, sondern nimmt eine geschlechtstypische Sozialisierung ernst. Mädchen* und Jungen* werden in ihrer jeweiligen Rolle zu solchen gemacht und verhalten sich nicht einfach von Geburt an entsprechend einer geschlechtsspezifischen Rollenerwartung.

Politische Komponenten ernst nehmen
✓ Genderspezifische Hinwendungsmotive und Bedürfnisse, die befriedigt werden sollen, analysieren und thematisieren.
✓ Mädchen* als politische Subjekte anerkennen: Politische Aussagen ernst nehmen und kritisch thematisieren.

Junge Frauen* in all ihren Emotionen ernst nehmen
✓ Wut und Ärger aktiv thematisieren und als legitime Gefühle anerkennen.
✓ Keine Bagatellisierung von gewalttätigem Verhalten: aktive Thematisierung und Dekonstruktion von Rechtfertigungsmustern.

Die Gewaltbetroffenheit auf dem Schirm haben
✓ Achtsamkeit für mögliche Gewaltbetroffenheit/sexuelle Gewalt/Traumata (durch Umfeld/familiären Kontext/Paarbeziehung).
✓ Alltagsgewalt problematisieren und bestärken, dass diese nicht als normal hingenommen werden muss.
✓ Schutzsuche vor (subjektiv empfundener) Gewaltbedrohung nicht delegitimieren, aber menschenverachtend konnotierte Gewaltbedrohung dekonstruieren.

Spezifika bei Jungen*/jungen Männern*

Da die extrem rechte Szene bestehende Ideen von Männlichkeit zuspitzt und modifiziert, ist es sinnvoll, bestimmte Vorstellungen von Männlichkeit zu irritieren oder diesen zu widersprechen. Dazu gehört es, die Aufforderung zur ‚männlichen Überlegenheit' in Frage zu stellen und für Toleranz gegenüber vielfältigen, statt eindeutigen, Geschlechtervorstellungen einzustehen.

Die mit dem Anspruch auf Männlichkeit verbundenen Anforderungen und Erwartungshaltungen setzen Jungen* unter Druck. Gendersensible Pädagogik sollte Jungen den Raum bieten, sich den Kämpfen um Dominanz und Unterordnung zu entziehen. Genderirritierend zu arbeiten, heißt für Pädagogen insbesondere, nicht als körperlich oder geistig überlegen aufzutreten und sich nicht auf einen Wettbewerb mit dem/den Jungen* einzulassen, sondern eher die empathische und nachdenklich Rolle im Team zu übernehmen.

Wirkliche Souveränität entwickeln
Männliches Dominanzverhalten führt oft zu Gewalt. Der Versuch, sich als überlegen zu inszenieren, bedeutet auch, diesen Anspruch ständig als bedroht zu empfinden, sich durch Nichtigkeiten angegriffen zu fühlen und aggressiv zu reagieren. Es ist wichtig, diese Dynamik zu durchbrechen und die sozialen Handlungsmöglichkeiten zu erweitern, sodass eine Perspek-

tive gegenseitiger Anerkennung eröffnet wird und junge Menschen lernen, eine konstruktive Selbstsicherheit zu gewinnen.

Härte ist keine Stärke
Ein von Härte und Gefühlskälte geprägtes Auftreten kann Ausdruck von unterdrückter Wut und Verzweiflung sein, denn diese zu zeigen würde Schwäche und Hilfsbedürftigkeit offenbaren, was nicht zu den Anforderungen an Männlichkeit passt. Härte gegen sich und andere zu zeigen, ist also kein Zeichen von Stärke! Genderirritierende Einwürfe sind hier besonders wichtig, z.B. die Betonung, dass die Offenbarung der eigenen Gefühle als besonders ‚stark' bezeichnet wird.

Dominanz eingrenzen und Unterschiedlichkeit ermöglichen
Zentral ist, sich nicht auf die harte Fassade des Dominanzverhaltens einzulassen, sondern sich auf die Bedürftigkeit und Sensibilität des Menschen hinter der Fassade zu konzentrieren. Jedes Handeln sollte auf die Etablierung eines Miteinanders abzielen, das sich um die Anerkennung, Mitbestimmung, Gleichwertigkeit und Unversehrtheit aller Beteiligten sorgt. Die Haltung der Pädagog*innen sollte stets gekennzeichnet sein durch die Verhinderung von Ausgrenzung und Abwertung. Sie sollte im Gegenteil stets für Anerkennung und Respekt gegenüber Unterschiedlichkeiten einstehen. Die jungen Menschen sollen lernen, dass ein gewaltfreies Miteinander erstrebenswert ist, unterschiedliche Wahrnehmungen ausgehalten und Meinungsverschiedenheiten gleichberechtigt ausgehandelt werden können.

Das Ziel ist es, den männlichen Dominanzanspruch zu dechiffrieren. Da dieser Anspruch maskulinistisch und nationalistisch untermauert werden könnte, sollte ihm auch politisch mit einer klaren menschenrechtsorientierten Haltung begegnet werden. Wenn Rechtfertigungsideologien aufgelöst werden, können jungen Menschen gleichzeitig produktive Wege aufgezeigt werden, um Konflikte zu bewältigen und ihre Gefühle sowie deren Ursachen zu erkennen. Eine Kommunikation auf Augenhöhe sollen die jungen Menschen genauso erlernen wie das Zusammenleben in einer gleichberechtigten Gemeinschaft.

2.2.9 MIT JUGENDKULTURELLER BILDUNG DISKRIMINIERENDE EINSTELLUNGEN BEARBEITEN

Wie lassen sich Jugendkulturen als Ressource für Distanzierungsprozesse nutzen?

> **Das Kapitel auf einen Blick**
>
> Das Kapitel gibt eine Übersicht, wie Jugendkulturen als Ressource für Distanzierungsprozesse genutzt werden können. Voraussetzungen sind dabei Kenntnisse über die Lebenswelt der Zielgruppe. Konkrete Beispiele aus Jugendkulturen wie Rock und Metal sowie Hip-Hop werden vorgestellt, um potenzielle Widersprüche zu extrem rechten Einstellungen als Ansatzpunkte für Distanzierungsimpulse zu nutzen. Auf die Potenziale von Hip-Hop für die jugendkulturelle Bildung wird näher eingegangen. Ein Praxisbeispiel illustriert abschließend, wie Widersprüche zwischen politischen Äußerungen und Vorliebe für international erfolgreiche Bands pädagogisch genutzt werden können.

Jugendkulturen spielten schon lange eine wichtige Rolle im Leben junger Menschen und tun es noch heute. Sie können Identität stiften, Zugehörigkeit vermitteln, (Grenz-)Erfahrungen schaffen und Selbstwirksamkeitserfahrungen produzieren. Auch wenn Jugendkulturen heute weniger streng voneinander getrennt sind und es durchaus möglich ist, sich mehreren Szenen zugehörig zu fühlen, oder auch, sich keiner spezifischen Szene zugehörig zu fühlen, sind die jugendkulturellen Praktiken und Produkte auch heute nicht aus dem Leben junger Menschen wegzudenken. Wir finden sie in der Musik, in der Kleidung, in Freizeitgestaltungen usw. Die Jugendkulturen mit ihren jeweiligen Sub-Genres sind dabei so vielfältig, wie die jungen Menschen selbst und es ist wenig hilfreich, pauschalisierende Aussagen zu treffen.

Die klassischen Jugendkulturen wie Hip-Hop, Punk, Techno haben ihre jeweils eigenen Stile, Praktiken und Werte, die innerhalb einer Kultur deutlich voneinander abweichen können (beispielsweise Werte innerhalb des Hip-Hop Subgenres Gangsta-Rap im Vergleich mit Werten der Native-Tongues-Bewegung im Hip-Hop). In den letzten Jahren sind Szene-Grenzen und -Zugehörigkeiten immer mehr aufgeweicht. Es gibt Hip- Hopper*innen mit Punk-Attitude ebenso wie extrem rechte Rapper, Metaller, die Turnschuhe und Base-Cap tragen oder aufs Skateboard steigen. Diese Entwicklung bietet gerade auch für die pädagogische Arbeit viele Anknüpfungspunkte, da Jugendliche oft gegenüber vielen verschiedenen jugendkulturellen Ausdrucksformen offen sind und diesen eher mit Neugier begegnen, als sie es tun würden, wenn sie ihre Identität an ausschließlich eine Jugendkultur knüpfen würden. Jugendkulturen bzw. ihre Ausdrucksformen bieten Möglichkeiten

— des Selbstausdrucks, unabhängig von Erwachsenen, und gesellschaftliche Normen in Frage stellend,
— des Bearbeitens eigener Erfahrungen und Emotionen, wie Wut, Trauer, Frustration; sie können ein Ventil sein,
— der Beschäftigung und bieten eine Welt abseits des eigenen, zeitweise langweiligen Alltags.

Jugendkulturen können genutzt werden, um im Sinne einer politischen Bildung und der Distanzierungsarbeit positiv auf junge Menschen einzuwirken. Dies gelingt genauer, indem auf folgende Aspekte geachtet wird:

— Im Sinne einer politisch-historischen Bildung anhand der (Entstehungs-)Geschichte einer Jugendkultur mit Jugendlichen über Werte und Haltungen ins Gespräch kommen.
— Den Jugendlichen Selbstwirksamkeitserfahrungen ermöglichen und Selbstbewusstsein stärken.
— Gemeinschaft, in der Diversität nicht zum Problem ernannt, sondern als Stärke begriffen wird.
— Durch die Vielzahl an bereits bestehenden Beispielen und Produkten eine lebensweltnahe politische Bildung ermöglichen, den Horizont für die Lebensrealitäten und -erfahrungen anderer Menschen öffnen.

Jugendkulturen können so ein Instrument sein, um einer Zuwendung zu menschenfeindlichen und extrem rechten Haltungen entgegenzuwirken. Ebenso kann die Beziehung durch ein ehrliches Interesse und bestenfalls sogar einen Austausch über jugendkulturelle Interessen gestärkt werden.

Gleichzeitig sind Jugendkulturen und ihre Produkte nicht unkritisch zu betrachten und bringen durchaus eine Vielzahl an problematischen Inhalten mit sich. Das ist beispielsweise der nach wie vor anhaltende, bewusste oder unbewusste Ausschluss von FLINTA-Personen[60] als aktiver Teil jugendkultureller Szenen. Das ist auch Ableismus, Homo- und Trans-Feindlichkeit, Antisemitismus und Rassismus, der sich durch Musiktexte verschiedenster Musik-Szenen zieht und unter dem Deckmantel der Kunstfreiheit mit großer Reichweite verbreitet wird. Das ist nicht zuletzt die Instrumentalisierung von Jugendkulturen durch extrem rechte Akteur*innen und Netzwerke.[61]

Nötiges Wissen über die Jugendkultur

Voraussetzung für eine gelungene Einbindung jugendkultureller Bildung in die pädagogische Praxis ist, dass die Auseinandersetzung passgenau für den jungen Menschen oder die Gruppe ist. Wirksam kann ein Impuls zur Reflexion nur sein, wenn er konkret an der Lebenswirklichkeit der Adressat*innen anknüpft. Sonst bleibt das Gesagte abstrakt, allgemein und unpersönlich. Deshalb setzt dieser Ansatz voraus, dass etwas über die Hobbys, Interessen, Freizeitgestaltung, Musikgeschmack etc. pp. bekannt ist. Ist dieses Wissen noch nicht vorhanden, kann es mithilfe eines zugewandten Interesses an der Lebenswelt des Jugendlichen hergestellt werden. Es gilt, offen und interessiert zu sein, nachzufragen und zuzuhören sowie die junge Person als Expertin für ihre Lebenswelt anzuerkennen. Mit zunehmendem Wissen über den jungen Menschen bietet sich die Chance, nach (Teil-)Aspekten zu recherchieren, die nicht zu einem extrem rechten Weltbild passen.

Im Weiteren werden einige konkrete Beispiele eingeführt und anschließend noch Ratschläge gegeben, wie die entdeckten potenziellen Widersprüche wirksam an junge Menschen vermittelt werden können.

Konkrete Beispiele für den internationalen Charakter von Jugendkulturen

Die folgende Liste ist nicht als vollständig zu verstehen, sondern lässt sich mannigfaltig ergänzen. Es wurden an dieser Stelle Beispiele herausgegriffen, die als taugliche Ausgangsbasis in möglichst vielen Situationen helfen können, weil sie populäre Freizeitgestaltungen von jungen Menschen darstellen: Populäre Musikkulturen, Online-Lebenswelten sowie Gaming-Kulturen.

---

60 FLINTA steht für Frauen, Lesben, Inter, Nicht-binär, Trans*, A-gender-Personen.
61 Zur Instrumentalisierung von Jugendkulturen durch extrem rechte Akteur*innen siehe Kapitel 2.1.8.

Rock und Metal
- Geschichte
  Rock 'n' Roll entwickelte sich in der zweiten Hälfte des 20. Jahrhunderts in Schwarzen[62] prekarisierten Milieus in den USA aus dem afroamerikanischen Rhythm and Blues. Die Musik wurde weltweit auch bei Weißen beliebt. Anfänglich mit Jugend und Rebellion verknüpft, ist die Musik heute Mainstream geworden. Sogenannter Rechtsrock bezieht sich somit immer auch schon im Namen auf die Geschichte des Schwarzen Rock 'n' Rolls und bietet damit eine Irritationsmöglichkeit für die Intervention.
- Bands
  Neben Local Heroes aus derselben Region oder demselben Bundesland, sind es vor allem die großen Namen international erfolgreicher Bands, die nahezu stellvertretend für ein Genre stehen. Oft kommen diese Bands nicht aus Deutschland. Außerdem lohnt sich ein Blick auf die Besetzung der Bands. Ein Mitglied mit Migrationsgeschichte, keiner weißen Haut oder einem weltoffenen und menschenfreundlichen Statement in einem Interview ist interessant für die politische Auseinandersetzung. Sollte dies nicht gegeben sein, bieten zumindest internationale Auftritte und Touren der Band und die dortigen Fans, Stoff für Diskussionen. Immerhin teilen Menschen mit anderer Hautfarbe und aus anderen Ländern die gleiche Leidenschaft für dieselbe Musik.

  Selbst Bands mit einer kritikwürdigen Geschichte lassen sich geschickt zum Setzen von Impulsen nutzen. Zum Beispiel tat sich die Deutschrock Band Böhse Onkelz in den 1980er-Jahren mit Rechtsrock und rassistischen Texten hervor. Später versuchten die Musiker das rechte Image wieder loszuwerden, in dem sie unter anderem bei Konzerten dazu aufforderten, keine extrem rechten Parteien zu wählen oder Schwarze Menschen nicht rassistisch anzugehen. Extrem rechts einstiegsgefährdeten oder orientierten jungen Menschen mit einer Vorliebe für die Onkelz kann der Abwendungsprozess der Band als Vorbild angeboten werden. Ähnliches gilt für die Deutschrock-Band Frei.Wild. Der Sänger der Band war unmittelbar vor der Band Frei.Wild Teil einer Rechtsrock-Band. Auch heutige Texte stoßen immer wieder auf Kritik. Allerdings gibt es auch zahlreiche Erklärungen der Band, in denen sie sich gegen jede Form von ‚Extremismus' positionieren. In dem von Flucht und Migration sowie extrem rechtem Terror dagegen geprägten Jahr 2015 erklärte die Band unter dem Titel „Die Welt ist bunt! Und Frei.Wild's Ländereien sind es auch"[63] deutlich, dass sie die Unterstützung von Geflüchteten gut heißt und Rassismus sowie Gruppen wie die AfD oder PEGIDA ablehnen. Es bietet sich daher an, jugendliche Frei.Wild-Fans mit dem Statement der Band zu konfrontieren, wenn sie sich z.B. rassistisch äußern, unabhängig von der eigenen privaten Einschätzung über die Band.

---

62 Mit der Schreibweise *weiß* (klein und kursiv geschrieben) und Schwarz (mit großem Anfangsbuchstaben) orientieren sich die Autor*innen an rassismuskritischer Schreibweise; sie soll deutlich machen, dass es nicht um die Bezeichnung sogenannter Hautfarben geht, sondern um politische Positionierungen innerhalb eines Gesellschaftssystems, das strukturell Unterdrückung/Benachteiligung und Macht/Privilegien herstellt.

63 Diese Aussage ist der Titel eines Blogbeitrags der Band (Frei.Wild 2015).

2.2 INTERVENIEREN UND DISTANZIERUNGSPROZESSE ANSTOSSEN

Internetplattformen und Gaming
- Dominanz des Internets
Junge Menschen nutzen gegenwärtig internetgestützte Formen der Unterhaltung und Kommunikation mehrere Stunden täglich. Es ist daher naheliegend, sie bei Gelegenheit daran zu erinnern, dass das Wesentliche am Internet sein internationaler Charakter ist.
- Entwicklerstudios von Apps und Spielen aus anderen Ländern:
Erfragt man, welches die Lieblingsapps oder Spiele der Jugendlichen sind, lässt sich auch schnell googlen, aus welchen Ländern eigentlich deren Entwicklerteam kommt. Einige Beispiele seien hier genannt. Das bei jungen Menschen beliebte Spiel Fortnite wurde ebenso in Polen entwickelt wie The Witcher, während Minecraft in Schweden programmiert wurde. Instagram wurde von einem Brasilianer und einem US-Amerikaner entwickelt. TikTok wurde in China entwickelt und WhatsApp in den USA. Entweder kann den Jugendlichen aufgezeigt werden, welche ihrer Lieblingsapps sie bei konsequent geschlossenen Grenzen nicht nutzen könnten, oder sie können beauftragt werden herauszufinden, welche Apps auf ihrem Handy von einem deutschen Entwicklerstudio oder einem deutschen Entwicklungsteam kommen.
- Internationale Community:
Trends, Subkulturen, Memes und Challenges orientieren sich nicht an Ländergrenzen und funktionieren oft über Sprachbarrieren hinweg. In diesem Sinne ist das Internet nicht nur technisch gesehen grenzübergreifend, sondern trägt zu einer transnationalen Kultur bei.

Hip-Hop
- Geschichte
Hip-Hop setzt sich zusammen aus vier Säulen. DJing, Rap, Graffiti und Break Dance. Sie entstanden in der verarmten Bronx, einem Stadtteil von New York, der damals ein Ghetto für die Bevölkerung von People of Colour darstellte. Alle Säulen des Hip-Hops zeichnen sich dadurch aus, dass ihre Umsetzung nicht viel Geld braucht. Statt vielen Instrumenten braucht es nur selbst gebaute Plattenspieler und Mikrophon. Gemalt wird mit Lackdosen aus dem Baumarkt und getanzt wird auf der Straße auf dem Boden. Heute treten diese Säulen auch losgelöst voneinander auf. Mit Interesse an der jeweiligen jugendkulturellen Ausformung und ihren Wurzeln lassen sich die Verbindungen zu den Schwarzen Ursprüngen schnell herstellen. In jedem Fall ist Hip-Hop keine typisch deutsche Musik. Auch im deutschsprachigen Rap gibt es viele Vertreter*innen mit Migrationsgeschichte, durch die ein offensichtlicher Widerspruch aufgezeigt werden kann, zwischen den jugendkulturellen Interessen eines Jugendlichen und eventuellen extrem rechten oder rassistischen Äußerungen.
- Verherrlichung von Drogen und Gewalt vs. „Die sollen sich an die Regeln halten"
Gerade der Umstand, dass im Rap teilweise Gewalt und Drogen verherrlicht werden, bietet Gelegenheit zu irritieren, wenn z.B. absolute Gesetzestreue von Geflüchteten verlangt wird. Die Grundidee, die politischen Forderungen von Menschen an ihrem eigenen Verhalten zu messen, wird hier über den Spiegel der Jugendkultur bewerkstelligt.
Hip-Hop eignet sich dafür, über die eigene Benachteiligungen ins Gespräch zu kommen, so z.B. die Erfahrung in einem von Armut geprägtem Sozialraum aufzuwachsen.

Vertiefende Ausführungen zur Entstehungsgeschichte der Hip-Hop Kultur im Kontext jugendkultureller Bildung[64]

Die Entstehung von Hip-Hop

Die Wurzeln der Hip-Hop-Kultur gehen zeitlich weit zurück und knüpfen an verschiedene Orte oder kulturelle Praktiken an, beispielsweise in der westafrikanischen Kultur an das rhythmische Geschichten-Erzählen. Währenddessen ist die Hip-Hop-Kultur, wie wir sie heute verstehen, in den 1970er-Jahren in New City, USA, genau genommen dem Stadtteil Bronx, entstanden. Während in Stadtteilen wie Manhattan die (weiße) High-Society lebte, wohnten in der Bronx vor allem ökonomisch benachteiligte Schwarze Menschen und Latinx. Das Leben war geprägt von Armut, Kriminalität und der Gewalt durch rivalisierende Banden. Für junge Menschen gab es wenig Perspektive, Handlungsmöglichkeiten und Sicherheit. Eine eigene Kultur zu entwickeln, die Selbstwirksamkeitserfahrungen bieten konnte, Zugang auch für PoC[65] bot und – nicht irrelevant – eine Abgrenzung zu den Erwachsenen herstellen konnte, war die Grundlage, auf der Hip-Hop entstand.

Die erste Hip-Hop-Party fand am 11. August 1973 im Rec-Room der 1520 Sedgwick Avenue statt. Es luden ein: Cindy C und DJ Kool Herc. Damit ist die Sedgwick Avenue der Geburtsort von Hip-Hop und Cindy und Herk sind ihre Großeltern. Die Technik, die Herc und andere DJs der Zeit entwickelt hatten, wurde zum Ausgangspunkt für Hip-Hop-Musik: Indem auf zwei Plattenspielern der gleiche Song aufgelegt wurde, konnte durch das gleichzeitige Abspielen der einen und Zurückspulen der anderen Platte der sogenannte Get-Down-Part eines Songs unendlich verlängert werden. Dieser Part ist die oft rhythmischere und Drum- bzw. Percussion-fokussierte Instrumental-Stelle eines Songs. Auf diesem Part konnte ebenso rhythmisch getanzt werden: Breakdance war geboren. B-Boys und B-Girls drehten sich akrobatisch und von der Kampfkunst Capoeira beeinflusst über den Boden und trugen skillbasierte Wettkämpfe aus. Der*die MC, Master*Mistress of Ceremony, übernahm bei den Hip-Hop-Partys zunächst die Rolle einer Animateur*in. Das Publikum sollte angeheizt werden, zu tanzen und eine gute Zeit zu haben. Statt komplexer Geschichten wurden Formulierungen à la „Throw your hands in the air like you just don't care" zum Besten gegeben. Oft traten DJ und MC in Personalunion auf. Als die Arbeit der DJs aber komplexer wurde, vor allem durch verschiedene Scratching- und Cutting-Techniken, brauchte es eine weitere Person auf der Bühne, die die Rolle des*der MCs einnahm. Schnell entwickelten sich die MCs weiter und begannen, auf den Live-Beats der DJs aus ihren Leben zu erzählen.

MCing (oder rappen), DJing und Breakdancing sind drei der vier sogenannten Grundpfeiler von Hip-Hop. Ein weiteres Element, das nicht auf den Hip-Hop-Partys entstand, aber ebenso Teil der Kultur ist, ist das Writing, oder Graffiti. Es wurde und wird nicht nur an Wände

---

64 Distanz e.V. setzt jugendkulturelle Workshops gemeinsam mit Akteur*innen aus der Hip-Hop-Kultur um. Die dort angewandten Methoden und Reflexionen werden auch in Fortbildungen an Pädagog*innen vermittelt. Das folgende Kapitel wurde in großen Teilen von Nifty MC im Kontext einer Fortbildungskonzeption im Auftrag von Distanz e.V. verfasst und für diese Publikation nur marginal angepasst.

65 Person of Color oder People of Color (kurz: PoC) wird benutzt für Menschen, die in der Mehrheitsgesellschaft rassifiziert und/oder migrantisiert werden, also als nicht-weiß wahrgenommen werden und deswegen Erfahrungen rassistischer Diskriminierung machen.

gesprüht, sondern auch an Züge. Diese Praktik hat eine besondere Funktion erfüllt: in dem sogenannte Pieces (meint Kunstwerke) der PoC aus der Bronx und anderen armen Stadtteilen New Yorks durch die ganze Stadt fuhren, konnten sie auch in anderen, besser gestellten Stadtteilen auftauchen und mitteilen „Wir sind auch noch hier". Die eigene Existenz sichtbar zu machen ist also schon immer Teil der Kultur und spielt auch mehr als ein halbes Jahrhundert später noch eine wichtige Rolle.

Ansatzpunkte für die politische Bildung

Die oben beschriebene Sichtbarmachung der eigenen Lebensumstände ist eine politische Praxis, da die Repräsentation marginalisierter Gruppen im öffentlichen Raum Teil des Kampfes für Gleichstellung und Chancengerechtigkeit ist. Hip-Hop kommt also aus der Marginalisierung und hat zum Ziel, diese zu überwinden. Weitere konkretere Ansatzpunkte für die politische Bildung sind beispielsweise:

— Hip-Hop-Battles: Wettkämpfe, egal ob in Form von Breakdance, DJ, Rap oder Graffiti ausgetragen, erfüllten die Funktion sich zu messen ohne das Gegenüber körperlich zu verletzen; so leistete Hip-Hop auch einen Beitrag dem Schaden der eigenen Community entgegenzuwirken; die Battles folgten klaren Regeln, so war beispielsweise das Beleidigen von Familienmitgliedern in Rap-Battles eine nicht zu überschreitende Grenze. Battles schafften ein Ventil mit (negativen) Emotionen umzugehen und einem Bedürfnis nach Wettkampf und Reibung nachzukommen, ohne körperliche Gewalt anzuwenden.
— Rassismus: Es ist nicht möglich über Hip-Hop zu reden, ohne über Rassismus zu reden, da das Entwickeln der Kultur auch eine Reaktion auf den Rassismus in den USA war (der in ähnlicher Form auch in Deutschland vorzufinden ist).
— Werte: Schon in den Anfangsjahren wurden von Akteur*innen der Szene Werte für diese definiert: ‚Love, Peace, Unity & Having Fun' stehen für eine gemeinsame Kultur, in der – trotz Wettbewerb – friedlich, respektvoll und wertschätzend miteinander umgegangen werden soll.
— Das Prinzip ‚Each One Teach One', bei dem Wissen und Fähigkeiten nicht exklusiv oder an formale Bildung geknüpft betrachtet, sondern innerhalb der Hip-Hop-Community weitergegeben werden, um gemeinsam, miteinander und voneinander zu lernen.
— Der Anlass für die erste Hip-Hop-Party: Cindy C hat die Party in der Sedgwick Avenue veranstaltet, um Geld zu sammeln, damit sie sich Schulbücher kaufen konnte → Hip-Hop und (Schul-)Bildung sind also direkt miteinander verbunden.

Rap in den USA: eine Übersicht zur Entwicklung

Im Folgenden wird durch einen Überblick über die wichtigsten Entwicklungen von Rap in den USA für spezifische Thematiken dieser Kultur sensibilisiert. Hintergrund der nun folgenden, teilweise sehr expliziten, Informationen ist es, mit Hip-Hop-Rezipient*innen zu ihrem Interesse fundiert in Interaktion treten zu können. Dies ist für die Distanzierungsarbeit insofern relevant, als dass sexistischen, klassistischen oder rassistischen Aussagen mit historischem Wissen begegnet und abwertende Vorstellungen irritiert werden können. Denn obwohl so manch junger Mensch vornehmlich männliche, weiße Rapper hört, ist klar: Hip-Hop ist keine *weiße* oder ausschließlich cis[66]-männliche Kultur.

Die 1980er-Jahre: Oldschool & Newschool
Nachdem Hip-Hop noch in den 70ern vor allem auf Park-Jams und Block-Partys stattfindet und kommerziell keine Rolle spielt, erlangt Rap-Musik in den 80er-Jahren erstmal größere Bedeutung und erreicht ein breiteres Publikum, auch außerhalb Schwarzer Viertel. Stilistisch geht die sogenannte Oldschool in die Newschool über.

— 1979 erscheint auf dem ersten Hip-Hop Label Sugar Hill Records von Sylvia Robinson der erste kommerziell erfolgreiche Rap-Song „Rappers Delight" der Sugar Hill Gang.
— 1982 erscheint mit „The Message" von Grand Master Flash and the Furious Five einer der ersten kommerziell erfolgreichen Rap-Songs. Der Song thematisiert das Leben in den sogenannten Ghettos und rückte die Problemlagen von PoC in US-Amerika in den Fokus; Co-Produzentin war auch hier wieder Sylvia Robinson.
— 1984 erscheint mit „Roxannes Revenge" der Rapperin Roxanne Shanté der erste Battle-Track auf einer Schallplatte.
— 1984 erscheint das Debut-Album der Newschool-Crew Run DMC, die Rap- mit Rock-Elementen verbinden und sich in ihrem Kleidungsstil klar von den Disco-Outfits der Oldschool-Rapper*innen abgrenzen → Marken wie adidas werden wichtiger Teil der Kultur und treiben die Kommerzialisierung von Rap weiter voran.
— Rap entwickelt sich als Ausdrucksform immer weiter und teilt sich in viele diverse Subgenres auf, die ganz verschiedenen Narrativen, Stilen und Identitäten Raum geben (z.B. Conscious Rap von Queen Latifah, Political Rap von Public Enemy, Battle Rap von MC Lyte, Gangsta Rap und G-Funk von NWA, Party-Rap von Salt'nPepa usw.).

Die 1990er-Jahre: Gangstas, Pimps & Hoes
In den 90er-Jahren nimmt die Kommerzialisierung von Rap immer weiter zu. Längst kommt erfolgreicher Rap nicht mehr nur von der Ostküste, auch die Westküste, allen voran Kalifornien, wird immer wichtiger als eines von vielen Orten des Hip-Hop-Geschehens. Als klar wird, dass rassistische Stereotype vom kriminellen, hypersexuellen Schwarzen Mann und der hypersexuellen Schwarzen Frau sich sehr gut an ein *weißes* Publikum verkaufen lassen, wird dies das im Mainstream dominierende Narrativ. Tricia Rose, Soziologin und Professorin an der Brown University, nennt diese inhaltliche Verengung die Trinity of Gangsta, Pimp and Hoe (vgl. Rose 2008: 241) und benennt damit die kommerziell erfolgreichsten und dominierenden Rap-Identitäten, die für männliche Rapper Kriminalität und Zuhälterei vorsehen, für weibliche Rapperinnen eine Inszenierung als Sexarbeiterin (,Hoe'). Mit der Orientierung an der Unterhaltungsindustrie manifestieren sich rassistische Stereotype und sexistische Inhalte im Mainstream-Rap. Öffentlichkeitswirksame Streitigkeiten (auch genannt ,Beef') zwischen Rap-

---

66 Die Begriffe „cis" „cisgeschlechtlich" oder „cisgender" beschreiben Personen, die sich dem entsprechenden Geschlecht zugehörig fühlen, das ihnen bei der Geburt zugewiesen wurde. Sie erleben häufig eine Übereinstimmung zwischen ihrem Körper und ihrer Geschlechtsidentität.

per*innen scheint die Werte ‚Love, Peace, Unity & Having Fun' abzulösen und erreicht in den Ermordungen der konkurrierenden Rapper 2Pac und Notorious BIG ihren Höhepunkt. Erfolgreiche Album-Veröffentlichungen dieser Dekade sind u.a.:

— 1996 2Pac: All Eyez on Me
— 1996 Lil Kim: Hard Core
— 1997 Notorious BIG: Life after Death
— 1998 Lauryn Hill: The Miseducation of Lauryn Hill
— 1998 Jay-Z: Vol. 2 Hard Knock Life
— 1999 Missy Elliott: Da Real World
— 1999 Eminem: The Slim Shady LP

Die 2000er-Jahre: Dirty South
Während sich inhaltlich die Narrative in den 00er-Jahren wenig ändern, orientiert sich der Sound dieser Ära zunehmend an südstaatenspezifischen Stilistiken. Sub-Genres wie Crunk, Miami Bass und Bounce beeinfluss den Mainstream-Rap hörbar. Auch wenn im Mainstream dann vor allem cis-hetero-männliche Rapper mit diesem Sound erfolgreich sind, haben queere Rapper*innen wie Big Freedia, Sissy Nobby oder Katey Red diese Musik entscheidend geprägt und vorangebracht. Frauen sind in den 00er-Jahren aus dem Mainstream-Rap nahezu verschwunden. Die inhaltliche Beschränkung auf das Image als Hoe sowie die in der Musikindustrie vorherrschende Einstellung, dass es genügt, eine Frau pro Szene zu haben, machten Trina zur nahezu einzigen erfolgreichen Rapperin dieser Dekade. Erfolgreiche Album-Veröffentlichungen der 00er Jahre sind u.a.:

— 2000 Trina: The baddest Bitch
— 2003 50 Cent: Get Rich or Die Trying
— 2004 Lil Jon & the East Side Boyz: Crunk Juice
— 2007 Kanye West: Graduation
— 2008 T.I.: Paper Trail
— 2008 Lil Wayne: Tha Carter III

Die 2010er-Jahre: es ist nicht alles Trap, was glänzt
Der dominante Sound der 10er-Jahre ist Trap-Musik. Schleppende Rhythmen, tiefe Bässe, klirrende Hi-Hats sind die Merkmale einer Musik, die oft zwischen Resignation, Aggression und Hedonismus wechselt. Während in den 80er- und 90er-Jahren noch Sportmarken wie adidas oder Nike für eine Realness im Rap standen, sind diese spätestens in den 10er-Jahren fast gänzlich Luxusmarken wie Gucci, Fendi oder Prada gewichen. Die im Rap typische Tradition, Statussymbole wie Autos oder Schmuck zu präsentieren, wird in dieser Dekade auf die Spitze getrieben. Da Rap in der Musikindustrie wie kaum ein anderes Genre Umsatz erwirtschaftet, ist diese Entwicklung auch wenig verwunderlich. Neben einem scheinbar sinnarmen Rap, der Marken aneinanderreiht, differenziert sich Rap in den 10er-Jahren aber auch wieder deutlicher aus und lässt erstmals seit den 90er-Jahren auch im Mainstream wieder eine größere Vielfalt an Stilen und Narrativen zu. Dies zeigt sich nicht nur am Erfolg des Rappers Kendrick

Lamar, der Conscious Rap wieder salonfähig macht, sondern auch an dem bahnbrechenden Erfolg gleich mehrerer Rapperinnen. Erfolgreiche Album-Veröffentlichungen der 10er-Jahre sind u.a.:

— 2010 Nicki Minaj: Pink Friday
— 2011 Wiz Khalifa: Rolling Papers
— 2016 Drake: Views
— 2017 Kendrick Lamar: Damn
— 2018 Cardi B: Invasion of Privacy
— 2018 Migos: Culture II
— 2019 Young M.A: Herstory in the Making
— 2020 Megan Thee Stallion: Good News
— 2021 Doja Cat: Planet Her

Rap in Deutschland
Die Betrachtung von Rap in Deutschland zeigt, dass die Szene in Deutschland sehr ähnliche Entwicklungen wie in den USA durchgemacht hat, nur jeweils ein paar Jahre später. Die ersten Berührungspunkte mit der Kultur gab es in den 1980er-Jahren. Amerikanische G.I.s brachten die Musik mit nach Deutschland, aber auch der 1984 erschienene Film Beat Street half, die Hip-Hop-Kultur in Deutschland bekannt zu machen. Auch in der DDR: Der Film Beat Street wurde 1985 in DDR-Kinos ausgestrahlt und inspirierte junge Menschen dazu, sich in den diversen Praktiken des Hip-Hops, vor allem im Breakdance, auszuprobieren.

In den Anfangsjahren war Hip-Hop eine Kultur, die vor allem in Jugendzentren und auf Hip-Hop-Jams von migrantisierten Jugendlichen entwickelt und praktiziert wurde. So war Rap in seiner Anfangszeit in Deutschland auch nicht deutschsprachig, sondern englisch, italienisch, türkisch, arabisch et cetera. Erst in den frühen 1990ern begann deutschsprachiger Rap an Relevanz zu gewinnen. Als erste deutschsprachige Rap-Produktion gilt der Song „Ahmet Gündüz" (1990) der Gruppe Fresh Familee. In diesem Song werden Erfahrungen von sogenannten Gastarbeiter*innen thematisiert sowie die der zweiten Generation der in Deutschland aufgewachsenen Kinder. Auch die 1992 veröffentliche Debut-Single „Fremd im eigenen Land" der Crew Advanced Chemistry ist hochpolitisch und beschäftigt sich mit den Erfahrungen migrantisierter und afrodeutscher Menschen.

Den ersten Charterfolg in Deutschland hat allerdings 1992 die *weiße* bürgerliche deutsche Gruppe Die fantastischen Vier mit ihrem Song „Die da!?!". Mit ihrem Album „4 gewinnt" popularisieren sie Rap in Deutschland sowie deutschsprachigen Rap, entpolitisieren ihn aber auch in der gesellschaftlichen Wahrnehmung.

Die wichtigsten Orte für Rap waren in den 80er- und 90er-Jahren Heidelberg (Cora E., Advanced Chemistry, Stieber Twins), Frankfurt am Main (Moses Pelham, Schwester S/Sabrina Setlur), Hamburg (Fettes Brot, Absolute Beginner, Samy Deluxe, Fünf Sterne Deluxe, Nina MC) und Stuttgart (Die fantastischen Vier, Massive Töne, Freundeskreis). Während Vertreter*innen der Alten Schule (Cora E., Advanced Chemistry, Microphone Mafia) politisch expliziten Rap produzierten und sich deutlich gegen Rassismus und Menschenfeindlichkeit positionierten, brachte die Neue Schule (Fettes Brot, Das Bo) vor allem Party- und Spaß-Songs heraus.

Berlin trat erst mit der Jahrtausendwende auf die deutsche Hip-Hop-Landkarte und sollte den Stil der nächsten Jahre prägen. Mit Rapper*innen wie Sido, Bushido, B-Tight, Fler und später Kitty Kat (alle auf dem Label Aggro Berlin) sowie Kool Savas wurde deutschsprachiger Gangsta-Rap populär und – analog zur Entwicklung in den USA, nur ein paar Jahre später – das Genre im Rap, mit dem mehr Geld als mit jedem anderen Genre verdient werden konnte. Ähnlich wie in den USA folgte diesem kommerziellen Erfolg von Gangsta Rap auch in Deutschland eine inhaltliche und stilistische Einengung von Rap entlang der Narrative Gangsta, Pimp und Hoe.

Und auch in Deutschland wurden nun rassistische Stereotype als Verkaufsmodel genutzt, was speziell im Fall des afrodeutschen Rappers B-Tight offensichtlich wurde, der als ‚Drogen dealender und hypersexueller N***r' vermarktet wurde. Die sogenannte Neue Deutsche Härte räumte nicht nur sexistischen und queerfeindlichen Zeilen mehr Platz im deutschsprachigen Rap ein, sondern ließ unkritischen deutschen Patriotismus oder auch Nationalismus zu. Bekanntester Vertreter dieser Art von Rap ist Fler. Auf seinem Album Neue Deutsche Welle (2005) (das bis heute sein erfolgreichstes Release ist) posiert er nicht nur mit Adler und Deutschlandflagge, sondern nimmt auch inhaltlich Bezug auf sein Deutschsein, das er mit Härte und Stolz verbindet. So kam es 2014 dazu, dass sogar die NPD mit einer Liedzeile von Fler für ihre Partei zu werben versuchte („Bei mir hängt die Fahne nicht nur zur Fussball-WM" aus dem Lied Stabiler Deutscher), wobei Fler sich davon klar abgrenzte und der NPD mit einer Klage drohte. Fler ist sicher kein Nazi – die Abgrenzung bleibt aber halbherzig, wenn er in seinem Musikvideo zu „Echte Männer" feat. G-Hot und Silla auch eine Person mit Thor Steinar Jacke durchs Bild laufen lässt oder Werbung für das Compact Magazin macht (mehr zur Instrumentalisierung von Rap siehe Kapitel 2.1.8).

In den 10er-Jahren werden Rapper*innen, die in Straßenrap ihre Rassismuserfahrungen oder familiäre Migrationsgeschichte thematisieren im Mainstream (wieder) wichtiger. Bekanntestes Beispiel ist wahrscheinlich der Offenbacher Rapper Haftbefehl, aber auch Rapper*innen wie Xatar (Bonn), Celo & Abdi oder Schwesta Ewa (Frankfurt am Main), BSMG (Berlin) und weitere sind mit diesen Themen durchaus auch im (Rap-)Mainstream sehr erfolgreich. Die in den 00er-Jahren eingeführte Härte, einschließlich Sexismus, Gewalt und Homo-Feindlichkeit bleiben weiterhin fester Bestandteil des Rap in Deutschland und bringt Artists wie 187 Straßenbande oder Kollegah hervor.

Ein wichtiger Motor für die weitere Entwicklung des Rap in Deutschland waren Möglichkeiten, die durch Internet-Formate wie die Reimliga Battle Arena (RBA) oder das Videobattleturnier (VBT) auftraten. Heute erfolgreiche Rapper*innen wie Kollegah, Cro, Antifuchs, Capital Bra oder ÉASY nutzten diese Formate als erste Bühnen für ihren Rap. Später werden auch Influencer*innen wie Shirin David als Rapper*innen erfolgreich. Musikalisch ist auch in Deutschland Trap-Sound der sich in den 10er-Jahren durchsetzende Stil. Als Spielart davon werden in den 10er-Jahren auch Rapper*innen erfolgreich, die sich dem Subgenre Cloudrap zuordnen. Dieses Subgenre ist geprägt von einem überschwänglichen Einsatz von Auto-Tune Techniken, teilweise Lo-Fi Sound und mehr Synthesizer/elektronischen Instrumenten als klassischen Samples. Inhaltlich dominieren auch hier die Themen Gewalt, Sex und Drogen, orientiert an klassischen Gangsta-Rap-Themen. Bekannte Vertreter*innen sind LGoony, Moneyboy und Hayiti.

Während Rap sich immer wieder mit kritischen bis grenzüberschreitenden Lines und Akteur*innen hervortut, bleibt das emanzipatorische Potenzial von Rap, vor allem abseits des Mainstreams weiter vorhanden. Dass bei Spotify die beiden meist gestreamten Musiker 2023 in Deutschland Rapper sind, zeigt, dass es kein anderes postmigrantisches Musikgenre derart geschafft hat, sich so stark im Mainstream zu verankern. Mit der Partei ‚Die Urbane' gibt es seit 2017 sogar eine Hip-Hop-Partei, die sich hauptsächlich mit der Bekämpfung von strukturellem Rassismus und Diskriminierungsformen wie Sexismus und Queer-Feindlichkeit beschäftigt. Und während es wichtig und notwendig ist, Rap im Auge zu behalten und diskriminierende Sprache und Handlungen als solche zu benennen und kritisieren, sollte weder das Potenzial von Rap übersehen werden noch in die Falle getappt werden, Rap (als Schwarze Kultur!) stärker zu sanktionieren als weiße Kulturprodukte. Wie jugendkulturelle Interessen als Potenzial genutzt werden können, wird durch folgenden Praxisbericht illustriert.

Ein Bericht aus der Praxis

Im Rahmen intensivpädagogischer Einzeltrainings arbeitete Distanz e.V. mit einem extrem rechts orientierten Jugendlichen, welcher sich positiv auf die Nazizeit bezog und dem darüber hinaus Deutschland und das Deutschsein über die Maßen wichtig war. Allerdings fiel es dem Jugendlichen schwer zu benennen, was genau ihm an Deutschland oder an der Nazizeit gefallen würde. Die Trainer*innen versuchten einerseits zu erfahren, worauf genau der Jugendliche sich bezog und welche Funktion dies für ihn hatte, andererseits spiegelten sie dem Jugendlichen ihre Irritation darüber, dass das Thema offenbar große Bedeutung für ihn hatte, er aber wenig Konkretes dazu sagen konnte.

Neben den explizit politischen Themen spielen auch die Hobbys, Interessen und Freizeitgestaltungen des Jugendlichen eine wichtige Rolle im Training. Dadurch erfuhren die Trainer*innen, dass der Jugendliche am liebsten Rock und Heavy Metal hörte, darunter auch Rechtsrock. Interessiert wurde nachgefragt, welche Bands den Jugendlichen begeistern würden. Dieser nannte daraufhin diverse internationale bekannte Rock-Bands aber auch ausgemachte Rechtsrock-Bands. Diese Informationen halfen den Trainer*innen, zum einen den Grad der Radikalisierung des Jugendlichen einzuschätzen und eröffneten zum anderen die Chance für eine Intervention.

Zwei der vom Jugendlichen genannten Bands, die in keinerlei Verbindung zum Rechtsrock stehen, waren Metallica und Manowar. Der Gründer und Band Leader von Manowar heißt Joey DeMaio und spielt den E-Bass in der Band. Er wurde in den USA geboren und seine Familie stammt von Italiener*innen und Native Americans ab. Bei Metallica übernimmt seit über 20 Jahren Robert Trujillo den E-Bass und den Hintergrundgesang. Er stammt von Mexikaner*innen und Native Americans ab. Beide Bands sind seit Jahrzehnten international sehr erfolgreich, gehen weltweit auf Tour und haben eine starke Fanszene in vielen Ländern auf der Erde.

So konnten die Trainer*innen dem Jugendlichen zunächst aufzeigen, dass seine positiven Bezüge auf die Nazizeit und Deutschland in diesem Zusammenhang etwas substanzlos wirken und darüber hinaus nicht zu der von ihm bevorzugten Musik passen. Zu Rechtsrock wurde zusätzlich kritisch angemerkt, dass die gesungenen politischen Inhalte nicht zu einer Musik passen würden, die aus der Schwarzen Bevölkerung der USA stammt. Dem Jugendlichen wurde so ein Widerspruch aufgezeigt zwischen seinem Musikgeschmack und seiner Freizeitgestaltung auf der einen Seite, und seinen politischen Äußerungen auf der anderen Seite. Durch entsprechende Fragen und Anmerkungen legten ihm die Pädagog*innen indirekt nahe, diesen Widerspruch zugunsten der international erfolgreichen Bands ohne Rechtsrockbezug und zuungunsten seiner politisch extrem rechten Äußerungen aufzulösen, weil er ansonsten – wenn er in seinem extrem rechten Bild authentisch sein möchte – auf Rock gänzlich verzichten sollte.

Gegenüber den Pädagog*innen äußerte der Jugendliche im Anschluss, er habe sich bisher geirrt oder falsch ausgedrückt bei seiner politischen Selbstverortung. Dies kann als starker Hinweis darauf verstanden werden, dass der Jugendliche sich des Widerspruchs bewusst geworden ist und ihm das Hören der international erfolgreichen Bands wichtiger ist als eine rassistische oder nationalistische politische Selbstverortung.

Das Beispiel aus der Praxis zeigt, dass der internationale Charakter von Jugendkulturen geeignet ist, um Jugendlichen eine weltoffenere Haltung nahezulegen.

Randnotiz: An dieser Stelle soll ergänzend auf das völkische Konzept des Ethnopluralismus hingewiesen werden. Gemäß diesem Konzept betrachtet die extreme Rechte die Existenz verschiedener Ethnien auf der Welt als legitim. Diese Ethnien sollten jedoch keine gemeinsamen Nachkommen haben und somit nicht ‚vermischt' werden. Jede Ethnie solle in denjenigen Grenzen verbleiben, die von der extremen Rechten als ihre jeweiligen Wurzeln gewähnt werden. Dieses Konzept dient unter anderem als Begründung für die vermeintliche Homogenität des ‚deutschen Volkes'.

Eine klassische ethnopluralistische Argumentationskette wäre also, dass (Jugend-)Kulturen aus anderen Ländern natürlich legitim wären. Es wird dann bewusst betont, dass die Person grundsätzlich nichts gegen verschiedene Jugendkulturen habe. So kann der oberflächliche Eindruck erweckt werden, die Person würde niemanden ausgrenzen.

Doch: Der Ethnopluralismus ist ein zutiefst rassistisches Konzept. Die Denkschule des Ethnopluralismus sehnt sich eigentlich danach, dass internationale Menschen und Kulturen möglichst keinen Einfluss auf die als rein deutsch angesehene Kultur haben sollten. Dies würde weitergedacht aber auch bedeuten, dass keine Rechtsrock-Szene in Deutschland existieren dürfte, um jeglichen internationalen Einfluss zu vermeiden. Verwendet eine Person ethnopluralistische Argumentationsmuster, zeigt sie damit, dass sie tiefer in die Argumentationslogik der extremen Rechten eingedrungen ist und lässt darauf schließen, dass sie sich bereits stark an die extreme rechte Ideologie angenähert hat.

2.2.10 INTERVENTIONSGRUNDLAGEN UND HANDLUNGSEMPFEHLUNGEN

Was muss ich für eine gelingende Intervention beachten?

> **Das Kapitel auf einen Blick**
>
> Das Kapitel gibt einen Überblick über die notwendigen Schritte und Prinzipien für eine erfolgreiche Intervention gegenüber Gruppenbezogener Menschenfeindlichkeit. Auf die Bedeutung einer menschenrechtsorientierten Haltung im pädagogischen Kontext wird eingegangen. Es werden Gelingensfaktoren für Interventionen formuliert. Ebenso werden orientierende Fragen zur Situationsanalyse, Planung, Zielformulierung und Durchführung von Interventionen auf verschiedenen Ebenen (Täter*innen, Betroffene, Zuschauende) an die Hand gegeben. Das Kapitel schließt mit Handlungsempfehlungen zu verschiedenen Vorfällen, die für die eigene Praxis adaptiert werden können.

Grundlagen einer erfolgreichen Intervention

Aus dem eigenen pädagogischen Auftrag und einer menschenrechtsorientierten Haltung heraus ist eine Intervention gegen Äußerungen/Handlungen Gruppenbezogener Menschenfeindlichkeit geboten. Eine klare, menschenrechtsorientierte Haltung zu haben, diese zu kennen und für junge Menschen in eine angemessene Sprache fassen zu können, ist die Grundlage für Interventionen gegenüber Äußerungen/Handlungen mit Einstellungen Gruppenbezogener Menschenfeindlichkeit.

Wie intervenieren/handeln?

Im Sinne einer professionellen Rolle empfiehlt es sich, bewusst und kontrolliert zu handeln (dies kann auch bedeuten, starke Emotionen zu zeigen – aber eben bewusst und kontrolliert). Die Reflexion der eigenen Haltung, Werte und Grenzen unterstützt pädagogische Fachkräfte dabei.

Zentral ist es, bei Interventionen auch die Beziehungsebene anzusprechen. Dies kann wirksamer sein, als auf inhaltlicher Ebene zu argumentieren. Außerdem kann es, dank des Überraschungseffektes, hilfreich sein, Neues auszuprobieren und sich jenseits gewohnter Reaktionsmuster zu bewegen.

Wichtig ist es auch, dass Interventionen als Konsequenzen des Handelns verlässlich, gerecht und transparent sind. Deshalb sollte sich im Team gut abgestimmt werden.

— Verlässlichkeit: Bei bestimmten Verhaltensweisen sollten Konsequenzen in Aussicht gestellt und diese auch verfolgt werden. Damit werden bei den Adressat*innen die entscheidenden Werte von Zuverlässigkeit, Konsequenz und keine Willkür vermittelt.
— Gerechtigkeit: Auf ähnliche Verhaltensweisen sollten ähnliche Interventionen erfolgen, auch wenn sie von unterschiedlichen Pädagog*innen stammen.
— Transparenz: Die Gründe der Intervention und Konsequenz sollten verständlich kommuniziert und nachvollziehbar sein. Sie unterstützt junge Menschen dabei, Verantwortung für

das eigene Handeln zu ergreifen und Konsequenzen zu akzeptieren. Eine menschenrechtsorientierte Haltung ist eine hilfreiche Grundlage für eine positiv formulierte Begründung.

Wann welche Intervention?
Es kann hilfreich sein zu überlegen, welche Intervention in der Situation an sich und welche im späteren Verlauf vorgenommen wird. Häufig ist es hilfreich und pädagogisch sinnvoll, zeitnah in einem anderen bzw. späteren Setting Themen nochmal aufzugreifen. Dies verschafft Pädagog*innen Ruhe zum Überlegen, Zeit für Recherche und für die Abstimmung im Team. Es ermöglicht auch, Themen außerhalb der (häufig angespannten) Akutsituation vertieft und in einem anderen Setting anzusprechen. Außerdem wird dem jungen Menschen dadurch vermittelt, dass seine Aussagen ernst genommen werden.

Wer interveniert? (Interventionsberechtigung klären)
Es ist wichtig – im besten Fall im Team – abzuwägen, welche Person eine Intervention durchführt. Abhängig von der Art der Intervention und der daraus folgenden weiteren Interaktion mit einer Person ergibt es Sinn, verschiedene Strategien zu entwickeln und die eigenen Rollen im jeweiligen Fall zu reflektieren.

Eine tragfähige Beziehungsebene ist die Basis für eine nachhaltige Auseinandersetzung mit diskriminierenden Einstellungen. Je stärker diese Beziehungsebene gegeben ist, desto konstruktiver kann interveniert werden. So kann sich authentisch auf individuelle Gegebenheiten bezogen werden und auf Basis dessen interveniert werden. Außerdem sind positive Eigenschaften der Person bekannt, die zur Irritation genutzt werden können, wie zum Beispiel: „Es wundert mich, dass du das sagst, weil eigentlich bist du doch in anderen Situationen [offen] oder [selbst von Abwertung betroffen] …". Dies setzt voraus, ein ernsthaftes Interesse an den Sichtweisen und Erfahrungen der jungen Menschen zu haben oder dieses aufzubauen.

Wird zum gegenwärtigen Zeitpunkt eine pädagogische Auseinandersetzung als nicht möglich eingeschätzt und geht es vornehmlich darum, den Schutzraum für Betroffene zu wahren und z.B. das Hausrecht durchzusetzen, kann auch eine Person ohne Beziehungsebene diese Sanktion vermitteln. Eine formale Grenzsetzung durch eine andere Person erleichtert in einem möglichen konstruktiveren Verlauf das Aufnehmen des Kontakts durch eine Person mit Beziehungsebene.

Wie gestalte ich das Interventionssetting?
Befinden sich Pädagog*innen in einem Gruppensetting, kann es – wenn möglich – hilfreich sein, das Setting zu wechseln, hin zur Kleingruppe oder zum Zweiersetting mit den im Fokus stehenden Jugendlichen. Dies reduziert u.a. den Performance-Druck für alle und erleichtert es dem jungen Menschen, sich auf Reflexionsprozesse einzulassen. Auch das Umfeld zu wechseln, z.B. gemeinsam spazieren zu gehen, kann die Intervention positiv unterstützen.

Nicht zu intervenieren oder Interventionen im Sande verlaufen zu lassen, könnte diskriminierende Personen in ihrem Verhalten bestätigen. Doch Diskriminierende sollten nicht im alleinigen Fokus sein.

Wer	Wozu
mit Diskriminierenden/Täter*innen	• um weitere Betroffene zu verhindern • um eine Distanzierung von diskriminierendem Handeln/Einstellungen anzustoßen
mit möglichen Betroffenen	• zur Sicherstellung des Schutzraumes
mit dem zuschauenden Umfeld	• um einer Normalisierung menschenfeindlicher Einstellungen entgegenzuwirken

Abhängig von den an einer Situation beteiligten Personen sollte überlegt werden, welche Interventionen/Maßnahmen auf den Ebenen der Diskriminierenden/Täter*innen, der Betroffenen und des zuschauenden Umfeldes zu ergreifen sind. Diese Aufteilung verhindert unter anderem, dass die Betroffenenperspektive aus dem Blick gerät. Auf den Ebenen können folgende Fragen hilfreich sein:

— Diskriminierende/Täter*innen: Wurden Grenzen der Strafbarkeit überschritten und welche Konsequenzen empfehlen sich (pädagogisch/strafrechtlich)? Wie werden Grenzsetzungen pädagogisch vermittelt? Was ist der Hintergrund des Gesagten/Handelns? Wie kann ein Reflexionsprozess angeregt werden? Welche Weiterarbeit empfiehlt sich mit den jungen Menschen, um Distanzierungsprozesse zu befördern?
— Betroffene: Welcher Betroffenenschutz/Schutzraum ist notwendig? Muss ggf. der Kontakt zu Unterstützungsstrukturen wie der Betroffenenberatung hergestellt werden? Was macht das Gesagte/Geschehene mit Betroffenen? Was sind ihre Bedürfnisse, welche Unterstützung brauchen sie?
— Zuschauendes Umfeld: Muss ich das Umfeld schützen? Was macht die Situation mit Zuschauenden? Wie stelle ich in der Einrichtung geltende Werte sicher und vermittle diese? Wie stärke ich vorhandene Werteorientierungen in der Gruppe und die Fähigkeit, diese zu äußern? Wie nutze ich die Ressourcen der Gruppe für die Stärkung eines menschenrechtsorientierten Gruppenklimas, ohne sie zu überfordern?

Die Planung der Intervention kann wenige Sekunden – wenn situativ auf eine Äußerung reagiert werden muss – oder mehrere Wochen einnehmen – z.B. wenn eine Strategie für ein Institution oder ein Gemeinwesen entwickelt wird. Die Schritte und Fragen ähneln sich dabei. Die Interventionsplanung kann auch außerhalb konkreter Situationen (also hypothetisch, als Rollenspiel oder auf Grundlage früherer Situationen) erfolgen, um dann in den jeweiligen Situationen zügig und selbstsicher reagieren zu können.

Die Schritte einer Interventionsplanung (mit beispielhaften Leitfragen):

1. **Situation einschätzen**
   Ereignis und Rahmenbedingungen
   ○ Mit wem habe ich es zu tun und wie ist unsere Beziehung? (z.B. Einzelperson/Gruppe? Wer ist noch am Setting beteiligt? Einmaliges Setting/beständiger Kontakt?)

- Wer ist noch in der Situation dabei? (Sind von Handlungen direkt/indirekt betroffene oder diskriminierte Personen im Raum? Gibt es ein zuschauendes Umfeld?)
- Was ist genau passiert? (Welche Grenzen wurden verletzt?)
- Wo bin ich? (Beispielsweise öffentlicher oder geschlossener Raum?)
- Wie ist die Gefährdungslage? Wurde eine Straftat begangen?

Ich in der Situation
- Wie geht es mir?
- Womit fühle ich mich sicher?
- Was sind meine Ressourcen?
- Wer kann mir akut helfen? Wen könnte ich mir als Unterstützung organisieren?

2. Ziele klären entsprechend der Situationseinschätzung
→ Verschiedene Adressat*innen (Diskriminierende/Täter*innen, Betroffene und zuschauendes Umfeld) und jeweilige Bedarfe berücksichtigen
- In der Situation?
- Nach der Situation?
- Langfristig?

3. Interventions- und Maßnahmenplanung entsprechend der Situationseinschätzung
- Allgemein:
  - Welchem Schutzauftrag muss ich nachkommen?
  - Wie kann ich die Werte der Einrichtung sichern?
  - Wie zeige ich meine menschenrechtsorientierte Haltung?
  - Wer hat welche Interventionsberechtigung?
- In der Situation?
  - Wie kann ich mir gegebenenfalls Zeit verschaffen?
  - Was würde ein Wechsel des Settings bringen?
- Nach der Situation?
  - Welche Nachbetreuung ist notwendig?
- Langfristig?
  - Was muss passieren, um solche Vorkommnisse in Zukunft zu verringern?

4. Verbündete suchen entsprechend den Interventionsstrategien
- Wen brauche ich zur Zielerreichung/Absicherung der Situation?
- Wen kann ich als Ressource nutzen?

5. Interventionen und Methoden durchführen

6. Reflexion und Lerneffekt
- Wie und wann können eine Auswertung und Reflexion der Situation, der Intervention und der Reaktion stattfinden?
- Was ist passiert und wie wurde darauf reagiert?

- o Wie beurteilt mein*e Kolleg*in die Intervention?
- o Wie kann ich mit meinen eigenen Gefühlen zur Situation umgehen?
- o Was brauche ich in der Zukunft?
- o Welche Lerneffekte habe ich? Welche übertragbaren Interventionsstrategien lassen sich finden?

Exit-Optionen und Minimalintervention

Gerade wenn die Situation neu und damit ungewohnt oder aber alltäglich und belastend ist, können sich Sprachlosigkeit, Überforderung und Erschöpfung einstellen. Dies hemmt die eigene Handlungsfähigkeit. Es ist nachvollziehbar, wenn Pädagog*innen nicht in jeder Situation sofort eine passende Intervention parat haben.

Generell ist es hilfreich, sich Zeit zu verschaffen und sich Verbündete zu suchen. Eine Minimalintervention sollte – wenn möglich – allerdings immer erfolgen, gerade wenn es ein zuschauendes Umfeld gibt. Dieses könnte aus einem Stillschweigen schließen, dass das Gesagte/Getane in Ordnung ist und sich dadurch bestärkt oder verunsichert fühlen. Eine Minimalintervention ist auch geboten, wenn es sich um ein einmaliges Setting handelt oder Betroffene, Pädagog*innen selbst oder andere geschützt werden müssen. Eine Minimalintervention ist auch schon das klare Zeigen einer menschenrechtsorientierten Haltung und auf dieser Grundlage die Ablehnung des Vorgefallenen.

Wichtig ist: Der Schutz von Betroffenen geht vor. Die Arbeit mit Täter*innen darf aber nicht wegfallen. Im Sine des Betroffenenschutzes kann die Arbeit aber auf ein Setting in der nahen Zukunft verlagert werden. Dieses Setting sollte angekündigt werden und kann als Teil einer Minimalintervention fungieren. Damit wird kommuniziert, dass Pädagog*innen nicht wegsehen und sie behalten gleichzeitig die Kontrolle über die Lage. Beispielsweise könnte dies heißen, zu sagen: „Hier ist jetzt Schluss. Aber ich komme bald nochmal auf dich zu, weil es mir wichtig ist, mit dir dazu weiter im Austausch zu bleiben. Und ich will besser verstehen, was dir daran wichtig ist".

Handlungsempfehlungen

Es gibt für Situationen kein Universalrezept – die Interventionen sind abhängig von den Rahmenbedingungen und von der handelnden pädagogischen Fachkraft. Es gibt aber bewährte Strategien, die als Orientierung dienen können.

Generell gilt: Im Vordergrund sollte immer die inhaltliche Auseinandersetzung stehen. Daher sollten die grundlegenden Symboliken, Ästhetiken und Narrative extrem rechtskonnotierter Lifestyle-Elemente bekannt sein. Verbote sind eine Maßnahme, ohne inhaltliche Auseinandersetzung allerdings eine wenig nachhaltige Intervention – Sanktionen ersetzen also keine inhaltliche Auseinandersetzung. Der Großteil extrem rechter Symbolik ist nicht strafrechtlich relevant, doch auch bei nicht strafrechtlich relevanten Inhalten sollte beispielsweise auf Basis einer Hausordnung oder der eigenen menschenrechtsorientierten Haltung, interveniert werden.

2.2 INTERVENIEREN UND DISTANZIERUNGSPROZESSE ANSTOSSEN

Level	Verhalten der diskriminierenden Person(en)	Pädagogischer Umgang und Ziele	Bezugnahme auf… immer: eigene menschenrechtsorientierte Haltung zusätzlich: (siehe Zeile)
1	Abwertung von anderen/Gewaltverherrlichung, fällt auf durch: Meinung	→ Gespräch in Einzelsetting suchen	
1	Abwertung von anderen/Gewaltverherrlichung, fällt auf durch: Meinung	→ Gespräch in der Gruppe suchen	
1	Abwertung von anderen/Gewaltverherrlichung, fällt auf durch: Kleidung aus Graubereich	→ Gespräch im Einzelsetting suchen, um Szeneeinbindung einschätzen zu können	Werte der Einrichtung, vereinbarte Verhaltensregeln
2	Abwertung von anderen/Gewaltverherrlichung, fällt auf durch: Kleidung aus extrem rechtem Szenekontext	→ Das Tragen der Kleidung unterbinden und ein alternatives Kleidungsstück anbieten oder die Kleidung umdrehen lassen	Hausordnung, Werte der Einrichtung, vereinbarte Verhaltensregeln
3	Diskriminierende Äußerung in Bezug auf abwesende konkrete Person	→ Aussagen unterbinden, → Gespräch im Einzelsetting suchen → Bei einem zuschauenden Umfeld: sich öffentlich mit Betroffenen solidarisieren	Hausordnung, Werte der Einrichtung, vereinbarte Verhaltensregeln
3	Diskriminierende Äußerung in Bezug auf anwesende konkrete Person	→ Betroffenenschutz vornehmen → Aussagen unterbinden → Sich öffentlich mit Betroffenen solidarisieren → Je nach Möglichkeit in Situation: Gespräch im Einzelsetting mit diskriminierender Person suchen → Gespräch mit Entschuldigung vermitteln	Hausordnung, Werte der Einrichtung, vereinbarte Verhaltensregeln, Fürsorgepflicht/Antidiskriminierungsgesetz
4	Abspielen diskriminierender Musik	→ Abspielen unterbinden → Gespräch im Einzelsetting suchen und Hintergründe erfragen (bei einschlägiger Musik extrem rechter Gruppen: Quelle erfragen), ggf. gemeinsame Textanalyse	

Level	Verhalten der diskriminierenden Person(en)	Pädagogischer Umgang und Ziele	Bezugnahme auf... immer: eigene menschenrechts-orientierte Haltung zusätzlich: (siehe Zeile)
4		→ Bedarfe von nicht beteiligten Zuhörenden und ggf. Betroffenen beachten (letztere müssen sich nicht zwingend als betroffen sehen, d.h., hier muss abhängig von der Selbstwahrnehmung gehandelt werden) → Musik-Hören im Allgemeinen zu späterem Zeitpunkt für Gruppe pädagogisch aufbereiten	Hausordnung, Werte der Einrichtung, vereinbarte Verhaltensregeln Bezug nehmen auf Inhalte → es ist irrelevant, ob Musik indiziert ist oder nicht
4	Extrem rechte Taktik der Subversion, genauer: Person verhält sich kontinuierlich entgegen der Hausordnung, Einschränkung/Beeinflussung anderer Adressat*innen, kein pädagogischer Zugang; Machtdemonstration und Agitation	→ Person aus der Örtlichkeit verweisen	Hausrecht Fürsorgepflicht für nicht-rechte und/oder betroffene Personen
5	Strafrechtliche Relevanz von Zeichen oder Handlungen	→ Anzeige im Nachhinein (Anfertigen eines Gedächtnisprotokolls beachten) → Im Einzelfall kann abgewogen werden, ob zunächst pädagogische Maßnahmen ergriffen werden, wenn diese eine positive Prognose der Erreichbarkeit haben. Auf die strafrechtliche Relevanz solle in jedem Fall hingewiesen werden. Eine Anzeige kann auch zu einem späteren Zeitpunkt vorgenommen werden, wenn pädagogische Maßnahmen keine Wirkung gezeigt haben	§130 StGB (Volksverhetzung) und §86(a) StGB (Verwendung von Kennzeichen verfassungswidriger und terroristischer Organisationen)
5	Konkrete Bedrohung oder Verletzung andere Personen/Ankündigung schwerer Straftat bzw. Gefahr im Verzug	→ Fremd- und Selbstschutz beachten, Polizei anrufen	Fürsorgepflicht Notfallplan der Einrichtung

2.2.11 FALLANALYSE ALS GRUNDLAGE DER INTERVENTION (INKL. VORLAGE)

Welche hilfreichen Fragen gibt es für die Fallanalyse?

> **Das Kapitel auf einen Blick**
>
> Das Kapitel bietet eine Hilfestellung, wie als Einzelperson oder in einer Kleingruppe eine detaillierte Fallanalyse vorgenommen werden kann. Diese kann bei auffälligem Verhalten eines jungen Menschen für eine umfassende Interventionsplanung und Strategie sinnvoll sein, besonders wenn dieser für pädagogische Angebote eher schwer zu erreichen ist. Das strukturierte Zusammentragen von Informationen ist die Grundlage für eine Analyse der Lebenssituation und der Bedarfe des jungen Menschen und für die Planung konkreter nächster Schritte. Der Fokus liegt darauf, eine bedarfsgerechte Interventionsplanung zu ermöglichen und vernachlässigte Ressourcen zu identifizieren.

Wird ein junger Mensch auffällig oder zeigt sich eine komplexe Ausgangslage, kann eine detaillierte Fallanalyse hilfreich sein – sowohl für die bedarfsgerechte Interventionsplanung als auch für die Wiederentdeckung vernachlässigter Ressourcen des jungen Menschen oder des Umfelds. Ideal ist es, eine Fallanalyse als Kleingruppe pädagogischer Fachkräfte durchzuführen, die den jungen Menschen kennen. Sie kann aber auch als Einzelperson durchgeführt werden.

Die Arbeit mit und für Fälle hat in der Sozialpädagogik, auch Kasuistik genannt, mittlerweile eine Tradition und wurde über Jahrzehnte weiterentwickelt, reflektiert und interdisziplinär ausdifferenziert (Hörster 2010: 677f.). Verschiedene Verfahrensweisen, Konzeptualisierungen und Handlungsmodelle bildeten sich heraus, die für die praktische Arbeit pädagogischer Fachkräfte hilfreich und kaum noch wegzudenken sind (Linke 2022). Fallarbeit, wie Fallanalysen und -reflexion unterstützen beispielsweise dabei

> „unübersichtliche Situationen zu ordnen und zu überschauen, verschiedene und neue Perspektiven auf einen Fall einzunehmen, […] [sowie] mit den Adressat:innen für diese neue Sichtweisen zu ihrer spezifischen Lebenssituation, zu ihrem Problem, zu ihren Lösungsmöglichkeiten erarbeiten zu können" (ebd.).

Ablauf

1. Vorab:
Die einzelnen Personen können sich mithilfe der Analysefragen auf das Treffen vorbereiten und gegebenenfalls Informationen von Personen einholen, die beim Treffen nicht anwesend sein können.

Es hilft, vorab zu klären, wie visualisiert wird und wer für die Ergebnissicherung im Allgemeinen verantwortlich ist. Weiter unten findet sich ein Visualisierungsvorschlag als Kopiervorlage.

Außerdem sollte konkret benannt werden, was der Anlass und das Anliegen jedes einzelnen Teilnehmenden und des Treffens sind.

2. Informationen zusammentragen:
Die verschiedenen Fachkräfte schildern ihren Blick auf den jungen Menschen. Hierbei geht es darum, möglichst objektiv und konkret Wahrnehmungen zu beschreiben und sie in Abgleich zueinander zu stellen.

3. Informationen ergänzen und analysieren:
Fließend zum vorherigen Schritt, dem freien Zusammentragen von Informationen, werden diese mithilfe der untenstehenden Informations- und Analysefragen ergänzt. Es sollte sichergestellt werden, dass keine Aspekte vergessen werden. Die verschiedenen Informationen und Perspektiven werden in Abgleich zueinander gestellt. Die Analyse sollte sich am Anliegen des Treffens orientieren und gleichzeitig dafür offen sein, bisher Vernachlässigtes oder Unerkanntes zu besprechen.

4. Nächste Schritte sammeln, priorisieren und planen:
Als Abschluss der Fallanalyse sollten konkrete nächste Schritte besprochen werden. Stehen mehrere Handlungsschritte zur Auswahl, ist es wichtig, eine gemeinsame Strategie zu besprechen. Zu dieser kann es gehören, mehrere Maßnahmen parallel zu ergreifen. Empfehlenswert ist, klare Verantwortlichkeiten zu verteilen und Fristen zu vereinbaren. Außerdem sollte verabredet werden, wann über den Verlauf der Handlungsschritte berichtet und reflektiert wird und nach Bedarf weitere Handlungsschritte vereinbart werden.

Fallreflexion: Datum:

	Wahrnehmungen	Analyse
Anlass und Anliegen der Fallreflexion:		
Allgemeine Informationen/ Sonstiges		
Geschichte der Person		
Soziale Umweltfaktoren und Rahmenbedingungen		
Interessen und Lebensgestaltung		
Sozialverhalten und Konflikte		
Politische Gefährdungsfaktoren einer Radikalisierung		
Mögliche nächste Schritte		

Informations- und Analysefragen zur Fallreflexion:

1. **Welche Geschichte hat die Person?**
   - ✓ Welche Informationen zur Vergangenheit der Person sind für die Fallberatung wichtig?
   - ✓ Welche besonderen Ereignisse, Traumata oder ähnliches sind bekannt und hier relevant?

2. **Was sind soziale Umfeldfaktoren und Rahmenbedingungen?**

   Familie
   - ✓ Welche Familienmitglieder sind präsent?
   - ✓ Wie interagieren diese zur Person/Kind? Wie interagieren sie untereinander?
   - ✓ Wie verhalten sie sich gegenüber den Pädagog*innen/pädagogischen Angeboten?
   - ✓ Welche Werte werden von der Familie vermittelt?
   - ✓ Welchen sozioökonomischen Status hat die Familie?

   Peer-Group
   - ✓ Wer hat am meisten Einfluss auf die Person?
   - ✓ Wer hat einen positiven/negativen Einfluss auf die Person?
   - ✓ Welche Rolle hat die Person in der Gruppe? Gibt es eine Rollenzuschreibung, die die Person ablehnt?
   - ✓ Schule/Ausbildung/Maßnahme (entsprechend dem Fall)
   - ✓ Wie kommt die Person in der Schule/Ausbildung/Maßnahme zurecht?
   - ✓ Welche Ressourcen sind vorhanden (pädagogische Bezugsperson, schulische Stärken o.Ä.)?
   - ✓ Welche Perspektive hat die Person für ihre berufliche Zukunft?

3. **Wie gestaltet der junge Mensch das eigene Leben?**
   - ✓ Welche Interessen hat die Person?
   - ✓ Welche Freizeitgestaltung macht er*sie gern?
   - ✓ Welche Freizeitgestaltung tut ihm*ihr gut?
   - ✓ Welche Ziele hat die Person?
   - ✓ Welche Stärken hat die Person?
   - ✓ Welche Veränderungswünsche hat die Person?

4. **Wie ist das Befinden und das Sozialverhalten?**

   Allgemeines Sozialverhalten
   - ✓ Wann geht es der Person schlecht?
   - ✓ Wann ist die Person überfordert oder angespannt?
   - ✓ Welche Bedürfnisse werden nicht erfüllt?
   - ✓ Woran liegt das?
   - ✓ Welche Personen sind beteiligt?

✓ Wann geht es der Person gut?
  - Wann ist die Person entspannt oder freudig?
  - Woran liegt das?
  - Welche Bedürfnisse werden erfüllt?

Konkrete Situationen:
✓ In welchen Situationen zeigt die Person problematisches Sozialverhalten (z.B. Übergriffigkeit, Beleidigungen, Aggressionen, Gewalt)?
  - Wie äußert sich dies genau?
  - Welche erkennbaren Auslöser gibt es?
  - Bei wem/wo eckt die Person an?
  - Wie wurde bisher damit umgegangen?
  - Welche Sanktionen hat die Person erhalten? (auch ggf. Vorstrafen)
✓ In welchen Situationen zeigt die Person ein positives Sozialverhalten?
  - Was sind Bedingungsfaktoren?

5. Welche politischen Gefährdungsfaktoren gibt es? Welche Risikofaktoren und Hinwendungsmotive einer extrem rechten Radikalisierung sind zu erkennen?

Das Modell der Radikalisierungsstufen von Distanz e.V. (siehe Kapitel 2.1.2) kann bei der Beantwortung dieser Fragen Orientierung stiften. Auf Basis dieses Stufenmodells kann gesammelt werden, welche Verhaltensweisen bei der Person regelmäßig ersichtlich sind. Außerdem wird gemeinsam überlegt, welche

- Risikofaktoren für eine Radikalisierung zu erkennen sind, also welche Rahmenbedingungen der Person eine Radikalisierung begünstigen;
- Hinwendungsmotive zu extrem rechten Ideologien oder Gruppen zu erkennen sind, also die Funktionen der Radikalisierung und die Gründe der Hinwendung bei der Person.

Folgende Beobachtungsfragen unterstützen bei der Einschätzung und bieten Hinweise auf Risikofaktoren und Hinwendungsmotive. Die Kapitel 2.1.5 und 2.2.6 dieses Leitfadens zu Hinwendungsmotiven, also Gründen und Funktionen einer Radikalisierung bei jungen Menschen und ihr Umgang damit, sollten mindestens einer Person der beratenden Gruppe bekannt sein.

6. Impulsfragen zum Sammeln, Priorisieren und Planen nächster Schritte:
✓ Welche Interventionen sind notwendig? (bezüglich der einzelnen Analyseebenen)
✓ Wer hat die Beziehungsebene für eine erfolgreiche Intervention?
✓ Was kann unternommen werden, um die Beziehung zu stärken (interessenorientiert)?
✓ Was kann ich mir vorstellen zu tun? Was brauche ich dafür?
✓ In welcher Hinsicht könnte das soziale Umfeld als Ressource aktiviert werden?
✓ Wer kann noch als Unterstützer*in angesprochen werden?

2.2.12 ERFOLGREICH INTERVENIEREN MIT DEM INTERVENTIONSBAROMETER (INKL. ARBEITSBLATT)

Wie kann ich Interventionen planen und umsetzen?

> **Das Kapitel auf einen Blick**
>
> Das Kapitel unterstützt die Planung und Umsetzung von Interventionen in Situationen, in denen sich junge Menschen menschenverachtend äußern oder so handeln. Mit Orientierungsfragen wird die Selbstreflexion zur eigenen pädagogischen Haltung, Werten und der Planung von Grenzsetzungen unterstützt. Die Klärung dieser Fragen stärkt in Interventionssituationen die eigene Klarheit und Selbstsicherheit. Das Interventionsbarometer als Analyse- und Planungshilfe sortiert Situationen nach der Schwere des Vorfalls. Es besteht aus einer Tabelle, in der für diese verschiedenen Situationen mögliches pädagogisches Handeln aufgelistet und potenzielle Folgen bedacht werden können.

Das Interventionsbarometer gibt Orientierung, um in Situationen, in denen sich junge Menschen menschenverachtend äußern oder handeln, professionell intervenieren zu können. Für ein zügiges und angemessenes Reagieren in diesen Situationen ist es hilfreich, sich sowohl einzeln als auch im Team im Vorfeld (auf der Grundlage von Gedankenspielen oder gemachten Erfahrungen) mit Interventionen auseinander zu setzen. Das Interventionsbarometer strukturiert Interventionen unterschiedlicher Stärke in Abhängigkeit von Vorfällen mit jungen Menschen im Kontext der Distanzierungsarbeit. Es dient als Analyse- und Planungshilfe für den pädagogischen Berufsalltag.

Die folgenden Orientierungsfragen dienen als Vorlage zur Selbstreflexion zur eigenen Haltung, Werten und Grenzsetzungen. Das Ausfüllen der Vorlage im Vorfeld einer Intervention erleichtert das Handeln, da sie für einen selbst Klarheit und Selbstsicherheit erzeugt. Sich über die Bedingungen für eine erfolgreiche Intervention bewusst zu sein, erleichtert es, diese in konkreten Situationen (soweit möglich) herbeizuführen und sich im Team zu unterstützen.

Selbstreflexion als Grundlage der Intervention (einzeln/Team)

Warum intervenieren?
In der Regel ist aus dem pädagogischen Auftrag und einer menschenrechtsorientierten Haltung heraus eine Intervention gegen Äußerungen/Handlungen Gruppenbezogener Menschenfeindlichkeit geboten. Es kann helfen, sich zu verdeutlichen, welche Werte (eigene und die der Einrichtung) in Situationen verletzt werden und welche Grenzsetzungen aus diesen folgen, die sich in der Intervention wiederfinden.

Haltung

Es ist zentral, eine klare, menschenrechtsorientierte und demokratische Haltung zu haben, sich dieser bewusst zu sein und sie für junge Menschen in eine angemessene Sprache fassen zu können.

Zum Beispiel kann die eigene pädagogische Haltung bzw. die Haltung im Team sein, inklusiv zu sein, allen Jugendlichen, egal welcher Herkunft, Befähigung oder ähnlichem durch die eigene Arbeit zu adressierten und zu beteiligen und ihre spezifischen Bedürfnisse zu achten.

Werte und Grenzen

Es ist relevant, dass Pädagog*innen klar ist: Was ist ihnen in Ihrem Berufsalltag wichtig? An welchen Werten orientieren sie sich in Ihrer pädagogischen Arbeit? Hier gibt es meistens Überschneidungen zur pädagogischen Haltung.

Im nächsten Schritt muss sich gefragt werden: Welche Grenzsetzungen resultieren daraus in der pädagogischen Arbeit? (bezüglich Gewalt, Aussagen/Handlungen Gruppenbezogener Menschenfeindlichkeit, pädagogischem Handeln etc.). Dies sollte auch im Team besprochen und abgeglichen werden.

Werte	Daraus resultierende Grenzsetzungen/Konsequenz
→Beispiel: Verlässlichkeit	→Jugendliche und Kolleg*innen sollen sich auf mich verlassen können. Das heißt, wenn ich etwas ankündige, mache ich dies auch.

Was brauche ich für eine erfolgreiche Intervention?

Der nächste Schritt in der Interventionsplanung ist es, sich Situationen mit Handlungen/Äußerungen Gruppenbezogener Menschenfeindlichkeit in Berufsalltag vorzustellen / in Erinnerung zu rufen und zu reflektieren, welche Voraussetzungen und Rahmenbedingungen benötigt werden, um erfolgreich zu intervenieren. Dies kann auf mehreren Ebenen betrachtet werden:

Generell
- Beispiel: Durchatmen und kühlen Kopf bewahren

Für die Arbeit mit Täter*innen/Handelnden
- Beispiel: Selbstsicherheit ausstrahlen und mich nicht aus der Ruhe bringen lassen

Für die Arbeit mit Betroffenen
- Beispiel: Genug Raum für Aufmerksamkeit für sie zu haben, um empathisch sein zu können

Für die Arbeit mit dem zuschauenden Umfeld
- Beispiel: Die Gruppendynamik und zurückgezogene Adressat*innen ausreichend im Blick haben

Das Interventionsbarometer – Interventionsmöglichkeiten für unterschiedliche Situationen

Das Interventionsbarometer kann mit unterschiedlichen Schwerpunktlegungen ausgefüllt werden (Aussagen/Handlungen Gruppenbezogener Menschenfeindlichkeit, Gewalthandlungen etc.). Das Interventionsbarometer strukturiert sich nach der Stärke der Intervention in Abhängigkeit von einer Situation. Es ist zugleich Analyse- und Planungshilfe.

Oben stehen Situationen, die für Pädagog*innen tolerabel sind und die keine Intervention erfordern. Zuunterst steht die für Pädagog*innen denkbar extremste Intervention im Rahmen des pädagogisch verantwortungsvollen Handelns. Interventionen können in ihrer Stärke auch als gleich eingestuft werden. Grundlegendes wie eine menschenrechtsorientierte Haltung zu zeigen und Gesprächstechniken anzuwenden, wiederholt sich in den ersten Stufen des Interventionsbarometers.

Das Interventionsbarometer ist eine Hilfestellung, die sich Pädagog*innen zu eigen machen und an die eigenen Bedarfe anpassen können.

Situationsbeschreibung		Pädagogisches Handeln	
		Mögliche Interventionen	Mögliche Folgen
Situation 1		Intervention	Folge
Situation 2		Intervention	Folge
Situation 3		Intervention	Folge
Situation 4		Intervention	Folge
Situation 5		Intervention	Folge

Situationsbeispiel

Level 2	Pädagogisches Handeln	
Situationsbeschreibung	Mögliche Interventionen/Handeln bezüglich Täter*innen/Diskriminierenden, Betroffenen, zuschauendem Umfeld	Mögliche Folgen meiner Intervention/Handelns bei den beteiligten Adressat*innen und für meine pädagogische Beziehung zu ihnen
Musik mit alltagsrassistischen, alltagssexistischen etc. Sprachgebrauch/Aussagen; Graubereich-Musik **Herausfordernd an der Situation ist für mich…** → Dauerpräsent und damit dauerndes Thema → Jugendliche sprechen von Freiheit der Kunst → Jugendliche sind schnell genervt → Weiß häufig nicht, wie Musik einzuordnen ist und wo ich welche Grenzen ziehe	→ Direkt ansprechen, Musik erstmal ausmachen lassen → Narrativ nachfragen → Hintergründe und Lebensweltbezug erfragen; siehe Gesprächstechniken → Generell Gespräch über Musik/Musik hören → Menschenrechtsorientierte Haltung zeigen, Problematik erklären → Perspektivwechsel für Betroffene anregen, Empathie erzeugen → Gemeinsame Textanalyse → Musik Alternativen aufzeigen (selbst mitbringen, von Beteiligten erfragen)	→Adressat*innen reflektieren Musiktexte und eigene Musikwünsche →Adressat*innen, die solche Musik nicht hören/davon genervt sind/betroffen sind, fühlen sich bestärkt →Adressat*innen fühlen sich sanktioniert →Musik wird weniger gespielt →Ich bekomme als Pädagog*in einen Stempel als „empfindlich" von den Adressat*innen →Adressat*innen bekommen neue Impulse

Mein/unser Interventionsbarometer als Pädagog*in/Team

Vervielfältigen Sie sich die Tabelle so oft wie nötig und passen Sie die Nummerierung links oben an. Interventionen eines Levels[67] können durch dieselbe Nummer markiert werden.

Level 1	Pädagogisches Handeln	
Situationsbeschreibung	Mögliche Interventionen/Handeln bezüglich Täter*innen/Diskriminierende, Betroffene, zuschauendes Umfeld	Mögliche Folgen meiner Intervention/Handelns bei den beteiligten Adressat*innen und für meine pädagogische Beziehung zu ihnen
Herausfordernd an der Situation ist für mich…		

---

67 Zur Orientierung für mögliche Level siehe 2.2.10 Interventionsgrundlagen und Handlungsempfehlungen.

2.2 INTERVENIEREN UND DISTANZIERUNGSPROZESSE ANSTOSSEN

Level 2	Pädagogisches Handeln	
Situationsbeschreibung	Mögliche Interventionen/Handeln bezüglich Täter*innen/Diskriminierende, Betroffene, zuschauendes Umfeld	Mögliche Folgen meiner Intervention/Handelns bei den beteiligten Adressat*innen und für meine pädagogische Beziehung zu ihnen
Herausfordernd an der Situation ist für mich...		

2.3 DEN STRATEGISCHEN UMGANG MIT RECHTSEXTREMISMUS PLANEN

Wie gehe ich nachhaltig mit dem Thema Rechtsextremismus um?

Die Auseinandersetzung mit extrem rechts einstiegsgefährdeten und orientierten jungen Menschen benötigt viele Ressourcen und eine grundlegende Reflexion des eigenen Handelns. Pädagogische Fachkräfte müssen sich oft begrenzten Ressourcen sowie schwierigen Situationen in ihrem Arbeitsalltag stellen. Doch nachhaltig können Interventionen gegen Gruppenbezogene Menschenfeindlichkeit nur sein, wenn die Einzelhandlungen der Fachkräfte Teil einer möglichst ganzheitlichen Strategie einer Einrichtung sind und alle an einem Strang ziehen oder zumindest in dieselbe Richtung blicken.

Wie eine solche Strategie aussehen kann, welches langfristige Vorgehen geboten ist und in welcher Form Distanzierungsarbeit geleistet werden kann, ist von verschiedenen Faktoren abhängig – beispielsweise:

- In welcher Radikalisierungsstufe befindet sich der junge Mensch?
- Was ist der zentrale Handlungsauftrag des Arbeitsfeldes und wie ist die derzeitige pädagogische Dynamik?
- Welche Bedarfe haben andere Adressat*innen (z.B. Jugendclubbesucher*innen) und bekommen sie noch angemessen Aufmerksamkeit?
- Welche Schutzräume anderer Menschen werden verletzt, die eigentlich garantiert sein müssen?
- Worin fühlen sich die pädagogischen Fachkräfte kompetent?
- Welche Ressourcen hat die Institutionen? Können Aufgaben anders organisiert oder Verweisstrukturen aktiviert werden, um Ressourcen zu erschließen?

Die Inhalte der Auseinandersetzung hängen sehr davon ab, welche Themen und Diskriminierungsformen wahrgenommen werden. Allgemeine Möglichkeiten der Auseinandersetzung sind zum Beispiel:

- Inhalte in das Programm/den Stundenplan aufzunehmen, die die Entwicklung einer menschenrechtsorientierten Haltung fördern. Methoden der Reflexion und nicht der primären Wissensvermittlung sind empfehlenswert. Wissenslücken sollten allerdings geschlossen werden.
- Wiederholt mit allen Adressat*innen zu Werten zu arbeiten, geleitet z.B. durch folgende Fragen:
  - Wie wollen wir als Institution gemeinsam arbeiten?
  - Welche Werte passen dazu? Was bedeuten die Werte konkret für uns und unsere Arbeit?
  - Wie füllen wir diese Werte? Was verletzt die Werte?
- präventive Workshops zum Thema Diskriminierung anbieten.

- ✓ menschenrechtsorientierte junge Menschen der Einrichtung (oder des Sozialraums) stärken, vernetzen und unterstützen.[68]
- ✓ das Team/Kollegium fortbilden, wie sie adäquat mit solchen Vorfällen und Aussagen Gruppenbezogener Menschenfeindlichkeit umgehen können und welche Strategien sie als Team einheitlich verfolgen wollen.
- ✓ Hausordnung und Leitbild der Einrichtung prüfen, ob sie den Werten aller entsprechend und als Interventionsgrundlage ausreichend sind.

Wenn die eigene grundständige Arbeit nicht mehr gesichert ausgeführt werden kann, dann sind die Grenzen der Integration von Distanzierungsarbeit in die eigene Alltagspraxis erreicht. In diesem Falle kann es ratsam sein, an entsprechende Träger zu verweisen oder mit ihnen zusammen zu arbeiten. Auch für die Entwicklung von Strategien können andere Träger bereits beratend hinzugezogen werden. Beispielsweise zivilgesellschaftliche Träger der mobilen Beratung gegen Rechtsextremismus oder Beratungsstellen für Betroffene rechter, rassistischer und antisemitischer Gewalt bieten bedarfsorientierte Unterstützung für die Entwicklung einer lokalen oder einrichtungsbezogenen Strategie an. Meist sind sie gut vernetzt und leisten konkret und unkompliziert Hilfe. Nachhaltig für eine Institution ist ein ausgewogenes Verhältnis eigener Kompetenzerweiterung und Unterstützung durch Spezialträger.

Die Inhalte dieses Kapitels dienen vor allem dazu, die eigene Institution und Arbeit zu reflektieren. Es geht nicht darum, sich nur punktuell oder anlassbezogen mit dem Thema Diskriminierung/Rechtsextremismus zu beschäftigen. Stattdessen sollte die Bedeutung und der Mehrwert langfristiger strategischer Überlegungen erkannt werden. Sich als Institution vollumfänglich, auch im nicht vornehmlich pädagogischen Sinne, strategisch gegen Rechtsextremismus aufzustellen, geht allerdings über die Inhalte dieses Kapitels hinaus – hierfür verweisen die Autor*innen auf diverse Veröffentlichungen und Handreichungen zivilgesellschaftlicher Akteur*innen wie z.B. die Mobilen Beratungsinstitutionen gegen Rechtsextremismus.[69]

2.3.1 SITUATIONS- UND RESSOURCENANALYSE (ARBEITSBLATT)

Welche Ressourcen habe ich – persönlich, in der Einrichtung und vor Ort?

Im Folgenden wird als Grundlage für die Planung von Handlungs- und Umgangsstrategien das Instrument der Situations- und Ressourcenanalyse vorgestellt. Dieses Instrument ermöglicht, die Ausgangslage einer Einrichtung oder auch die Ressourcen einzelner Fachkräfte, umfassend in den Blick zu nehmen. Eine Situations- und Ressourcenanalyse kann darin unterstützen zu erkennen, von welchen Faktoren die eigene Handlungspraxis bezüglich menschenverachten-

---

68 Albert Scherr betont die Bedeutung von vorhandenen, nicht-diskriminierenden Jugendzusammenhängen: „Und welchen Einfluss rechtsextreme Cliquen und Szenen im jeweiligen lokalen Kontext entwickeln, hängt auch damit zusammen, wie stark oder schwach andere Jugendszenen sind, d.h. ob sie in der Lage sind, eine Dominanz rechter Tendenzen in der lokalen Jugendkultur zu verhindern bzw. diese Tendenzen zu marginalisieren oder zu verdrängen" (2012: 117).

69 Beispielsweise gibt die Broschüre „Jugendarbeit gegen Rechtsextremismus" der Mobilen Beratung gegen Rechtsextremismus in Berlin einen Überblick über Möglichkeiten des Umgangs mit dem Thema Rechtsextremismus in der Jugendarbeit mittels praxisnaher Bezüge (Mobile Beratung gegen Rechtsextremismus Berlin 2016).

der Einstellungen, Äußerungen und Verhalten (noch) abhängt. Sie kann aufzeigen, welche Unterstützungsmöglichkeiten und Ressourcen (bereits) zur Verfügung stehen und wo eigene, sozialräumliche und institutionelle Bedarfe und Grenzen liegen.

Sozialräumliche Kontextfaktoren und Analyseebenen, die Quent und Schulz (vgl. 2015: 22ff.) entwickelt haben, dienten bei der Erarbeitung der folgenden Inhalte zur Schärfung des Blicks auf lokale, regionale bzw. sozialräumliche Bedrohungslagen von extrem rechten Gruppierungen, Organisationen und Szenen. Diese wurden als Anreiz genommen und um die Erfahrungswerte von Distanz e.V. ergänzt, sodass daraus die folgende Situations-und Ressourcenanlayse entstehen konnte. Die Fragetechniken aus dem systemischen Arbeiten sind bei dieser Analyse relevant (vgl. Hoch/Vater 2019: 17).

DAS FORDERT MICH IM ALLTAG HERAUS:

HILFREICHE FRAGEN ZUR ANALYSE

Bitte haben Sie für die folgenden Fragen verallgemeinerbare bzw. sich wiederholende herausfordernde Situationen mit Abwertung und Diskriminierung o.Ä. im Blick. Jetzt geht es explizit nicht um eine konkrete Situation mit Adressat*innen.

Politische Situation vor Ort

- Größe des Einsatzortes: Stadt/Kleinstadt/Dorf/Landkreis?
- Wie sind die parlamentarisch-politischen Verhältnisse vor Ort? (Unterstützend: ja/nein?)
- Welche demokratischen, zivilgesellschaftlichen, beratenden oder unterstützenden staatlichen Kräfte gibt es vor Ort/Land/Bund/international?
- Undemokratische (politische) Kräfte oder extrem rechte gewaltbereite Gruppierungen aktiv/vor Ort?
- Wie ist Ihre eigene Gefährdungsgefahr? (beispielsweise Ihr Name wird öffentlich von Rechten benutzt, Ihr Wohnort/Adresse ist diesen bekannt, Bedrohungen auf der Straße, auf der Arbeit, im digitalen Raum, Angriffe wie Sachbeschädigungen, ...)*
- Gibt es strafrechtlich relevante Aktionen (für Sie, Ihre Einrichtung oder für Ihre Adress*innen gefährliche) vor Ort? Inwiefern gibt es (für Sie, Ihre Einrichtung oder für Ihre Adress*innen gefährliche) unterstützende Kräfte vor Ort?

---

* Unterstützung und Rat im Umgang mit Einschüchterungs- und Bedrohungsversuchen von Seiten extrem rechter Akteur*innen bieten Mobile Beratungen für Demokratie und gegen Rechtsextremismus sowie Beratungsstellen für Opfer rechter und rassistischer Gewalt. Eine hilfreiche Handreichung ist beispielsweise „Im Fokus von Neonazis. Rechte Einschüchterungsversuche – auf der Straße – zu Hause und im Büro – bei Veranstaltungen – im Internet" (ezra 2016).

Institution/Träger/Arbeitgeber*in

- Erfahren Sie Unterstützung von Arbeitgeberseite/Trägerseite/Vorgesetzten. Gibt es eine einheitliche menschenrechtsorientierte Haltung?
- Gibt es ein Leitbild, eine Hausordnung oder ein Sicherheitskonzept, welches bekannt ist und angewandt wird?
- Gibt es einen unterstützenden Betriebs- oder Personalrat? Eine Vertrauensperson?
- Inwiefern stehen finanzielle und zeitliche Ressourcen für kollegiale Fallberatung, Supervisionen, Teambuilding, (themenspezifische) Fortbildung, ggf. Sicherheitskonzepte zur Verfügung?
- Inwiefern ist ihr Team, die Teamsitzungen/-beratungen oder (einzelne) Kolleg*innen Quellen von Unterstützung? Wo gehen Kolleg*innen in die Verantwortung? Wie wird über diese oder ähnliche Situationen/Probleme gesprochen?

Sie als Fachkraft/Pädagog*in

- Was ist Ihnen in der Arbeit und im Umgang mit Herausforderungen wichtig?
- Wo liegen Ihre Stärken?
- Was fordert Sie heraus? Wo sind Ihre Grenzen?
- Wie ist Ihre zeitliche Auslastung? Wie steht es um Ihre Arbeitsgesundheit?
- Was und wer hat Ihnen bisher im Umgang mit (ähnlichen) herausfordernden Situationen geholfen?
- Wann und wie konnten in der Vergangenheit schwierige Situationen bewältigt werden?
- Was bräuchten Sie, um herausfordernde Situationen meistern zu können?

2.3.2 MENSCHENRECHTSORIENTIERTE ARGUMENTE ZUR FORDERUNG NACH NEUTRALITÄT

Wie gehe ich mit dem Vorwurf fehlender Neutralität an die politische Bildungsarbeit um?

> **Das Kapitel auf einen Blick**
>
> Pädagog*innen, die Menschenrechtsprinzipien in ihre Arbeit integrieren, sehen sich möglicherweise mit dem Vorwurf mangelnder Neutralität konfrontiert. Der Text erklärt, wie der Vorwurf der Neutralität instrumentalisiert wird, um Projekte und Träger zu diskreditieren und Fördermittel in Frage zu stellen. Diese Strategien zielen schlussendlich darauf ab, die Notwendigkeit demokratisch-emanzipatorischer Bildung zu delegitimieren. Der Text betont die Widersprüchlichkeit dieser Argumentation angesichts rechtlicher Rahmenbedingungen und führt den Beutelsbacher Konsens und die Frankfurter Erklärung als wichtige Orientierung für die Verankerung politischer Bildung in (non)formalen Bildungskontexten ein. Der Text schließt mit weiterführenden Literaturhinweisen zum Thema.

Die Auseinandersetzung mit der in der Bildungslandschaft verschiedentlich geäußerten Forderung nach einer neutralen Haltung beziehungsweise Neutralität, ist von strategischen Überlegungen in der Auseinandersetzung mit Rechtsextremismus nicht getrennt zu denken. Auch Institutionen und Menschen, die die Notwendigkeit von politischer Bildung und Distanzierungsarbeit infrage stellen, handeln strategisch. Es ist wichtig, diese Strategien einordnen und diesen inhaltlich etwas entgegensetzen zu können.

Der Vorwurf fehlender Neutralität an die politische Bildungsarbeit und an Schulen
Pädagog*innen und Lehrer*innen, die Elemente menschenrechtsorientierter politischer Bildung in ihre Arbeit integrieren, können in die Situation kommen, dass ihnen von ihren Schüler*innen, Eltern, anderen Institutionen oder politischen Parteien mangelnde Neutralität vorgeworfen wird. Diesem Rechtfertigungsdruck liegt die Diskussion um Neutralität in der Bildungsarbeit zugrunde.

Seit 2017 häufen sich parlamentarische Anfragen, in denen Fragen zu vermeintlichen Neutralitätsgebotsverletzungen durch freie Träger der Jugend(bildungs)arbeit proklamiert wurden. Dies betraf vor allem Institutionen und Einzelpersonen, die sich gegen Diskriminierung und für eine vielfältige Gesellschaft engagierten und mit einer klaren Haltung gegen Gruppenbezogene Menschenfeindlichkeit auftraten. Beispielsweise wurden digitale Meldeportale eingerichtet, die eine ‚neutrale Schule' garantieren sollten und dazu aufforderten, vermeintliche politische Indoktrination durch Lehrer*innen und andere im Schulkontext zu melden. Der Appell an politische Neutralität begrenzte sich hierbei nicht auf verbeamtete Lehrer*innen (bzw. der öffentlichen staatlichen Institution Schule), sondern weitete sich auf Pädagog*innen der Offenen Kinder- und Jugendarbeit und auf Akteur*innen der politischen Bildung (in der Regel auf freie Träger), ja sogar deren Adressat*innen, aus.

Diese Entwicklungen und Diskussionen bewirkten bei vielen Menschen in diversen Bildungsinstitutionen Angst sowie Verunsicherung und sorgten für ein Klima der gegenseitigen Skepsis. Die Gemengelage bewirkte mitunter existenzielle Bedrohungslagen einzelner Institutionen. Einrichtungs-, Träger- und Finanzierungsstrukturen wurden erfragt und die Aberkennung des Status als freier Träger oder der Gemeinnützigkeit gefordert.

Fuhrmann beschreibt die Ziele dieser Bemühungen wie folgt:

> „[Der] Vorwurf einer Nicht-Neutralität ist als Versuch der Diskreditierung der Projekte bzw. Träger und ihrer inhaltlichen Arbeit bis hin zur Delegitimierung durch Ideologie und Indoktrinationsvorwürfe zu betrachten. Die Forderung nach Fördermittelentzug stellt dabei eine existenzbedrohende Sanktionsandrohung dar. [...] [Es] bietet sich hierdurch die Möglichkeit, politische Gegner*innen in die Defensive zu drängen [und] sich selbst als demokratischen Akteur zu präsentieren" (2019: 132).

Der Vorwurf der Ideologisierung hat weniger zum Ziel, Gelingensfaktoren politischer Bildungspraxis an sich zu diskutieren, sondern es geht darum, die Notwendigkeit demokratisch-emanzipatorischer Bildungsarbeit in sämtlichen Sphären sozialer und bildender Berufe zu delegitimieren. Uneinig sind sich die Argumente dieser Bewegung dahingehend, ob es stattdessen um eine andere (weniger progressive) politische Geisteshaltung der Bildungsinstitutionen oder einen gänzlich apolitischen Anspruch gehen sollte.

Die Forderungen offenbaren ein sehr reduziertes Verständnis politischer Bildung: Es erschöpft sich im Wesentlichen im Austausch mit parteipolitischen Akteur*innen. Dem liegt das Verständnis zugrunde, dass Schule nicht ein Ort der demokratischen Aushandlung ist, sondern ein apolitischer Raum sein sollte. Entsprechend wird auch Jugendarbeit nicht als Lernfeld demokratischer Aushandlungsprozesse und Beteiligung begriffen, sondern als Ort konfliktfreier, harmloser und nicht weiter störender Freizeitgestaltung.

Es kann nicht klar genug betont werden: Dieses Verständnis widerspricht dem Auftrag des SBG VIII an die Jugendarbeit. Es sieht vor, Angebote der politischen Bildung in die Jugendarbeit zu integrieren. Sozialgesetzbuch VIII §11 (3)-1:

> „Zu den Schwerpunkten der Jugendarbeit gehören: außerschulische Jugendbildung mit allgemeiner, politischer, sozialer, gesundheitlicher, kultureller, naturkundlicher und technischer Bildung" (SGB VIII).

Auch andere Konventionen, Gesetze oder Ordnungen stärken die Legitimität und den Auftrag einer politischen Bildung in der formalen wie nonformalen Bildung, die sich nicht in der Lehre über das Parteienspektrum und das parlamentarische System erschöpft. Sie alle führen das Recht auf Bildung und das Recht auf Schutz vor Diskriminierung an, formulieren hierzu einen klaren Anspruch an das Arbeitsfeld Sozialer Arbeit und befürworten ein demokratisches Schulverständnis.[70]

---

70 Weitere Argumente für das Arbeitsfeld der Sozialen Arbeit als Menschenrechtsprofession finden sich in Kapitel 1.1 „Distanzierungsarbeit als Querschnittsaufgabe".

- UN-Menschenrechtskonvention (Ratifizierung durch BRD)
- EMRK = Europäische Menschenrechtskonvention (Ratifizierung durch BRD)
- Grundgesetz (besonders Artikel 1 zur Menschenwürde und Artikel 3 zur Gleichheit vorm Gesetz)
- Schulgesetz (z.B. im Thüringer Schulgesetz (§ 2 ThürSchG) ist das demokratische Grundprinzip des Bildungs- und Erziehungsauftrags der Schule beschrieben)
- AGG (allgemeines Gleichbehandlungsgesetz und Schutz vor Diskriminierung)
- Beutelsbacher Konsens von 1976 (Überwältigungsverbot, Kontroversitätsgebot, Adressat*innenorientierung)
- Frankfurter Erklärung für eine Praxis kritisch-emanzipatorischen politischer Bildung

Wieso also wird eine klare menschenrechtsorientierte Haltung von manchen als Verletzung des Neutralitätsgebotes dargestellt? Das Potenzial für ein Missverstehen kann angesichts der Klarheit der rechtlichen Rahmenbedingungen eher als ein Missverstehen-Wollen interpretiert werden mit dem Ziel, die Notwendigkeit emanzipatorischer Bildung in Frage zu stellen. Da der Beutelsbacher Konsens in seinen Grundsätzen auch trotz guten Willens vielfach missverstanden wurde und nach wie vor für Verunsicherung sorgt, folgt an dieser Stelle ein Exkurs.

Exkurs: Die menschenrechtliche Perspektive auf Prinzipien des Beutelsbacher Konsens

Der Beutelsbacher Konsens bezog sich 1976 in seiner Entstehungsgeschichte vornehmlich auf den Politikunterricht, mittlerweile werden daraus aber auch allgemeine Grundlagen für die politische Bildung – schulisch wie außerschulisch – abgeleitet.[71]

Die Prinzipien des Beutelsbacher Konsenses wurden teilweise dahingehend missinterpretiert, als dass eine politische Haltung an der Schule generell keinerlei Platz eingeräumt werden sollte. Da dies ein grundlegend falsches Verständnis des Beutelsbacher Konsenses ist, werden die Inhalte dieses Orientierungsrahmens an dieser Stelle näher aufgeschlüsselt und eingeordnet.

Der Beutelsbacher Konsens formuliert drei Prinzipien politischer Bildung: Das Überwältigungsverbot, das Kontroversitätsgebot sowie die Schüler*innen-Orientierung.[72]

Das Überwältigungsverbot

- soll Indoktrination vermeiden, das heißt Adressat*innen sollen sich ein eigenständiges Urteil bilden können.
- entspricht einem Kerngedanken der Menschenrechte, nämlich der Autonomie. Dieser Wert findet sich im Menschenrecht auf Meinungsfreiheit wieder und hat zur Folge, dass der das Bildungsangebot den offenen Meinungsaustausch fördern soll.

---

71 2015 wurde in Bezugnahme auf den Beutelsbacher Konsens eine modernere und klarere Erklärung zur Praxis einer kritisch-emanzipatorischen Politischen Bildung veröffentlicht (vgl. Eis/Lösch 2015).

72 Da die Grundsätze des Beutelsbacher Konsens auch auf außerschulische Kontexte übertragen wurden, haben die Autor*innen den Adressat*innenkreis des Ursprungstests erweitert und sprechen im Folgenden nicht allein von ‚Schüler*innen', sondern allgemein von Adressat*innen. Selbstverständlich sind hiermit aber auch Schüler*innen gemeint.

Das Kontroversitätsgebot
- „Was in Wissenschaft und Politik kontrovers ist, muss auch im Unterricht kontrovers erscheinen" (Beutelsbacher Konsens 1976, LpB o.J.).
    - Aus Menschenrechtsperspektive muss reflektiert werden, inwiefern Wissenschaft und Politik inklusiv und von Machtstrukturen und Deutungskämpfen durchzogen sind.
    - Angehörige marginalisierter und diskriminierter Gruppen und deren Perspektive sind kaum in Wissenschaft und Politik repräsentiert und müssen auch dargestellt werden.
    - Eine hilfreiche Reflexionsfrage fSür Auseinandersetzung mit politischen Forderungen und Entscheidungen ist: „Wer ist betroffen und wird aber nicht gehört?"

Die Adressat*innenorientierung
- Analysefähigkeiten der Adressat*innen sollen gestärkt werden, das heißt: Analyse- und Urteilskompetenzen sowie Handlungsorientierung sollen gefördert werden.
    - Dieser Anspruch ist anschlussfähig an Kernaspekte der Menschenrechte, denn: Handlungsorientierung gehört zur Menschenrechtsbildung.
    - Hierzu gehört auch, dass Adressat*innen sich mit gesellschaftlichen Machtverhältnissen sowie sozialer Ungleichheit und daraus resultierenden Diskriminierungen, Benachteiligungen und Privilegien auseinanderzusetzen.

Aus den geschilderten drei Grundpfeilern resultieren folgende Konsequenzen für die pädagogische Praxis.

Das Überwältigungsverbot
- Pädagog*innen fordern und fördern bei Adressat*innen politische Meinungsbildung und können auch ihre eigene Meinung/Positionierung transparent einbringen.
    - Vorsicht aber vor: Abhängigkeit der Adressat*innen von Pädagog*innen (z.B. durch Notengebung an der Schule, aber auch Zugang zu Räumen/Privilegien im Jugendclub).
    - Wichtig ist das Mitdenken der eigenen Vorbildfunktion.
- Die Entscheidung und die Form der Preisgabe eigener Positionierung muss gut abgewogen werden.

Das Kontroversitätgebot
Pädagog*innen müssen nicht jede politische Position und Forderung als legitim darstellen:

> „Gerade vor dem Hintergrund menschenrechtlicher Verpflichtungen und der freiheitlichen demokratischen Grundordnung ist es unzulässig, aus dem Kontroversitätsgebot die Notwendigkeit abzuleiten, menschenverachtende oder diskriminierende Positionen als gleichberechtigte legitime Positionen darzustellen" (Niendorf/Reitz 2019: 5).

Pädagog*innen sollten sich als Verteidiger*innen der Menschenrechte verstehen, vor allem bezogen auf das Recht auf freie Meinungsäußerungen und den Schutz vor Diskriminierung.

> „Äußerungen, die andere Menschen herabwürdigen und verletzen, sind nicht per se durch das Recht auf freie Meinungsäußerung gedeckt; entsprechende Grenzen spiegeln sich im Strafrecht wider" (ebd.).

Diskriminierung zu thematisieren und abzubauen gehört also zum schulischen wie auch außerschulischen Bildungsauftrag.

> „Diskriminierende Äußerungen hingegen zu tolerieren, sendet nicht nur ein falsches Signal [...], sondern setzt Adressat*innen der Situation aus, im Unterricht [wie auch darüber hinaus] mit Diskriminierungen konfrontiert zu werden. Dies ist nicht mit dem menschenrechtlichen Diskriminierungsschutz vereinbar und verhindert außerdem eine Umgebung, die ein gutes Lernen überhaupt ermöglicht" (ebd.: 6).

Das sogenannte Neutralitätsgebot hat für den Schulkontext spezifischere Konsequenzen. Konkreter ist hier relevant:

— Das Neutralitätsgebot wird abgeleitet aus dem Beamtengesetz und Grundgesetz Artikel 21 (gleiche Chancen und Rechte für alle Parteien) und wird oft unterschiedlich interpretiert.
— Die freiheitlich demokratische Grundordnung (kurz FDGO) und das Grundgesetz sind wichtige Be-zugspunkte und Argumente dafür, dass nicht alle Meinungen/Stimmungen unwidersprochen bzw. unkommentiert stehengelassen werden müssen. Nicht jede politische Position oder Meinung muss also legitim dargestellt werden. Lehrer*innen sind aufgefordert eine diskriminierungskritische Position einzunehmen.
— Bei Auseinandersetzung mit z.B. parteipolitischen Programmen und Aussagen von Politiker*innen ist es notwendig diskriminierende Positionen, Äußerungen und Forderungen sachlich als solche zu benennen.
— Lehrer*innen sind verpflichtet, Äußerungen gegen die FDGO nicht unwidersprochen stehen zu lassen. Dies bedeutet konkret: Sachlich ja, wertneutral nein! Menschenrechtsbildung bedeutet auch Wertbildung. Die Frage ist weniger: „Verhalten wir uns neutral genug?" – die Frage ist vielmehr: „Tun wir genug für einen diskriminierungsfreien Raum und für eine menschenrechtsorientierte Bildung und Kultur?"

Aussteiger*innen berichten, dass ihre politischen Einstellungen im Hinwendungsstadium nie wirklich ernst genommen wurden, als Provokation abgetan oder sich gar auf eine neutrale Rolle oder notwendige Zurückhaltung als Lehrer*in zurückgezogen wurde. Es ist daher fatal, sich auf eine neutrale Haltung zu berufen. Das Schweigen zu einer diskriminierenden Aussage kann als Zustimmung gewertet werden und eine weitere Radikalisierung bedingen.

Wie und warum eine verantwortliche politische Auseinandersetzung gelingen kann, wird in der Frankfurter Erklärung (vgl. Eis/Lösch 2015) dezidiert ausgeführt. Die zentralsten Inhalte sind:

1. Krisen: Eine an der Demokratisierung gesellschaftlicher Verhältnisse interessierte Politische Bildung stellt sich den Umbrüchen und vielfältigen Krisen unserer Zeit.
2. Kontroversität: Politische Bildung in einer Demokratie bedeutet, Konflikte und Dissens sichtbar zu machen und um Alternativen zu streiten.
3. Machtkritik: Selbstbestimmtes Denken und Handeln wird durch Abhängigkeiten und sich überlagernde soziale Ungleichheiten beschränkt. Diese Macht- und Herrschaftsverhältnisse gilt es, wahrzunehmen und zu analysieren.
4. Reflexivität: Politische Bildung ist selbst Teil des Politischen, Lernverhältnisse sind nicht herrschaftsfrei, Politische Bildung legt diese Einbindung offen.
5. Ermutigung: Politische Bildung schafft eine ermutigende Lernumgebung, in der Macht- und Ohnmachtserfahrungen thematisiert und hinterfragt werden.
6. Veränderung: Politische Bildung eröffnet Wege, die Gesellschaft individuell und kollektiv handelnd zu verändern.

Weiterlesen zur Neutralitätsdebatte

Cremer, Hendrik (2019): Das Neutralitätsgebot in der Bildung.

Eis, Andreas (2016): Vom Beutelsbacher Konsens zur „Frankfurter Erklärung: Für eine kritisch-emanzipatorische Politische Bildung"? In: Widmaier, Benedikt/Zorn, Peter (Hrsg.): Brauchen wir den Beutelsbacher Konsens? Eine Debatte der politischen Bildung, Bonn, S. 131-139.

Niendorf, Mareike/Reitz, Sandra (2019): Schweigen ist nicht neutral. Menschenrechtliche Anforderungen an Neutralität und Kontroversität in der Schule. Deutsches Institut für Menschenrechte (Hrsg.).

Sämann, Jana (2021): Neutralitätspostulate als Delegitimationsstrategie. Frankfurt a.M.: Wochenschau-Verlag.

Weiterlesen zum Handlungsfeld der Politischen Bildung in der Kinder- und Jugendarbeit

Mobile Beratung gegen Rechtsextremismus Berlin (2016): Jugendarbeit gegen Rechtsextremismus – Integrierte Handlungsstrategien zur Rechtsextremismusprävention und -intervention bei Jugendlichen.

Schwerthelm, Moritz/Schuhmacher, Nils et al. (2021): Stay with the Trouble. Politische Interventionen im Arbeitsfeld der Offenen Kinder- und Jugendarbeit.

Sturzenhecker, Benedikt (2007): „Politikferne" Jugendliche in der Kinder- und Jugendarbeit. In: APuZ, 32-33, S. 9-14.

2.3.3 HAUSORDNUNG UND LEITBILD ALS INTERVENTIONSGRUNDLAGE STÄRKEN (VORLAGEN, ANWENDUNGSBEISPIEL)

Was sollte ich bei der Formulierung der Hausordnung und des Leitbildes bedenken?

Hintergrund und Ziel

Es braucht eine wertebasierte und rechtliche Grundlage, damit die Schulleitung, die Lehrer*innen, die Schulsozialarbeiter*innen oder sonstige Pädagog*innen bei menschenverachtenden Aussagen, Symbolen und Codes sicher und transparent sowie konsistent intervenieren können. Diese Transparenz setzt voraus, dass die Grenzen klar und eindeutig geregelt sind und an die jungen Menschen transparent und verständlich kommuniziert wird – auch was im Positiven gewollt ist. So kann sich in Reaktion auf z.B. diskriminierende Äußerungen auf bestimmte Elemente in einer Hausordnung oder in einem Leitbild bezogen und damit argumentiert werden, sowie, wenn nötig, sanktioniert werden. Es ist sehr wichtig, diese Interventionen und ggf. Sanktionen gut begründet zu vermitteln. Auch dazu muss die Hausordnung allen Beteiligten bekannt, rechtlich abgesichert, verständlich und stets einsehbar sein. In Extremsituationen können Verweise aufgrund von Hausordnungen auch gerichtlich überprüft werden, wenn dagegen juristisch vorgegangen wird.

Die folgenden Elemente sind als Beispiele zu verstehen, die auch bausteinweise in eine Hausordnung oder/und ein Leitbild integriert werden können. Eingegraute Textfragmente müssen auf die jeweilige Institution angepasst werden.

Es empfiehlt sich, die Hausordnung in petto zu haben und zusätzlich eine kürzere Variante der Hausordnung präsent einsehbar in den Räumlichkeiten der Institution aufzuhängen. Diese kürzere Variante ist in dieser Publikation benannt als Besucher*innenordnung (Formulierungsbeispiel in diesem Kapitel). An dieser Stelle ist der Verweis auf die Hausordnung (ggf. auch als QR-Code) sinnvoll.

Beispiel für Regeln im Vorwort/Allgemein

„Unsere Regeln:
Unsere Einrichtung XY ist ein Ort der Begegnung und … . Alle beteiligten Menschen (Besucher*innen, …):
- achten Andersdenkende,
- tragen Verantwortung für sich selbst und gegenüber der Gemeinschaft, lehnen Rassismus, Diskriminierung und Gewalt ab,
- achten darauf, Konflikte zu erkennen und sie vernünftig/gewaltfrei zu lösen,
- gehen pfleglich mit dem Eigentum der Einrichtung um und setzen sich dafür ein, dass Zerstörungen und Verschmutzungen vermieden werden."

Beispiel für die Formulierung bezüglich Erscheinungsformen gewalttätiger und menschenverachtender Gesinnung

„Erscheinungsformen gewalttätiger und menschenverachtender Gesinnung werden nicht toleriert.

Untersagt ist:

1. das Verwenden aller politischen Darstellungen, Symbole, Kennzeichen, Parolen und Zahlencodes, die nationalistische, rassistische, fremdenfeindliche oder militaristische Inhalte und Gewaltbereitschaft verdeckt oder offen vermitteln.

   Zu den Erscheinungsformen zählen beispielsweise Aufnäher, Aufkleber, Flugblätter und andere Publikationen, Buttons, Pins, Basecaps, Jacken, Shirts und sonstige Oberbekleidung, Schals, Gürtel, Hosenträger, Anhänger, Zeichnungen. Hierzu gehören weiterhin handschriftliche Verwendungen, Handy-Klingeltöne und -Logos, Ton- und Bildträger, sowie Internetseiten.

   Die Einrichtung XY bietet allen Besucher*innen, ... Schutz vor Rassismus, Antisemitismus, Gewalt und Diskriminierung in jeder Form.

2. Das Tragen von Bekleidungsmarken, die in gewaltverherrlichenden und diskriminierenden Szenen einen symbol- oder bekenntnishaften Charakter haben oder sogar verboten sind.

Verstöße gegen die Hausordnung werden auf Grundlage des Hausrechts / Thüringer Schulgesetzes behandelt. Je nach Schwere und Form der Auseinandersetzung werden zur Lösung des Konfliktes:
- verpflichtende Gespräche geführt,
- einrichtungsbezogene Maßnahmen ergriffen,
- disziplinarische Maßnahmen durchgeführt,
- ggf. strafrechtliche Maßnahmen eingeleitet."

Mögliche Integration ins Leitbild

„In unserer Einrichtung XY legen wir Wert auf einen fürsorglichen und respektvollen Umgang mit allen Menschen und auf die Akzeptanz der individuellen Persönlichkeit und Fähigkeiten. Jede*r soll in der eigenen Individualität wahrgenommen, geschätzt und in der eigenen Entwicklung unterstützt werden.

Unsere Einrichtung XY folgt dem Leitgedanken: ‚Ein*e XY für alle'. Wir begegnen daher allen Beteiligten/Besucher*innen mit Achtung und Respekt – unabhängig von Nationalität, Hautfarbe, (sozialer, geografischer) Herkunft, Geschlecht, sexueller Orientierung oder Religion. Wir stellen uns gegen jegliche Form von Diskriminierung und Gewalt. Eine Einrichtung XY für alle bedeutet, dass alle, die diesen Grundsatz in Frage stellen, die Einrichtung XY nicht nutzen können.

Dabei gilt:

Es besteht das uneingeschränkte Recht auf körperliche und seelische Unversehrtheit. Die Anwendung von körperlicher, verbaler und seelischer Gewalt ist in Einrichtung XY verboten.

Vielfalt als Chance – wir schätzen die Diversität unserer Gemeinschaft/Einrichtung XY. So können wir voneinander und miteinander lernen. Dabei handeln wir unterschiedliche Meinungen, Einstellungen und Werte respektvoll und wertschätzend miteinander aus.

Dabei gilt:
- Niemand wird aufgrund der eigenen Hautfarbe, sexuellen Orientierung, sozialen und kulturellen Herkunft, Religion oder Beeinträchtigung beleidigt oder benachteiligt.
- Die Nutzung von diskriminierender (meint menschenverachtender und herabwürdigender) Sprache wird nicht toleriert.
- Das Tragen von Kleidung, die verfassungsfeindliche, gewaltverherrlichende oder hasserfüllte Bilder oder Symbole nutzt, ist verboten.

Wir wollen:
- verantwortungsvoll handelnde, weltoffene Menschen ausbilden/willkommen heißen, die mit respektvollem Blick ihr eigenes Leben sinnvoll gestalten.
- Freude am Miteinander / am Lernen für alle sicherstellen.

Unser Fundament ist ein humanistisches Menschenbild, welches auf den Menschenrechten basiert. Danach wollen wir gemeinsam handeln, voneinander lernen und miteinander umgehen."

Beispiel für eine Besucher*innenordnung

„In unserem Räumen legen wir Wert auf einen fürsorglichen und respektvollen Umgang mit allen Menschen.

Wir stellen uns gegen jegliche Formen von Diskriminierung und Gewalt. Wer diesen Grundsatz nicht annehmen kann, kann unsere Räume nicht nutzen.

▶ Niemand wird aufgrund der eigenen Hautfarbe, sexuellen Orientierung, sozialen und kulturellen Herkunft, Religion oder Beeinträchtigung beleidigt oder benachteiligt.
▶ Die Nutzung von diskriminierender und verächtlicher Sprache wird nicht toleriert.
▶ Das Tragen von Kleidung, die verfassungsfeindliche, gewaltverherrlichende oder hasserfüllte Bilder oder Symbole zeigt, ist verboten."

2.3.4 DIE AUSSCHLUSSKLAUSEL ALS INTERVENTIONSGRUNDLAGE

Welche Funktion hat die Ausschlussklausel bei Veranstaltungen?

Die vorliegende Vorlage ist insbesondere bei öffentlichen Veranstaltungen wichtig, um einen klaren Ausschluss von extrem rechts agitierenden Personen oder Menschen, die der extrem rechten Szene angehören, zu ermöglichen. Die Vorlage kann verwendet werden bei der Ankündigung einer Veranstaltung im Vorfeld sowie auch als öffentlich gut sichtbarer Aushang bei der Veranstaltung.

Der öffentliche Aushang macht deutlich, wer nicht auf der Veranstaltung erwünscht ist, und bietet eine Grundlage dafür, das Hausrecht entsprechend durchzusetzen. Gleichzeitig vermittelt er möglichen Betroffenen die Sensibilität der Veranstaltenden für die Bedrohungslage, die für potenziell Betroffene entstehen kann. Dies kann möglichen Betroffenen erleichtern, an einer Veranstaltung teilzunehmen. Der Aushang informiert außerdem andere Besucher*innen der Veranstaltung über das Hausrecht, die so im besten Fall auf bedrohliche Personen aufmerksam werden und Verantwortliche der Veranstaltung informieren. Deren Aufgabe ist es dann, das Hausrecht durchzusetzen.

Die Ausschlussklausel kann also dazu beitragen, die Sicherheit eines Ortes für die Besucher*innen einer Veranstaltung zu erhöhen – garantieren kann sie sie nicht. Die Verantwortung für die Einhaltung und Durchsetzung der Ausschlussklausel liegt bei den Veranstaltenden. Diese Verantwortung erschöpft sich entsprechend nicht im Aufhängen eines Aushangs – es müssen Absprachen und Maßnahmen getroffen werden für den Fall, dass Personen an der Veranstaltung teilnehmen, die in der Ausschlussklausel benannt werden. Diese Handlungsabläufe für den Ernstfall müssen klar geregelt und den Veranstaltenden/Organisator*innen bekannt sein. Die verantwortlichen Personen vor Ort müssen in der Lage sein, in der Ausschlussklausel benannte Personen und Bedrohungssituationen zu erkennen oder dafür Sorge tragen, dass diese erkannt werden. Außerdem muss klar sein, wie das Hausrecht und von wem das Hausrecht – auch bei Widerstand – vor Ort durchgesetzt wird, ohne dass die Veranstaltung übermäßig gestört wird. Je nach Selbstzutrauen der Veranstaltenden und eingeschätzter Gefährdungslage ist es angeraten, ein Awareness-Team oder Sicherheitspersonal zu engagieren.

Für die Umsetzung von öffentlichen Veranstaltungen kann es insbesondere in extrem rechts dominierten ländlichen Räumen wichtig sein, die lokale Polizeiinspektion im Vorfeld über Veranstaltungen zu informieren und Handlungsabläufe abzusprechen. Ergebnis davon kann z.B. sein, dass die Veranstaltenden eine direkte Telefondurchwahl der verantwortlichen Person bei der Polizei erhalten und im Bedrohungsfall keine wertvolle Zeit verloren wird.

Formulierungsbeispiel für eine Ausschlussklausel

„Entsprechend § 6 Abs. 1 VersG sind Personen, die extrem rechten Parteien oder Organisationen angehören, der extrem rechten Szene zuzuordnen sind oder bereits in der Vergangenheit durch rassistische, nationalistische, antisemitische, queerfeindliche oder sonstige menschenverachtende Äußerungen in Erscheinung getreten sind, von der Veranstaltung ausgeschlossen.
Die Veranstaltenden behalten sich vor, von ihrem Hausrecht Gebrauch zu machen."

3 METHODEN FÜR GESPRÄCHE IM EINZEL- WIE GRUPPENSETTING

Die folgenden Inhalte stellen eine Sammlung von Methoden dar, mit denen Distanz e. V. in der eigenen Arbeit, also der direkten Auseinandersetzung mit extrem rechts einstiegsgefährdeten jungen Menschen, gute Erfahrungen gemacht hat. Die Methoden eignen sich vor allem für die Auseinandersetzung im Einzelsetting, sie können aber auch für jeweilige Gruppenkontexte angepasst werden.

Die Methoden benötigen einen beziehungsorientierten Zugang und im besten Falle ein pädagogisches Setting, das von äußeren Einflüssen während der Umsetzung der Methoden möglichst wenig gestört wird. Spezifische Vorbedingungen und Vorbereitungen werden je Methode aufgeschlüsselt.

Die in dieser Publikation ausgeführten Techniken wie das Arbeiten mit der eigenen menschenrechtsorientierten Haltung oder das Nutzen von systemisch-lösungsorientierter Fragetechniken kommen in den Methoden konkret zur Anwendung. Sie eignen sich dennoch gleichermaßen auch ohne dezidert methodisches Vorgehen für das pädagogische Arbeiten im Kontext der Distanzierungsarbeit.

Um die Lesbarkeit zu erleichtern, werden in den folgenden Methodenblättern Abkürzungen vorgenommen, die einer Verallgemeinerung dienen.

— TN: Adressat*innen der Distanzierungsarbeit werden benannt als TN (meint: Teilnehmer*innen), also z.B. Schüler*innen, Besucher*innen des Jugendclubs oder Klient*innen in einem Beratungskontext.
— TR: Pädagogisch Handelnde werden benannt als TR (Trainer*innen), also z.B. Fachkräfte der Schulsozialarbeit oder der offenen und aufsuchenden Kinder- und Jugendarbeit, Lehrer*innen, Berater*innen, Mitarbeiter*innen im Jugendamt etc.
— GMF: Gruppenbezogene Menschenfeindlichkeit als Orientierungsgrundlage für die Beschreibung von menschenfeindlichen Einstellungen (mehr zum theoretischen Hintergrund siehe in Kapitel 2.1.1).

3.1 ICH UND MEIN RUF

Setting: Einzel	Dauer: 30 Min.	Grobziele:		
Methoden: • Gespräch • Aufstellung im Raum	**Materialien:** • 4 runde Karten in unterschiedlichen Farben • 1 Moderationsstift zum Beschriften	**TN:** • Reflexion des Selbstbilds • Wünsche an einen selbst bewusst machen • Auseinandersetzung mit den Zuschreibungen anderer • Änderungsideen für die Zukunft herausarbeiten	**TR:** • die Fähigkeit zur Selbsteinschätzung des*der TN beobachten	**alle:** • eine Aufstellung erarbeiten, die dazu dient an mehr Selbstzufriedenheit und einem besseren Ruf zu arbeiten

Besondere Vorbedingungen:

- TN muss bereit sein, sich selbst einzuschätzen und auch kritisch zu sehen. Dafür braucht es ein gewisses Vertrauen zu den TR und in das Setting.
- TN muss bereit sein, sich mit Kritik von anderen ernsthaft auseinanderzusetzen und sich von TR zu einer Selbstkritik anregen zu lassen.

Spezielle Vorbereitungen:

- TN wird gebeten, sich Gedanken darüber zu machen, wofür er*sie von anderen wertgeschätzt wird und welche schlechten Dinge ihm*ihr nachgesagt werden. Außerdem soll TN überlegen, welche Dinge es gibt, die TN gern selbst an sich verändern würde.
- Die TR müssen verinnerlichen, dass es während der gesamten Methode nicht darum geht, dass sie TN bewerten, sondern darum, die Fähigkeit des TN zu fördern sich selbst und seine Wirkung einzuschätzen.

Achtungszeichen:	Tipps:
! TN behauptet, niemand würde schlecht über TN reden/denken.	✎ Fragen, ob es schon mal Kritik gab, auch wenn TN sie als unbegründet wahrnahm. Fragen, ob es etwas Kritisches geben könnte, das andere nur nicht aussprechen.
! TN behauptet perfekt zu sein und keine Veränderungswünsche an sich selbst zu haben.	✎ Unbeeindruckt bleiben: Nach Herausforderungen und Situationen fragen, in denen TN nicht ganz zufrieden war oder sich sogar geärgert hat. Neutralisierungstechniken („Die anderen waren schuld!") nicht zulassen, sondern hartnäckig fragen, was der Anteil von TN daran gewesen ist.
	✎ Immer wieder nachhaken, ob die Antworten wirklich passen und ob TN auch gerade wirklich in der Rolle ist (Update-Ich, Ich, guter Ruf, schlechter Ruf), oder ob TN doch wieder als er*sie selbst spricht.

Inhalte/Hintergrundinfos:
• Die Methode bietet sich an, um die Interaktion der*des TN mit ihrem*seinem sozialen Umfeld zu beleuchten und eine erste Selbstreflexion anzustoßen. Von Vorteil ist, dass mit dem guten Ruf und den Wünschen an sich selbst mehr Positives als Kritisches im Raum steht. Dennoch braucht es eine gewisse Bereitschaft über sich selbst einmal nachzudenken.

Vorbereitungen vor Ort:
• Es wird ein ausreichend großer Raum benötigt, in dem Tische und Stühle beiseitegeschoben werden können, damit die Karten frei im Raum platziert werden können.

Durchführung:	Feinziele:	Methoden:	Zeit:	Materialien:
Anmoderation: *„Im Alltag muss man sich oft damit auseinandersetzen, was andere über einen denken und sagen. Außerdem macht man sich ja manchmal auch selbst Gedanken, wer man eigentlich sein möchte. Heute möchten wir mal schauen, wer du bist, was andere Gutes und Schlechtes über dich sagen und was du selbst über dich meinst."*	TN: • weiß, worum es jetzt geht und weshalb wir das machen	• mündlich anmoderieren	<1	
1. „Ich"-Karte • Es wird eine Karte mit **„Ich"** beschriftet. TN legt die Karte in die Mitte des Raums und stellt sich auf die Karte. Anschließend befragen ihn die TR ? *„Wer bist du? Erzähle etwas zu dir. Wie würdest du dich beschreiben? Welche Eigenschaften machen dich aus? Welche Wünsche hast du?"* (eventuell: *„Sind die Wünsche realistisch? Was wären realistische Wünsche?"*) **2. „Update-Ich"-Karte** • Es wird eine Karte mit **„Update-Ich"** beschriftet. TN wird gebeten, die Karte im Raum auf den Boden zu legen. Der Abstand zur „Ich"-Karte soll symbolisieren, wie nah oder fern Wunsch und Wirklichkeit sind. TN stellt sich auf die Karte. Die TR befragen TN nun. ? *„Was ist anders an deinem ‚Update-Ich'? Was hast du verändert? Was machst du anders? Was zeichnet dich aus?"* **3. „Mein guter Ruf"-Karte** • Es wird eine Karte mit **„Mein guter Ruf"** beschriftet und TN legt sie im Raum so aus, dass der Abstand zum „Ich" und zum „Update-Ich" ausdrückt, wie nah der gute Ruf dem jeweiligen Bild ist. TN wird gefragt, bei wem TN einen guten Ruf habe. Es sollte möglichst eine konkrete Person sein. TN wird dann gebeten, sich auf die Karte zu stellen.	TN: • die Fähigkeit zur Selbsteinschätzung und Selbstreflexion verbessern • sich mit kritischem Feedback der eigenen Umwelt auseinandersetzen • eine Perspektive schaffen, in die TN sich hin entwickeln möchte TR: • Selbstreflexionsfähigkeit von TN einschätzen • bei der Entwicklung einer Perspektive helfen und daraus weitere Themen und Ziele ableiten alle: • eine Aufstellung erarbeiten, die dazu dient, an mehr Selbstzufriedenheit und an einem besseren Ruf zu arbeiten	• offene Fragen, die die Selbstreflexion unterstützen	30	• 4 runde Karten in unterschiedlichen Farben • Moderationsstift zum Beschriften

3.1 ICH UND MEIN RUF

Durchführung:	Feinziele:	Methoden:	Zeit:	Materialien:
Es folgt ein kleiner Rolleneinstieg, die Person zieht die Rolle an und wird nun von den TR mit dem Namen des Menschen angesprochen, bei dem TN einen guten Ruf hat. ? *„Nun, was denkt … so von TN? Wie würdest du TN beschreiben? Was sind seine Stärken? Welche Eigenschaften schätzt du besonders an TN?"* ○ **Es folgt ein kurzer Rollenausstieg. Die Rolle wird abgeschüttelt und TN wieder mit dem eigenen Namen angesprochen und von den TR abgeholt.** 4. „Mein schlechter Ruf"-Karte • Es wird eine Karte mit **„Mein schlechter Ruf"** beschriftet und TN legt sie im Raum so aus, dass der Abstand zum „Ich" und zum „Update-Ich" sowie zum „guten Ruf" ausdrückt, wie nah der schlechte Ruf dem jeweiligen Bild ist. TN wird gefragt, bei wem TN einen schlechten Ruf habe. Es sollte möglichst eine konkrete Person sein. TN wird dann gebeten, sich auf die Karte zu stellen. Es folgt ein kleiner Rolleneinstieg, die Person zieht die Rolle an und wird nun von den TR mit dem Namen des Menschen angesprochen, bei dem TN einen schlechten Ruf hat. ? *„Nun, was denkt … so von TN? Wie würdest du TN beschreiben? Was sind seine Schwächen? Welche Eigenschaften ärgern dich besonders an TN?"* ○ **Es folgt ein kurzer Rollenausstieg. Die Rolle wird abgeschüttelt und TN wieder mit dem eigenen Namen angesprochen und von den TR abgeholt.** 5. Abschließende Betrachtung • Nun stellt sich TN wieder auf die „Ich"-Karte und betrachtet das Bild mit den Karten im Raum. ? *„Was denkst du über das Bild, das sich so ergeben hat? Stimmen die Abstände der Karten zueinander? Willst du sie korrigieren? Wie fühlt es sich gerade an für dich?"*				

Durchführung:	Feinziele:	Methoden:	Zeit:	Materialien:
• Schließlich wird versucht, mit TN ein Lösungsbild zu erarbeiten. TN überlegt, welches Bild er*sie gerne anstreben würde, kann die Lage der Karten entsprechend verändern. ? „Wie würden ‚Ich' und ‚Update-Ich' sich zueinander verhalten? Wir weit wären sie voneinander entfernt? Was ist mit deinem ‚guten Ruf'? Wo liegt dann dein ‚schlechter Ruf'? Wie fühlt sich das neue Bild für dich an?"				
Alltagsaufgabe: „Beobachte im Laufe der nächsten Zeit einmal, was du im Alltag ändern müsstest, um deinem ‚Update-Ich' ein bisschen näherzukommen und deinen ‚schlechten Ruf' loszuwerden."	**TN:** • Integration der Reflexion in den Alltag		<1	

Quellen- und Literaturangabe:

Die Methode bezieht sich auf die Technik systemischer Aufstellungen, genauer der Aufstellung eines „Problembildes" und eines „Lösungsbildes". Diese Art von Aufstellungen wurde z.B. von Bert Helllinger in den 1970er-Jahren entwickelt. Die Methode ist dem zugrunde liegendem Prinzip entlehnt, wurde für den Kontext der Distanzierungsarbeit nun aber neu entwickelt.

3.2 AUTOBIOGRAFISCHE TIMELINE

Setting: Einzel	Dauer: 65 Min.	Grobziele:		
Methoden: • Aufstellung • Gespräch	**Materialien:** • Flipchart • 2 schwarze Moderationsstifte • Metaplankarten: rote, grüne, blaue, weiße • Kreppband • verschiedene Figuren und Materialien	**TN:** • begreift sich selbst als aktive*r Gestalter*in der eigenen Biografie • erlangt Bewusstsein über prägende Lebensereignisse • erlangt Bewusstsein über Übergangsphasen der eigenen Biografie und wie er*sie diese gemeistert hat • wird sich eigener Handlungskompetenzen bewusst	**TR:** • Ereignisse identifizieren, die Hinwendungsmotive begünstigen (z.B. Umbrüche, Krisen) • gelungene Bewältigung kritischer Lebensereignisse hervorheben und als Handlungskompetenz stärken • Ressourcen bei TN unterstreichen sowie unterstützen	**alle:** • Reflexion der Vergangenheit und aktive Gestaltung der Zukunft

Besondere Vorbedingungen:

- Biografiearbeit setzt ein Mindestmaß an Vertrauen voraus.
- Raum mit ausreichend Platz (falls eine Aufstellung gemacht wird).

Spezielle Vorbereitungen:

- TR einigen sich auf eine Visualisierungsform und packen entsprechend Material ein.
- Die TR müssen verinnerlichen, dass es während der gesamten Methode nicht darum geht, TN zu bewerten, sondern darum, die Fähigkeit der*des TN zu fördern, sich selbst und ihre*seine Wirkung einzuschätzen.

Achtungszeichen:	Tipps:
! Es kann sein, dass TN keinen Bock hat, sich mit der Vergangenheit auseinanderzusetzen.	Möglichen Zusammenhang von biografischen Ereignissen und Gegenwart deutlich machen und Verbindung zu den anderen Zielen ziehen.
! Es besteht die Möglichkeit, dass TN beim Denken an bestimmte negative Ereignisse negative Gefühle, womöglich sogar retraumatisierende Gefühle bekommen. Anzeichen für eine Retraumatisierung sollten eng beobachtet werden. Ist ein Kindheitstrauma bekannt, sollte diese Übung nicht durchgeführt werden.	Bei Anzeichen von Retraumatisierung Übung unterbrechen und TN begleiten.

Inhalte/Hintergrundinfos:

- Bei der Methode Timeline ist es wichtig, dass TN im Rahmen des „Interviews" in einen Redeflow kommt. Das heißt, Rückfragen sind möglich, diese sollten aber nicht zu sehr in die Tiefe gehen. Auch sollten die TR sich mit Bewertung und Intervention zurückhalten.
- Die Timeline kann unterschiedlich visualisiert werden: Als Aufstellung mit einem Seil, Gegenständen und Metaplankarten im Raum oder auf einem Flipchart-Papier. Die Methodenbeschreibung orientiert sich an der Aufstellung im Raum. Die Durchführung für eine Flipchart-Visualisierung verläuft äquivalent und wird deshalb nur kurz beschrieben.

Vorbereitungen vor Ort:

Erklärung der Visualisierung:
a) Aufstellung im Raum

- Notwendig ist ausreichend Platz. Mit Kreppband wird ein Zeitstrahl in die Vergangenheit geklebt. Ein Strich auf dem Zeitstrahl markiert die Gegenwart – dort wo TN und TR stehen. Am Anfang der Linie liegt das Geburtsdatum des*der TN. Vom Geburtspunkt aus gesehen (Lebenslinie verläuft nach rechts) werden die positiven Karten oben und die negativen Karten unten hingelegt. Positive Lebensereignisse werden auf grünen, negative auf roten und neutrale auf weißen Metaplankarten aufgeschrieben und ausgelegt. TN kann die positiven und negativen Ereignisse noch zueinander relativieren in dem Sinne, dass z.B. stärker positive Ereignisse weiter weg von der Linie liegen als positive. Dies muss aber nicht gemacht werden.
- Danach wird in die Auswertung gestartet.
- **Optional:** Wenn im Anschluss bestimmte Lebensereignisse näher betrachtet werden, können die TR TN anbieten, aus einem Fundus unterschiedlicher Materialien und Figuren etwas zu dem Lebensereignis Passendes auszusuchen und dazu zu stellen. Es können auch mehrere Figuren sein, wenn sie z.B. beteiligte Personen symbolisieren. Anhand der Gegenstände kann dann vertiefend über die Situation gesprochen werden. Diese Visualisierung ist optional und TR können entscheiden, ob es für TN passend erscheint.

b) Alternative bei kleinem Raum: Visualisierungsmöglichkeit durch einen Graphen

- Großes Flipchart mit leerem Graph. Die y-Achse ist die Bewertung der Zeit/des Ereignisses (von positiv bis negativ), die x-Achse stellt die Zeit dar. Das rechte Ende der x-Achse ist die Gegenwart (durch Strich auf Zeitachse markieren). Kreuzungspunkt von x- und y-Achse ist das Geburtsdatum. Die Ereignisse werden im positiven oder negativen Raum je nach Bewertung des*der TN eingetragen. Diese Visualisierung hat die Schwierigkeit, dass Sachen nicht nachträglich verrückt werden können, das birgt die Gefahr, dass es unübersichtlich wird. Es könnte aber auch erstmal mit Metaplankarten gearbeitet werden. Dann ist es ggf. sinnvoll, 2 Flipchart-Papiere mit den kurzen Seiten aneinander zu kleben/legen.
- Lebensereignisse werden als Punkte oder Phasen als Striche eingezeichnet. Die Lebensereignisse werden beschriftet. Am Schluss wird eine Verbindung gezogen.

Durchführung:	Feinziele:	Methoden:	Zeit:	Materialien:
Anmoderation: „Heute treten wir mal einen Schritt zurück und werden den Blick stärker in die Vergangenheit richten. Das machen wir, um gemeinsam zu schauen: Wie bist du zu dem*der geworden, der*die du bist? Was hat dich geprägt und was hat das mit deinen Zielen zu tun? Das sind häufig Sachen, die nicht so obenauf liegen. Das heißt, wir müssen etwas genauer hinschauen, bevor wir sie entdecken."	**TN:** • weiß, worum es jetzt geht und weshalb wir das machen	• mündlich anmoderieren	<1	

3.2 AUTOBIOGRAFISCHE TIMELINE

Durchführung:	Feinziele:	Methoden:	Zeit:	Materialien:

1. Timeline füllen
• TR baut die Hintergrundfolie der Lebenslinie entsprechend der gewählten Visualisierung auf und legt Material bereit.
• TR erklärt das Vorgehen: *„Ich frage dich jetzt einfach, was alles so passiert ist, und schreibe das auf Karten und lege das an die Linie. So sortieren wir langsam das Bild. Es geht um dein bisheriges Leben – das heißt, du entscheidest, was dir wichtig ist zu erzählen und was nicht. Ich habe grüne, rote und weiße Karten. Grüne sind für eher positive, rote für eher negative Erinnerungen und weiße für neutrale Erinnerungen."*
• Gemeinsam wird zum Geburtspunkt gegangen. *„Wann wurdest du geboren?"* → auf weiße Moderationskarte schreiben und auslegen.
• **Einstiegsfrage:**
  ? *„Was ist das Früheste, an das du dich erinnern kannst?"*
• Über die Frage: *„Wie war das für dich?"* oder *„Ist das für dich eher eine positive oder eine negative Erinnerung?"* wird für TR greifbar, welche Kartenfarbe die richtige ist (falls TN diese nicht von sich aus benennt)
• TR interviewt TN und schreibt die Erinnerungen auf die entsprechenden Metaplankarten und legt sie aus. Im Idealfall erzählt TN einfach weiter, sobald TR es aufgeschrieben hat. Kommt der Erzählfluss ins Stocken, fragt TR nach.
• **Impulsfragen:**
  ? *„Was ist dann/noch passiert?"*
  ? *„Woran erinnerst du dich noch?"*
  ? *„Was fehlt noch?"*
• **Nachfragen, wenn es hakt:**
  ? *„Wenn du an das Thema … (Schule/Einschulung/Schulwechsel, Umzug, Familie, Freund*innen, Gesundheit, Verwandte…) denkst, was fällt dir da noch ein?"*
  ? *„Was ist zwischen (Ereignis X) und (Ereignis Y) passiert?"*
• Selbstverständlich kann TN jederzeit in der Timeline springen und fehlende Sachen hinzufügen. Die Karten werden dann entsprechend zurecht geschoben.
	TN:
	• setzt sich mit prägenden Lebensereignissen auseinander
	• kann Lebensereignisse unterschiedlicher Art benennen
	TR:
	• identifizieren Umbruchphasen und vulnerable Phasen im Leben des*der TN, die Hinwendungsmotive begünstigen
	• unterstützen durch narratives Fragen den Erzählfluss des*der TN
		• Gespräch/ Interview
		• Aufstellung
			40	• 2 schwarze Moderationsstifte
				• Metaplankarten: rote, grüne, weiße
				• Kreppband

Durchführung:	Feinziele:	Methoden:	Zeit:	Materialien:
🎯 Die TR nutzen den Raum, die verschiedenen Karten werden also gemeinsam abgeschritten. Das heißt, es kann zum Geburtspunkt im wahrsten Sinne des Wortes gegangen werden. Wird nochmal genauer auf eine Phase oder ein Ereignis geschaut, gehen TR und TN dort hin. 🎯 Anzeichen für negative Stimmungen beobachten und darauf achten, dass TN auch positive Dinge ausschmückend erzählen kann; **wichtig:** Traumata-Anzeichen im Blick behalten und Übung ggf. unterbrechen oder abbrechen.				
2. Auswertung • TN kommt am Gegenwartspunkt (und für sich vielleicht auch in der Gegenwart) an. TR leitet die Reflexion an. Im zweiten Schritt können genauer auf einzelne Phasen/Ereignisse geschaut werden. Bei zentralen Ereignissen oder denjenigen, die TR vertiefen wollen, kann TN eingeladen werden, einen passenden Gegenstand/Figur auszusuchen. Über die Wahl kann tiefergehend gesprochen werden. • Bei positiven Ereignissen können die Ressourcen herausgearbeitet werden, negative Ereignisse sollten mit Bewältigungspotenzial gefüllt werden. • Falls TN in der Reflexion weitere Ereignisse einfallen, werden diese noch ergänzt. • Zentrale Reflexionen oder explizierte Wendepunkte sollten auf blauen Karten festgehalten werden. Auch das Gesamtfazit des*der TN sollte festgehalten werden, damit es später noch verfügbar ist. • **Reflexionsfragen:** ? „Wie geht es dir jetzt?" ? „Wie war es für dich, deine Lebenslinie zu erstellen?" ? „Wie schaust du auf deine Lebenslinie und die Ereignisse?" ? „Was fällt dir auf und was denkst du dazu?" • **Vertiefende Fragen zu einzelnen Phasen/Ereignissen:** ? „Welche Gründe/Anlässe gab es für die Veränderung XY?" ? „Ich möchte mit dir genauer auf das Ereignis X gucken. Wie schätzt du das ein, wenn du auf deine gesamte Lebenslinie schaust: welche Rolle hat das gespielt?"	**TN:** • fallen Zusammenhänge/Dynamiken in eigener Biografie auf • erkennt Umbruchphasen und prägende Ereignisse als solche und setzt sie in Zusammenhang mit der Gegenwart • kann eigene Ressourcen benennen • begreift eigene Biografie als Ganzes, über die er*sie bestimmen kann • stellt zwischen Zielen und Lebensereignissen Verbindung her • zieht aus der biografischen Betrachtung Schlüsse für die eigene Zukunft **TR:** • identifizieren Krisen und Umbruchphasen und unterstützen TN, eigenes Bewältigungspotenzial herauszuarbeiten • unterstützt TN bei Benennung der eigenen Ressourcen und verstärkt diese • verstärkt im Sinne der Ziele positive Reflexionen	• Gespräch • Aufstellung	25	• Flipchart • 2 schwarze Moderationsstifte • Metaplankarten: rote, grüne, blaue, weiße • verschiedene Figuren und Materialien

Durchführung:	Feinziele:	Methoden:	Zeit:	Materialien:

? „Gibt es hier eine passende Figur oder Gegenstand, die zum Ereignis X passt?"
? „Was verbindest du damit?"
? „Gibt es etwas, das dir in deinem Leben immer wieder begegnet, das du hier siehst?"
? „Was hat dir in der Situation X geholfen? Was hat dich unterstützt?"
? „Wie schätzt du das ein: Welchen Zusammenhang gibt es zwischen X und Y (z.B. Ziel Z)?"
• Aufkommende Reflexionen/Aha-Erlebnisse bei TN könnten z.B. sein:
  o Es liegen in letzter Zeit viel mehr rote als grüne Karten aus. Das will ich ändern.
  o Ich will etwas aus meinem Leben machen und nicht mehr so in den Tag reinleben.
  o Es hat sich ganz schön viel verändert und ich kann mein Leben verändern.
  o Ich will in 10 Jahren anders auf mein Leben blicken, als ich es jetzt tue.
• TN bekommt am Ende nochmal die Möglichkeit, eine Gesamteinschätzung abzugeben. TR bietet TN an, die eigene Wahrnehmung zu äußern. Falls TN dem zustimmt, äußert TR wertschätzend die eigene Wahrnehmung, wobei Reflexionserkenntnisse des*der TN positiv bestärkt und gezeigte Ressourcen hervorgehoben werden sollten.
• Falls TN aus der Timeline eine hohe Veränderungsmotivation entwickelt, kann er*sie einen Leitsatz für Ziele oder die Zukunft formulieren (wenn er*sie das möchte), der auf einem Flipchart-Papier festgehalten wird.
  🔦 Die TR und TN nutzen den Raum. Das heißt, es kann zum Geburtpunkt im wahrsten Sinne des Wortes gegangen werden. Wird nochmal genauer auf eine Phase oder ein Ereignis geschaut, gehen TR und TN dort hin.
! Der Prozess kann für TN sehr anstrengend sein.
  🔦 TR achten auf die Energie des*der TN. Sollte diese schon erschöpft sein, muss die Reflexion etwas kürzer ausfallen. Auf bestimmte Lebensereignisse kann auch zu einem späteren Zeitpunkt eingegangen werden.				

Spezielle Nachbereitungen:

- Bei der Aufstellung im Raum wird die Lebenslinie fotografisch dokumentiert. Sollte die Fotodokumentation aber – gerade dann, wenn sie auf A4 ausgedruckt wird – wenig lesbar sein, sollte die Timeline auf einem Tisch zusammengelegt oder abgeschrieben werden, damit sie TN auch im Nachhinein aussagekräftig zur Verfügung steht.

Quellen- und Literaturangabe:

Die Methode „Timeline", auch als „Lebenslinie" bekannt, ist eine weit verbreitete Methode der Biographiearbeit und lässt sich nicht auf eine*n Urheber*in zurückführen. Sie wird z.B. beschrieben in: Brentrup, Martin/Geupel, Brigitte (2016): Ideen aus der Box. Fundus für Psychotherapie und Beratung, 3., unveränderte Auflage. Dortmund: Borgmann Media Verlag.

3.3 MEIN WEG

Setting: Einzel/ Gruppe	Dauer: 45 Min. (Gruppe: 60 Min.)	Grobziele:			
Methoden: • Abfragegespräch mit Aufstellung, alternativ Visualisierung • Gruppensetting: Resonanzrunde in Gruppe	**Materialien:** • roter Faden • Metaplankarten (runde, weiße Kreise) für Bodenanker (heute, bald, später) • kleiner weißer Kreis für Metaposition (unbeschriftet) • > 30 Metaplankarten (rot, blau, gelb, grün) • Steine	**TN:** • gewinnt Klarheit über nächste Schritte • wird motiviert, eigene Ziele zu erreichen • gewinnt Überblick • erkennt Hürden und Ressourcen auf dem Weg und weiß, wie er*sie diese im Alltag mobilisieren kann • spürt sich als selbstwirksam in der Gestaltung der eigenen Ziele	**TR:** • gewinnen Erkenntnisse über Ressourcen und Hürden • erhalten Information über Stimmigkeit der Ziele in der Trainingsfläche	**alle:** • Ideen für Gestaltung der Zukunft entwickeln und auf ihre Realisierbarkeit prüfen	

Besondere Vorbedingungen:

- Die TR haben mit TN bereits seine*ihre Themen und Ziele für das Training herausgearbeitet und visualisiert, sodass sich diese Übung auf die Ziele beziehen kann
- Die TR haben durch TN bereits etwas über sein*ihr Umfeld erfahren, sodass hier aktivierende Fragen gestellt werden können.

Spezielle Vorbereitungen:

- Alternative Visualisierung bei kleinem Raum: Vorbereiten eines Flipchart-Plakates (siehe Visualisierung)

Achtungszeichen:	Tipps:
! Aufstellungen wirken intensiver, da sich TN im Raum des Geschehens befinden. Die Aufstellungsvariante ist der Visualisierung auf Flipchart daher vorzuziehen. Falls kein großer Raum vorhanden ist, kann die Übung auch im Sitzen mit denselben Fragen vorgenommen werden.	✎ Viele systemische Fragen stellen (siehe auch das Kapitel über systemisch-lösungsorientiertes Arbeiten in der Distanzierungsarbeit in diesem Buch).
! Gruppensetting: In der Resonanzrunde darauf achten, dass TN keine Bewertungen vornehmen, sondern den Fokus auf sich behalten mit der Leitfrage „Was macht das mit mir?"	✎ Die Visualisierung auf Metaplankarten sollte nicht zu explizit sein, sondern zusammenfassend das Gesagte festhalten, z.B. „ich möchte in 5 Jahren ein Haus haben", auf die Metaplankarte nur „Haus haben" schreiben.
	✎ TN die Karten in die Hand geben und möglichst komplett selbst die Metaplankarten positionieren lassen! So wird das Gefühl für das Eigene und insbesondere die Selbstwirksamkeit erhöht.

Inhalte/Hintergrundinfos:

- Die Übung ist dem systemisch-lösungsorientierten Arbeiten zuzuordnen und verweist als Aufstellungsübung damit auf eine lange methodische Tradition (seit 1970er Jahre).

Vorbereitungen vor Ort:

Variante Aufstellung: Alle Materialien werden auf den Boden/auf den Tisch auf eine Stelle gelegt. Die rote Schnur wird mittig im Raum platziert und an einen Startpunkt gelegt. Hierfür muss je nach Raumgröße dann ggf. Platz geschaffen werden.

Durchführung:	Feinziele:	Methoden:	Zeit:	Materialien:
Anmoderation: „Heute machen wir eine Zeitreise und schauen gemeinsam in deine Zukunft! Wir haben schon einmal über deine Ziele gesprochen und diese aufgeschrieben (optional diese nochmal in Erinnerung rufen). Heute schauen wir uns an, wie dies auf deinem Weg genauer aussieht und welche Zwischenstationen auftreten können. Um das zu tun, werden wir eine Art Aufstellung mit diesen Zetteln machen. Dann werden wir gemeinsam ein Stück auf deinem Weg Richtung Ziel gehen und nachschauen, wie dieser Weg so ist."	**TN:** • weiß, worum es jetzt geht und weshalb wir das machen	• mündlich anmoderieren	<1	
1. Weg vorstellen: Gegenwart, Vergangenheit und Zukunft markieren • TR und TN gehen zum roten Faden, der sich am Startpunkt befindet und sinnbildlich für den Lebensweg steht. „Du siehst hier ja diesen roten Faden. Dieser Faden hilft dir dabei, deinen Weg zu bestimmen, er ist eine Art Zeitlinie. Ich möchte dich jetzt dazu einladen, dass du dir deinen Lebensweg mal als Bild vorstellst, also deine Gegenwart, Vergangenheit sowie Zukunft als eine Art Zeitlinie, auf dem Boden hier vor uns erscheinen." • Kurzes Innehalten und dann fantasieanregende Bilder als Beispiele benennen (für Ergänzungen und spontane/individualisierte Einfälle der TR offen) „Für jede Person ist das ein wenig anders, vielleicht stellst du dir den Lebensweg eher wie einen Fluss vor (Stichwort: Fluss des Lebens), vielleicht ist es eher wie eine Straße, ist diese gerade, kurvig, gefährlich, in der Natur, auf einem Berg in einem Tal, oder in einer Stadt…" ? „Wie sieht dein Lebensweg aus? Welches Bild kommt dir da in den Kopf?" „Lege nun die rote Linie im Raum aus, so wie es für dich passt."	**TN:** • versteht Auftrag der Übung • kann Verknüpfungen zu Trainingszielen herstellen • kann Ziele, Ereignisse, Hürden und Ressourcen benennen • fühlt sich wert geschätzt in eigenen Zielen • ist sich Ressourcen bewusst geworden • ist für Hürden/Stolpersteine sensibilisiert **TR:** • erhält Einblick über Zielbewusstheit von TN **Andere TN aus dem Gruppensetting** • können von den Zielen von TN lernen • üben empathisches Einfühlen in andere Lebenswelt	• Aufstellung		• roter Faden • Metaplankarten (runde, weiße Kreise) für Bodenanker (heute, bald, später) • kleiner weißer Kreis für Metaposition (unbeschriftet) • > 30 Metaplankarten (rot, blau, gelb, grün) • Steine

Durchführung:	Feinziele:	Methoden:	Zeit:	Materialien:
• Dies kann gerade oder in mehreren Kurven oder Zick-Zack oder Hin-und-Zurück passieren. Es stellt erst einmal nur den aktuellen Impuls dar und kann sich im Verlauf der Übung noch verändern. Es gibt hier kein Richtig oder Falsch, mit der Ausnahme, dass die Linie sich nicht im ursprünglichen Zustand befinden sollte und in irgendeiner Form ausgelegt werden muss. **2. Gegenwart, nahe Zukunft und weitere Zukunft markieren** *„Nun schauen wir uns 3 Zeitpunkte deines Lebensweges an: Heute, etwas das relativ bald passieren kann (so ca. im nächsten Jahr) und etwas, was noch etwas länger dauert (so ca. 5-7 Jahre)."* • 3 Metaplankarten (3 große Kreise, weiße Farbe) an den TN übergeben zur Markierung von 3 Zeitpunkten auf der roten Linie. Jeder Kreis stellt einen Zeitpunkt da, demnach sind diese beschriftet mit mit „heute", „bald", „später" *„Lege nun die 3 Kreise auf deinen Weg, wo es dir sinnvoll erscheint."* • 1 Metaplankarte (kleiner weißer Kreis): wird an TN übergeben zur Markierung einer Beobachter*innenposition (Metaposition) *„Nun bitte ich dich, diese Beobachter*in auf die Seite zu legen. Sie wird uns später helfen, deinen Weg von außen nochmal zu betrachten."* **3. Lebensweg mit Zielen und Ereignissen füllen (blaue Karten)** • Es werden nun chronologisch einzelne Ziele und Ereignisse bestimmt und auf blauen Metaplankarten notiert. Diese können kategorisch gemischt sein, wichtig ist lediglich, dass TN diese als bedeutungsvoll empfindet (z.B. Abschluss machen, mit dem Rauchen aufhören, das Hobby XY beginnen…). Es können nicht nur selbstgesteckte Ziele, sondern auch (positive wie negative) Ereignisse benannt werden, die bereits festgelegt sind, z.B. Ende der Schulzeit. • Mit TN werden einzelne Ziele/Ereignisse auf Metaplankarten gesammelt und auf der roten Linie zwischen dem Bodenanker „heute" und „bald" platziert. Die Metaplankarten werden begleitet und die Ziellinie gemeinsam während der Erstellung abgeschritten. *„Bislang sieht es so aus, als ob nicht viel passiert. Das ändern wir jetzt."*	• erkennen Gemeinsamkeiten und stärken so die Beziehung zu TN			

Durchführung:	Feinziele:	Methoden:	Zeit:	Materialien:
? *„Was passiert bei dir im nächsten Jahr? Was möchtest du von heute an bis zu in einem Jahr erreichen? Welche kleinen Schritte wirst du dafür gehen müssen?"* ? *„Was wird im nächsten Jahr passieren? Welche Herausforderungen kommen auf dich zu?"* ? *„Welche schönen Sachen werden dich im nächsten Jahr erwarten?"* • Mit TN werden nun Ziele/Ereignisse auf Metaplankarten gesammelt und auf der roten Linie zwischen dem Bodenanker „bald" und „später" platziert. Die Metaplankarten werden begleitet und die Ziellinie gemeinsam weiter während der Erstellung abgeschritten. ? *„Was wünschst du dir für die längere Zukunft? (so in 5-7 Jahren")* ? *„Was möchtest du bis dahin erreicht haben? Welche kleinen Schritte wirst du dafür gehen müssen?"* ? *„Was ist dir wichtig für deinen Weg in den nächsten Jahren?"* ? *„Welche schönen Sachen werden dich wohl in den nächsten Jahren erwarten?"* ✎ Zur Anregung von Inhalten kann auf die Ziele des*der TN im Training Bezug genommen werden **4. Hürden identifizieren (rote Karten)** Mit Hilfe von roten Metaplankarten und Steinen werden nun Hürden auf dem Lebensweg identifiziert. Dazu wird die Lebenslinie ebenso abgeschritten, wie bereits bei der Erstellung der Ziele und Ereignisse ? *„Welche Stolpersteine erwarten dich auf deinem Weg?"* ? *„Was kann das Ganze hier schwieriger machen?"* ? *„Wo lauern Gefahren?"* ? Gruppensetting: *„Welche Gefahren und Stolpersteine seht ihr?"* ✎ Falls TN den Anregungen der Gruppe zustimmen kann, werden diese noch auf Metaplankarten übernommen ✎ Falls TN hier sehr frustriert wird und die Übung zu destruktiv wird, kann Schritt 5 auch jeweils zu den einzelnen Hürden umgesetzt und damit vorgezogen werden.				

3.3 MEIN WEG

Durchführung:	Feinziele:	Methoden:	Zeit:	Materialien:
5. Ressourcen identifizieren (gelbe Karten) Mit Hilfe von Metaplankarten (viereckig, gelb) und ggf. positiv assoziierten Gegenständen werden nun Ressourcen auf dem Lebensweg identifiziert. Dazu wird die Lebenslinie ebenso abgeschritten, wie bereits bei der Erstellung der Ziele und Ereignisse ? „Wer kann dich bei deinem Weg unterstützen? Womit genau können dir diese Menschen helfen?" ? „Was könnte dir helfen? Welche Unterstützung würdest du dir wünschen (auch wenn du sie noch nicht hast)? Wie könntest du dir Unterstützung holen?" ? „Gruppensetting: Welche Unterstützung seht ihr noch?" • Falls TN den Anregungen der Gruppe zustimmen kann, werden diese noch auf Metaplankarten übernommen. **6. Beobachter*innen-Position einnehmen** Gemeinsam wird zum weißen Kreis gegangen und der Lebensweg von außen betrachtet und einen Moment innegehalten. „Stell dir nun vor, du bist ein Mensch, der mit deinem Weg nichts zu tun hat und dies nun von außen betrachtet." ? „Welche Gedanken hat diese Beobachter*in?" ? „Welchen Tipp würde diese Beobachter*in der*dem [Name] geben?" ? „Was würde die Beobachter*in womöglich kritisch anmerken?" ? „Was könnte die Beobachter*in gut finden?" ✏ Zur Erleichterung des Perspektivwechsels hilft es, die Person nicht mehr mit ihrem Namen anzusprechen, sondern in der 3. Person über TN zu sprechen				
7. Feedback aus der Gruppe (nur im Gruppensetting) ? „Welche Ideen kommen euch, wenn ihr den Lebensweg von [Person] betrachtet?" ? „Welcher Impuls kommt zuerst?" ? „Was hat [Person] womöglich vergessen?" ? „Was macht es mit euch, wenn ihr den Weg so betrachtet?" ? „Welche Gemeinsamkeiten und Unterschiede stellt ihr fest?" ! Es ist wichtig darauf zu achten, dass alle TN hier sehr wertschätzend mit den Zielen von TN umgehen.	**TN:** • erhält Feedback zu seinen Zielen von der Gruppe **TR:** • bekommen Einblick über Empathie und Lösungsorientierung durch die Gruppe	• Gruppenabfrage	15	

Durchführung:	Feinziele:	Methoden:	Zeit:	Materialien:
	Andere TN aus GT • können von den Zielen von TN lernen • üben empathisches Einfühlen in andere Lebenswelt • erkennen Gemeinsamkeiten und stärken so die Beziehung zu TN			
8. Wertschätzung für Prozess Die TR äußern sich wertschätzend und anerkennend dafür, dass TN sich offen auf den Prozess eingelassen hat.	**TN:** • fühlt sich wertgeschätzt	• direktes Feedback von TR	<1	

Spezielle Nachbereitungen:

• Foto vom Zeitstrahl und bei Unleserlichkeit ggf. abschreiben

Quellen- und Literaturangabe:

Die Methode ist adaptiert nach der Methode „Timeline", auch als „Lebenslinie" bekannt. Sie ist eine weit verbreitete Methode der Biographiearbeit und lässt sich nicht auf eine*n Urheber*in zurückführen. Sie wird z.B. beschrieben in: Brentrup, Martin/Geupel, Brigitte (2016): Ideen aus der Box. Fundus für Psychotherapie und Beratung, 3., unveränderte Auflage. Dortmund: Borgmann Media Verlag.

3.3 MEIN WEG

Visualisierungsvorschlag

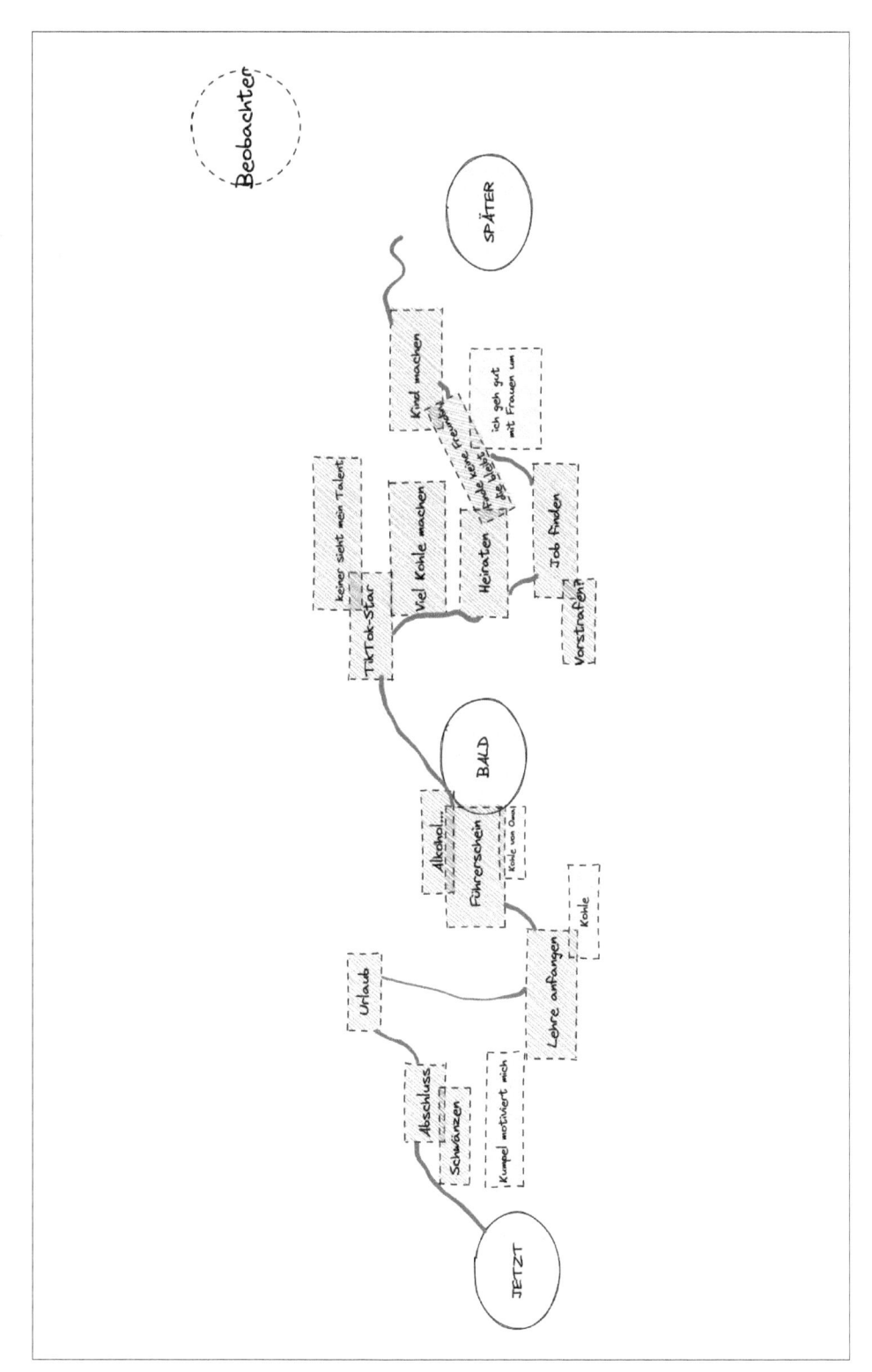

Beobachter

SPÄTER

Kind machen
ich geh gut mit Frauen um
keiner sieht mein Talent
Viel Kohle machen
Heiraten
Job finden
TikTok-Star
Vorstrafen

BALD

Alkohol
Führerschein
Kohle von Oma

Urlaub
Lehre anfangen
Kohle

Abschluss
Schwänzen
Kumpel motiviert mich

JETZT

3.4 ADRENALINSTUFEN

Setting: Einzel/ Gruppe	Dauer: 30 Min. (Gruppe: 45 Min.)	Grobziele:		
Methoden: • Gespräch • Visualisierung auf Flipchart	**Materialien:** • Flipchart-Papier • Moderationsstifte in 2 Farben	**TN:** • Reflexion des eigenen bisherigen Handelns • genaue Wahrnehmung der eigenen Gefühle • Ressourcen für alternative Handlungsverläufe für die Zukunft finden	**TR:** • Informationen über aggressives Handeln von TN erlangen • Informationen über Selbstkontrolle und Kontrollverlust bei TN erlangen	**alle:** • über gewalttätige Handlungen konstruktiv sprechen

Besondere Vorbedingungen:

- Vertrauensverhältnis zwischen TN und TR muss gegeben sein
  - TN muss bereit sein offen über Verhaltensweisen seiner*ihrerseits zu sprechen, für die er*sie Sanktionen bis hin zu Strafanzeigen bekommen hat oder bekommen könnte.

Spezielle Vorbereitungen:

- Die Methode kann entweder spontan angewendet werden,
  a) wenn TN z.B. von einer gewalttätigen Auseinandersetzung berichtet oder
  b) vorbereitet werden, indem TN als Aufgabe darum gebeten wird sich bis zum nächsten Treffen zu überlegen, an welche gewalttätige Auseinandersetzung er*sie sich besonders gut erinnern kann, auch bezüglich der eigenen Gefühle in der Situation.
- Die TR müssen verinnerlichen, dass es während der gesamten Methode nicht darum geht, das Handeln der*des TN zu bewerten oder einzuordnen, sondern die Gefühle von TN im Fokus stehen.
  - TN soll eigene Gefühle ergründen und benennen können sowie ihre Wirkung erkunden und nicht die Bewertung oder Wahrnehmung der TR übernehmen.

Achtungszeichen:	Tipps:
! TN steigert sich wieder in Gefühle aus der Situation hinein.	Ruhig bleiben, TN ins Hier-und-Jetzt zurückholen, eine Pause anbieten und das Fenster öffnen, geduldig nach den Gefühlen von TN in der Situation fragen.
! TN prahlt mit gewalttätigem Handeln.	Das Gespräch immer wieder beharrlich von dem Gegenpart und der genauen Schilderung der Gewalt weglenken und ausdauernd nach den eigenen Gefühlen der*des TN fragen.
! **Gruppensetting:** TN der Gruppe beobachten in den Durchführungsschritten 1-3 nur und müssen ggf. um Zurückhaltung gebeten werden.	Hinweis, dass die Perspektive der anderen wichtig ist und sie sich während der Durchführungsschritte 1-3 bereits Tipps für TN überlegen können.

3.4 ADRENALINSTUFEN

Inhalte/Hintergrundinfos:

- Die Methode bietet sich an, um einen ersten selbstreflexiven Umgang mit dem gewalttätigen Handeln des*der TN anzustoßen. Im Vorhinein sollte sich die Beziehung zwischen TN und TR so weit entwickelt haben, dass TN über ein für ihn*sie unangenehmes (weil sanktioniertes) oder schwer zugängliches Thema (Zugang zu eigenen Gefühlen) sprechen kann. Die Methode soll TN mehr Bewusstsein über die Gefühlsregungen und ihren Einfluss auf das Handeln vermitteln. Außerdem sollen die Fähigkeiten und Möglichkeiten zur Bewahrung der Selbstkontrolle gestärkt werden.
- Die Eskalationsverläufe können von TN zu TN sehr verschieden sein. Bei einigen geht einem Gewaltausbruch eine zunehmende Anspannung durch verschiedene Ereignisse an dem Tag voraus, bei anderen liegen zwischen einer entspannten Grundstimmung und dem Kontrollverlust nur wenige Augenblicke. Wieder andere fühlen sich z.B. im Kontext Schule immer stark angespannt, sodass der Weg zum Gewaltausbruch kurz ist. Diese Unterschiede gilt es gründlich zu erfragen und entsprechend abzubilden.
- Bei der Visualisierung sprechen wir vom steigenden (zunehmende Anspannung) und abfallenden (zunehmende Entspannung) Stresslevel. Viele TN berichten, dass unmittelbar nach einem Gewaltausbruch nicht nur Stress und Anspannung rapide abnehmen, sondern auch, dass sie zittern, etwas orientierungslos sind und sich sehr schlecht fühlen. In der Visualisierung kann dies zum Ausdruck gebracht werden, indem die Treppenstufen kurzzeitig nicht nur in Richtung einer entspannten Null auf dem Stresslevel führen, sondern darunter ins Negative fallen. Die TN können gefragt werden, wie sie diese schlechte Stimmung nach einem Gewaltausbruch nennen würden.

Vorbereitungen vor Ort:

- Es braucht einen ausreichend großen Tisch oder einen Flipchart-Ständer, um die Zeichnung im Verlauf des Gespräches gut anfertigen zu können.

Durchführung:	Feinziele:	Methoden:	Zeit:	Materialien:
Anmoderation: „Lass uns über den Umgang mit Stress und Gewalt sprechen. In solchen Situationen spielen starke Gefühle oft eine große Rolle. Heute wollen wir uns deshalb mal genauer anschauen, wie du dich vor, während und nach so einer Situation fühlst."	**TN:** • weiß, worum es jetzt geht und weshalb wir das machen	• mündlich anmoderieren	<1	
1. Situation benennen • Nach einer Beispielsituation fragen, in der TN Gewalt angewendet hat ? „Welche Situation fällt dir ein, die für dich besonders stressig war und die so oder so ähnlich schon öfter passiert ist. Versuche eine Situation zu finden, in der du dir nicht so recht zu helfen wusstest und die immer mehr außer Kontrolle geraten ist." ◦ Darauf achten, dass sich eine Situation vorgenommen wird und nicht verschiedene Geschichten vermischt werden. ◦ Darauf achten, dass es sich um eine Situation handelt, die relativ typisch für das Eskalationsverhalten von TN ist. • Sich grob schildern lassen, was passiert ist, und einen Überblick gewinnen. ? „Was ist passiert? Wann? Wo? Mit Wem?" ? „Wie war deine Grundstimmung an dem Tag? Warst du entspannt oder gestresst, müde oder munter…?"	**TN:** • Bewusstsein für die eigenen Gefühle schärfen • mehr Selbstkontrolle gewinnen **TN der Gruppe:** • lernen weitere Handlungsstrategien kennen • erhalten Einblick in eskalierende Dynamiken • entwickeln Empathie für TN	• offene Fragen, die die Aufmerksamkeit immer wieder auf die Gefühlsebene lenken	30	• Flipchart • Moderationsstifte in 2 Farben

Durchführung:	Feinziele:	Methoden:	Zeit:	Materialien:
2. Eskalationsverlauf erarbeiten • Die Ebene, auf der die Stufen gezeichnet werden, wird als gerade Linie gezogen. Je nachdem, ob TN entspannt oder angespannt in die Situation ging, kann etwas mehr oder weniger Platz zum Rand des Blattes gelassen werden. In jedem Fall braucht es etwas Raum um neben steigenden Adrenalin-Stufen auch ein paar absteigende, für den Fall einer (depressiven) Erschöpfung nach dem Konflikt, zeichnen zu können. ? *„Geschah kurz vor dem Konflikt etwas, dass deine Stimmung an dem Tag veränderte?"* • Gegebenenfalls eine erste Treppenstufe abwärts oder aufwärts einzeichnen. ? *„In welchem Moment hast du starke Gefühle das erste Mal gespürt? Wo hast du die gespürt?"* • Bei z.B. aufkommender Wut eine Treppenstufe nach oben zeichnen und dazu schreiben, was der Auslöser war. ? *„Wie haben sich die Gefühle weiterentwickelt? Wo hast du sie dann gespürt? Was hat sie angestachelt, was beruhigt?"* • Weitere Treppenstufen einzeichnen. ? *„Wann bist du vor Gefühlen übergekocht oder explodiert? Gab es einen bestimmten Auslöser? Was ist dann passiert?"* • Weitere Treppenstufen einzeichnen. Auslöser und Aktion beschriften. ? *„Was ist dann mit deinen Gefühlen passiert? Welche sind verflogen? Welche hinzugekommen?"* • Gegebenenfalls eine erste Treppenstufe abwärts einzeichnen. ? *„Was hast du dann getan? Welche Gefühle spielten dabei eine Rolle? Welche haben sich in dir ausgebreitet?"* • Treppenstufen abwärts zeichnen in Richtung Normalisierung des Stresslevels. ? *„Bist du dann noch angespannt geblieben? Für wie lange? Konnte dir etwas bestimmtes Entspannung verhelfen?"* • Eventuell bleibt das Anspannungsniveau für den Rest des Tages oberhalb des Ausgangswertes zu Tagesbeginn. ? *„Hast du dich nach dem Ende der eskalierten Situation irgendwann schlecht gefühlt? Was genau ging in dir vor?"*	**TR:** • das Handeln und Empfinden der TN in Situationen großen Stresses oder des Kontrollverlustes kennen lernen • erfahren, ob TN Gewalt impulsiv oder instrumentell anwendet? • finden heraus, ob TN eigene Gefühle benennen kann • Wissen darüber, ob TN Reue oder Mitgefühl mit der betroffenen Person verspürt und bereits ein Problembewusstsein oder einen Veränderungswillen hat	• Aufstellung		• roter Faden • Metaplankarten (runde, weiße Kreise) für Bodenanker (Jetzt, Bald, Später) • kleiner weißer Kreis für Metaposition (unbeschriftet) • > 30 Metaplankarten (rot, blau, gelb, grün) • Steine

3.4 ADRENALINSTUFEN

Durchführung:	Feinziele:	Methoden:	Zeit:	Materialien:
• Viele Jugendliche berichten von einem Zustand der (depressiven) Erschöpfung nach einer gewalttätigen Eskalation. Sie empfinden z.B. Mitleid mit dem Opfer, fürchten sich vor Sanktionen, sind erschöpft von den aufbrausenden Gefühlen und der Anspannung, fühlen sich ernüchtert oder ohnmächtig wegen des Kontrollverlustes. **3. Rettungsanker entwickeln** ? *„Was hätte dein Rettungsanker sein können, der dir geholfen hätte bei aufkommender Wut die Kontrolle zu behalten und die Eskalation zu vermeiden? Woran könntest du beim nächsten Mal denken, um einen anderen Verlauf sicher zu stellen?"* • Es wird die Treppenstufe markiert, auf der der Rettungsanker geworfen werden muss und ab dort ein alternativer Treppenverlauf skizziert, der unterhalb der Spitze mit einer Eskalation verläuft.				
Im Gruppensetting weiterer Durchführungsschritt **4. Tipps aus der Gruppe** ? *„Welche weiteren Rettungsanker fallen euch ein? Was hätte TN helfen können?"* ? *„@TN: Gibt es weitere Rettungsanker, die du auf das Plakat kleben würdest?"* ? *„Kennt ihr ähnliche Situationen? Wie habt ihr gehandelt oder würdet ihr handeln?"* ? *„Wie würdet ihr als Gegenüber auf den/die Rettungsanker von TN reagieren?"*	**TN:** • erhält weitere Handlungsoptionen, um Kontrolle bewahren zu können **TN der Gruppe:** • festigen eigene Handlungsstrategien im Umgang mit Wut • bringen die Gefühlswelt des Gegenübers mit in die Reflexion der Situation			
Alltagsaufgabe: *„Beobachte im Laufe der nächsten Zeit, ob es Situationen gibt, in denen du starke Gefühle spürst. Versuche den Rettungsanker zu benutzen, wenn du glaubst, die Kontrolle verlieren zu können."* Die Methode kann bei Bedarf an verschiedenen Beispielen immer wieder wiederholt werden.				

Spezielle Nachbereitungen:
• Ein Foto des Flipcharts machen und es TN zur Verfügung stellen/schicken.

Quellen- und Literaturangabe:
Diese Methode wurde von Distanz e.V. mit freundlicher Genehmigung des ifgg nach dem TESYA®-Konzept für den Kontext der Distanzierungsarbeit adaptiert.

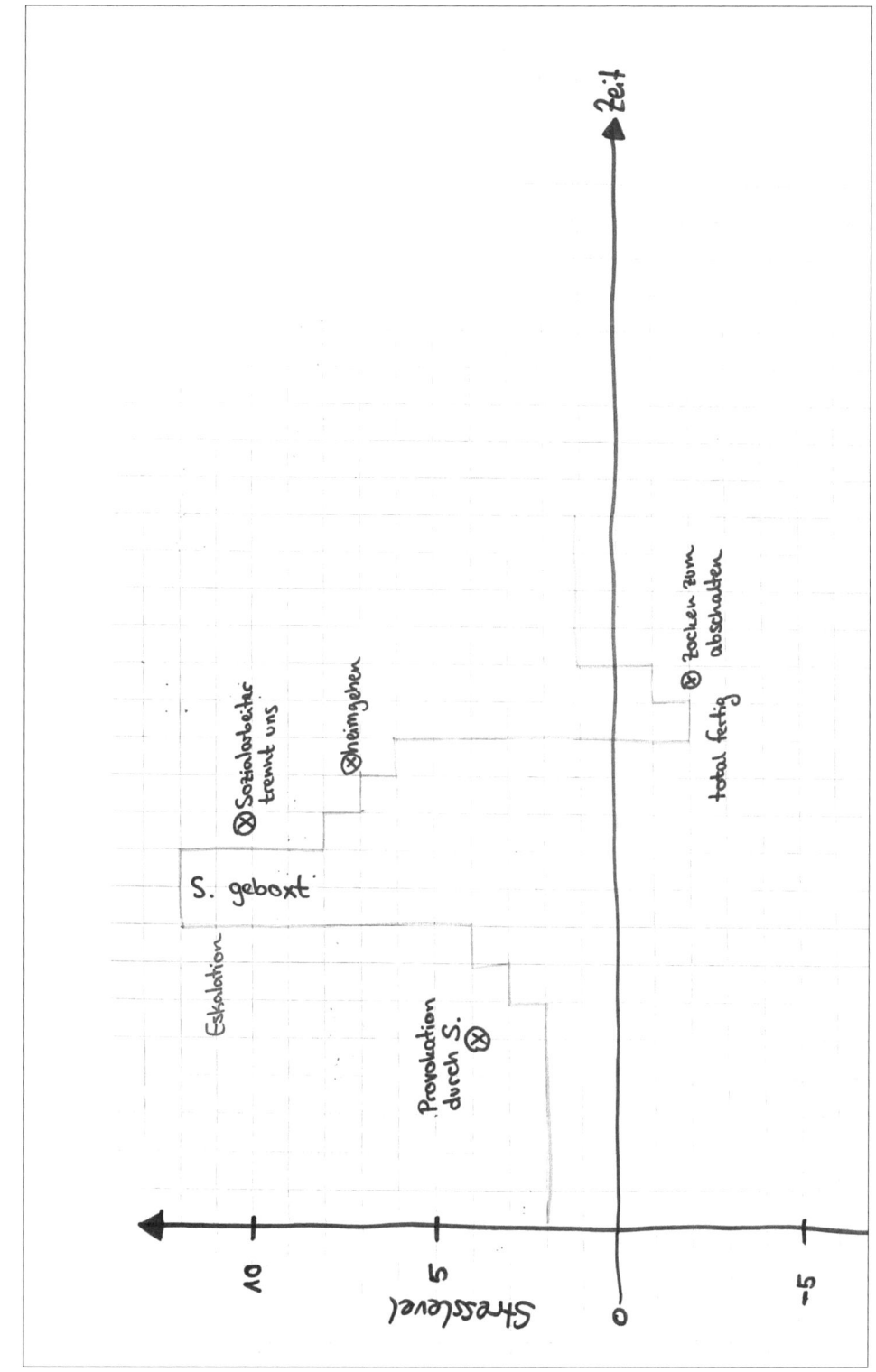

Visualisierungsvorschläge

Handgezeichnetes Diagramm:

- Y-Achse: Stresslevel (-5, 0, 5, 10)
- X-Achse: Zeit

Stufenverlauf mit folgenden Beschriftungen (von links nach rechts, absteigend):
- Eskalation
- ⊗ Sozialarbeiter trennt uns
- S. geboxt
- ⊗ heimgehen
- Provokation durch S. ⊗
- total fertig
- ⊗ Zocken zum abschalten

3.4 ADRENALINSTUFEN

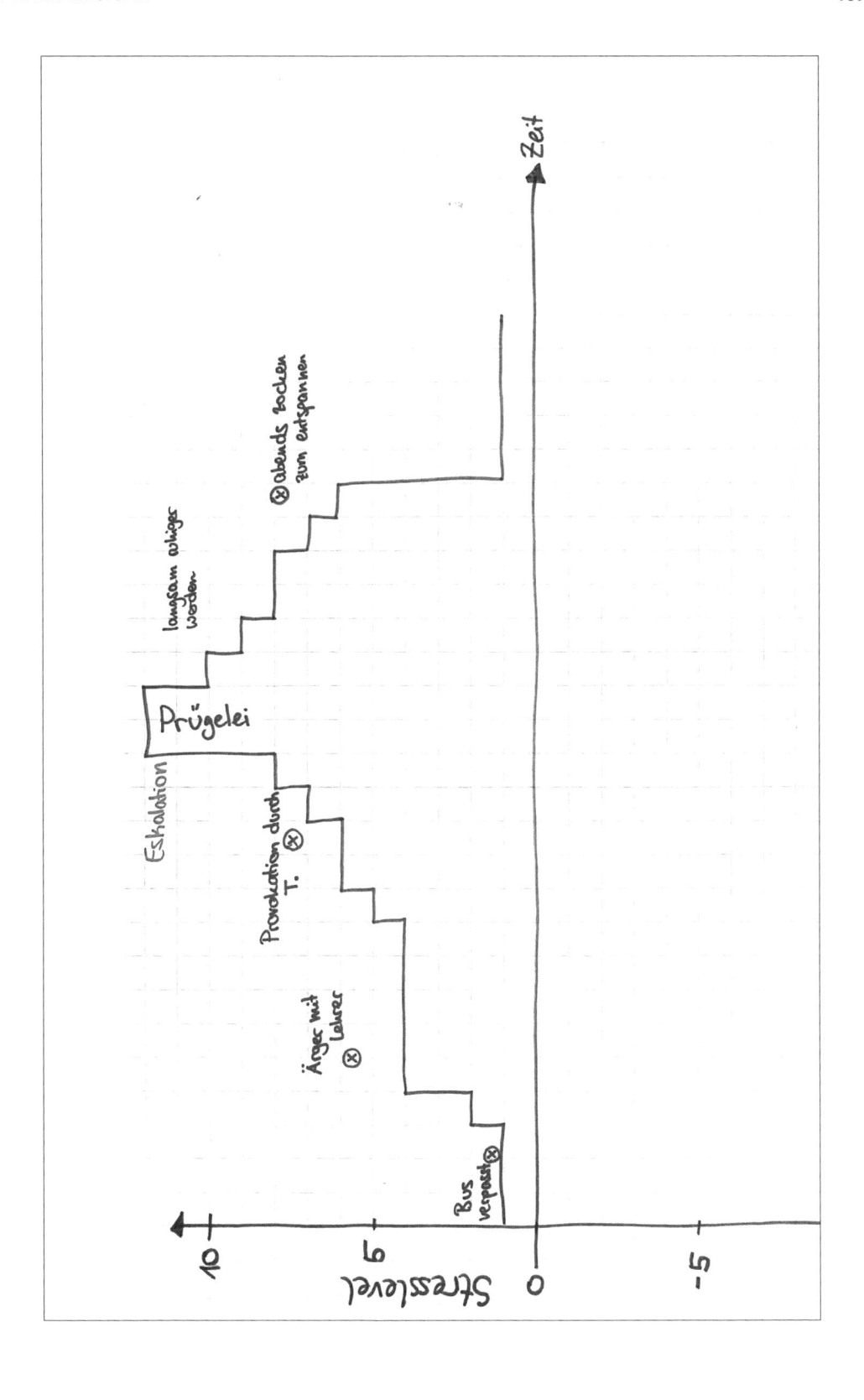

Handgezeichnetes Diagramm (um 90° gedreht): Stresslevel (Achse von -5 bis 10) über Zeit als Treppenkurve.

Ereignisse (von links/früh nach rechts/spät):
- ⊗ Bus verpasst
- ⊗ Ärger mit Lehrer
- ⊗ Provokation durch T.
- Eskalation
- Prügelei
- langsam ruhiger werden
- ⊗ abends pochen zum entspannen

3.5 WIE EIN VULKAN

Setting: Einzel/Gruppe	Dauer: 30 Min. (Gruppe: 45 Min.)	Grobziele:		
Methoden: • Gespräch • Visualisierung auf Metaplankarten	**Materialien:** • Metaplankarten in Orange, Rot und Grün • Moderationsstifte • 4 vorbereitete Vulkan-Zeichnungen	**TN:** • Reflexion des eigenen bisherigen Handelns • genaue Wahrnehmung der eigenen Reaktionen • Ressourcen für alternative Handlungsverläufe für die Zukunft finden	**TR:** • Informationen über aggressives Handeln von TN erlangen • Informationen über Selbstkontrolle und Kontrollverlust bei TN erlangen	**alle:** • über gewalttätige Handlungen konstruktiv sprechen

Besondere Vorbedingungen:

- Vertrauensverhältnis zwischen TN und TR muss gegeben sein
    - TN muss bereit sein, offen über Verhaltensweisen seinerseits*ihrerseits zu sprechen, für die er*sie Sanktionen bis hin zu Strafanzeigen bekommen hat oder bekommen könnte.

Spezielle Vorbereitungen:

- Die Methode kann entweder spontan angewendet werden,
    a) wenn TN z.B. von einer gewalttätigen Auseinandersetzung berichtet oder
    b) vorbereitet werden, indem TN gebeten wird, sich bis zum nächsten Treffen zu überlegen, an welche gewalttätige Auseinandersetzung er*sie sich besonders gut erinnern kann, auch bezüglich der eigenen Reaktionen in der Situation.
- Die TR müssen verinnerlichen, dass es während der gesamten Methode nicht darum geht, das Handeln der*des TN zu bewerten oder einzuordnen, sondern die Reaktionen von TN im Fokus stehen.
- TN soll ihre*seine Reaktionen ergründen und benennen können sowie ihre Wirkung erkunden und nicht die Bewertung oder Wahrnehmung der TR übernehmen.

Achtungszeichen:	Tipps:
! TN steigert sich wieder in ihre*seine Emotion aus der Situation hinein.	✎ Ruhig bleiben, TN ins Hier-und-Jetzt zurückholen, eine Pause anbieten und das Fenster öffnen, geduldig nach den Reaktionen von TN in der Situation fragen.
! TN prahlt mit gewalttätigem Handeln.	✎ Das Gespräch immer wieder beharrlich von dem Gegenpart und der genauen Schilderung der Gewalt weglenken und ausdauernd nach den eigenen Reaktionen des*der TN fragen.
! TN sieht die Verantwortung allein bei den anderen/ äußeren Umständen.	✎ „Du kannst nur begrenzt verändern, wie andere sich verhalten. Aber du kannst selbst bestimmen, wie du darauf reagieren möchtest."

3.5 WIE EIN VULKAN

Achtungszeichen:	Tipps:
! Gruppensetting: TN der Gruppe beobachten in den Durchführungsschritten 1-3 nur und müssen ggf. um Zurückhaltung gebeten werden.	🔍 Hinweis, dass die Perspektive der anderen wichtig ist und sich während der Durchführungsschritte 1-3 bereits Tipps für TN überlegt werden können.

Inhalte/Hintergrundinfos:

- Während sich die Methode Adrenalinstufen eher auf den emotionalen Ablauf konzentriert, rückt die Vulkan-Methode eher die Handlungsoptionen in den Fokus. Die Vulkan-Methode kann oft gut auf die Adrenalinstufen aufbauen. Diese Methode eignet sich dazu, einen analytischen und dann lösungsorientierten Blick auf das (gewalttätige) Verhalten der*des TN zu werfen. Die Beziehung muss zu diesem Zeitpunkt soweit aufgebaut sein, dass TN ohne Scham über Reaktionen sprechen kann, die TN heute womöglich unangenehm sind oder die Sanktionen nach sich gezogen haben oder nach sich ziehen könnten.
- Die Methode soll das Bewusstsein der TN für ihre wunden Punkte und ihre Reaktionen darauf schärfen. Im zweiten Schritt sollen die TN bewährte und neue Möglichkeiten zur Wahrung der Selbstkontrolle finden und so in ihrer Fähigkeit gestärkt werden, Konflikten friedlich zu begegnen.
- Die Ursachen für (Wut-)Ausbrüche können bei den TN sehr verschieden sein. Teilweise ist es die Summe von stressenden Faktoren, teilweise gibt es für die TN rote Linien, bei deren Überschreitung eine bis dahin entspannte Lage sofort eskalieren kann. Einige TN sind auch an bestimmten Orten wie der Schule oder in ihrer Wohngruppe besonders angespannt und reagieren dort anders. Diese Unterschiede gilt es gründlich zu erfragen und entsprechend abzubilden.
- Bei der Visualisierung sprechen wir von Dingen, die einen stressen, zum Brodeln oder sogar zum Explodieren bringen können. Im Falle von Überschneidungen gilt es in Erfahrung zu bringen, wie viele Stressfaktoren zusammenkommen müssen oder welche anderen Rahmenbedingungen erfüllt sein müssen, damit es zu einer Explosion kommt.
- Die Bewältigungsstrategien sollten dazu dienen, einen brodelnden oder ausbrechenden Vulkan möglichst dauerhaft zu befrieden. Es soll nicht allein um Ablenkungsstrategien nach einem Ausbruch gehen.

Vorbereitungen vor Ort:

- Es braucht einen ausreichend großen Tisch oder eine freie Fläche auf dem Fußboden, um die Karten im Verlauf des Gespräches gut auslegen zu können.

Durchführung:	Feinziele:	Methoden:	Zeit:	Materialien:
Anmoderation: „Ein Thema für dich ist ja auch der Umgang mit Stress und Gewalt. Heute wollen wir uns deshalb mal genauer anschauen, was dich eigentlich stresst, was dich zum Ausrasten bringt und was du dagegen tun kannst. Ich habe dazu 3 Karten mitgebracht. Auf der gelben Karte ist ein schlafender Vulkan. Du weißt vielleicht, dass Vulkane nicht ununterbrochen ausbrechen, sondern dazwischen oft ruhen. Auf der orangenen Karte ist ein brodelnder Vulkan. Oft steigt Rauch über Vulkanen auf und es ist schon etwas Lava zu sehen. Manchmal aber nicht immer kommt es auch zu einem Ausbruch. Auf der roten Karte ist ein ausbrechender Vulkan zu sehen. Wir wollen jetzt einmal schauen,	TN: • weiß, worum es jetzt geht und weshalb wir das machen	• mündlich anmoderieren	<1	

Durchführung:	Feinziele:	Methoden:	Zeit:	Materialien:
was dich stresst und dich von einem schlafenden zu einem brodelnden Vulkan werden lässt, der ausbrechen könnte. Außerdem wollen wir schauen, was dich zur Explosion und zum Ausbruch bringen kann."				
1. Was sind Dinge, die dich stressen? • Nach Beispielsituationen fragen, die TN aus der Ruhe bringen. ? „Welche Situationen fallen dir ein, die für dich besonders stressig sind und die so oder so ähnlich schon öfter passiert sind? Versuche Situationen zu finden, in denen es dir schwer fällt, die Kontrolle zu behalten und ruhig zu bleiben." • Sich grob schildern lassen, was passiert ist, und versuchen, mit TN das Allgemeine an der Situation herauszuarbeiten. • Die Stichpunkte auf orangene Karten schreiben. **2. Was sind Dinge, die dich explodieren lassen/die dich ausrasten lassen?** • Nach Beispielsituationen fragen, die TN ausrasten lassen. ? „Welche Situationen fallen dir ein, die für dich besonders stressig sind und die so oder so ähnlich schon öfter passiert sind? Versuche Situationen zu finden, in denen du die Kontrolle verloren hast und ausgerastet bist." • Die Stichpunkte auf rote Karten schreiben. ? „Wie du vielleicht weißt, werden Vulkane irgendwann inaktiv. Sie ruhen dann für immer. Hier ist eine Karte mit einem befriedeten Vulkan. Sie soll stellvertretend stehen für deine Möglichkeiten, in Zukunft ruhig und gelassen zu reagieren." **3. Bewältigungsstrategien entwickeln** • Nach Strategien von TN fragen, wie diese*r versucht, sich in stressigen Situationen zu beruhigen. ? „Was machst du, um dich in stressigen Situationen zu beruhigen?" ? „Gab es schon Situationen, in denen für dich eigentlich eine rote Linie überschritten war und du es trotzdem geschafft hast, nicht auszurasten? Was war da anders? Was hast du gemacht oder gedacht?" ? „Was könnten Strategien sein, um in schwierigen Situationen die Kontrolle zu behalten?" • Die Stichpunkte auf grüne Karten schreiben.	**TN:** • Bewusstsein für die eigenen Reaktionsmuster schärfen • mehr Selbstkontrolle gewinnen **TN der Gruppe:** • lernen weitere Handlungsstrategien kennen • erhalten Einblick in eskalierende Dynamiken • entwickeln Empathie für TN **TR:** • das Handeln und Empfinden der TN in Situationen großen Stresses oder des Kontrollverlust kennen lernen • finden heraus, ob TN Gewalt impulsiv oder instrumentell anwendet • Wissen darüber, ob TN eigene Handlungsmuster benennen kann • erlangen Einschätzung, ob TN bereits ein Problembewusstsein oder einen Veränderungswillen hat	• offene Fragen, die Aufmerksamkeit immer wieder auf die Ebene des eigenen Handelns lenken	30	• Metaplankarten • Moderationsstifte

3.5 WIE EIN VULKAN

Durchführung:	Feinziele:	Methoden:	Zeit:	Materialien:
Im Gruppensetting weiterer Durchführungsschritt **4. Tipps aus der Gruppe** ? *„Welche weiteren Bewältigungsstrategien fallen euch ein? Was hätte TN helfen können?"* ? *„@TN: Gibt es weitere Strategien, die du hinzufügen würdest?"* ? *„Kennt ihr ähnliche Situationen? Wie habt ihr gehandelt oder würdet ihr handeln?"* ? *„Wie würdet ihr als Gegenüber auf den/die Bewältigungsstrategien von TN reagieren?"*	**TN:** • erhält weitere Handlungsoptionen, um Kontrolle bewahren zu können **TN der Gruppe:** • festigen eigene Handlungsstrategien im Umgang mit Wut	• fragengestütztes Gespräch		• Metaplankarten
Alltagsaufgabe: *„Beobachte im Laufe der nächsten Woche, ob es Situationen gibt, in denen du hochkochst, brodelst oder ausbrichst. Versuche die Bewältigungsstrategie zu benutzen, wenn du glaubst, die Kontrolle verlieren zu können."* Die Methode kann bei Bedarf an verschiedenen Beispielen immer wieder wiederholt werden.	**TN:** • Beobachtung im Alltag stärken • Reflexion praktisch anwenden, um Selbstkontrolle zu etablieren		<1	

Quellen- und Literaturangabe:
Diese Methode wurde von Distanz e.V. im Zuge der Distanzierungsarbeit entwickelt.

194 3 METHODEN FÜR GESPRÄCHE IM EINZEL- WIE GRUPPENSETTING

Visualisierungsvorschlag

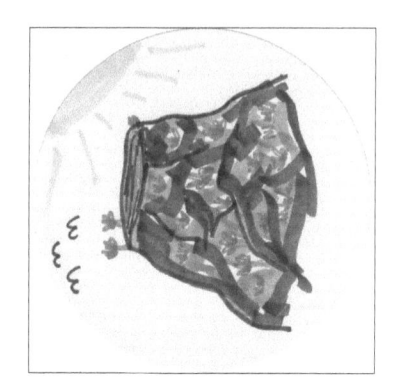

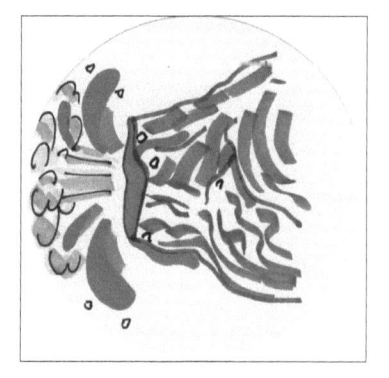

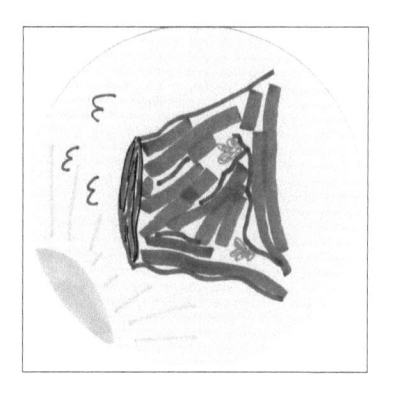

Das beruhigt mich

das bringt mich zum Ausrasten

das regt mich wirklich auf

3.6 WAS NÜTZT MIR WAS? AKA. PRO-/CONTRA-ANALYSE

Setting: Einzel/ Gruppe	Dauer: 30 Min. (Gruppe: 45 Min.)	Grobziele:		
Methoden: • Gespräch • Visualisierung auf Flipchart	Materialien: • Flipchart-Papier/ Vorlage siehe Visualisierungsbeispiel • Moderationsstifte in den Farben: schwarz, rot, grün	TN: • Reflexion des eigenen bisherigen Handelns • Ressourcen für alternative Handlungsverläufe für die Zukunft finden • Motivation für alternative Handlungsverläufe stärken (mindestens extrinsisch/ rationalisiert) • Vorteile von nicht gewaltvollem Handeln erkennen • Selbstwirksamkeit in eskalativen/provozierenden Situationen stärken	TR: • Informationen über aggressives Handeln des TN erlangen • Informationen über Verinnerlichung von alternativen Verhaltensweisen und Motivation bei TN erlangen	alle: • über gewalttätige Handlungen konstruktiv sprechen

Besondere Vorbedingungen:

- Es sollte eine Situation benannt werden können, in der eine konflikthafte Auseinandersetzung passiert ist
- Falls dies nicht benannt werden kann, aber als Fantasie/Plan geäußert wird, kann die Übung dennoch umgesetzt werden.
- ! In dieser Variante ist es wichtig, die Übung nicht dazu zu nutzen, dass TN sich einen konkreteren Plan überlegt, sondern vor allem die Vorteile einer nicht gewaltvollen/eskalierenden Option hervorzuheben.

Spezielle Vorbereitungen:

- Die Methode kann entweder spontan angewendet werden,
  a) wenn TN z.B. von einer gewalttätigen Auseinandersetzung berichtet oder
  b) vorbereitet werden, indem TN als Aufgabe darum gebeten wird sich bis zum nächsten Treffen zu überlegen, an welche gewalttätige Auseinandersetzung er*sie sich besonders gut erinnern kann, auch bezüglich der eigenen Gefühle in der Situation.
- Die TR müssen verinnerlichen, dass es während der gesamten Methode nicht darum geht, dass sie TN bewerten, sondern darum, die Fähigkeit der*des TN zu fördern, sich selbst und die eigene Wirkung einzuschätzen.

Achtungszeichen:	Tipps:
! Der TN steigert sich wieder in seine Gefühle aus der Situation hinein.	Ruhig bleiben, TN ins Hier-und-Jetzt zurückholen, eine Pause anbieten und das Fenster öffnen, geduldig nach den Vor- und Nachteilen von TN in der Situation fragen.

Achtungszeichen:	Tipps:
! TN prahlt mit gewalttätigem Handeln.	Das Gespräch immer wieder beharrlich von dem Gegenpart und der genauen Schilderung der Gewalt weglenken und ausdauernd nach den Vor- und Nachteilen des Handelns von TN fragen.
! **Gruppensetting:** TN der Gruppe beobachten in den Durchführungsschritten 1 und 2 nur und müssen ggf. um Zurückhaltung gebeten werden.	Hinweis, dass die Perspektive der anderen wichtig ist und sich während der Durchführungsschritte 1 und 2 bereits Tipps für TN überlegt werden können.

Inhalte/Hintergrundinfos:

- Anhand der Visualisierungsvorlage wird deutlich, dass es darum geht einen Auslöser/Herausforderung/Provokation zu benennen, um dann zwei alternative Reaktionsmöglichkeiten hinsichtlich ihrer Vor- und Nachteile zu bewerten. Dabei ist darauf zu achten, dass
    - Option A mit einem negativen, gewaltvollen, Beispiel gefüllt wird; Hintergrund: Dort ist auch eine Skala auf der Unterspalte der Nachteile.
    - Option B mit einem positiven/verbessertem Beispiel gefüllt wird; als positiv können Beispiele benannt werden, die im Hinblick auf das aktuelle Verhalten eine Verbesserung darstellen; dies kann z.B. auch bedeuten, die Situation nicht mehr mit physischer, sondern ausschließlich verbaler Gewalt zu lösen. Hintergrund: Dort ist auch eine Skala auf der Unterspalte der Vorteile.
- Die Methode fokussiert hauptsächlich extrinsisch motivierte Faktoren. Dies stellt keineswegs den Anspruch von Distanzierungsarbeit dar, die zum Ziel hat, auch intrinsisch auf die Haltung von TN zu wirken. Dennoch kann konstatiert werden: Eine Person, die abwertend denkt und Betroffene nicht körperlich bedroht, ist immer noch besser als ein gewaltvoll-handelnder, ggf. organisierter Rechtsextremer, der sämtliche extrinsische Motivationsfaktoren nicht erreichbar ist.

Vorbereitungen vor Ort:

- Es braucht einen ausreichend großen Tisch oder eine Pinnwand, um die Zeichnung im Verlauf des Gespräches gut anfertigen zu können.

Durchführung:	Feinziele:	Methoden:	Zeit:	Materialien:
Anmoderation: „Ein Thema ist ja auch der Umgang mit Stress und Konflikten. Wenn man in einem Konflikt ist, sind einem die Folgen des eigenen Handelns nicht immer so klar – manchmal ist man dann wie in einem Tunnel. Heute wollen wir uns deshalb mal genauer anschauen, welche Nachteile du von verschiedenen Möglichkeiten hast. Wir schauen aber auch auf die Vorteile, weil nix macht man ohne Grund. Also: was hast du von was?"	TN: • weiß, worum es jetzt geht und weshalb wir das machen	• mündlich anmoderieren	<1	

3.6 WAS NÜTZT MIR WAS? AKA. PRO-/CONTRA-ANALYSE

Durchführung:	Feinziele:	Methoden:	Zeit:	Materialien:
1. Situation benennen • Nach einer Beispielsituation fragen, in der TN Gewalt angewendet hat: ? „Welche Situation fällt dir ein, in der du einen Konflikt hattest?" ! Darauf achten, dass sich eine Situation vorgenommen wird und nicht verschiedene Geschichten vermischt werden. ! Darauf achten, dass es sich um eine Situation handelt, die relativ typisch für das Eskalationsverhalten von TN ist. ! Verhaltensweise nicht bewerten • Sich grob schildern lassen, was passiert ist, und einen Überblick gewinnen. ? „Was ist passiert? Wann? Wo? Mit Wem?" ? „Wie würdest du den Auslöser des Konfliktes in einem Satz beschreiben?" • Der Satz zum Auslöser wird als Überschrift auf das Flipchart notiert. Beispiele sind: „Er hat mich provoziert", „Sie hat mich geschlagen", „Er hat meine Mutter beleidigt". **2. Handlungsbeispiel und Alternativen benennen und im Hinblick auf Vor- und Nachteile reflektieren** Im Folgenden werden zwei Handlungsalternativen für den Auslöser erarbeitet. **Option A (Realität)** = Reaktion, die am meisten als Handlung gewählt wird. In der Regel ist dies eine Situation, in der Gewalt (im weitesten Sinne) angewendet wurde. **Option B** = Reaktion, die eine alternative Handlungsweise darstellt; es ist wichtig, dass diese Lösungsstrategie konstruktiver ist als die aktuelle Reaktionsoption A. **2.1 Fragen zu Option A** ? „Wie hast du meistens auf diesen Auslöser/ in diesem Konflikt reagiert? Was hast du noch gemacht?" • Option A wird kurz und ohne Bewertung in der Überschrift der linken Spalte notiert. ? „Welche **Vorteile** hast du von diesem Verhalten?" • TN wird dazu angeregt über Vorteile zu sprechen ? „Wofür ist es gut, so zu reagieren?" • Das Ergebnis wird kurz in der linken Spalte notiert. ? „Wie zufrieden bist du mit den Vorteilen, die du aus dieser Strategie ziehst?"	**TN:** • Bewusstsein für die eigene Selbstwirksamkeit schärfen • alternative Handlungsoptionen kennenlernen • mehr Selbstkontrolle gewinnen **TN der Gruppe:** • lernen weitere Handlungsstrategien kennen • Eentwickeln Empathie für TN **TR:** • erkennen Funktion/Vorteile des gewaltvollen Handelns • wissen, ob TN eigene Gefühle benennen kann	• systemische Analysefragen	30	• Flipchart als Vorlage • Moderationsstift

Durchführung:	Feinziele:	Methoden:	Zeit:	Materialien:
? *Welche **Nachteile** hast du von diesem Verhalten?"* • TN wird dazu angeregt über Nachteile zu sprechen. ? *„Was ist der Nachteil, wenn du so reagierst?"* • Skala rechts unten wird angekreuzt. ! Wenn der Prozess ins Stocken gerät, durch nicht bewertende/nicht wissende Nachfragen unterstützen. ? *„Was passiert noch, wenn du diese Strategie einsetzt?* • Das Ergebnis wird kurz in der rechten Spalte notiert. **2.2 Fragen zu Option B** ? *„Mal angenommen, du wolltest anders reagieren und dir würde irgendetwas anderes einfallen, was du tun könntest, wenn [Auslöser benennen]: Was könnte das sein? Welche bessere Reaktion wäre möglich gewesen?"* • Option B wird kurz und ohne Bewertung in der Überschrift der rechten Spalte notiert. ? *„Welche **Vorteile** hast du von diesem Verhalten?"* • TN wird dazu angeregt über Vorteile zu sprechen. ? *„Wofür ist es gut, so zu reagieren?"* • Das Ergebnis wird kurz in der linken Spalte notiert. ? *„Wie zufrieden bist du mit den Vorteilen, die du aus dieser Strategie ziehst?"* • Skala links unten wird angekreuzt. ? *„Welche **Nachteile** folgen aus diesem Verhalten?"* • TN wird dazu angeregt, über Nachteile zu sprechen. ? *„Was ist der Nachteil, wenn du so reagierst?"* ! Wenn der Prozess ins Stocken gerät durch nicht bewertende/nicht wissende Nachfragen unterstützen. ? *„Was passiert noch, wenn du diese Strategie einsetzt?"* • Das Ergebnis wird kurz in der rechten Spalte notiert. **2.3 Abschluss der Übung** ? *„Was kommt dir in den Sinn, wenn du das gesamte Plakat ansiehst? Was fällt dir auf?"*				

3.6 WAS NÜTZT MIR WAS? AKA. PRO-/CONTRA-ANALYSE

Durchführung:	Feinziele:	Methoden:	Zeit:	Materialien:
Im Gruppensetting weitere Durchführungsschritte **3. Tipps aus der Gruppe** ? „Welche weiteren Vorteile von Option B fallen euch ein? Was hätte TN helfen können?" ? „Gibt es weitere Handlungsalternativen, die euch einfallen?" ? „Kennt ihr ähnliche Situationen? Wie habt ihr gehandelt oder würdet ihr handeln?" ? Optional können Optionen C, D etc. in derselben Struktur ergänzt werden. ! Die Optionen A und B werden nur ergänzt, wenn die Hinweise der Gruppe von TN für sich als Option anerkannt werden.	**TN:** • erhält weitere Handlungsoptionen, um Kontrolle bewahren zu können **TN der Gruppe:** • festigen eigene Handlungsstrategien im Umgang mit Wut • bringen die Gefühlswelt des Gegenübers mit in die Reflexion der Situation	• fragengestütztes Gespräch	15	
Alltagsaufgabe: „Beobachte im Laufe der nächsten Zeit, wann dir die Vorteile deiner Verhaltensweisen (egal ob real oder ausgedacht) bewusst werden." Die Methode kann bei Bedarf an verschiedenen Beispielen immer wieder wiederholt werden.	**TN:** • Beobachtung im Alltag stärken • Reflexion praktisch anwenden, um Selbstkontrolle zu etablieren		<1	

Spezielle Nachbereitungen:

• Ein Foto des Flipcharts machen und es TN zur Verfügung stellen/schicken.

Quellen- und Literaturangabe:

Diese Methode wurde von Distanz e.V. mit freundlicher Genehmigung des ifgg nach dem TESYA®-Konzept für den Kontext der Distanzierungsarbeit adaptiert.

Visualisierungsvorlage

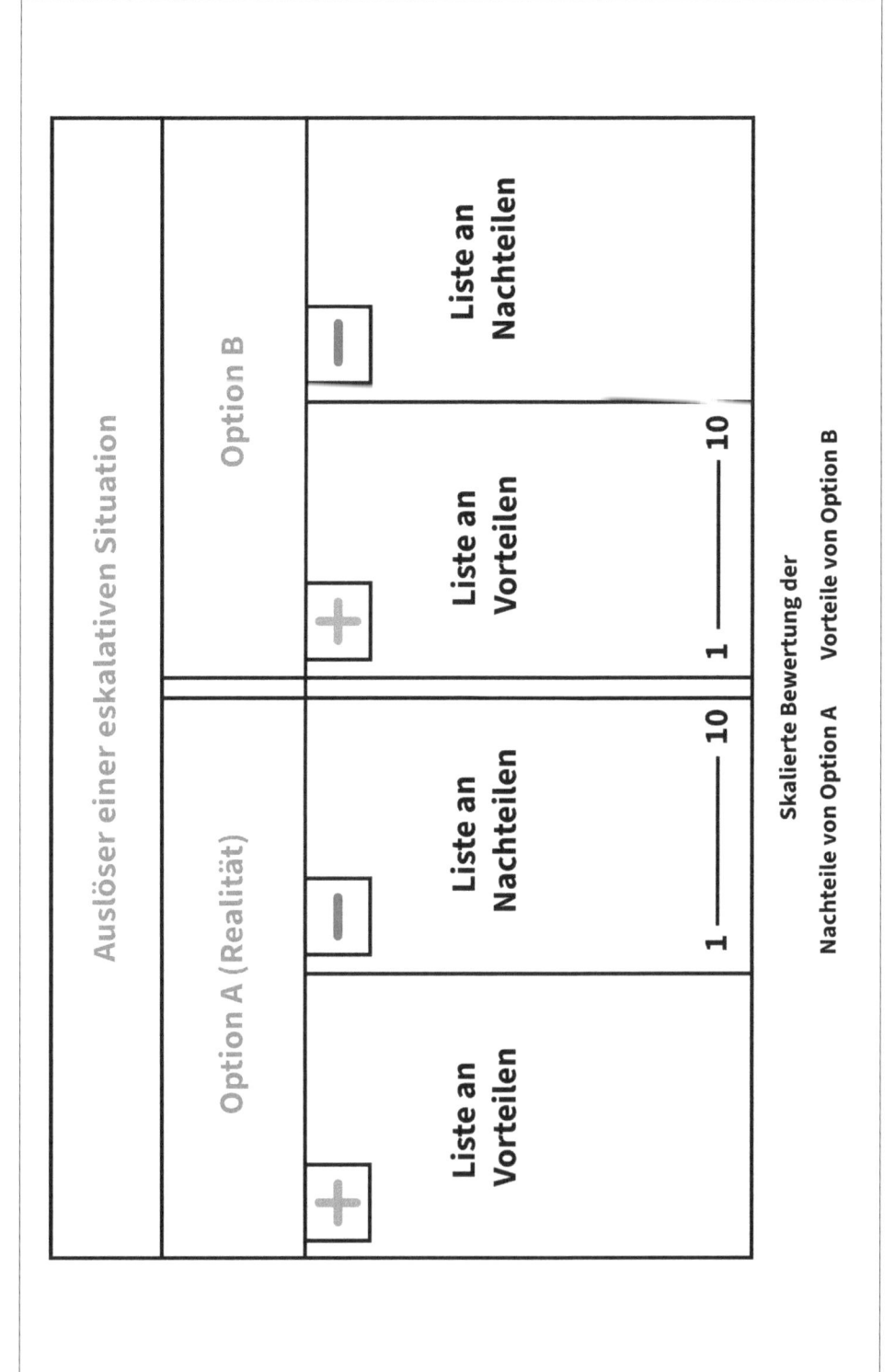

Auslöser einer eskalativen Situation

Option A (Realität)

| − Liste an Nachteilen | + Liste an Vorteilen |

Option B

| + Liste an Vorteilen | − Liste an Nachteilen |

Skalierte Bewertung der
Nachteile von Option A: 1 ——— 10
Vorteile von Option A: 1 ——— 10
Vorteile von Option B: 1 ——— 10

3.7 STEUERRAD

Setting: Einzel	Dauer: 40 Min.	Grobziele:		
Methoden: • Einzelarbeit • Gespräch	**Materialien:** • Steuerrad (Kopiervorlage 1 oder 2) • Emotionsrad oder Emotionskreis (Ansichtsvorlage) • ggf. Bedürfnisschaubild (Ansichtsvorlage) • bunte Stifte	**TN:** • wird sich bewusst, welche Gefühle TN hat • entwickelt Motivation dazu, sich mit eigenen Gefühlen (mehr) auseinander zu setzen • stärkt sich in der Selbstwirksamkeit und Impulskontrolle im Umgang mit negativen Gefühlen • **männlicher TN:** erfährt, dass es auch als Junge ok ist, Gefühle zu haben (role-model männlicher TR)	**TR:** • bekommen einen Eindruck darüber, welche Emotionen eine Rolle spielen • erhalten einen Einblick, welche Emotionen verdrängt werden • Strategien zum Umgang mit negativen Gefühlen werden sichtbar	**alle:** • fokussieren sich auf die emotionale Ebene • erkennen die Bedeutung der emotionalen Ebene an, statt sie als irrational abzutun.

Spezielle Vorbereitungen:
• Die TR müssen verinnerlichen, dass es während der gesamten Methode nicht darum geht, die Gefühle der*des TN zu bewerten, sondern darum, die Fähigkeit der*des TN zu fördern, sich der eigenen Gefühle bewusst zu werden und diese aktiver zu steuern.

Achtungszeichen:	Tipps:
! Es kann TN geben, denen es sehr schwerfällt, über Gefühle zu reden	🎉 Wenn TN sich gefühlskalt geben, kann über hypothetische Formulierungen überbrückt werden („*Wenn du Gefühle hättest, wie wäre das?*")
	🎉 Es als Normalität vermitteln, dass Menschen Gefühle haben, insbesondere der männlich-wahrgenommene TR sollte hier vorbildhaft über eigene Emotionen sprechen und so das Stigma aufbrechen

Durchführung:	Feinziele:	Methoden:	Zeit:	Materialien:
Anmoderation: „*Wir schauen uns heute mal an, welche Zustände du so hast. Genauer geht es heute um Gefühle, die du haben könntest oder vielleicht auch hast und wie du damit umgehst oder umgehen könntest.*"	**TN:** • weiß, worum es jetzt geht und weshalb wir das machen	• mündlich anmoderieren	<1	

Durchführung:	Feinziele:	Methoden:	Zeit:	Materialien:
1. Reflexion • Es wird das Emotionsrad als Vorlage vor TN ausgelegt. ? „Kennst du alle Begriffe?" ? Beispielhafte Erläuterung (optional)	**TN:** • lernt (weitere) Emotionen kennen • wird sich eigenen Emotionen bewusst	• Gespräch, ggf. Input	15	• Ansichtsvorlage Emotionsrad
„Suche dir 3 Gefühle aus, die dir bekannt vorkommen." ? „Wann hast du diese Gefühle?" ? „Wie gehst du mit diesen Gefühlen um?" ? „Welche Farbe passt für dich zu diesem Gefühl?" Die Gefühle werden auf der Kopiervorlage „Steuerrad" im Innenkreis notiert und TN wird nach einer passenden Farbe gefragt (es muss nicht mit der Farbe auf dem Gefühlsrad übereinstimmen). Entsprechend der Farbe wird das Gefühl eingekreist oder der Hintergrund schraffiert. Es stehen 2 Visualisierungsvorlagen zur Verfügung. • Vertiefend zu einzelnen Gefühlen: ? „Wo spürst du das Gefühl?" ? „Wie geht es dir damit?" ? „Wie gut/schlecht findest du dieses Gefühl?" ? „Wie stark ist dieses Gefühl? (Skalenfrage von 1-10)" Der Skalenwert wird im Innenkreis des entsprechenden Gefühls eingetragen. ? „Hat sich das Gefühl im Laufe der Zeit verändert?" • Optional: hinter Gefühl liegende Bedürfnisse Je nach Reflexionsvermögen kann mit TN erarbeitet werden, welche Bedürfnisse in der Situation (nicht) erfüllt werden. Dies kann im Schritt der Strategieplanung hilfreich sein, da geschaut werden kann, wie die Bedürfnisse erfüllt werden können. Die Übersicht zu Bedürfnissen kann als Unterstützung ausgelegt werden. ? „Wir Menschen haben verschiedene Bedürfnisse. Was sind deine Bedürfnisse in der Situation XY? Welche werden nicht erfüllt?"	**TN:** • setzt sich mit vertieft mit den eignen wichtigen Gefühlen auseinander • bekommt Ideen, wie TN Gefühle kontrollieron kann **TR:** • lernen Reflexion über die Gefühlswelt kennen	• Visualisierungsgestütztes Gespräch	25	• Kopiervorlage Steuerrad • ggf. Ansichtsvorlage Bedürfnisse
2. Strategieplanung Die folgenden Fragen zielen darauf ab, einen konstruktiven Umgang mit Gefühlen zu entwickeln. Diese Strategien werden mit Metaplankarten visualisiert.				

3.7 STEUERRAD

Durchführung:	Feinziele:	Methoden:	Zeit:	Materialien:
? „Wie gehst du mit diesem Gefühl um?" ? „Wodurch ließe es sich ändern?" ? „Was hilft, wenn du [schlechtes Gefühl] hast?" ? „Was kann dein Beitrag dazu sein?" ? „Was würde deine Bedürfnisse in der Situation erfüllen?" **3. Abschlussappell** • TR findet durch eine Zusammenfassung einen runden Abschluss für die Methode. • Appell: „Stell dir deine Gefühle wie in einem Steuerrad vor. DU sitzt am Steuer und kannst sie lenken und darauf achtgeben, wie du damit umgehst."				
Alltagsaufgabe: „Beobachte in nächster Zeit, ob du weitere Gefühle entdeckst und wie du damit umgehst" **oder** „wende in nächster Zeit die besprochene Strategie im Umgang mit [z.B. Traurigkeit] bewusst und gezielt an"	**TN:** • erfährt mehr über eigene Gefühlswelt • probiert Strategien im Alltag aus	• Alltagsaufgabe	< 1	

Spezielle Nachbereitungen:

• TR machen ein Foto des ausgefüllten Steuerrads, schicken es TN und können TN auch den ausgefüllten Zettel mitgeben.

Quellen- und Literaturangabe:

Die Methode wurde von Distanz e.V. im Kontext der Distanzierungsarbeit entwickelt.

Visualisierungsvorschlag und Kopiervorlagen

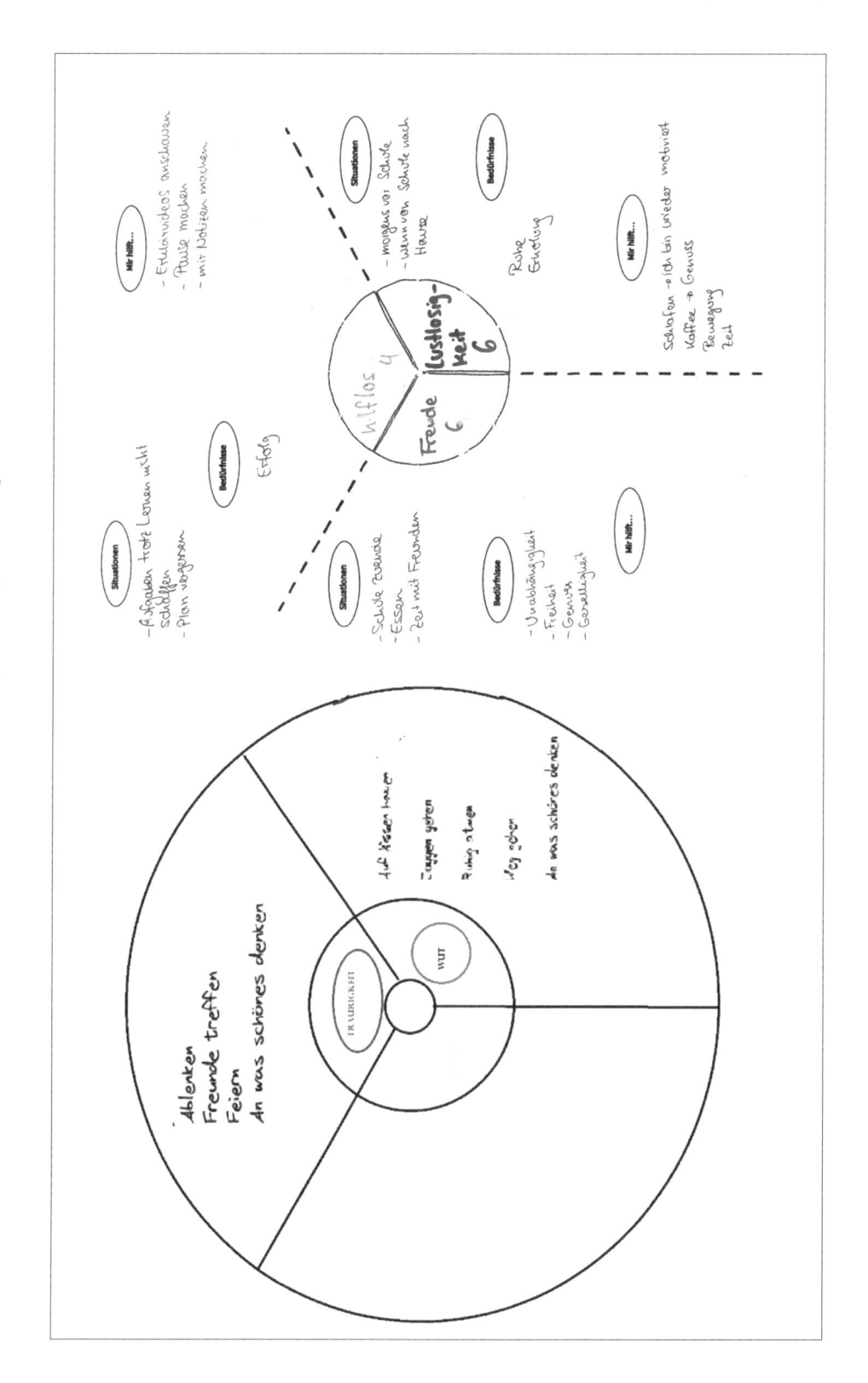

Oberes Diagramm (Kuchendiagramm mit drei Segmenten)

Segmente:
- hilflos 4
- Lustlosigkeit 6
- Freude 6

Segment Lustlosigkeit:
- Situationen:
  - morgens vor Schule
  - wenn von Schule nach Hause
- Bedürfnisse:
  - Ruhe
  - Erholung
- Mir hilft…:
  - Schlafen → ich bin wieder motiviert
  - Kaffee → Genuss
  - Bewegung
  - Zeit

Segment hilflos:
- Situationen:
  - Aufgaben trotz Lernen nicht schaffen
  - Plan vorgeben
- Bedürfnisse:
  - Erfolg
- Mir hilft…:
  - Erklärvideos anschauen
  - Pause machen
  - mit Notizen machen

Segment Freude:
- Situationen:
  - Schule Pause
  - Essen
  - Zeit mit Freunden
- Bedürfnisse:
  - Unabhängigkeit
  - Freiheit
  - Genuss
  - Gesellschaft

Unteres Diagramm (Kreisdiagramm mit drei Segmenten und innerem Kreis)

Innerer Kreis: TRAURIGKEIT, WUT

- Ablenken
- Freunde treffen
- Feiern
- An was schönes denken

- tief Küssen haben
- Fragen gehen
- Ruhig atmen
- Weg gehen
- An was schönes denken

3.7 STEUERRAD

Robert Plutchiks Rad der Emotionen

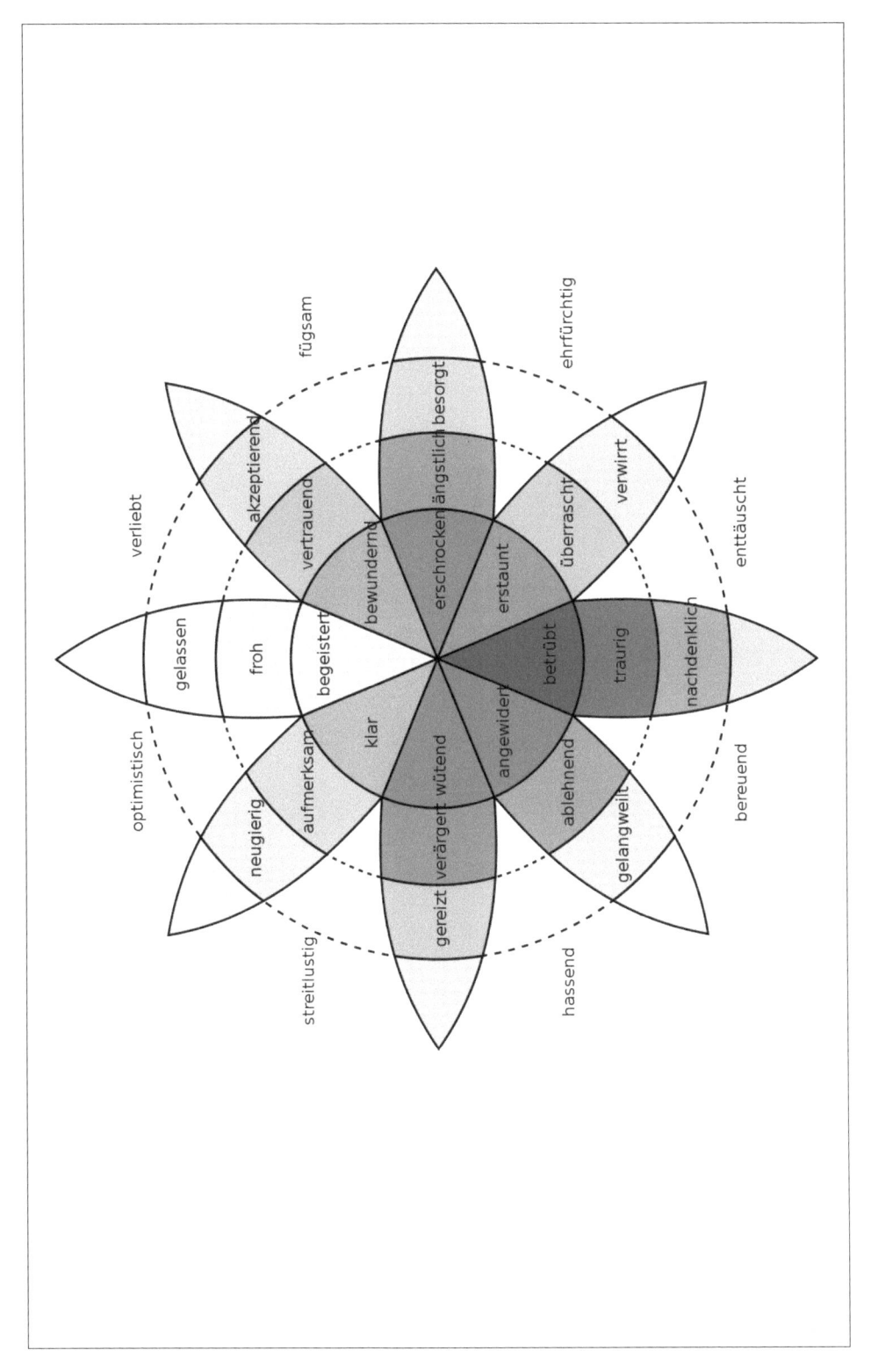

Wir miteinander

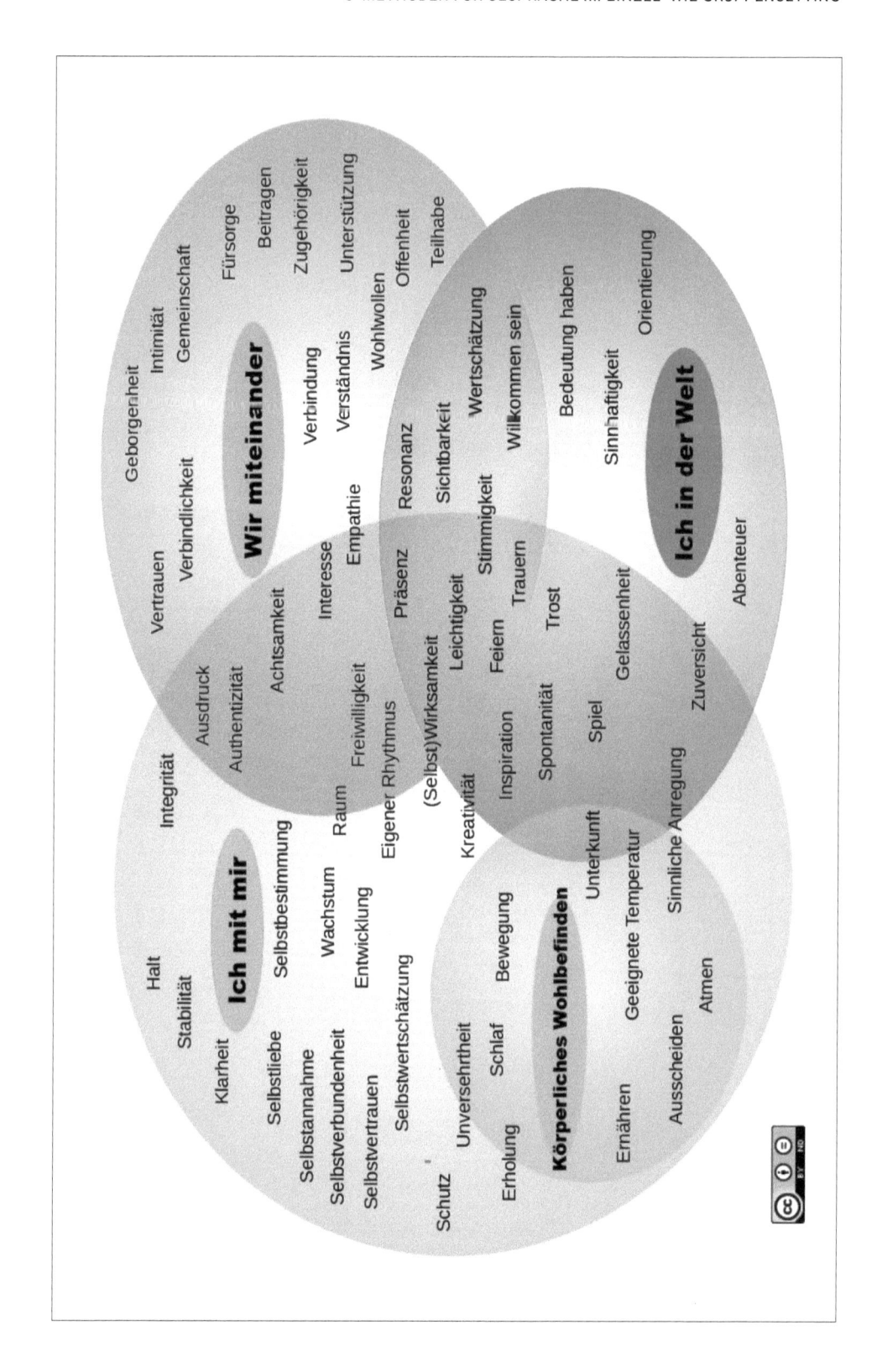

Geborgenheit, Intimität, Gemeinschaft, Fürsorge, Beitragen, Zugehörigkeit, Unterstützung, Vertrauen, Verbindlichkeit, Verbindung, Verständnis, Wohlwollen, Offenheit, Teilhabe

Ich in der Welt

Resonanz, Sichtbarkeit, Wertschätzung, Stimmigkeit, Willkommen sein, Bedeutung haben, Sinnhaftigkeit, Orientierung, Abenteuer

Ich mit mir

Halt, Stabilität, Klarheit, Integrität, Selbstliebe, Selbstbestimmung, Selbstannahme, Wachstum, Selbstverbundenheit, Entwicklung, Selbstvertrauen, Selbstwertschätzung, Schutz, Unversehrtheit, Erholung, Schlaf, Ausdruck, Authentizität, Achtsamkeit, Raum, Freiwilligkeit, Eigener Rhythmus

Körperliches Wohlbefinden

Bewegung, Unterkunft, Geeignete Temperatur, Sinnliche Anregung, Ernähren, Ausscheiden, Atmen

(Überschneidungen)

Interesse, Empathie, Präsenz, Leichtigkeit, Feiern, Trauern, Trost, Gelassenheit, Zuversicht, (Selbst)Wirksamkeit, Kreativität, Inspiration, Spontanität, Spiel, Sinnliche Anregung

3.7 STEUERRAD

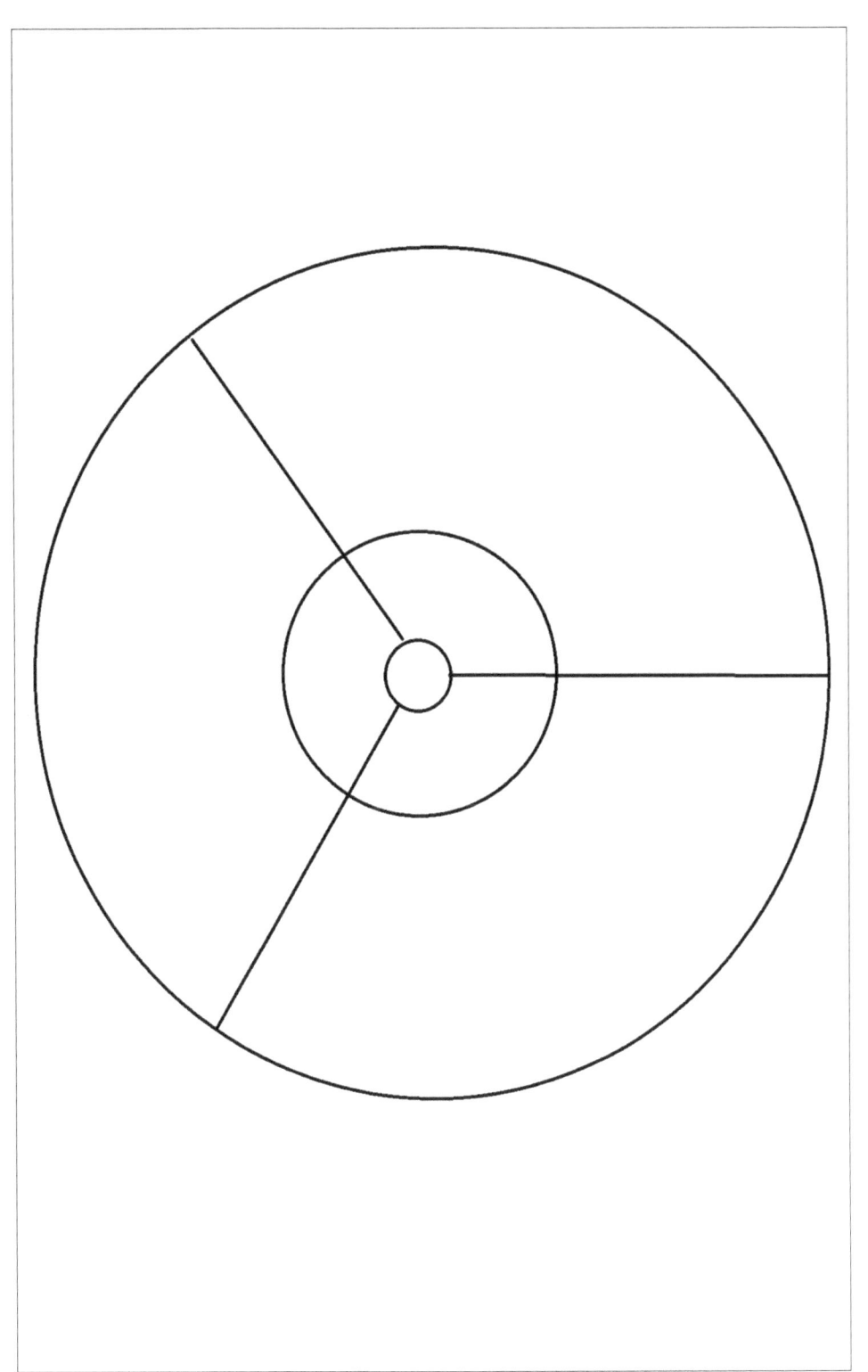

Kopiervorlage Steuerrad

3.8 BEZIEHUNGS-WEISE

Setting: Einzel	Dauer: 45 Min.	Grobziele:		
Methoden: • Einzelarbeit • Gespräch	**Materialien:** • Metaplankarten • Optional: Figuren/ Personenkarten	**TN:** • wird sich bewusst, was für TN eine gute Beziehung ausmacht • erkennt Ressourcen im Umfeld (zur Erreichung von Zielen) • erkennt, dass es auf Verhaltensweisen ankommt und nicht auf gruppenbezogene Merkmale von Menschen • entwickelt Motivation dazu, sich mit eigenen Ansprüchen an eine gute Beziehung auseinanderzusetzen und diese auch zu kommunizieren	**TR:** • bekommen einen Einblick darüber, welche Personen für TN eine Rolle spielen • erhalten einen Einblick, welche Beziehungen toxisch sind	**alle:** • bedenken die Rolle des sozialen Umfeldes für die persönliche Entwicklung • reflektieren die Mischung aus äußeren Umständen und individuellen Gestaltungsmöglichkeiten

Achtungszeichen:	Tipps:
! Es kann TN geben, denen es sehr schwerfällt, über Gefühle zu anderen Menschen, insbesondere liebevolle Gefühle, zu reden.	✎ Wenn TN sich gefühlskalt geben, kann über hypothetische Formulierungen überbrückt werden („*Wenn du Gefühle hättest, wie wäre das?*")
! Es kann TN geben, die bei der Benennung von schlechten Beziehungen in gruppenbezogene Abwertung tendieren. Hier ist es wichtig, auf das Verhalten der einzelnen Personen zu achten und stringent zurückzuführen zur eigentlichen Aufgabe.	✎ Es als Normalität vermitteln, dass Menschen Gefühle haben, insbesondere der männlich wahrgenommene TR sollte hier vorbildhaft über eigene Emotionen sprechen und so das Stigma aufbrechen.

Durchführung:	Feinziele:	Methoden:	Zeit:	Materialien:
Anmoderation: „*Wir schauen uns heute mal an, was für dich ein guter Umgang miteinander ist. Genauer schauen wir, was dir im Zusammensein mit anderen Menschen wichtig ist.*"	**TN:** • weiß, worum es jetzt geht und weshalb wir das machen	• mündlich anmoderieren	<1	

Durchführung:	Feinziele:	Methoden:	Zeit:	Materialien:
1. Allgemeiner Einstieg ? *„Was ist für dich ein guter Umgang?"* ? *„Was wünscht du dir von anderen Menschen, wenn sie mit dir zu tun haben?"* ? *„Wie möchtest du anderen Menschen begegnen? Wie möchtest du mit ihnen umgehen?"* **2. Personenbezogene Reflexion** TN wird nach den (3-5) wichtigsten Menschen in seinem Leben befragt. Je Person werden folgende Reflexionsfragen gestellt. Die Ergebnisse werden in Stichpunkten auf Metaplankarten geschrieben und tabellarisch geordnet *„Suche dir 3 Menschen aus, die dir wichtig sind."* ? *„Was magst du an der Beziehung?"* ? *„Wie geht ihr miteinander um?"* ? *„Wie fühlst du für diese Person?"* ? *„Was macht die Person besonders gut?"* ? *„Was schätzt du an dieser Person?"* ? *„Wobei unterstützt dich diese Person (auch im Hinblick auf deine Ziele)?"* ? *Optional: „Welche Figur/Karte könnte zu der Person passen?"* **3. Schlechte Beziehungen reflektieren** Optimalerweise wird aus dem oben benannten Personenkreis eine Person auswählt, mit der die Beziehung ambivalent ist (also positive wie negative Beziehungsaspekte eine Rolle spielen), wo die Beziehung sich verändert hat oder aktuell ein Konflikt besteht. Optional kann aber auch eine neue Person benannt werden. ? *„Was magst du nicht an dieser Person?"* ? *„Was macht die Person?"* ? *„Welche Figur/Karte könnte zu der Person (jetzt) passen?"* **4. Fazit** *„Wir haben gesehen, dass dir wichtig ist, dass… [Zusammenfassung durch TR]."* ? *„Wie könntest du dafür Sorge tragen, dass dich Menschen auch so behandeln?"* 🔔 Hier kann vermittelt werden, dass es wichtig ist, zu kommunizieren, wenn Ansprüche an Beziehung nicht erfüllt werden *„Wir haben auch gesehen, dass es wichtig ist, auf welche Weise sich Menschen verhalten, nicht [Gruppenbezogene Eigenschaften, die relevant sind, z.B. wer sie sind/wo sie herkommen/wen sie lieben etc.]"*	**TN:** • wird sich eigenen Ansprüchen an Beziehung bewusst **TN:** • setzt sich vertieft mit der Gestaltung von Beziehung auseinander • erkennt Ressourcen zur Erfüllung eigener Entwicklungsaufgaben **TR:** • lernen zentrale Personen kennen • lernen Ausmaß der Reflexion von Gefühlen kennen	• Gespräch	10	

Durchführung:	Feinziele:	Methoden:	Zeit:	Materialien:
Alltagsaufgabe: *„Frage mindestens eine Person, über die wir heute geredet haben, was sie an dir schätzt bzw. was sie an der Beziehung zu dir mag."*	**TN:** • Stärkung von positiven Beziehungsaspekten	• Alltagsaufgabe	<1	

Spezielle Nachbereitungen:

- Ein Foto des Flipcharts machen und es TN zur Verfügung stellen/schicken.

Quellen- und Literaturangabe:

- Die Methode wurde von Distanz e.V. im Kontext der Distanzierungsarbeit entwickelt.

3.9 GEFÜHLE UND GMF BILDERSPIEL

Setting: Einzel/ Gruppe	Dauer: 30–45 Min.	Grobziele:		
Methoden: • Gespräch	Materialien: • ausgedruckte Bilder (ausgeschnitten und/oder laminiert) • ggf. Metaplankarten und Moderationsstifte • optional: Gefühlskarten mit Gefühlsausdrücken oder Gefühlsübersicht	TN: • setzt sich mit den Gefühlen anderer Menschen auseinander und übt Empathie • reflektiert verschiedene Situationen und ob diese Teil des eigenen Alltags sind • hinterfragt eigenes Verhalten	TR: • bekommen Einschätzung, wie leicht/schwer es TN fällt, abstrakt für andere empathisch zu sein • erhalten Eindruck, welche GMF-Einstellungen bei TN eine Rolle spielen • erfahren mehr über die Lebenswelt von TN und mögliche Betroffenheiten z.B. von Gewalt in der Familie • erfahren, wie viel TN z.B. zum Thema Flucht weiß • bekommen Grundlage, um in späteren Situationen Empathie für diskriminierte Personen zu stärken unter Bezugnahme auf Äußerungen von TN (siehe Hintergrund und Infos)	alle: • fokussieren sich auf die emotionale Ebene • Reflexion der emotionalen Seite von Vorurteilen und Abwertungen

Besondere Vorbedingungen:

- TR sollten sich grundsätzlich mit dem Thema Gefühle und Bedürfnisse auskennen
- 10 bis 15 Bilder, die diverse Menschen in emotionalen Situationen zeigen. Z.B. eine blonde Person verzweifelt an den Hausaufgaben, eine Frau mit Kopftuch bekommt im Sport eine Medaille, ein Jugendlicher beim Rollstuhlbasketball, eine geflüchtete Familie mit Kind steigt aus einem Schlauchboot am Küstenufer, ein Schwarzer Vater mit seiner weißen Frau und den Kindern auf einem glücklichen Familienfoto, ein Kind leidet unter dem Streit seiner Eltern, das Hochzeitsfoto eines schwulen Paares, ein Kind wird in der Schule gemobbt, ein Junge nimmt einen anderen in den Schwitzkasten, ein bunt gemischtes Team stellt sich für das Teamfoto auf, ein Kind spielt mit dem Hund und dem Ball im Garten, eine obdachlose Person bettelt auf der Straße, eine Demonstration gegen Rassismus, eine Familie tröstet ein trauriges Kind etc. pp.

Spezielle Vorbereitungen:
• TR checken, ob für TN noch Bilder im Gefühle Bilder Fundus ergänzt werden müssen. Beispiel: Es steht der Verdacht von häuslicher Gewalt im Raum. Wenn dieses Thema abgeklopft werden soll, wird ein entsprechendes Bild, das pädagogisch vertretbar ist, mit reingenommen.
• TR sortieren Bilder, mit welchen sie anfangen wollen (1-2 leichte zum Einstieg), 4-6 zentrale Bilder, 3-4 als Backup falls die Methode verlängert werden soll
• TR besprechen vorher, wie viel des Gesagten sie für TN auf Tisch visualisieren wollen
• Rollenverteilung wird abgesprochen (wer leitet die Methode an und wer wird Co-Interviewt)

Achtungszeichen:	Tipps:
! Je nach Bildauswahl können für TN belastende Themen aufkommen, z.B. Betroffenheit von häuslicher Gewalt	✎ TR sind entsprechend der Vorinformationen aufmerksam und treffen in Ruhe eine Bildauswahl und nicht spontan.
! Methode kann Gefahr laufen, auszuufern, abhängig davon, wie tief in Themenangebote eingestiegen wird.	✎ TR wägen im Prozess ab, welche Themen vertieft werden und wo sie sich selbst begrenzen. Dies kann auch explizit passieren, also: *„Das Thema würde ich gerne zu einem anderen Zeitpunkt mit dir vertiefen. Ich schreibe es mir auf."*

Inhalte/Hintergrundinfos:
• Diese Methode kann ein Einstieg in das Thema Gefühle sein. Gefühle müssen entsprechend vorher nicht im Rahmen einer Methode thematisiert worden sein, wobei dies natürlich hilfreich ist. Wenn das erste Mal zu dem Thema Gefühle gearbeitet wird, kann die Arbeit mit Gefühlskarten oder Gefühlsübersichten (siehe Methode „Steuerrad" in diesem Buch) für TN hilfreich sein.
• Die Methode kann auch im Gruppensetting eingesetzt werden. Der Ablauf muss entsprechend variiert werden. In der Gruppe wäre eine Gruppenarbeit möglich, an die sich die Vorstellung der einzelnen Bilder anschließt.
Nuancen von GMF:
• Diese Methode kann auch ein erstes thematisieren von GMF sein, da TR im Rahmen der Methode viel über die Einstellungen und gewisse Nuancen von TN erfahren kann. Ein Beispiel: Hat sich TN zwar homosexuellenfeindlich geäußert, aber ist trotzdem empathisch für das schwule Paar und freut sich authentisch darüber, dass sie glücklich sind und heiraten können? Oder kann TN das Bild des schwulen Paars kaum ertragen, schiebt es weg oder reagiert (non-)verbal stark ablehnend?
Reflexion von Gewaltsituationen:
• Ist Gewalt bei TN ein Thema sind vor allem Bilder, die verschiedene Formen von Gewalt zeigen, interessant. Da im zweiten Schritt der Bezug zur Lebenswelt/Erfahrungen von TN gezogen wird, können sich verschiedene Gelegenheiten für Irritationen und starke Reflexionen bieten. Ein Beispiel:
○ TN zeigt bei einem Bild einer Prügelei unter Jugendlichen Empathie für betroffene Person und findet Verhalten der Zuschauer gemein. Bei der Rückbindung an die eigene Lebenswelt und das eigene Verhalten zeigt TN keine Empathie für die von ihr verprügelte Person. TR kann gezeigte Empathie für betroffene Person auf dem Bild aufgreifen und mit systemischen Fragetechniken zwischen Reflexion des Bildes und Reflexion des Verhaltens von TN wechseln.
Grundlage für spätere Interventionen:
• Zeigt TN bei Bilderspiel Empathie für z.B. eine geflüchtete Familie mit Kind und äußert sich später diskriminierend, kann TR die Aussagen von TN im Rahmen des Bilderspiels aufgreifen.

3.9 GEFÜHLE UND GMF BILDERSPIEL

Durchführung:	Feinziele:	Methoden:	Zeit:	Materialien:
Anmoderation: *„Heute haben wir ein paar Bilder mitgebracht, über die wir sprechen wollen. Dabei geht es darum, welche Gefühle verschiedene Menschen in verschiedenen Situationen haben können. Dabei wollen wir üben, Gefühle konkret zu benennen. Es wird aber auch darum gehen, ob du selbst solche Situationen kennst. (Wir haben als Unterstützung Karten/Übersicht mitgebracht, auf denen du verschiedene Gefühle siehst. Es gibt aber natürlich noch viel mehr als diese.)"*	**TN:** • weiß, worum es jetzt geht und weshalb wir das machen	• mündlich anmoderieren	<1	

Hinweis: Durchführungsschritt 1 und 2 werden für jedes Bild wiederholt.
Die Bilder werden nach der Bildreflexion verdeckt weggelegt.
1. Bildreflexion Empathie/Gefühle
• TR legt TN erstes Bild (leichtes Einstiegsbild) vor
• Reflexionsfragen – allgemein
  ? *„Was siehst du?"*
  ? *„Was könnte passiert sein? Wie ist es zu der Situation gekommen?"*
TR fragt Co-TR, falls es hilfreich ist oder Einschätzung von TN mager ist. Co-TR teilt die eigene Situationsdeutung. Dabei sollten Informationen knappgehalten werden und an die Person auf dem Bild gebunden bleiben.
! Auch auf nonverbale Reaktionen achten, wenn Bild das erste Mal TN gezeigt wird
! Co-TR sollte wirklich kurz antworten und auch nur, wenn eine essenzielle Bilddeutung fehlt, damit sich TN nicht als dumm/ungenügend dargestellt fühlt.
• Reflexionsfragen – Fokus Empathie
  ? *„Was denkst du: Wie geht der Person/den Personen?"*
  ? *„Wie fühlen sie sich? (statt Bewertung gut/schlecht)"*
  ? *„Was wünschen sie sich? Welche Bedürfnisse haben sie?"*
TR fragt Co-TR, falls es hilfreich ist oder Einschätzung von TN mager ist. Co-TR teilt die eigene empathische Perspektive.
• Ggf. notiert Co-TR Schlagworte auf Metaplankarten oder Gefühlskarten werden zu dem Bild gelegt
! Co-TR sollte wirklich kurz antworten und auch nur, wenn eine essenzielle Bilddeutung fehlt, damit sich TN nicht als dumm/ungenügend dargestellt fühlt.
	TN:
	• denkt über Situation nach
	• übt, sich in Menschen hineinzuversetzen
	• stellt Bezug zu eigenem Alltag her
	TR:
	• koppelt über systemische Fragetechniken Bildreflexion an die Reflexion konkreter Alltagssituationen
	• unterstützt TN in Empathie und Reflexion, indem eigene Einschätzung vom Bild geteilt wird
		• bildgestütztes Gespräch	5-10 Min. pro Bild	• Bilder
				• ggf. Metaplankarten und Moderationsstift
				• ggf. Gefühlskarten/Gefühlsübersicht

Durchführung:	Feinziele:	Methoden:	Zeit:	Materialien:
! Wird mit dem Begriff „Bedürfnisse" gearbeitet, muss TR dies entsprechend erklären **2. Bildreflexion Einstellungsebene GMF, Lebenswelt** ? „Wie gefällt dir das Bild?" ? „Was magst du an dem Bild/was magst du nicht an dem Bild?" ? „Was denkst du dazu?" ? „Wo begegnet dir … im Alltag? Kennst du solche Situationen? (Wann ging es dir schonmal so?)" ? „Was passiert dann?" ? „Wie geht es dir in so einer Situation? Welche Unterstützung wünschst du dir dann? Was denken dann andere über dich?" Etc. (Vertiefende Fragen sind SEHR bildabhängig!) 🔦 Bei der Koppelung von Bildreflexion und Reflexion von Situationen von TN bieten sich besonders gut systemische Fragetechniken an. Das heißt, über die Person im Bild zu sprechen und deren Gefühle zu erfragen und dann zur konkreten Situation zu wechseln. TN kann es leichter fallen, stellvertretend mithilfe der Person auf dem Bild über sich zu reden. **3. Abschluss** Die Methode kann nach jedem Bild abgeschlossen werden und ist entsprechend flexibel. TR sollte die Methode abrunden. „Hier machen wir einen Punkt. Vielleicht schauen wir uns in einer anderen Sitzung nochmal mehr Bilder an. Wir haben auf jeden Fall gesehen, dass Menschen sehr Unterschiedliches erleben und sich verschieden fühlen. Aber auch in verschiedenen Situationen können Menschen ähnliche Gefühle haben und sich entsprechend was wünschen. Ich fand vor allem interessant, dass…"				
Alltagsaufgabe: „Beobachte bis zum nächsten Treffen mal, welche Gefühle du bei dir selbst im Alltag spürst und wahrnimmst. Bitte schreibe sie auf."	**TN:** • setzt sich weiter mit Gefühlen auseinander			

Quellen- und Literaturangabe:
Die Methode wurde im Rahmen der Distanzierungstrainings von Distanz e.V. entwickelt und beruht auf der vielfach bekannten Methode *Bilderspiel*.

3.10 NERVENSÄGE

Setting: Einzel	Dauer: 60 Min.	Grobziele:		
Methoden: • Barometerabfrage mit Bildern • Gespräch	**Materialien:** • Bilder • Kreppband • Moderationsstift	**TN:** • Vorurteile und Abwertungen gegenüber TR transparent machen	**TR:** • Informationen über Grad der GMF-Einstellungen des Klienten gewinnen	**alle:** • Diskussion politischer Einstellungen anhand alltäglicher Erfahrungen

Besondere Vorbedingungen:

- TN muss bereit sein, den TR gegenüber seine Abneigungen offen zu äußern. Sozial erwünschte Antworten verfälschen den Eindruck. Starke Interventionen der TR könnten im weiteren Verlauf der Methode zu mehr sozial erwünschten Antworten führen.

Spezielle Vorbereitungen:

- 10 bis 15 Bilder. Auf den Bildern sollten mehr oder minder alltägliche Situationen zu sehen sein, die ein (politischer) Triggerpunkt sein können. Z.B. sich auf dem Schulhof prügelnde Kinder, eine CSD-Demonstration, eine Frau mit Kopftuch im Supermarkt, betende Muslime, eine Klimademo, ein mackeriger Rapper, eine Demonstration gegen Rechtsextremismus, zwei sich küssende Männer, eine international gemischte Fußballmannschaft, Werbung für Veganismus etc. pp.
- Es lohnt sich, auf TN zugeschnittene Bilder, für die Methode vorzubereiten. Damit können sowohl bei TN bekannte Abneigungen oder Reizthemen angesprochen werden als auch andere Themen auf ihre Relevanz für die politische Bildungsarbeit mit TN abgeklopft werden.
- TR müssen damit rechnen, dass TN auf einige Bilder mit heftiger Abwehr reagiert. Es geht aber gerade darum, Themen für die weitere Auseinandersetzung zu generieren. Es ist also gut, wenn es hier negative Resonanz gibt.

Achtungszeichen:	Tipps:
! TN behauptet, keine der Dinge, Menschen, Gruppen (insbesondere der marginalisierten Gruppen) würden ihn*sie nerven oder aufregen.	✤ Fragen, ob es auch Ausnahmen gibt, wie die persönlichen Erfahrungen damit sind, wie offen TN für Kontakt mit dieser Gruppe/diesen Menschen wäre. ✤ Etwas indirekter Fragen, welchen Eindruck, welches Bild, welche Informationen TN über diese Gruppe/diese Menschen hat. ✤ Fragen, ob es etwas Kritisches geben könnte, das andere nicht aussprechen.
! TN äußert sich aufgebracht und abwertend über Personen auf den Bildern.	✤ Am besten keine Sprechverbote („So was will ich nicht hören") oder Einordnung vornehmen („Das klingt für mich rassistisch.") und auch nicht zu viele Reflexionsfragen stellen, weil TN im weiteren Verlauf der Methode sozial erwünschter antworten könnten. Die Methode soll aber erst einmal Themen generieren und nicht primär der Intervention dienen. Besser einen der folgenden Tipps anwenden, um den Redefluss des*der TN zu unterbrechen, ohne dadurch sozial erwünschtere Antworten zu provozieren.

Achtungszeichen:	Tipps:
	🗨 Sanft aber bestimmt unterbrechen: *„Entschuldige, dass ich dich unterbreche, aber deine Botschaft ist angekommen."* 🗨 Empathisch sein: *„Ich merke, dass dich das Thema sehr bewegt. Darüber sollten wir im Laufe des Trainings auf jeden Fall mal sprechen."* 🗨 Zum nächsten Bild moderieren: *„Ich habe deine Meinung verstanden. Hier ist ein weiteres Bild. Was meinst du denn dazu?"* 🗨 Wenn eine persönliche Grenze überschritten ist – Grenze setzen: *„Halt Stopp! Das wird mir zu viel. Ich möchte nicht, dass wir so über Menschen sprechen."*

Inhalte/Hintergrundinfos:

- Die Methode wurde entwickelt, um politische Themen für das Training zu generieren und bereits erste Reflexionen zu stiften. Mithilfe der Methode soll deutlich werden, welche Gruppen durch TN abgewertet werden und wie sie dies begründen. Die Interventionen sind eher hintenanzustellen und für den weiteren Verlauf des Trainings vorzubereiten. Sollte noch Zeit und TN aufmerksam sein, können auch direkt nach Abschluss der Methode Frage- und Gesprächstechniken eingesetzt werden, um in die Bearbeitung der aufgekommenen Themen einzusteigen.

Vorbereitungen vor Ort:

- Es braucht einen ausreichend großen Raum, um einen Barometer von 1 bis 10 mit Kreppband auf dem Boden zu markieren und die Bilder daneben auslegen zu können. Alternativ kann ein ausreichend großer Tisch genutzt werden.

Durchführung:	Feinziele:	Methoden:	Zeit:	Materialien:
Anmoderation: *„Im Alltag gibt es immer wieder Menschen, die einen nerven, aufregen oder die man abstoßend findet. Wir wollen jetzt einmal herausfinden, was genau dich eigentlich aufregt. Vielleicht ergeben sich daraus auch Themen für das Training. Wir haben dafür eine Skala vorbereitet. Die 10 steht für alles, was du super nervig findest. Die 1 steht für alles, was du entspannt an dir vorbeiziehen lässt. Natürlich kannst du auch Bilder nachträglich verschieben, damit das Verhältnis zu den neu hinzugekommenen Bildern passt."*	**TN:** • weiß, worum es jetzt geht und weshalb wir das machen	• mündlich anmoderieren	<1	

3.10 NERVENSÄGE

Durchführung:	Feinziele:	Methoden:	Zeit:	Materialien:
Als erstes wird die Skala aufgeklebt und beschriftet. Hier lohnt es sich großzügig Platz für die zahlreichen Bilder einzuplanen, da sie sich wahrscheinlich nicht gleichmäßig verteilen. **1. Der erste Eindruck** • TN wird das erste Bild gezeigt. Zunächst wird TN gebeten kurz zu sagen, was TN auf dem Bild als erstes wahrnimmt. Mimik und (diskriminierende) Sprache können den TR hier erste Hinweise unabhängig von der folgenden Positionierung geben. ? *„Was siehst du? Was nimmst du als erstes auf dem Bild wahr? Was ist dein erster Gedanke?"* ? *„Was fällt dir auf? Ist an dem Bild etwas nicht normal?"* ? *„Was auf dem Bild stört dich? Wie sehr stört es dich?"* **2. Skalierung der Bilder und Rückfragen** ? *„Wo auf der Skala würdest du das Bild platzieren?"* • Nachdem TN das Bild platziert hat, können noch einige Verständnisfragen gestellt werden, sofern TN die eigene Entscheidung nicht von sich aus begründet. ? *„Warum regt dich das auf? Was genau stört dich? Hast du das schon mal im Alltag erlebt? Wie genau war das? Wie hast du dann reagiert? Wie haben andere reagiert? Wie könntest du dir vorstellen zu reagieren?"* ○ Nach dem TR einige Informationen gewonnen haben, legen sie TN das nächste Bild vor und der Fragezyklus beginnt erneut. **3. Abschließende Draufsicht** • Nachdem alle Bilder ausgelegt sind bitten die TR um eine Bewertung und Einordnung von TN. ? *„Wenn du dir Gesamtbild nun anschaust, was würdest du sagen? Was fällt dir auf? Wie würdest du das Ergebnis bewerten? Würdest du dir wünschen, dass das Gesamtbild anders aussehe?"* • Diskussionen kann man sich besser für den Schluss aufheben, damit die Intervention nicht die Platzierung der weiteren Bilder verfälscht. ? *„Seit wann störst du dich an XY? Wieso stört dich das besonders? Was denkst du noch darüber? Wie reagierst du oder wie würdest du reagieren, wenn du das siehst? Findest du das richtig?"*	**TN:** • bewusst machen eigener Einstellungen • stärken der Fähigkeit zur Selbstbeobachtung • am Ende ggf. erste Reflexionsanstöße durch Haltung der TR **TR:** • politische Haltung des TN einschätzen und welche GMF-Aspekte relevant sind • ggf. Reaktion des TN auf erste Reflexionsanstöße durch TR beobachten	• Variation von Bilderspiel, Barometerabfrage und offenen Fragetechniken	60	• Bilder • Kreppband • Moderationsstift

Durchführung:	Feinziele:	Methoden:	Zeit:	Materialien:
! Ggf. Haltung zeigen: „*Ich bin nicht dieser Meinung, weil ich den Eindruck habe, dass dadurch viele Menschen in eine Schublage gesteckt werden. Ich fände so ein Verhalten nicht richtig. Ich habe Mitleid mit den Menschen. Ich finde, alle Menschen sollten so leben können, wie sie wollen, solange andere Menschen dadurch nicht eingeschränkt werden.*"				
Alltagsaufgabe: „*Beobachte im Laufe der nächsten Woche einmal, woran du dich im Alltag so störst. Mache dir gerne in deinem Handy Notizen oder schicke zwischendurch mal eine Nachricht, wenn dich gerade etwas genervt hat. Wir können dann im Training darauf zurückkommen.*"	**TN:** • Integration der Selbstbeobachtung in den Alltag			

Quellen- und Literaturangabe:
• Diese Methode wurde von Distanz e.V. im Zuge der Distanzierungsarbeit entwickelt.

3.10 NERVENSÄGE 219

Visualisierungsbeispiel

3.11 WAS IST GEWALT?

Setting: Einzel/Gruppe	Dauer: 20 Min. (Gruppe: 30 Min.)	Grobziele:		
Methoden: • Skalierung • Gespräch • Gruppe: Gruppendiskussion	**Materialien:** • Flipchart • Flipchartpapier • Moderationsstift • Situationskarten • Kreppband • Pol-Karten „Gewalt", „keine Gewalt" für die Skala • „Was ist Gewalt?"-Karten der Aktion Jugendschutz der Landesarbeitsstelle Bayern e.V.	**TN:** • kann unterschiedliche Gewaltsituationen benennen • versteht, dass die Sicht der betroffenen Person entscheidend ist, ob eine Handlung gewalttätig ist oder nicht • kann Grenzüberschreitungen besser wahrnehmen • gelingt Perspektivübernahme und Mitgefühl mit Betroffenen von Gewalt bzw. Beteiligte an Konfliktsituationen • Gruppe: TN tauschen sich zu unterschiedlichen Wahrnehmungen von gewalttätigen Handlungen aus	**TR:** • setzen Distanzierungsimpulse bzgl. gewaltbefürwortender Einstellungen	**alle:** • Differenzierung der Gegensätze von legal und illegal sowie legitim und illegitim. • Auseinandersetzung mit dem Spannungsverhältnis zwischen diesen Polen

Spezielle Vorbereitungen:

- Im TR-Team besprechen, ob Schwerpunkte gesetzt werden sollen.
- Aus den Karten mit Situationsbeschreibungen auswählen, die für TN passen (es gibt insg. 57 Karten). Nicht alle Karten sind für jeden Trainingskontext passend. Die Methodenbox unterscheidet unterschiedliche Formen von Gewalt, die Karten sollten gleichmäßig ausgewählt werden, wobei abhängig von der TN-Anzahl nicht alle Formen abgedeckt sein können:
  - Körperliche Gewalt, Seelische Gewalt, Psychische Gewalt, Sexualisierte Gewalt, Wirtschaftliche Gewalt, Soziale Gewalt, Gewalt im Kontext Rechtsextremismus und GMF-Einstellungen
- Im Gruppensetting bekommt jede*r TN 2-3 Karten. Beim Einzelsetting sollten 5-7 Karten ausgewählt werden, die TN zuordnet.
- Die TR sollten ihre eigene Einschätzung der Situationen im Sinne eines humanistischen Weltbilds geklärt haben.

3.11 WAS IST GEWALT?

Achtungszeichen:	Tipps:
! **Gruppensetting:** Konsens in der Gruppe zu Rechtfertigungen von gewalttätigen Handlungen, die aus Trainingssicht unangemessen sind. Die Neutralisierungstechniken der TN bestätigen und verstärken sich ggf. gegenseitig, hier sollte aktiv Haltung bezogen werden.	TR greift steuernd ein (siehe unten).

Inhalte/Hintergrundinfos:

- Die Methode „Was ist Gewalt?" der Aktion Jugendschutz der Landesarbeitsstelle Bayern e.V. wurde für die Gewaltprävention und für die Arbeit mit Gruppen konzipiert. Zur individuellen Reflexion kann sie auch im Einzelsetting funktionieren, wobei dann natürlich das Peer-Learning fehlt. In unserer Adaption der Methode für die Distanzierungsarbeit haben wir einige Situationen ergänzt und bestehende teilweise verändert. Dies ist in der untenstehenden Liste gekennzeichnet.
- Bei der Ursprungsmethode gibt es ein Begleitheft mit der Methodenanleitung und Hintergrundinformationen zum Thema Gewalt. Auszug:
- „Gewalt entsteht immer dann, wenn eine Person durch eine **bewusste Tat** geschädigt wird. Es ist eine Aussage über die **Wirkung** menschlichen Handeln und beinhaltet den **Missbrauch von Macht**.
- Aggression hingegen nimmt das **Motiv** einer Handlung in den Blick und nicht die Wirkung. Sie ist jede physische und psychische und verbale Handlung, die darauf angelegt ist, eine andere Person anzugreifen oder zu schädigen. Aggression zielt darauf ab, eigene Bedürfnisse auf Kosten anderer durchzusetzen.[73]
- Ob eine Handlung nun gewalttätig ist oder nicht, kann nur verstanden werden, wenn die Bedürfnisse derer in den Blick genommen werden, die von der Handlung betroffen sind. Liegt die Aufmerksamkeit rein bei der aktiven Person, wird Gewalt nicht verständlich. Häufig wird Gewalt aus der Sicht der handelnden Person beschrieben. Dies führt leicht zu Schuldzuweisungen und postwendend zu einer Rechtfertigung der Tat. Gängige Rechtfertigungsstrategien sind: Verleumdung/Verharmlosung, Umkehr der Schuld, Erklärung mit Kontrollverlust, Legitimation von Gewalt, Opferhaltung. Wird dagegen die Sicht der Betroffenen Person eingenommen, geht es um die Wirkung der Handlung, unabhängig vom Motiv" (Aktion Jugendschutz der Landesarbeitsstelle Bayern e.V. 2019: 12ff.).
- Abhängig von der Auswahl der Karten können folgende Themen diskutiert werden:
  - Unterscheidung von Macht-Gebrauch und Macht-Missbrauch
  - Legitimität von Gewalt (und ist legitime Gewalt Gewalt)
  - Wege, um eigene Bedürfnisse oder Wünsche zum Ausdruck zu bringen und dabei die Bedürfnisse oder Wünsche der*des Partner*in zu respektieren
  - Unterscheidung von Petzen und Hilfe holen
  - Unterschiedliche Betroffenheit von Männern und Frauen bei Kommentaren bzgl. des Äußeren oder bzgl. körperlicher Übergriffigkeiten
  - Sinnhaftigkeit gesetzgeberischer Unterscheidung von Gewalt an Tieren und Gewalt an Menschen (Sachbeschädigung vs. Körperverletzung)
  - Vorkommen von struktureller Gewalt
  - Zusammenhang von Einstellungen und Gewalthandlungen

---

73 Aggression kann sich auch gegen die eigene Person richten. Des Weiteren benennt die Definition der Methodenbox nur Handlungen. Wut, verstanden als negative Emotion, die sich gegen sich selbst oder andere richtet, muss nicht zwangsläufig aggressives Verhalten nach sich ziehen. Zur Entstehung von Aggression gibt es verschiedene Theorien, z.B. die Frustrations-Aggressions-Theorie, die in Frustrationserlebnissen den Anreiz für Aggression sieht.

Durchführung:	Feinziele:	Methoden:	Zeit:	Materialien:
Anmoderation: *„Ein Thema für das Training ist Gewalt, Ausrasten etc. Heute setzen wir uns genauer mit dem Thema Gewalt auseinander. Was ist das überhaupt – was ist Gewalt und was nicht? Dafür haben wir verschiedene Aussagen/Situationen mitgebracht."*	**TN:** • weiß, worum es jetzt geht und weshalb wir das machen	• mündlich anmoderieren	<1	
Version Einzelsetting • TR legt die Skala Gewalt/keine Gewalt aus • TN bekommt die Aufgabe, die Situationen auf der Skala einzuordnen • Im Anschluss kommen TN und TR über die Einschätzung ins Gespräch. TN wird durch Fragen der TR in der Reflexion unterstützt. Erst wenn TN vehement bei einer mit den Trainingszielen nicht vereinbaren Einschätzung bleibt, positionieren sich TR. • Reflexionsunterstützende Fragen zur Skaleneinordnung: ? *„Was macht für dich die Gewalt in den Situationen aus?"* ? *„Was ist ... für dich, da du es bei ‚keine Gewalt' eingeordnet hast?"* ? *„Wer sind die in der Situation Betroffenen?"* ? *„Was denkst du: Wie würden diese die Situation einschätzen?"* ? *„Wie geht es ihnen in der Situation?"* • Sollte sich im Verlauf die Einschätzung der Karten ändern, können diese umgelegt werden. • TR irritiert Rechtfertigungsstrategien. • Weiterführende Reflexionsfragen. Zentrale Ergebnisse können auf einem Flipchart festgehalten werden. Vor allem die Handlungsalternativen und -strategien sollten gut dokumentiert werden. ? *„Wann wird eine Handlung zu Gewalt, wo ist die Grenze?"* ? *„Wer bestimmt, ob eine Grenze überschritten wurde?"* ? *„Wie kann in den Situationen anders gehandelt werden?"* ? *„Wie können Konflikte ohne Gewalt gelöst werden?"* ? *„Welche Exitstrategien siehst du (bei Konfliktsituationen)?"*	**TN:** • reflektiert eigene Vorstellungen zu Gewalt • entwickelt Handlungsalternativen zu Gewalthandlungen • schafft den Perspektivwechsel zu Betroffenen von Gewalt **TR:** • bekommen einen Eindruck von der Einschätzung des*der TN zum Thema Gewalt • unterstützen TN bei Reflexions- und Austauschprozess • unterstützt und verstärkt Distanzierungsimpulse • unterstützen TN bei der Entwicklung gewaltfreier Handlungsalternativen	• Einzelarbeit • Gespräch	20	• Skala • Situationskarten • Flipchart • Flipchartpapier • Moderationsstift • Kreppband • Pol-Karten

3.11 WAS IST GEWALT?

Durchführung:	Feinziele:	Methoden:	Zeit:	Materialien:
Im Gruppensetting Variation der Durchführungsschritte **1. Gruppensetting Variation Positionierung** • TR legt die Skala Gewalt/keine Gewalt aus/ klebt diese als Kreppbandlinie auf den Boden. • Jeder*r TN bekommt 2-3 Situationskarten. In Einzelarbeit werden die Karten auf der Skala ausgelegt. 💥 Abhängig von der Gruppendynamik betont TR, dass es nicht um richtig oder falsch geht, sondern um den Austausch über das Thema	**TN:** • reflektieren eigene Vorstellung, was Gewalt ist und was nicht	• Einzelarbeit	5	• Skala • Situationskarten • Kreppband • Pol-Karten
2. Gruppensetting Plenumsdiskussion • In Anschluss lesen die TR die Karten vor. Die Karten werden von einem Ende der Skala zum anderen durchgegangen. Die TN können im Anschluss ihre Einschätzung zum Bild abgeben. TR unterstützt diesen Austausch in der Gruppe durch Fragen z.B.: ? „Was denkt ihr zu der Skala?" ? „Welche Karten hättet ihr anders hingelegt?" ? „Wer sind in den Situationen die Betroffenen?" ? „Was denkt ihr: Wie würden diese die Situation einschätzen? Wie geht es ihnen in der Situation?" • Sollte sich im Verlauf der Diskussion die Einschätzung von Karten in der Gesamtgruppe verändern, können diese umgelegt werden. • TR irritiert Rechtfertigungsstrategien bzw. fördert Irritation dieser in der Gruppe. • Weitergehend werden mit der Gruppe folgende Fragen besprochen. Die Ergebnisse können auf einer Flipchart festgehalten werden. Ggf. bietet es sich an, für die Handlungsalternativen und Strategien ein separates Plakat zu machen. ? „Wann wird eine Handlung zu Gewalt, wo ist die Grenze?" ? „Wer bestimmt, ob eine Grenze überschritten wurde?" ? „Wie kann in den Situationen anders gehandelt werden?" ? „Wie können Konflikte ohne Gewalt gelöst werden?" ? „Welche Exitstrategien seht ihr (bei Konfliktsituationen)?"	**TN:** • reflektieren eigene Vorstellung, was Gewalt ist und was nicht • tauschen sich über ihre unterschiedlichen Vorstellungen von Gewalt aus • schaffen den Perspektivwechsel zu Betroffenen von Gewalt • entwickeln Handlungsalternativen zu Gewalthandlungen **TR:** • unterstützen TN bei Reflexions- und Austauschprozess • unterstützen und verstärkt Distanzierungsimpulse • unterstützen TN bei der Entwicklung gewaltfreier Handlungsalternativen	• Gruppendiskussion	25	• Skala • Situationskarten • Flipchart • Flipchartpapier • Moderationsstift

Durchführung:	Feinziele:	Methoden:	Zeit:	Materialien:
• Fazit der Methode (Ergebnisplakat) wird durch TR gezogen anhand des Ergebnissicherungsplakats. Die Gruppe wird dabei in ihrem vorhandenen Wissen um Handlungsstrategien jenseits von Gewalt bestärkt. ! Die Gruppe könnte einen gewaltbefürwortenden Konsens haben und sich damit bestärken. 📣 Als TR steuernd eingreifen durch perspektivwechselanregende Fragen bzgl. der Betroffenen von Gewalt. TR könnte auch den Konsens der Gruppe weiterdenken: „Wie sähe dann die Gesellschaft aus, wenn es alle so machen würden? Würdet Ihr in einer solchen Gesellschaft leben wollen? Was hieße das für euch?"				
Alltagsaufgabe: „Wenn es bis zum nächsten Training zu einer Auseinandersetzung kommt, versuche bitte dir die Strategien, die du schon gefunden hast, ins Gedächtnis zu rufen und eine davon anzuwenden. Überlege bis zum nächsten Mal, ob dir noch weitere Strategien einfallen."			<1	

Spezielle Vorbereitungen:

- Erarbeitete Strategien für den weiteren Verlauf des Trainings merken.
- Handlungsstrategien TN zeitnah an die Hand geben. Ggf. diese dafür nochmal extra und übersichtlich aufschreiben.

Quellen- und Literaturangabe:

Die Methode wurde konzipiert von der Aktion Jugendschutz der Landesarbeitsstelle Bayern e.V. und wurde mit ihrer freundlichen Genehmigung durch Distanz e.V. für die Distanzierungsarbeit adaptiert (dies betrifft vor allem die Situationskarten und die Umsetzung im Einzeltraining). Sie ist am 12.02.2019 in der Methodenbox „GrenzWerte – Zwei Methoden zur Gewaltprävention" erschienen.

Situationen spezifisch auf Distanzierungsarbeit bezogen:

1. Jemandem in die Fresse hauen, der nicht aufhört einen zu nerven.
2. Einem geflüchteten Menschen sagen, er solle in sein Land zurück gehen, da es ihm hier sonst schlecht ergehen würde.
3. Ein Hakenkreuz in den Schulflur malen, wenn es niemand mitbekommt.
4. Obdachlose als Menschen zweiter Klasse sehen und sie so behandeln.
5. Einen Pulli tragen, auf dem Waffen und das Recht des Stärkeren befürwortet werden.
6. Gerüchte über jemanden verbreiten, mit dem man Streit hatte.
7. Meine Wut an einem Schwächeren auslassen.
8. Im Klassenchat kriegsverherrlichende Sachen schreiben.
9. Zwei sich küssende Männer beschimpfen und sie anspucken.
10. Die Straßenseite wechseln, wenn eine Gruppe Ausländer mir entgegenkommt.
11. Jemanden anstarren, bis er/sie Angst bekommt.
12. Musik hören, in der Hitlers Taten gefeiert werden.
13. Jemanden schlagen, um ihm deutlich zu machen, dass er etwas bestimmtes nicht nochmal machen soll.
14. Zur Bundeswehr gehen wollen, um dort Ausländer töten zu können.
15. Beim Sprechen über Mädchen/Frauen überwiegend Schimpfwörter zu benutzen.
16. Andere mit in einer Schlägerei ziehen.
17. Mit Leuten rumhängen, die Auseinandersetzungen mit anderen suchen.

Von der Aktion Jugendschutz Karten:

1. Ohne zu fragen an eine andere Person kuscheln. (verändert)
2. Ein Gesetz erlassen, das Reiche reicher und Arme ärmer macht.
3. Jemanden schlagen, der dich mit Worten beleidigt hat. (verändert)
4. Als Polizist eine Pistole tragen.
5. Jemandem immer wieder Liebesbotschaften senden, der die Zuneigung nicht erwidert.
6. Einen Schlagring in der Tasche bei sich tragen.
7. Auf der Toilette den Finger in den Hals stecken und sich übergeben.
8. Als Lehrer den Mädchen grundsätzlich eine Note besser geben.
9. Zu jemandem „Du Depp!" sagen, nachdem er dich angerempelt hat.
10. Einem den Mittelfinger zeigen. (verändert)
11. Jemanden aus Spaß gegen dessen Willen fesseln. (verändert)
12. Die eigene Freundin zum Sex drängen. (verändert)
13. Etwas mit Marker an der Bushaltestelle schreiben. (verändert)
14. Zu einem Mitschüler laut sagen: „Neben dem sitz ich nicht!"
15. Call of Duty spielen. (verändert)
16. In einem Kiosk etwas mitnehmen, ohne zu bezahlen. (verändert)
17. Ein gefundenes Smartphone behalten. (verändert)

18. Als Lehrerin Strafarbeiten verteilen. (verändert)
19. In einer Messenger-Gruppe Bilder von jemanden gegen dessen Willen hochladen. (verändert)
20. Eine Glasflasche auf der Straße zertrümmern.
21. Aus dem Fenster spucken, wenn Personen darunter stehen.
22. Aus Wut gegen eine Mauer treten.
23. Zu jemandem sagen „Dich wollen wir nicht dabeihaben!"
24. Zu den eigenen Eltern schreien „Das kannst du selber machen!"
25. Seinem Kind sagen, dass es Ohrfeigen bekommt, wenn es die Schule schwänzt.
26. Sich gegenseitig mit Wasserpistolen abschießen.
27. Bei einer Pausenhofschlägerei dem Lehrer Bescheid geben.
28. Pfefferspray auf jemanden sprühen, der einem „Hey du geile Sau!" hinterhergerufen hat.
29. Eine Katze am Schwanz ziehen.
30. Auf dem Pausenhof abfällig über die Kleidung einer Lehrerin sprechen. (verändert)
31. Als Polizistin jemanden im „Polizeigriff" abführen. (verändert)
32. Eine Spritze von der Zahnärztin bekommen.
33. Bei einer Schlägerei danebenstehen und zusehen.
34. Sich aus Spaß gegenseitig schupsen und hauen. (verändert)
35. Ein Tier im Schlachthof mit Elektroschock betäuben und anschließend töten.
36. Beim Fußball ein Foul begehen, bei dem sich die Gegenspielerin absichtlich verletzt. (verändert)
37. Lachen, wenn jemand stolpert.
38. Als Chef öffentlich das gute Aussehen einer Mitarbeiterin loben.
39. Fluchen, wenn einem der Bus vor der Nase weggefahren ist.
40. Im Internet illegal Musik runterladen.

3.12 „DIE GANZE WAHRHEIT HINTER ..." – DER ENTSCHWÖRUNGSGENERATOR

Setting: Einzel/ Gruppe	Dauer: 60 Min.	Grobziele:			
Methoden: • Videopräsentation • Online-Tool-Entschwörungsgenerator • Einzelarbeit • Präsentation • Reflexion	**Materialien:** • Smartphone, mit dem Video abgespielt wird (Push-up-Nachrichten aus!) • TN-Smartphone, alternativ Stift und Metaplankarte • Visualisierung der Kriterien der Geschichte durch Metaplankarten (siehe 2. Überschrift finden)	**TN:** • hat Spaß dabei, sich eine verrückte Geschichte auszudenken • erkennt Zusammenhang zwischen Strukturen von Verschwörungserzählungen und wie diese instrumentalisiert werden • ist zukünftig gegenüber einfachen und manipulativen Erklärungen skeptischer geworden	**TR:** • erkennt weiteren Gefährdungsgrad von TN und inwieweit Verschwörungsnarrative bekannt sind • kann Wissen zu Strukturen von Verschwörungsnarrativen vermitteln	**alle:** • bewusstwerden über den eigenen Kontakt mit Verschwörungserzählungen und das so erworbene implizite Wissen	

Besondere Vorbedingungen:

• TN äußerte im Vorfeld Affinitäten für eine Verschwörungsmentalität. Hilfreich ist ein relativ extrovertierter redseliger Charakter des*der TN.

Spezielle Vorbereitungen:

• Video zu „Das Dunkle Geheimnis von" herunterladen (falls kein ausreichendes mobiles Internet vor Ort)
  ○ Empfehlung 1: „Die ganze Wahrheit hinter WhatsApp" https://www.tiktok.com/@mideosyt/video/7113089600859426053
  ○ Empfehlung 2: „Eichhörnchen wollen uns vernichten" https://www.tiktok.com/@mideosyt/video/7146575973671030021
▶ Optional: Ein Video raussuchen, das TN besonders gefallen könnte und Interesse widerspiegelt (z.B. Fortnite, Zelda) (auf dem Account mideosyt)

Achtungszeichen:	Tipps:
! GMF-Strukturen von erfundenen Geschichten nicht unkommentiert stehen lassen, allerdings erst in Reflexion und Input auflösen	✎ Das Erfinden von Geschichten als Unterhaltungswert einführen und betonen, um TN zu motivieren

Inhalte/Hintergrundinfos:

• Die Methode wurde entwickelt, um zum kritischen Denken gegenüber Verschwörungsnarrative anzuregen. Es besteht die These, dass TN trotz der Aufgabenstellung eine fiktive Geschichte zu erfinden, bekannte Muster von Verschwörungsideologien oder eigene Vorurteile reproduziert.

Durchführung:	Feinziele:	Methoden:	Zeit:	Materialien:
Anmoderation: *„Wir werden heute einmal erfinderisch. Dazu denken wir uns eine Geschichte aus. Als Hilfestellung schauen wir uns vorher ein Video an."* ? *„Kennst du den TikTok-Account ‚die ganze Wahrheit hinter'?"* • Video anschauen • Was macht das Video mit dir, wenn du es anschaust? ○ Mögliche Reaktionen: „Wer glaubt denn sowas?", „Ist ja voll absurd", „Ist ja lustig"	**TN:** • weiß, worum es jetzt geht und weshalb wir das machen	• mündlich anmoderieren	<1	
1. Überschrift finden *„Wir denken uns nun eine ähnliche Geschichte aus. Folgende Dinge müssen in der Überschrift vorkommen (Kriterien der Geschichte)":* • eine Sache, die nicht alle wissen • eine Gruppe, die davon einen Nutzen hat • eine Gruppe, die dafür andere hintergeht/ manipuliert • eine Gruppe, die darunter leidet bzw. hintergangen wird • etwas, was einen Zusammenhang hat, der vielleicht etwas an den Haaren herbeigezogen ist Die Überschrift kann mithilfe des Entschwörungsgenerators gebastelt werden (Amadeu Antonio Stiftung 2020). Es können hier 4 Wörter angetippt werden: a) Wer ist der Böse? (Feind) b) Was macht der Böse? (Tunwort) c) Womit macht das der Böse? (Mittel) d) Wer leidet darunter/wird angegriffen? (Opfer) ▶ Hieraus bildet sich ein Bild, das den Titel der Geschichte darstellt. **2. Geschichte ausdenken** • *„Denke dir nun zu der Überschrift eine Geschichte aus – wie kommt es dazu?"* ! Es müssen keine ganzen Sätze geschrieben werden, Stichpunkte reichen, diese können dann in der Erzählung ausgeschmückt werden.	**TN:** • findet eine attraktive Überschrift und ist motiviert, sich eine Geschichte auszudenken **TN:** • ist in der Lage, sich eine Geschichte auszudenken	• Online-Tool der AAS „Entschwörungsgenerator" • Visualisierung der Kriterien der Geschichte durch Metaplankarten	10 10	• blau umrandeter Kasten auf dieser Website: https://www.amadeu-antonio-stiftung.de/glaubnichtalles/

3.12 „DIE GANZE WAHRHEIT HINTER ..." – DER ENTSCHWÖRUNGSGENERATOR

Durchführung:	Feinziele:	Methoden:	Zeit:	Materialien:

! Die Aufgabe kann mit anregenden Fragen unterstützt werden, es sollte jedoch inhaltlich möglichst nichts hereingegeben werden
• TN kann dies in das eigene Smartphone tippen; alternativ kann Stift und Metaplankarte für Notizen angeboten werden
3. Vorstellung der Idee durch TN
• Falls wichtige Strukturmerkmale von Verschwörungserzählungen fehlen,
   ○ kann die Geschichte durch Nachfragen noch spontan (durch TN) etwas ausgeschmückt werden.
   ○ kann auch die Fantasie der TR noch eingebracht werden, falls TN nicht weiter weiß im Stile von: *„könnte es nicht sein, dass..."* (dies sollte allerdings nicht kritisch ggü. des Inhaltes sein, sondern den Inhalt ausschmücken, sodass fehlende Strukturmerkmale von Verschwörungserzählungen noch ergänzt werden).
	• kann den Prozess reflektieren und kritischen Abstand zu erfundenen Geschichten bilden
	• erkennt Nutzen/Instrumentalisierung und die Problematik von erfundenen Geschichten als Verschwörungserzählung
		• Einzelarbeit
		• Präsentation
		• Reflexion
		• interaktiver Input
			15	• eigenes Smartphone für Notizen, alternativ Stift und Metaplankarte
				• ggf. Visualisierung des Inputs

4. Reflexion des Prozesses/Draufsicht • *„Mal angenommen, du würdest an diese Geschichte wirklich glauben: Was hättest du davon?"* • *„Wenn du dir nun vorstellst, auf eine absurde Geschichte hereinzufallen. Was macht das mit dir?"* • *„Stell dir vor, andere machen sich über dich lustig, weil du etwas geglaubt hast, was nicht stimmt. Was macht das mit dir?"* **Bei klarer Reproduktion von ideologisierten Verschwörungsnarrativen ist es wichtig, dies aufzuklären und eine Haltung dazu zu zeigen!**			15	
5. Abschließende Infos zu Verschwörungserzählungen *„Viele Geschichten erscheinen schon auf den ersten Blick total absurd, während du dich bei anderen vielleicht fragst, ob nicht doch etwas Wahres dran ist. Egal in welcher Form erfundene Geschichten auftreten, haben sie oft einige Dinge gemeinsam, die sie ziemlich gefährlich machen:"* • **...erklären die Welt in schwarz-weiß** ▶ Es ist ganz normal, nach Erklärungen zu suchen für Sachen, die man nicht versteht. Manche Sachen können wir aber nicht/noch nicht verstehen. Wer trotzdem schon Erklärungen hat für etwas, fühlt sich gut. Die Menschen, die an sowas glauben fühlen sich im „Team Durchblick", sie wissen, wer gut, wer böse ist und wer Schuld hat.			10	

Durchführung:	Feinziele:	Methoden:	Zeit:	Materialien:
▶ Eigentlich wäre es nötig auszuhalten, dass die Welt ein Ort ist, in dem es Widersprüche gibt und nicht immer klare Erklärungen. Aber diese Geschichten liefern klare Feindbilder. Und das entlastet – easy! ! Appel: Skeptisch sein, ggü. Versuchen über einfache Zusammenhänge, sehr komplexe Sachen zu erklären. ● …sorgen für einen Egoboost ▶ Denn wer geblickt hat, was wirklich gespielt wird, der gehört zu den Eingeweihten, zu denen, die die Wahrheit erkannt haben und sich auch nicht scheuen, sie zu äußern. Alle anderen hingegen haben einfach keine Ahnung und müssen „schlafende Schafe"-mäßig aufgeweckt werden. Verschwörungen funktionieren immer über das Schema „die bösen Verschwörer" auf der einen, „die Erleuchteten" auf der anderen Seite. Wenn man sich selbst zu denen zählt, die die Welt verstanden haben, ist das ein ganz schön gutes Gefühl. ● …wirken manipulativ ▶ Verschwörungsmythen sind einseitig, übermäßig gefühlsbetont und sie nutzen die Angst von Menschen aus. Dinge wie eine Pandemie und die damit verbundenen krassen Einschränkungen in unserem Alltag können ganz schön angsteinflößend sein. Da möchte man gerne glauben, dass alles doch gar nicht so schlimm ist und dahinter eine mächtige Einzelperson oder Gruppe steht. So lassen sich Krisensituationen besser aushalten. ● …rechtfertigen Ausgrenzung und Gewalt ▶ Und hier wird es richtig gefährlich: Denn wer meint zu wissen, wer zu den „Bösen" gehört für verschiedene Problemlagen in der Welt verantwortlich ist, der will im nächsten Schritt etwas dagegen tun – im schlimmsten Fall mit Gewalt. Wenn Einzelpersonen oder ganze Gruppen pauschal zu Feindbildern erklärt werden, ist die Gefahr groß, dass diese Menschen ausgegrenzt und angegriffen werden.				
Alltagsaufgabe: *„Beobachte im Laufe der nächsten Zeit einmal, ob dir Menschen Geschichten erzählen, die ähnliche Merkmale aufweisen."*	**TN:** ● Integration der Selbstbeobachtung in den Alltag		<1	

Quellen- und Literaturangabe:
Diese Methode wurde von Distanz e.V. im Zuge der Distanzierungsarbeit entwickelt. Als wichtige Unterstützung in der Aufgabenstellung sowie dem abschließenden Input diente der Entschwörungsgenerator der Amadeu Antonio Stiftung (2020): #glaubnichtalles – Der DIY-Entschwörungsgenerator. **https://www.amadeu-antonio-stiftung.de/glaubnicht-alles/** [Zugriff: 13.02.2024].

4 WORTE ZUM SCHLUSS

Die Distanzierungsarbeit schließt die Lücke zwischen politischer Bildung als Präventionsarbeit (vorbeugende Maßnahmen gegen Rechtsextremismus und Gruppenbezogener Menschenfeindlichkeit) und Ausstiegsberatung (selbstmotivierte Loslösung aus Einstellungen und Strukturen des organisierten Rechtsextremismus). Entsprechend ist die Distanzierungsarbeit ein wichtiges erweiterndes Angebot in sozialpädagogischen Strukturen. Sie steht damit als eigenständiges drittes Element neben der Präventionsarbeit und der Ausstiegsberatung. Intervention wird nicht erst notwendig, wenn Situationen eskalieren oder wenn bereits der Einstieg in eine extrem rechte Lebenswelt vollzogen wurde. Je früher sich mit vorurteilsbehafteten Einstellungen auseinandergesetzt wird, umso leichter kann ein reflektiertes, menschenrechtsorientiertes und gewaltarmes Miteinander pädagogisch gestaltet werden.

Immer wenn Facetten der Distanzierungsarbeit in die eigene pädagogische Praxis integriert werden, bedeutet dies, dass junge Menschen in der entscheidenden Phase der Identitätsbildung mit politischen und sozialen Bildungsinhalten erreicht werden. Pädagogische Impulse haben das Potenzial, Menschen beim Finden konstruktiver und zufriedenstellender Wege der eigenen Bedürfnisbefriedigung zu unterstützen sowie sich und andere vor so manchen gewaltvollen Situationen zu bewahren.

Unterfinanzierung, nicht ausreichende Personalschlüssel und ein chronischer Fachkräftemangel an den Schulen und in der Jugend(sozial)arbeit sorgen nicht selten für ein Umfeld, in dem junge Menschen Gefahr laufen, von anderen ‚sozial-nationalen' Angeboten angesprochen und abgeholt zu werden, da dem pädagogischen Personal die Ressourcen für eine intensive Auseinandersetzung fehlt. Die eigene Profession als Menschenrechtsprofession zu leben, kann dann bedeuten, auch das eigene fachliche Umfeld in den Blick zu nehmen und sich zu ermächtigen, sich für fachlich-angemessenere Rahmenbedingungen der eigenen Arbeit einzusetzen. Demokratiepädagogische Arbeit wie auch präventives und intervenierendes Arbeiten kann nur nachhaltig wirken, wenn es zusätzlich zu zeitlich begrenzten Projekten in die Regelarbeit integriert wird. Dafür ist sowohl die Integration von politischer Bildungspraxis in die Ausbildungsstandards von pädagogischen Fachkräften notwendig als auch die regelmäßige Weiterbildung pädagogischer Fachkräfte – und dies erfordert mehr Zeit- und Geldressourcen.

Die Autor*innen hoffen, dass sie mit der vorliegenden Publikation ein Stück weit einen Beitrag zur Integration von Facetten der Distanzierungsarbeit in pädagogische Kontexte leisten konnten. Setzen Sie sich gerne mit Distanz e.V. in Verbindung – sei es mit konstruktiven Rückmeldungen, dem Hinweis auf Leerstellen dieser Publikation oder konkretem Beratungsbedarf.

Um Abwertung, Gewalt und nicht zuletzt Todesopfer zu verhindern, muss gemeinsam dagegen vorgegangen werden. Pädagog*innen können in besonderem Maße dazu beitragen, dass es in Zukunft weniger Betroffene von gruppenbezogener und menschenfeindlicher Gewalt gibt.

INFOS ZUM KONTEXT DER AUTOR*INNEN

Rebekka Grimm ist seit ihrem Studium der Sozialen Arbeit und der Gesellschaftstheorie in der (außerschulischen) politischen Bildung tätig. 2018 begann sie ihre Arbeit im Feld der Distanzierungsarbeit. Seitdem beschäftigt sie die Entwicklung und Durchführung von Trainings-, Coaching- und Fortbildungskonzepten für die Arbeit und den Umgang mit extrem rechts einstiegsgefährdeten und orientierten jungen Menschen. Als pädagogische Mitarbeiterin und Koordinatorin arbeitet Rebekka Grimm seit 2020 bei Distanz – Distanzierungsarbeit, jugendkulturelle Bildung und Beratung e.V. in Weimar/Thüringen.

Judith Meixner beschäftigte sich bereits während ihres Masterstudiums „Internationale Bildungsforschung und Bildungsexpertise" mit sekundärer Gewaltprävention und den Schnittmengen von Politischer und Kultureller Bildung. Als systemisch-lösungsorientierte Trainerin entwickelte sie seit 2015 Konzepte zur Aufsuchenden Distanzierungsarbeit im Bereich Rechtsextremismus und sammelte seitdem praktische Erfahrung mit der Zielgruppe der Distanzierungsarbeit. Seit 2019 ist sie als Pädagogische Leitung bei Distanz e.V. tätig.

Lisa Müller studierte Sozialwissenschaften mit dem Schwerpunkt Soziologie. Sie ist seit 2013 in der außerschulischen politischen Jugendbildung aktiv und arbeitete einige Jahre in einem Projekt zur Demokratiestärkung in einem extrem rechts dominierten ländlichen Raum Ostthüringens. Als pädagogische Mitarbeiterin und Koordinatorin ist Lisa Müller seit 2022 bei Distanz e.V. tätig. Sie hat sich neben der Umsetzung von Distanzierungstrainings besonders auf die Konzipierung und Durchführung von Fortbildungen in diversen Themen der Distanzierungsarbeit spezialisiert.

Malte Pannemann studierte Erziehungswissenschaft sowie Bildung, Kultur und Anthropologie. Seit 2015 ist er in Form von kurzzeitpädagogischen, jugendkulturellen Maßnahmen wie auch intensivpädagogischen Einzel- und Gruppentrainings im Kontext der Distanzierungsarbeit aktiv. Seine langjährige Erfahrung fließt in Coachings, Beratungen und Fortbildungen zum Umgang mit einstiegsgefährdeten jungen Menschen ein.

Peer Wiechmann prägt bundesweit seit Ende der 1990er-Jahre die menschenrechtsorientierte Jugendkulturarbeit im Rahmen der Prävention und Intervention im Kontext Rechtsextremismus. Heute ist er überwiegend in der Aufsuchenden Distanzierungsarbeit tätig, gestaltet Konzepte und setzt Fortbildungen sowie Coachingprozesse um. Seit 2020 ist Wiechmann Geschäftsführer von Distanz e.V.

Distanzierungsarbeit von Distanz e.V.

Der gemeinnützige Verein Distanz – Distanzierungsarbeit, jugendkulturelle Bildung und Beratung – e.V. aus Weimar/Thüringen widmet sich dem Arbeitsfeld der Distanzierungsarbeit im Kontext Rechtsextremismus. Distanz e.V. arbeitet in diesem Bereich überwiegend mit jungen Menschen, die durch abwertende Haltungen und Handlungen gegenüber anderen Menschen und/oder demokratiefeindlichen Äußerungen auffallen. Diese Menschen haben mitunter bereits erste Kontakte zu Gruppen entwickelt, die antidemokratische Einstellungen offensiv nach außen vertreten. Im Fokus stehen also junge Menschen, die einstiegsgefährdet in extrem rechte Szenen sind bzw. sich bereits in Richtung dieser Szenen orientieren.

Distanz e.V. hat das Ziel zu verhindern, dass sich bei extrem rechts einstiegsgefährdeten jungen Menschen menschenfeindliche Weltbilder verfestigen und/oder sich ihre Kontakte zu Gruppen vertiefen, die derartige Inhalte vertreten. Die Distanzierung von diskriminierenden Einstellungen ist bei dieser Arbeit zentral. Das Ziel ist es, in Zukunft weitere Betroffene von Ausgrenzung und Gewalt zu verhindern. Die Distanzierungsarbeit von Distanz e.V. hat nicht zuletzt mit dem beratenden Zentrum für Distanzierungsarbeit im Land Thüringen eine Institution geschaffen, um den Umgang mit extrem rechts einstiegsgefährdeten und orientierten jungen Menschen zu professionalisieren. Distanz e.V. baut mit seinen Projekten eine Struktur auf, die informiert, sensibilisiert, ausbildet und berät, um mithilfe des von Distanz e.V. entwickelten BRAKE-Ansatzes verantwortlich mit extrem rechts einstiegsgefährdeten und orientierten jungen Menschen umzugehen.

Dies bedeutet konkret, Fachkräfte darin zu stärken, die alltäglichen Herausforderungen für sich zufriedenstellender zu meistern und in eine konstruktive Auseinandersetzung mit extrem rechts einstiegsgefährdeten und orientierten jungen Menschen zu gelangen. Distanz e.V. stärkt hierfür auch das Gemeinwesen und Institutionen im pädagogischen Umgang mit extrem rechten Gefährdungslagen. Die Angebotspalette des Vereins reicht von Coachings, Beratungen und Fortbildungen für Pädagog*innen bis hin zur direkten Arbeit mit jungen Menschen in Form von Distanzierungstrainings und Workshops.

LITERATURVERZEICHNIS

Aktion Jugendschutz der Landesarbeitsstelle Bayern e.V. (2019): Methodenbox: GrenzWerte – Zwei Methoden zur Gewaltprävention. München. https://bayern.jugendschutz.de/de/Aktuelles/Meldungen/Grenzwerte-Methodenbos.php [Zugriff: 13.02.2024].

Albert, Mathias/Hurrelmann, Klaus et al. (2019): 18. Shell Jugendstudie. Eine Generation meldet sich zu Wort. https://www.shell.de/about-us/initiatives/shell-youth-study/_jcr_content/root/main/containersection-0/simple/simple/call_to_action/links/item2.stream/1642665734978/9ff5b72cc4a-915b9a6e7a7a7b6fdc653cebd4576/shell-youth-study-2019-flyer-de.pdf [Zugriff: 13.02.2024].

Allport, Gordon (1954): The Nature of Prejudice. New York: Perseus Books.

Amadeu Antonio Stiftung (2023): Memes in extrem rechter Internetkommunikation. https://www.amadeu-antonio-stiftung.de/wp-content/uploads/2023/10/AAS_dehate5_Memes.pdf [Zugriff: 13.02.2024].

–, (2022): Was ist Rechtsextremismus und Rechtspopulismus? https://www.amadeu-antonio-stiftung.de/rechtsextremismus-rechtspopulismus/was-ist-rechtsextremismus/ [Zugriff: 13.02.2024].

–, (2020): #glaubnichtalles – Der DIY-Entschwörungsgenerator. https://www.amadeu-antonio-stiftung.de/glaubnichtalles/ [Zugriff: 13.02.2024].

–, (2015): Rechtsextreme Frauen – übersehen und unterschätzt. Analysen und Handlungsempfehlungen. 2. Auflage. https://www.amadeu-antonio-stiftung.de/wp-content/uploads/2014/05/rechtsextreme_frauen_internet.pdf [Zugriff: 13.02.2024].

Arkowitz, Hal/Westra, Henny et al. (2010): Motivierende Gesprächsführung bei der Behandlung psychischer Störungen. Weinheim: Beltz-Verlag.

Aumüller, Jutta (2014): Forschung zu rechtsextrem orientierten Jugendlichen. Berlin: BIKnetz. https://www.desi-sozialforschung-berlin.de/wp-content/uploads/biknetz_langfassung_expertise_forschung_aumueller.pdf [Zugriff: 13.02.2024].

Banks, Sarah (2012): Ethics and Values in Social Work. Basingstoke: Palgrave Macmillan.

Banse, Philip (2018): Mit zwei Klicks in die Filterblase. https://www.deutschlandfunkkultur.de/radikalisierung-durch-youtube-mit-zwei-klicks-in-die.1264.de.html?dram:article_id=428723 [Zugriff: 13.02.2024].

Baumgartner-Kuschel, Martin (2017): Lösungs(er)schaffende Strategien für den Unterricht und das Schulleben. Lösungs- und ressourcenorientierter Umgang mit Konflikt-, Krisen- und Gewaltsituationen; Seminarunterlagen der Fortbildung. [Zugriff: 13.02.2024].

Bjørgo, Tore (2013): Träume und Ernüchterung. Einstieg in und Lösung von militanten Extremistengruppen. https://interventionen.blog/2018/09/01/traeume-und-ernuechterung-einstieg-in-und-loesung-von-militanten-extremistengruppen/ [Zugriff: 13.02.2024].

BMFSJ (2020): Bericht über die Lage junger Menschen und die Bestrebungen und Leistungen der Kinder- und Jugendhilfe – 16. Kinder- und Jugendbericht – Förderung demokratischer Bildung im Kindes- und Jugendalter.

BMI (o.J. a): Deradikalisierung. https://www.bmi.bund.de/DE/themen/sicherheit/extremismus/deradikalisierung/deradikalisierung-node.html [Zugriff: 13.02.2024].

–, (o.J. b): Extremismus. https://www.bmi.bund.de/DE/themen/sicherheit/extremismus/extremismus-node.html [Zugriff: 13.02.2024].

Von Boemcken, Marc (2019): Theologie, Therapie oder Teilhabe? Deutscher Salafismus, Radikalisierung und die Suche nach Präventionsstrategien. https://www.bicc.de/Publikationen/BICC_Working_Paper_1_2019.pdf~dr1045 [Zugriff: 13.02.2024].

Bourdieu, Pierre (2016): Die männliche Herrschaft. 3. Auflage. Frankfurt a.M.: Suhrkamp.

Brandt, Marc (2013): Fallbeispiele zu geschlechterreflektierenden Strategien gegen Rechtsextremismus in der Kinder- und Jugendhilfe. In: Claus, Robert/Lehnert, Esther et al. (Hrsg.): »Was ein rechter Mann ist …« Männlichkeiten im Rechtsextremismus. Berlin: Dietz Verlag, S. 237-249.

Brentrup, Martin/Geupel, Brigitte (2016): Ideen aus der Box. Fundus für Psychotherapie und Beratung. 3., unveränderte Auflage. Dortmund: Borgmann Media Verlag.

Brockamp, Kerstin (2008): Lauter Zicken und Schlägerweiber?! Gewaltpräventive Arbeit mit Mädchen. In: Brinkmann, Heinz Ulrich/Frech, Siegfried et al. (Hrsg.): Gewalt zum Thema machen. Gewaltprävention mit Kindern und Jugendlichen, Bundeszentrale für politische Bildung.

Bundeszentrale für politische Bildung (2018): Mehr als zwei Geschlechter. https://www.bpb.de/themen/gender-diversitaet/geschlechtliche-vielfalt-trans/267843/mehr-als-zwei-geschlechter/ [Zugriff: 13.02.2024].

Butterwegge, Christoph (2018): Contra Extremismusmodell: „ein inhaltsloser Kampfbegriff". https://www.bpb.de/politik/extremismus/linksextremismus/263507/contra-extremismusmodell [Zugriff: 13.02.2024].

Check it! (2006): Standards der Onlineberatung. https://www.e-beratungsjournal.net/ausgabe_0106/checkit_layout.pdf [Zugriff: 13.02.2024].

Chen, Annie/Nyhan, Brendan et al. (2023): Subscriptions and external links help drive resentful users to alternative and extremist YouTube channels. Science advances, 9, 35.

Claudius, Matthias (1797): ASMUS omnia sua SECUM portans, VI. Theil.

Connell, Raewyn (2015): Der gemachte Mann. Konstruktion und Krise von Männlichkeiten. 4. Auflage. Wiesbaden: Springer.

Cremer, Hendrik (2019): Das Neutralitätsgebot in der Bildung. https://www.institut-fuer-menschenrechte.de/publikationen/detail/das-neutralitaetsgebot-in-der-bildung [Zugriff: 13.02.2024].

Crenshaw, Kimberlé (1989): Demarginalizing the Intersection of Race and Sex: A Black Feminist Critique of Antidiscrimination Doctrine, Feminist Theory and Antiracist Politics. In: University of Chicago Legal Forum, 1, S. 139-167.

Debus, Katharina (2018): Irgendwas zu Vielfalt…Anregungen für eine reflektierte Methodenwahl. In: Ebd./Laumann, Vivien (Hrsg.): Pädagogik geschlechtlicher, amouröser und sexueller Vielfalt. Zwischen Sensibilisierung und Empowerment. Berlin: Dissens – Institut für Bildung und Forschung. https://interventionen.dissens.de/fileadmin/Interventionen/redakteure/4_Debus_-_IrgendwasZuVielfalt_-_Methodenauswahl.pdf [Zugriff: 13.02.2024].

Decker, Oliver/Kiess, Johannes et al. (2022): Autoritäre Dynamiken in unsicheren Zeiten – neue Herausforderungen – alte Reaktionen? Gießen: Psychosozial-Verlag.

Der Standard (2016): „Pepe the Frog": Wieso ein Frosch-Meme nun als rechtes Hasssymbol gilt. https://www.derstandard.at/story/2000045070099/pepe-the-frog-wieso-ein-frosch-meme-nun-als-rechtes [Zugriff: 13.02.2024].

DEVI e.V./OSZ für Demokratie und Vielfalt (2016): Handreichung – Kennzeichen und Symbole der Rechtsextremen Szene. http://demokratieundvielfalt.de/wp-content/uploads/2017/02/Kennzeichen_und_Symbole_der_rechtsextremen_Szene.pdf [Zugriff: 13.02.2024].

Dierbach, Stefan (2010): Jung – rechts – unpolitisch? Die Ausblendung des Politischen im Diskurs über Rechte Gewalt. Bielefeld: Transcript Verlag.

Dietrich, Kai (2016): Radikalisierungsprävention und Deradikalisierung als pädagogische Arbeitsfelder. https://www.bpb.de/themen/rechtsextremismus/dossier-rechtsextremismus/236720/radikalisierungspraevention-und-deradikalisierung-als-paedagogische-arbeitsfelder/ [Zugriff: 13.02.2024].

Dissens e.V. (2024): Geschlechterreflektierte Pädagogik. https://www.dissens.de/geschlechterreflektierte-paedagogik-geschlecht-bildung [Zugriff: 08.02.2024].

Distanz e.V. (2023):„Distanzierungsarbeit als Querschnittsaufgabe pädagogischer Praxis – eine Arbeitshilfe für die Praxis mit extrem rechts einstiegsgefährdeten und orientierten jungen Menschen" https://www.distanz.info/wp-content/uploads/2023/12/2023_Distanzierungsarbeit-Arbeitshilfe_Screen.docx [Zugriff: 13.02.2024].

–, (2022): Infobroschüre Distanzierungstrainings. Zugänge, Ziele und Methoden. https://www.distanz.info/wp-content/uploads/2021/08/2020_Distanz-e.V.-_D-Netz_Broschuere.pdf [Zugriff: 13.02.2024].

–, (2021): Have a BRAKE have a Distanzierungsprozess. https://journal-exit.de/distanzierungsarbeit-brake-ansatz/ [Zugriff: 08.02.2024].

Eicker, Jannis (2021): Erklärungsansätze für Rechtsextremismus und ihre Systematisierung: Eine Untersuchung zum Stand der Theoriebildung in der Rechtsextremismusforschung. ZRex – Zeitschrift für Rechtsextremismusforschung, 1, 1, S. 131-146.

Eis, Andreas (2016): Vom Beutelsbacher Konsens zur „Frankfurter Erklärung: Für eine kritisch-emanzipatorische Politische Bildung"? In: Widmaier, Benedikt/Zorn, Peter (Hrsg.): Brauchen wir den Beutelsbacher Konsens? Eine Debatte der politischen Bildung. Bonn: BpB, S. 131-139.

Eis, Andreas/Lösch, Bettina (2015): Frankfurter Erklärung. Für eine kritisch-emanzipatorische Politische Bildung. https://sozarb.h-da.de/fileadmin/documents/Fachbereiche/Soziale_Arbeit/Politische_Jugendbildung/Dokumente/Frankfurter_Erklaerung.pdf [Zugriff: 29.02.2024].

EXIT (2017): Glossar. https://journal-exit.de/glossar/ [Zugriff: 13.02.2024].

Ezra – mobile Beratung für Opfer rechter, rassistischer und antisemitischer Gewalt (2016): Im Fokus von Neonazis. Rechte Einschüchterungsversuche – auf der Straße – zu Hause und im Büro – bei Veranstaltungen – im Internet. https://www.vielfalt-mediathek.de/wp-content/uploads/2020/12/ezra__im-fokus_von_neonazis_2_auflage_vielfalt_mediathek.pdf [Zugriff: 13.02.2024].

Fielitz, Maik/Marcks, Holger (2019): Digital Fascism: Challenges for the Open Society in Times of Social Media. Berkeley: Berkeley Center for Right-Wing Studies Working Paper Series. https://escholarship.org/uc/item/87w5c5gp [Zugriff: 13.02.2024].

Frei.Wild (2015): Die Welt ist bunt! Und Frei.Wild's Ländereien sind es auch! https://www.frei-wild.net/blog/2015/08/14/die-welt-ist-bunt-und-freiwilds-laendereien-sind-es-auch-396 [Zugriff: 29.02.2024].

Friehs, Barbara/Gabriele, Martin (2021): Methoden und Techniken in der system-lösungsorientierten Beratung. Wiesbaden: Springer Fachmedien.

Fuhrmann, Maximilian (2019): Antiextremismus und wehrhafte Demokratie. Kritik am politischen Selbstverständnis der Bundesrepublik Deutschland. Baden-Baden: Nomos Verlag.

Funk (2018): Lösch Dich. So organisiert ist der Hass im Netz. https://www.zdf.de/sender/funk/loesch-dich-100.html [Zugriff: 13.02.2024].

Gaspar, Hande Abay/Daase, Christopher et al. (2018): Was ist Radikalisierung? Präzisierungen eines umstrittenen Begriffs – PRIF Report 5/2018. In: Leibniz-Institut Hessische Stiftung Friedens- und Konfliktforschung (HSFK) (Hrsg.). Frankfurt.

Genderdings (2024): Dieses Genderdings! https://genderdings.de/ [Zugriff: 13.02.2024].

Geschke, Daniel (2012): Vorurteile, Differenzierung und Diskriminierung – sozialpsychologische Erklärungsansätze. In: APuZ, 16-17, S. 33-37.

Gesicht Zeigen! Für ein weltoffenes Deutschland e. V. (2020): Braune Wäsche – Rechtsextreme Symbole und ihre Bedeutung. Berlin. https://www.vielfalt-mediathek.de/material/rechtsextremismus/braune-waesche-rechtsextreme-symbole-und-ihre-bedeutung [Zugriff: 13.02.2024].

Glaser, Michaela/Greuel, Frank et al. (2015): Einstiege verhindern, Ausstiege begleiten. Pädagogische Ansätze und Erfahrungen im Handlungsfeld Rechtsextremismus. Halle: Deutsches Jugendinstitut e.V..

Groß, Eva/Zick, Andreas et al. (2012): Von der Ungleichwertigkeit zur Ungleichheit: Gruppenbezogene Menschenfeindlichkeit. In: APuZ, 16-17, S. 11-18.

Hammerbacher, Michael (2014): Intervention und Prävention gegen Rechtsextremismus an Schulen. http://demokratieundvielfalt.de/wp-content/uploads/2016/09/Dossier-Rechtsextremismuspraevention-an-Schulen.pdf [Zugriff: 13.02.2024].

Hauke-Hahn, Jan (2020): Systemische Beratung in der Ausstiegs- und Distanzierungsarbeit. Norderstedt: BoD – Books on Demand.

Hechler, Andreas (2012): Männlichkeitskonstruktionen, Jungenarbeit und Neonazismus-Prävention. In: Könnecke, Bernhard/Debus, Katharina et al. (Hrsg.): Geschlechterreflektierte Arbeit mit Jungen an der Schule. Texte zu Pädagogik und Fortbildung rund um Jungenarbeit, Geschlecht und Bildung. Berlin: Dissens e.V., S. 74-91.

Heitmeyer, Wilhelm (2011): Deutsche Zustände. Folge 10. 4. Auflage. Berlin: Suhrkamp Verlag.

–, (2002): Rechtsextremistische Gewalt. In: Hagan, John/Heitmeyer, Wilhelm (Hrsg.), Internationales Handbuch der Gewaltforschung. Wiesbaden: Westdt. Verlag, S. 501-546.

Heitmeyer, Wilhelm/Baacke Dieter et al. (1995): Rechtsextremistische Orientierungen bei Jugendlichen. 5. Auflage. Weinheim und München: Juventa Verlag.

Hernández Aguilar, Luis Manuel (2018): Ist das Extremismusmodell extremistisch? Das muslimische Subjekt als Feindbild des Extremismusmodells. In: Baron, Philip/Drücker, Ansgar/Seng, Sebastian (Hrsg.): Das Extremismusmodell. Über seine Wirkungen und Alternativen in der politischen (Jugend-)Bildung und der Jugendarbeit. Düsseldorf: Informations- und Dokumentationszentrum für Antirassismusarbeit e.V., S. 56-62. https://www.idaev.de/publikationen/produkt-details?tx_cartproducts_products%5Bproduct%5D=69&cHash=acc70905778b096f7034d764aeed0814 [Zugriff: 13.02.2024].

Hoch, Roman/Vater, Silvia (2019): Kartenset Fragetechniken für systemisches Coaching. Weinheim und Basel. Beltz Verlag.

Höllmüller, Hubert (2019): Aufsuchende Sozialarbeit. https://www.socialnet.de/lexikon/280. [Zugriff: 21.02.2024].

Hörster, Reinhard (2010): Sozialpädagogische Kasuistik. In: Thole, Werner (Hrsg.): Grundriss Soziale Arbeit. Ein einführendes Handbuch. 3. Auflage. Wiesbaden: VS Verlag für Sozialwissenschaften, S. 677-686.

Hradil, Stefan (2018): Milieu, soziales. In: Kopp, Johannes/Steinbach, Anja (Hrsg.): Grundbegriffe der Soziologie. 12. Auflage. Wiesbaden: Springer Fachmedien, S. 319-322.

Illgner, Christian (2018): Ein Plädoyer für eine differenzierte Betrachtung von Radikalisierung. Zu dentheoretischen und praktischen Möglichkeiten der Beschreibung individueller Unterschiede mittels Idealtypen. In: Bewährungshilfe 65, 4, S. 325–336.

iPÄD – Initiative intersektionale Pädagogik (2015): Intersektionale Pädagogik. Handreichung für Sozialarbeiter_innen, Erzieher_innen, Lehrkräfte und die, die es noch werden wollen. https://i-paed-berlin.de/wp-content/uploads/I-paed-Broschuere-2015-upload.pdf [Zugriff: 13.02.2024].

Jaruczewski, Karola/Glaser, Enrico (2014): Möglichkeiten und Grenzen aufsuchender Jugendarbeit mit neonazistisch orientierten Jugendlichen im ländlichen Raum in Sachsen. In: Baer, Silke/Möller, Kurt/Wiechmann, Peer (Hrsg.): Verantwortlich Handeln: Praxis der Sozialen Arbeit mit rechtsextrem orientierten und gefährdeten Jugendlichen. Opladen: Verlag Barbara Budrich, S. 229-236.

Jaschke, Hans-Gerd (2001): Rechtsextremismus und Fremdenfeindlichkeit. Begriffe Positionen Praxisfelder. 2. Auflage. Wiesbaden: VS Verlag für Sozialwissenschaften.

JIM plus (2022): Fake News und Hate Speech. https://www.mpfs.de/studien/jim-studie/jimplus-2022/ [Zugriff: 13.02.2024].

Kein Bock auf Nazis (o.J.): Stopp – Neonazis und Rassist*innen bleiben draußen. https://irp-cdn.multiscreensite.com/7bc137fc/files/uploaded/symbolplakat_A3_web.pdf [Zugriff: 13.02.2024].

Keller, Roger (2008): Das Transtheoretische Modell der Verhaltensänderung. Validierung der Stufen der Verhaltensänderung am Beispiel Rauchen. Dissertation. Universität Zürich, https://www.zora.uzh.ch/id/eprint/7271/1/20080438_002138102.pdf [Zugriff: 13.02.2024].

Killermann, Sam (2017): Genderbread Person. https://www.itspronouncedmetrosexual.com/downloads/Genderbread%20Person%20v4%20ALL.pdf [Zugriff: 13.02.2024].

Krafeld, Franz (1998): Interview mit Franz Josef Krafeld. https://www.antifainfoblatt.de/artikel/interview-mit-franz-josef-krafeld [Zugriff: 13.02.2024].

Krafeld, Franz/Möller, Kurt et al. (1993): Jugendarbeit in rechten Szenen. Ansätze, Erfahrungen, Perspektiven. Bremen: Edition Temmen.

Köttig, Michaela (2014): (Biografisch-) Narratives Arbeiten in der Einzel- und Gruppenarbeit. In: Baer, Silke/Möller, Kurt/Wiechmann, Peer (Hrsg.): Verantwortlich Handeln: Praxis der Sozialen Arbeit mit rechtsextrem orientierten und gefährdeten Jugendlichen. Opladen: Verlag Barbara Budrich, S. 117-128.

Küpper, Beate/Zick, Andreas (2015): Gruppenbezogene Menschenfeindlichkeit. https://www.bpb.de/themen/rechtsextremismus/dossier-rechtsextremismus/214192/gruppenbezogene-menschenfeindlichkeit/ [Zugriff: 13.02.2024].

Lehnert, Esther/Radvan, Heike (2013): Gender und Rechtsextremismus. https://www.vielfalt-mediathek.de/wp-content/uploads/2020/12/radvan_lehnert_gender_und_rechtsextremismus.pdf [Zugriff: 13.02.2024].

Linke, Torsten (2022): Fallarbeit. https://www.socialnet.de/lexikon/29553 [Zugriff am: 14.02.2024].

LpB (o.J.): Beutelsbacher Konsens. https://www.lpb-bw.de/beutelsbacher-konsens [Zugriff: 13.02.2024].

Maturana, Humberto (1982): Erkennen: Die Organisation und Verkörperung von Wirklichkeit. Ausgewählte Arbeiten zur biologischen Epistemologie. Braunschweig: Vieweg+Teubner Verlag.

Meixner, Judith/Wiechmann, Peer (2024): Distanzierungsarbeit als Handlungsfeld und Querschnittsaufgabe im Verhältnis zur Ausstiegsberatung. https://www.bpb.de/themen/rechtsextremismus/546252/distanzierungsarbeit-als-handlungsfeld-und-querschnittsaufgabe-im-verhaeltnis-zur-ausstiegsberatung/ [Zugriff: 20.03.2024].

Mobile Beratung gegen Rechtsextremismus Berlin (2016): Jugendarbeit gegen Rechtsextremismus – Integrierte Handlungsstrategien zur Rechtsextremismusprävention und –intervention bei Jugendlichen. https://mbr-berlin.de/wp-content/uploads/2021/02/MBR_HR_Jugendarbeit_2016_web.pdf [Zugriff: 13.02.2024].

Möller, Kurt (2015): Gewalt und soziale Desintegration. In: Otto, Hans-Uwe/Thiersch, Hans (Hrsg.): Handbuch Soziale Arbeit. Grundlagen der Sozialarbeit und Sozialpädagogik. 5., erweiterte Auflage. München: Reinhardt, S. 633-643.

–, (2014): Gegenstandswissen, Praxis, Strukturen – Welche Erkenntnisse liegen vor, welche Desiderate und Handlungsperspektiven sind Erfolg versprechend? In: Baer, Silke/Möller, Kurt/Wiechmann, Peer (Hrsg.): Verantwortlich Handeln: Praxis der Sozialen Arbeit mit rechtsextrem orientierten und gefährdeten Jugendlichen. Opladen: Verlag Barbara Budrich, S. 337-350.

Möller, Kurt/Schuhmacher, Nils (2014): Soziale und pädagogische Arbeit mit rechtsextrem affinen Jugendlichen. Akteure, Projekte, Ansätze und Handlungsfelder. In: Kontaktstelle BIKnetz (Hrsg.)

Niebling, Torsten (2014): Beratungsarbeit mit Eltern rechtsaffiner oder rechtsextrem orientierter Jugendlicher. In: Baer, Silke/Möller, Kurt/Wiechmann, Peer (Hrsg.): Verantwortlich Handeln: Praxis der Sozialen Arbeit mit rechtsextrem orientierten und gefährdeten Jugendlichen. Opladen: Verlag Barbara Budrich, S. 129-139.

Niendorf, Mareike/Reitz, Sandra (2019): Schweigen ist nicht neutral. Menschenrechtliche Anforderungen an Neutralität und Kontroversität in der Schule. Deutsches Institut für Menschenrechte (Hrsg.). https://www.institut-fuer-menschenrechte.de/fileadmin/Redaktion/Publikationen/Information_25_Schweigen_ist-nicht-neutral.pdf [Zugriff: 13.02.2024].

Nocun, Katharina/Lamberty, Pia (2020): Fake Facts: Wie Verschwörungstheorien unser Denken bestimmen. Köln: Bastei Lübbe.

Osborg, Eckart (2008): Der konfrontative Ansatz der subversiven Verunsicherungspädagogik in der Präventionsarbeit mit rechten und rechtsorientierten Jugendlichen. In: Kilb, Rainer/Weidner, Jens (Hrsg.): Konfrontative Pädagogik. Konfliktbearbeitung in Sozialer Arbeit und Erziehung. 3. Auflage. Wiesbaden: VS Verlag für Sozialwissenschaften, S. 191-207.

Pallasch, Waldemar/Kölln, Detlef (2014): Pädagogisches Gesprächstraining. Lern- und Trainingsprogramm zur Vermittlung pädagogisch-therapeutischer Gesprächs- und Beratungskompetenz. 9. Auflage. Weinheim: Beltz, Juventa.

Pannemann, Malte (2023): Männlichkeit, Gewalt und Misogynie. In: Institut für Demokratie und Zivilgesellschaft (Hrsg.). Wissen schafft Demokratie. Schwerpunkt Antifeminismus & Hasskriminalität, 13, Online-Ausgabe. Jena, S. 74–85.

Quent, Matthias (2018): Rassismus, Radikalisierung, Rechtsterrorismus. Wie der NSU entstand und was er über die Gesellschaft verrät. 2. Auflage. Weinheim: Juventa Verlag.

Quent, Matthias/Schulz, Peter (2015): Rechtsextremismus in lokalen Kontexten. Vier vergleichende Fallstudien. In: Virchow, Fabian/Häusler, Alexander (Hrsg.). Wiesbaden: Springer VS.

Rathgeb, Thomas/Feierabend, Sabine et al. (2022): JIM- Studie 2022. Jugend, Information, Medien. https://www.mpfs.de/fileadmin/files/Studien/JIM/2022/JIM_2022_Web_final.pdf [Zugriff: 13.02.2024].

Rommelspacher, Birgit (1995): Dominanzkultur. Texte zu Fremdheit und Macht. Berlin: Orlanda- Frauenverlag.

Röpke, Andrea/Speit, Andreas (2011): Mädelsache! Frauen in der Neonazi-Szene, Berlin: Ch.Links Verlag.

Rose, Tricia (2008): The Hip Hop Wars. What we talk about when we talk about Hip Hop – and why it matters. New York City: Civitas Books.

Salzborn, Samuel (2018): Rechtsextremismus? Rechtsradikalismus? Extreme Rechte? Rechtspopulismus? Neonazismus? Neofaschismus? Begriffsverständnisse in der Diskussion. In: Baron, Philip/Drücker, Ansgar et al. (Hrsg.): Das Extremismusmodell. Über seine Wirkungen und Alternativen in der politischen (Jugend-)Bildung und der Jugendarbeit. Düsseldorf: Informations- und Dokumentationszentrum für Antirassismusarbeit e.V., S. 5-9.

Sämann, Jana (2021): Neutralitätspostulate als Delegitimationsstrategie. Frankfurt a.M.: Wochenschau-Verlag.

Satir, Virginia (1973): Familienbehandlung: Kommunikation u. Beziehung in Theorie, Erleben u. Therapie; Aus dem Amerikanischen übersetzt von Maria Bosch u. Michael Paula unter Mitarbeit von Michael Cöllen [u.a.], Freiburg (im Breisgau): Lambertus-Verlag.

Scheer, Albert (2012): Jugendarbeit und Rechtsextremismus: Was kann und was sollte Jugendarbeit zur Aneignung menschenrechtlicher und demokratischer Überzeugungen beitragen? In: Bundschuh, Stephan/Drücker, Ansgar/Scholle, Thilo (Hrsg): Wegweiser Jugendarbeit gegen Rechtsextremismus.

Motive. Praxisbeispiele und Handlungsperspektiven. Bonn. Bundeszentrale für politische Bildung. Schriftenreihe. Band 1245. S. 107-121.

Von Schippe, Arist/Schweizer, Jochen (2016): Lehrbuch der systemischen Therapie und Beratung. 3. Auflage. Göttingen: Vandenboeck & Ruprecht.

Schlau (2020): Das Genderbread. https://dortmund.schlau.nrw/2020/12/01/das-genderbread/ [Zugriff: 13.02.2024].

Schwerthelm, Moritz/Schuhmacher, Nils et al. (2021): Stay with the Trouble. Politische Interventionen im Arbeitsfeld der Offenen Kinder- und Jugendarbeit. https://www.offene-jugendarbeit.net/index.php/projekte/stay-with-the-trouble [Zugriff: 13.02.2024].

Simon, Fritz (2019): Einführung in die Systemtheorie des Konflikts. 4. Auflage. Heidelberg: Carl Auer Verlag.

Srowig, Fabian/Roth, Viktoria et al. (2018): Radikalisierung von Individuen. Ein Überblick über mögliche Erklärungsansätze – PRIF Report 06/2018. Frankfurt: Leibniz-Institut Hessische Stiftung Friedens- und Konfliktforschung (HSFK). https://www.hsfk.de/fileadmin/HSFK/hsfk_publikationen/prif0618.pdf [Zugriff: 13.02.2024].

Stangl, Werner (2020): Stichwort: ‚Backfire-Effekt'. Online Lexikon für Psychologie und Pädagogik. https://lexikon.stangl.eu/5091/backfire-effekt/ [Zugriff: 13.02.2024].

Staub-Bernasconi, Silvia (2009): Den Menschen vor dem Würgegriff des Menschen schützen. Menschenrechte und ihre Relevanz für Mandat, Theorie und Praxis der Sozialen Arbeit. In: SozialAktuell, Nr. 7/8 2009, S. 10-14.

–, (2008): Systemisches Denken und Handeln in der Sozialen Arbeit. In: Kreft, Dieter/Mielenz, Ingrid (Hrsg.): Wörterbuch der Sozialen Arbeit. Aufgaben, Praxisfelder, Begriffe und Methoden der Sozialarbeit und Sozialpädagogik. 6. Auflage, Weinheim und München: Juventa Verlag, S. 956-962.

–, (2007): Soziale Arbeit als Handlungswissenschaft, Systemische Grundlagen und professionelle Praxis – Ein Lehrbuch. Stuttgart: UTB.

–, (2005): Forschungsergebnisse und ihre Bedeutung für die Theorieentwicklung, Praxis und Ausbildung. In: Engelke, Ernst/Maier, Konrad et al. (Hrsg.): Forschung für die Praxis. Zum gegenwärtigen Stand der Sozialarbeitsforschung, Freiburg/Br.: Lambertus.

Stegemann, Patrick/Musyal, Sören (2020): Die rechte Mobilmachung. Wie radikale Netzaktivisten die Demokratie angreifen. Berlin: Ullstein Buchverlage/Econ.

Ströbl, Veronika (2007): Überprüfung des Stufenkonzeptes im Transtheoretischen Modell der Verhaltensänderung am Beispiel sportlicher Aktivität. Dissertation. Julius-Maximilians-Universität Würzburg. https://opus.bibliothek.uni-wuerzburg.de/opus4-wuerzburg/frontdoor/deliver/index/docId/2294/file/Stroebl_Diss.pdf [Zugriff: 13.02.2024].

Sturzenhecker, Benedikt (2007): „Politikferne" Jugendliche in der Kinder- und Jugendarbeit. In: APuZ, 32–33, S. 9-14.

Stuve, Olaf (2013): Geschlechterreflektierende Arbeit mit Jungen als Prävention rechtsextremer Einstellungen und Handlungsmuster. In: Claus, Robert/Lehnert, Esther et al. (Hrsg.): »Was ein rechter Mann ist ...« Männlichkeiten im Rechtsextremismus. Berlin: Karl Dietz Verlag, S. 226-236.

Sykes, Gresham/Matza, David (1957): Techniques of Neutralization: A Theory of Delinquency. American Sociological Review, 22, S. 664-670.

TAKE CARE Toolbox (o.J.): Motivational Interviewing und Transtheoretisches Modell. https://www.lwl.org/ks-download/downloads/TakeCare/Toolbox/MI_und_TTM.pdf [Zugriff: 13.02.2024].

Tepper, Stefan (2021): Nicht nur ein Tropfen auf den heißen Stein ... Zur Entwicklung von Motiven der Abwendung von rechtsextrem orientierten Szene- und Haltungszusammenhängen. Frankfurt a.M.: Verlag für Polizeiwissenschaft.

Underdog Fanzine (2015): Nationaler Rap – Rap für die Volksgemeinschaft. https://www.underdog-fanzine.de/2015/01/01/nationaler-rap-rap-f%C3%BCr-die-volksgemeinschaft/ [Zugriff: 22.02.2024].

Verein für Demokratische Kultur in Berlin (VDK) e.V. (Hrsg.) (2016): Jugendarbeit gegen Rechtsextremismus. Integrierte Handlungsstrategien zur Rechtsextremismusprävention und -intervention bei Jugendlichen. 3. Auflage.

Vielfalt Mediathek (o.J.): Rechtsextremismus. https://www.vielfalt-mediathek.de/rechtsextremismus [Zugriff: 13.02.2024].

Virchow, Fabian (2016): Rechtsextremismus: Begriffe – Forschungsfelder – Kontroversen. In: Virchow, Fabian/Langebach, Martin et al. (Hrsg.): Handbuch Rechtsextremismus. Wiesbaden: Springer VS, S. 5-41.

Walgenbach, Katharina (2012): Intersektionalität – eine Einführung. http://portal-intersektionalitaet.de/theoriebildung/ueberblickstexte/walgenbach-einfuehrung/ [Zugriff: 29.02.2024]

Zentrum für die liberale Moderne gGmbH (2022): Gegneranalyse. Antiliberales Denken von Weimar bis heute. https://www.vielfalt-mediathek.de/material/rechtsextremismus/gegneranalyse-antiliberales-denken-von-weimar-bis-heute [Zugriff: 13.02.2024].

Zick, Andreas/Küpper, Beate et al. (2023): Die distanzierte Mitte. Rechtsextreme und demokratiegefährdende Einstellungen in Deutschland 2022/23. Friedrich-Ebert-Stiftung/Schröter, Franziska (Hrsg.). Bonn: Verlag J.H.W. Dietz Nachf.

Zick, Andreas/Küpper, Beate (2021): Die geforderte Mitte. Rechtsextreme und demokratiegefährdende Einstellungen in Deutschland 2020/2021. Friedrich-Ebert-Stiftung/Schröter, Franziska (Hrsg.). Bonn: Verlag J.H.W. Dietz Nachf.

Zick, Andreas/Klein, Anna (2014): Fragile Mitte – Feindselige Zustände. Rechtsextreme Einstellungen in Deutschland. Ulm: Ebner & Spiegel.

Zick, Andreas/Küpper, Beate et al. (2011): Die Abwertung der Anderen. Eine europäische Zustandsbeschreibung zu Intoleranz, Vorurteilen und Diskriminierung. Friedrich-Ebert-Stiftung/Langenbacher, Nora (Hrsg.). Berlin.

ZRex
Zeitschrift für Rechtsextremismusforschung

ISSN: 2701-9624 • eISSN: 2701-9632 • 4. Jahrgang 2024 • 2 x jährlich (März, Okt.)
ca. 200 S. pro Heft • Sprache: Deutsch, Englisch • Open Access

Ziel der ZRex ist es, der wissenschaftlichen Forschung zur illiberalen, populistischen bzw. extremen Rechten ein Forum zu geben und damit das strukturelle Defizit einer fehlenden wissenschaftlichen Plattform für kritische Rechtsextremismusforschung zu beheben.

Die Zeitschrift soll Entwicklungen der illiberalen, populistischen bzw. extremen Rechten analysieren, gesellschaftstheoretisch erklären sowie Forschungsmethoden und -ethik sowie Handlungsfelder (Prävention, Intervention, Repression) in diesem Forschungsfeld einer Reflexion zugänglich machen. Die Zeitschrift steht interdisziplinären Zugängen sowie dem Austausch mit überschneidenden Forschungsfeldern offen – wie der Antisemitismus- und Rassismusforschung. Außerdem soll sie den Anschluss an internationale Forschungsdebatten und gesellschaftliche Diskurse ermöglichen.

www.shop.budrich.de

Monika Hübscher
Sabine von Mering (Hrsg.)

**Antisemitismus
in den
Sozialen Medien**

*2024 • 329 Seiten • kart. • 40,00 € (D) • 41,20 € (A)
ISBN 978-3-8474-3013-1 • eISBN 978-3-8474-1950-1*

Soziale Medien haben die Verbreitung von Antisemitismus revolutioniert. Algorithmisch verstärkt verbreitet sich Antisemitismus auf den Plattformen in Sekundenschnelle, kostenlos und global. Die daraus resultierende Gefahr für Jüdinnen*Juden ist eine große gesellschaftliche Herausforderung.

Das Buch gibt Einblicke in Fallstudien auf verschiedenen Plattformen und zeigt, wie soziale Medien durch die Verbreitung antisemitischer Inhalte von politischem Akteur*innen instrumentalisiert werden. Es bietet eine umfassende Einführung für alle, die sich mit der Problematik Antisemitismus in den sozialen Medien auseinandersetzen wollen.

www.shop.budrich.de